GREENE COUNTY OHIO

Births Prior to 1869

Compiled by
Arthur R. Kilner

HERITAGE BOOKS
2009

HERITAGE BOOKS
AN IMPRINT OF HERITAGE BOOKS, INC.

Books, CDs, and more—Worldwide

For our listing of thousands of titles see our website
at
www.HeritageBooks.com

Published 2009 by
HERITAGE BOOKS, INC.
Publishing Division
100 Railroad Ave. #104
Westminster, Maryland 21157

Copyright © 1988 Arthur R. Kilner

Other books by the author:
Greene County, Ohio: Past and Present

All rights reserved. No part of this book may be reproduced or transmitted in any form or by any means, electronic or mechanical, including photocopying, recording or by any information storage and retrieval system without written permission from the author, except for the inclusion of brief quotations in a review.

International Standard Book Numbers
Paperbound: 978-1-55613-138-7
Clothbound: 978-0-7884-8212-0

This book is dedicated to my son, Brett, and my daughter, Cindy

CONTENTS

Foreword	vii
Introduction	ix
Conflicts and precautions	xi
Greene County and her townships	xiii
Cities, Towns, or Villages that have disappeared	xv
Towns and villages on edge of county line	xvii
Nicknames, Pet Names, and Other Short Variants for Given Names	xix
Abbreviations	xxi
Errata	xxiii
Source code index	xxv
Alphabetized birth listing	1
Maternal and other buried surnames index	207

FOREWORD

The information in this book was extracted and compiled from many family histories, genealogies, county histories, family Bibles, church records, parents date & place of birth from corrected birth records of their children, cemetery records, surname files, obituaries, death records, etc. The data is only presented when one or more sources indicated the birth occurred or may have occurred in Greene County, Ohio. Source codes follow each entry.

This work was motivated by absence of any official birth records for Greene County, Ohio prior to 1869. Researchers were obliged to spend countless hours searching many references. This recurrent use of time by researchers seemed wasteful to the author. If only some way could be found to consolidate much of the information, it could save researchers a lot of time. And so the idea was born to prepare this book. All sources in this instance were and are located in the Greene County Room, Greene County Library, Xenia, OH 45385. This location is the primary repository for local history and genealogical matters affecting Greene County, OH. Researchers, both local and from afar visit this facility to pursue their genealogical objectives.

The above repository is not staffed to conduct research for individuals other than a cursory check. For those persons unable to visit and conduct their own research and/or who might desire further research of any of the entries are advised that there are professional researchers available in Greene County. Their names may be obtained by contacting the Greene County Chapter/OGS, P. O. Box 706, Xenia, OH 45385.

Birth data is included from 1768 through 1868. Included will be found a number of birthdates before Ohio and Greene County were established in 1803. Greene County was cited as the place of birth and probably because the source was prepared after 1803. The locations before then were within what was then known as the old North West Territory. The principal counties within the Territory before 1803 and within this general area were Hamilton and Ross counties. ie: from 1787 to 1803. For those entries, the abbreviation NWT will appear after the date and before the GC designation. Greene County was established 24 Mar 1803.

Any births for which a specific date could not be determined but which are believed to be in Greene County are shown with a "ca" (circa) date, based on other family statistics/circumstances gleaned from the source. On occasion a precise or ca date was not available though other allied data indicated the birth to be prior to 1869. Such entries are so indicated.

INTRODUCTION

Unlike states like Pennsylvania which have had early baptism and birth records documented, very little has been done to record similar early data in Ohio. This of course is understandable when you recognize that immigration westward and development of the Northwest Territory trailed after the eastern states.

The law of Ohio decreed that official birth records be kept beginning with 1867. But the earliest official birth records in Greene County did not begin until 1869. However, there were and still exist many unofficial records of pre-1869 births in Greene County. These are found in the form of family histories, family Bibles, county histories, death records, obituaries, family genealogical files, cemetery records, correction of birth records revealing approximate date and place of birth for the parents, and many other miscellaneous documents. These were all researched within one single repository in Greene County and each entry is coded to a source.

Accuracy was sought at all times but I am sure that some errors have crept in. Please forgive any that you might find. In genealogy the seeking of perfection is always sought but rarely found.

CONFLICTS AND PRECAUTIONS

You can expect to find some conflicts within this document. It is self-evident and unavoidable when you consider the multi-sources that apply in some cases. Conflict may be anticipated in spelling of Christian names or surnames, including the locale of birth within the county. Several locales may be shown with a diagonal to separate them. The use of a diagonal may also be found between several dates of birth or name spellings for the same person.

In several cases you may find more than one set of parents cited for an individual. Apparently one source was in error. The researcher will have to resolve this at a later date.

Don't reject a surname spelling because it doesnt match the spelling you are seeking. Remember that many-years ago names were often spelled how they sounded to the listener. Other names changed spelling when they were anglicized such as Kaine from Caen and Cahan, Smith from Schmidt, Windham from Wenham, and so on. Consider also the many variant spellings that occurred when someone's handwriting was misread. When my mother was born as a Stetler, the registrar clerks misread the doctor's handwriting as "baby girl Steller". By sounding out a name you could end up with many phonetic variations worth pursueing.

Please note that where several source codes appear at the end of a birth entry that the entirety of the data may not be contained within each source. In some cases, a cited source may only verify the name and date and/or some other information.

Several scattered entries will be found such as POSS GC or PROB GC where geography or other factors strongly suggest the birth occurred in Greene County.

GREENE COUNTY AND HER TOWNSHIPS

Greene County was established 24 March 1803. It was first organized into townships on 10 May 1803. This was the first action by the first court for transaction of county business forty-seven days after its organization. At this time it was divided into four townships: Sugarcreek, Caesarscreek, Mad River, and Beavercreek. Mad River disappeared and became part of Champaign County when it was formed in 1805.

Xenia Township was organized on 20 August 1805 and was taken from the Beavercreek township and Caesarscreek township. Location of the future Xenia city was before this time in Caesarscreek township.

Bath Township was organized 3 March 1807 and was taken from the territory of Beavercreek. It included nearly all of what is now Mad River and Greene townships in Clarke county.

Miami Township was organized on the 8th day of June 1808 and was taken from Bath and Xenia townships. It also included the north part of what became Cedarville and Ross townships.

Silvercreek Township was organized 4 March 1811 and was taken from Caesarscreek and Xenia townships, most of which was from Caesarscreek. It included all of what is now Jefferson township and the eastern part of Spring Valley township.

Ross Township was organized 4 March 1811 and was taken entirely from Xenia township.

Cedarville Township was organized on 6 December 1850 and was taken from townships of Caesarscreek, Miami, Ross, and Xenia.

New Jasper Township was organized on 9 June 1853 and was taken from the townships of Caesarscreek, Cedarville, Ross, Silvercreek, and Xenia.

Spring Valley Township was organized on 3 December 1856 and was taken from Caesarscreek, Sugarcreek, and Xenia townships.

Jefferson Township was organized on 7 Jun 1858 and was taken from Silvercreek township.

Vance Township was a short-lived wisp of a thing that was never officially established. It was surveyed by Samuel Kyle between 31 December 1812 and 2 January 1813 pursuant to orders of the County Commissioners, and then divided with the major part to Clark County in 1817, and the balance to Ross township of this county on 18 October 1818.

CITIES, TOWNS, OR VILLAGES THAT HAVE DISAPPEARED

Caesarsville (Xenia TP) A town laid out about 1800 and originally intended to be the county seat and which had several log cabins, located at the Rt 68 crossing of Caesars Creek, never really established as a town.

Fairfield (Bath TP) A village laid out 12 March 1816 in North central part of the township. Later merged with Osborn in 1950 to become Fairborn.

New Burlington (Spring Valley TP) A village established in the 1830s along the southern line of Spring Valley TP. The northern portion of this village was in Greene County although the town was considered to be part of Chester TP, Clinton County. Was evacuated in early 1970s because of the Caesarscreek dam/lake project.

Osborn (Bath TP) A village established in May 1851 and moved in the 1930s because of being in the flood plain of the Mad River. The new site was adjacent to the town then called Fairfield. The two became officially combined as one in 1950, taking the name Fairborn.

TOWNS AND VILLAGES ON EDGE OF COUNTY LINE

Mount Holley (Spring Valley TP) Laid out in July 1833 and generally considered to be in Wayne TP, Warren County. But the 1874 Atlas for Greene County shows a small part of the town extending into Greene County.

New Burlington (Spring Valley TP) See above. On line with Clinton County.

Clifton (Miami TP) Located on the county line between Greene and Clarke counties. Laid out in 1833.

NICKNAMES, PET NAMES, AND OTHER SHORT VARIANTS FOR GIVEN NAMES

Quite often a researcher is so intent on researching a name, and in particular the given name, that they may without realizing it, overlook an entry that is simply the same but in another form. The following examples may be of help in comparing other data with that in this book.

Name	Variant	Foreign Version
Alice	Alison, Allie	Alicia (Latin)
Anthony	Tony	Antoska (Russ.)
Cynthia	Cindy	Knythia (Greek)
Dorothy	Dora	Dorotea (Swed.)
Elizabeth	Lisa/Eliza/Betty/Bess Beth/Betsy	Elsie (Scot.), Isabel (Port.) Elisabet (Swed.)
Esther/Hester	Hetty/Stella	Estelle (French) Estner (Yiddish)
Francis	Frank	Francois (Fr.)
Frederick	Fred	Fritz (German)
Henrietta/Henriette	Etta/Hetty	Henrika (Swed.)
Henry	Hank	Heinz (German)
James	Jim/Jimmy/Jimmie	Demetrios (Gr.)
Jane	Janet/Joan	Jeanette (Fr.)
Janet	Jan/Netta/Nettie	Giannette (It.)
Johanna	Janc/Jayne/Janie	Jehane (Old Fr.) Sinead (Irish)
John	Jack/Jake/Jan	Jock (Scot.) Sean (Irish)
Julia	Juliet	Julie (Czech & French)
Margaret	Madge/Mae/Maggie/ May/Pegg/Peggy	Megan (Welsh), Greta (Swede), Gretchen (Ger.)
Mary	Mame/Mamie/May/ Molly/Polly	Marie (French), Maria (Latin), Minnie (Scot.)
Robert	Bob/Bobby/ Rob/Robin	Roberta/Erta (Polish), Rober (Spanish)
Sarah	Sally/Sal/Sadie	Sarka (Russian), Sari (Hungarian)
Stephania	Stepanie/Teena	Stephanine (Ger.)
Stephen	Steve	Stefan/Stenka (Russian)
Thomas	Tom/Tomas/Thom	Toma (Rumanian), Tomek (Polish)

ABBREVIATIONS

(Also see Source Code Legends)

b	born
b/d	born & died same date
ca	about/circa
ch	child
d	died
dau	daughter
E	East
FF	Family File
FH	Family History
GC	Greene County
N	North
NW	Northwest
NWT	Northwest Territory
POSS	Possible
PROB	Probable
s	son
S	South
SE	Southeast
SW	Southwest
TP	Township
W	West
?	Legibility of spelling or other data questionable

ERRATA

Several source codes were inadvertently used more than once. There is no way to rectify this other than to identify the instances where it happened. In this way the reader can examine both sources when reference to the source is desired. Every effort was made to avoid this occurrence during research of materials that numbered twice the quantity found in this index. The others failed to provide useable information. Source codes that were used twice are as follows:

LAC	Lackey FH & Lousin Ancestry Chart
MCC	Maple Corner Cemetery Inscriptions & McCulley FH
SCO	Scotts & Galloways FH & Silvercreek Cemetery, Section O

SOURCE CODE INDEX

Individual source codes do not necessarily include full details of a birth. They are sometimes included when it may be an additional source to verify/reinforce a part of the information otherwise incomplete. A case in point could include additional source code for Greene County Marriage Records for a parent's name, and so on with obituaries, cemetery records and the like. With obits and death records, females who were married were most likely listed under their married name in the record, from where their maiden name was derived. In those instances the source code such as GDR will show as GDR/Doe or OB/Doe to reflect the married name of record that the researcher should look for. A small number of cemetery codes might also include a diagonal (/) and a suffix name to denote the married surname under which the reference was found. The following codes and meanings are presented for your use.

AAC	Anderson Ancestral Chart
ACC	Aley Chapel Cemetery Inscriptions
ACIB	Adams Co. IN Bio. & Historical Record, 1877, Lewis
AFB	Andrews Family Bible
AFF	Allen Family Bible
AND	Andrew Family History 1904
ANK	Ankeney FH
ARC	Associate Reformed/Gowdy Cem. Inscr.
ATK	Atkinson FH
BAB	Fabb FH
BAC	Buckborough Ancestor Chart
BAK	Baker FH
BAL	Baldwin FH
BAR	Barr FH
B&J	Bryan & Johnson FH
BBS	Byers/Bonar/Shannon FH
BC	Berry-Canning FH
BCI	Byron Cemetery Inscriptions
BCSA	Brown/Corry/Stewart/Anderson FH
BEA	Beal FH
BEL	Bell FH
BELT	Belt FH
BGI	Bio. & Genealogical History of Cass, Miami, Howard & Tipton Cos., IN
BH	Broadstone's History Greene County

BHD	Beers History Darke County, OH
BIC	Bickett FH
B&K	Beam & Keiter FH
BKI	Bellbrook Cemetery Inscriptions
BLE	Bales FH
BM	Bellbrook Moon
BOL	Boles/Bowers FH
BRA	Bradfute FH
BRC	Beaver Reformed Church Records, Vol. 1
BRO	Brown/Godfrey FH
BRY	Bryan FH
BT	Baxla/Turner FH
BUL	Bullock FH
BUN	Bunker FH
BVI	Beaver Cemetery Inscriptions
BWC	Bowersville Cemetery Inscriptions
CAC	Copeland Ancestral Chart
CBC	Cedarville Baptist Cemetery Inscriptions
CCB	Clark Co. Biographical Record
CCH	Clinton Co. History, Beers
CCHB	Clinton Co. History, Brown
CCI	Caesarscreek Cemetery Inscriptions
CCO	Early Clark Co. Family Vital Statistics
CC02	Early Clark Co. Family Vital Stat., Vol. 2
C&D	Caddy & Dinsmore FH
CFF	Carper Family File
CFI	Clifton Cemetery Inscriptions
CGC	Cherry Grove Cemetery Inscriptions
CH	Cedarville Herald Obits
CLI	Cline Cemetery Inscriptions
CNC	Cedarville North Cemetery Inscriptions
CNL	Conwell FH
CON	Conklin FH
COP	Copsey FH
COR	Corry FH
COY	Coy FH
CRA	Craig FH
CRE	Creswell FH
CTI	Cem. Tombstone Inscr. & Photos, Kilner
CUC	Clifton UP Church History, 1942
CUL	Cultice FH
CUP	Clifton UP Church History, 1942
CUR	Curry FH
DAC	Dunham Ancestor Chart
DAK	Dakin FH
DCI	Dean Cemetery Inscriptions
DEA	Dean FH
DFH	Doniphan/Frazee/Hamilton FH
DH	Dills History Greene Co.
DHF	Dills History Fayette Co.

DP	Declaration for Pension
DUN	Dunwiddie FH
DUR	Durst/Darst FH
EA	Everts Atlas Greene County 1874
ECI	Elam Cemetery Inscriptions
EIA	Explosive Industry in Am., Hist., 1927
ELA	Elam's Union Neighborhood, 1936
ELC	Ellis Cemetery Inscriptions
ELL	Ellis FH
ELM	Elam FH
EPC	Ekstrom Pedigree Chart
EZC	Eleazer Cemetery Inscriptions
FB	Family Bible, Genealogical Entry Copies
FBA	Family Bible Anderson
FBB	Family Bible Barnes
FBBT	Family Bible Barnett
FBB1	Family Bible Bowers
FBB2	Family Bible Byrd
FBD	Family Bible Dean
FBL	Family Bible Lawrence
FBM	Family Bible McClung
FBRA	Family Bible Roland/Arnold
FBS	Family Bible Sackett
FCR	Fairfield Cemetery Record Inscriptions
FDC	Funderburgh Cemetery Inscriptions
FF	Family files showing additional letter suffixes for surname, generally consisting of correspondence, family group sheets, ancestral charts, clippings, booklet, and other data. This large group is a sub-series of the "F" category and except for three FFO (First Families of Ohio) entries, is separately shown at the end of other listings under "F"
FFOKC	First Families of Ohio - K. Compton
FFOKT	First Families of Ohio - K. Taylor
FFOMM	First Families of Ohio - M. Marshall
FIE	Fields FH
FR47	Franklintonian, #4, 1987
FUD	Fudge FH
FUPC	First United Presbyterian Church, Xenia 1810-1910

FF - Family Files

FFA	Allen
FFAL	Alsup
FFAM	Anderson
FFAP	Applegate

FFAN	Appleton
FFAR	Arey/Ary
FFAU	Austin
FFB	Baker
FFBA	Barkham/Barkman
FFBB	Bratton
FFBC	Brickel
FFBD	Bradfute
FFBE	Benson
FFBF	Beets
FFBG	Bull
FFBI	Bird
FFBIR	Bull-Irwin
FFBJ	Benjamin
FFBK	Blaylock/Blalock
FFBL	Blessing
FFBN	Brandenburg
FFBO	Bonner/Davis/Heath
FFBR	Barnes
FFBRR	Burr
FFBS	Broadstone
FFBT	Boots
FFBU	Bruce
FFBV	Brown
FFBW	Browder
FFBY	Binkley
FFCO	Collins
FFCP	Copeland
FFCR	Currie
FFCU	Cunningham
FFCW	Conwell
FFCY	Chaney/Cheney
FFCZ	Cruzen
FFDE	Devoe
FFDO	Doolittle
FFDU	Durnbaugh
FFEB	Ellsworth-Ballou-Ford-Phillips
FFEL	Ellis
FFER	Evers
FFEV	Evans
FFEW	Elwell
FFEY	Eyler
FFFA	Farmer
FFFD	Fudge
FFFE	Fields
FFFF	Fuller
FFFG	Figgins
FFFI	Fifer
FFFL	Faulkner
FFFN	Finney
FFFO	Forbes
FFFR	Forsythe

FFFS	Ferguson
FFFU	Faul
FFGA	Galloway
FFGD	Gardenshire
FFGH	Graham
FFGL	Glossinger
FFGM	Gamble
FFGN	Gorden/Gordon
FFGO	Gollier
FFGR	Gardner
FFGV	Grapevine
FFGW	Gowdy
FFHA	Hamill
FFHB	Hussey
FFHC	Hickman
FFHD	Hutchison
FFHE	Hedges
FFHF	Hypes
FFHG	Hegler
FFHH	Hess
FFHI	Higginbottom
FFHJ	Haines
FFHK	Hooke
FFHL	Hyslop
FFHM	Hamilton
FFHN	Huston-Herbert-Dewitt
FFHO	Hoblitt
FFHP	Hollencamp
FFHR	Harner
FFHS	Harness
FFHT	Hatch
FFHU	Huntington
FFHW	Hawker
FFHY	Helmer-Myers
FFII	Irwin
FFJA	Jackson
FFJJ	Johnson-Johnston-Moorman
FFJM	James
FFJN	Johnston
FFKG	Koogler
FFKI	Kingsbury
FFKK	Kinney
FFKL	Kirkendall
FFKM	Kramer
FFKO	Kochenaur
FFKR	Kirby
FFKU	Kump
FFKY	Kyle
FFLA	Lackey
FFLG	Long
FFLI	Little
FFLL	Lewis

FFLM	Lambert
FFLO	Loe
FFLR	Laughridge
FFLS	Lewis-Smith
FFLT	Littler
FFLV	LeValley
FFLW	Lawrence
FFMA	Maitland/Maitlen
FFMB	Merrifield
FFMC	McBride
FFMD	McCandless
FFME	McDaniel/McDonald
FFMF	McFarland
FFMG	Mills
FFMH	Mendenhall
FFMI	McMillan
FFMJ	Mills-Singleton
FFMK	McKinney
FFML	McClellan
FFMM	McMichael
FFMN	McCurran
FFMO	McDowell
FFMP	McPherson
FFMQ	Moore
FFMR	Marshall
FFMS	Miles
FFMT	Middleton
FFMU	McLaughlin
FFMV	Myers
FFMW	Mallow
FFMX	Maxwell
FFMY	McElroy
FFNA	Nash
FFNE	Neal
FFNI	Nichols
FFNL	Nelson
FFNS	Nesbitt
FFNW	Newport
FFPA	Painter
FFPC	Price
FFPD	Paulding
FFPE	Pepper
FFPL	Palmer
FFPP	Pelts
FFPR	Parmer
FFPT	Patterson/Peterson
FFQQ	Quinn
FFRD	Reed
FFRE	Read
FFRI	Reid
FFRL	Roley
FFRN	Ridenour

FFRO	Robinson
FFRR	Rider
FFRU	Russell
FFRW	Rudrow
FFRY	Ryan
FFSA	Sale
FFSB	Stine
FFSC	Stratton
FFSD	Strong
FFSE	Sheley
FFSF	Sroufe
FFSG	Slagle
FFSH	Shaner
FFSI	Sinnard
FFSJ	Swan
FFSK	Shackelford
FFSL	Sellers
FFSM	Sample
FFSN	Sanders/Saunders
FFSO	Soward
FFSP	Spahr
FFSQ	Swope
FFSR	Story
FFSS	Steele
FFST	Smith
FFSU	Stuck
FFSV	Stewart
FFSW	Snowden
FFSY	Stanley
FFSZ	Stentz/Slentz
FFTA	Taylor
FFTB	Thornburg
FFTH	Thorne
FFTI	Tingley
FFTL	Thornhill
FFTN	Townsley
FFTO	Thompson
FFTR	Truesdell
FFTT	Thomas/Snively
FFTU	Turner
FFVA	Vaughn
FFWG	Wingate
FFWH	White
FFWI	Williams
FFWK	Walker
FFWL	Wilson
FFWT	Winter

End Family Files

GAC	Gall Ancestor Chart
GAL	Galloway FH
GCB	Greene County Miscellaneous Bios
GCMR	Greene County Marriage Records
GDR	Greene County Death Records
GDR/Surname	Greene Co. Death Records indicates listing by married name in death record
GEY	Geyer FH
GFC	Glen Forest Cemetery Inscriptions
GHB8	Greene Co. Historical Society Bulletin 8, May 1961
GHS7	Genealogical Helper Sep/Oct 1987
GIB	Gibson FH
GK	Graham-Katon FH
GLAN	Greene Co. Lists - Authors & Natives with outside source notes
GO	Gunsmiths of Ohio
GOW	Gowdy FH
GRB	Greene County Bios 1942-47, J. Overton
HAC	Hughes Ancestor Chart
HAG	Hagler FH
HAH	Harshman/Hashman/Hershman/Hersman FH
HAI	Haines FH
HAM	Hamilton Family Journal
HAR	Harper FH
HARP	Harpole FH
HART	Hartsock/James FH
HAU	Haughey FH
HCC	History Clark County - Beers
HCI	Heath Cemetery Inscriptions
HCH	History Champaign County - Beers
HCO	Historical Collections of Ohio - Howe
HGD	Hoosier Genealogist Dec 1983
HHC	Hering-Howell Cemetery Inscriptions
HIX	Hixon FH
HKI	Hawker Cemetery Inscriptions
HOB	Hoblet FH
HOK	Houck FH
HOO	Hooke FH
HOP	Hopping FH
HOR	History of Ohio, Vol. V, - Ryan
HOU	Houston FH
HOW	Howland/Chipman/Horney FH
HPC	Hamilton Pedigree Chart
HRHC	Hist. Reminiscences of Hawker Church
HRPC	Horney Pedigree Chart
HSC	Haines Cemetery Inscriptions
HTPC	Hart Pedigree Chart
HUC	Hussey Cemetery Inscriptions
HUS	Hussey FH
HWCO	History West Central Ohio (Bios)

IGI	International Genealogical Index
JAC	Jackson FH
JAS	James FH
JNAC	Jones Ancestor Chart
JOH	Johnson FH
JON	Johnston FH
JS	Jones-Sellers FH
JT	Johnson-Tozer FH
JUD	Judy FH
KC	Kyle-Collins FH
KED	Kedzies FH
KEL	Kelly FH
KER	Kershner Vol. 3 FH
KIN	King FH
KIR	Kirkendall FH
LAC	Lackey FH & Lousin Ancestry Chart
LEA	Leatherman FH
LG15	Leaves of Greene Jan/Feb 1985
LG35	Leaves of Greene Mar/Apr 1985
LG47	Leaves of Greene Apr 1987
LG52	Leaves of Greene May 1982
LG56	Leaves of Greene May/Jun 1986
LG57	Leaves of Greene May/Jun 1987
LG63	Leaves of Greene May/Jun 1985, Vol. 6, No. 3
LG75	Leaves of Greene Jul/Aug 1985
LG76	Leaves of Greene Nov/Dec 1986
LG95	Leaves of Greene Sep/Oct 1985
LG96	Leaves of Greene Sep 1986
LG97	Leaves of Greene Sep/Oct 1987
LGD7	Leaves of Greene Dec 1987
LGN7	Leaves of Greene Nov 1987
LGN8	Leaves of Greene Nov/Dec 1985
LIN	Linebaugh FH
LRAC	Larimore Ancestor Chart
LUC	Lucas FH
MAC	Mathias Ancestor Chart
MAPC	Mason Pedigree Chart
MAS	Massey FH
MBR	McClellan, Benjamin Rush Autobiography
MCC	Maple Corner Cem. Inscr. & McCulley FH
MCCD	McClelland FH
MCCL	McClellan FH
MCCR	McCracken FH
MCD	McDowell FH
MCG	McGervey FH
MCH	History Montgomery County 1882 - Beers
MCI	Massies Creek Cem. (Tarbox) Inscriptions

MCM	McMillan FH
MEAC	Metsker Ancestor Chart
MFF	McClellan Family File
MGC	Ministers Greene County
MGC2	Maple Grove Cemetery Inscriptions, Pt. William, Clinton County
MIAC	Mitchell Ancestry Chart
MID	Middleton FH
MIL	Mills FH
MILPC	Miller Pedigree Chart
MKC	McKnight Cemetery Inscriptions
MLR	Miller FH
MOO	Moorman FH
MPC	Mitchell Pedigree Chart
MR	Memorial Record, Lewis Post GAR 347, 1889
MRB	Middle Run Baptist Church Cem. Inscr.
MRCW	Military Records Civil War (within Family Files)
MTC	Mt Tabor Cemetery Inscriptions
MUS	Mussetter FH
MZP	Mt Zion Park Cemetery Record
MZS	Mt Zion-Shoup Cemetery Inscriptions
NAC	Novotny Ancestor Chart
NAS	Nash FH
NES	Nesbitt FH
NHC	New Hope Cemetery Inscriptions
OA	Ohio Authors Selected List of Their Books, 1933
OAA	Ohio Art & Artists
OB	Obituary File, Newspaper Clips (married women by married name)
OBCH	Obits Cedarville Herald
OB/Surname	Indicates an Obit under married surname
OCH	Ochiltree FH
OGS7	OGS Newsletter Sep 1987
OLC	Old Chillicothe (Galloway)
OMS	Old Massies Creek Cemetery (Stevenson) Inscriptions
OPS	Ohio's Progressive Sons
ORF7	OGS Report, Fall 1987
OTW	Out of the Wilderness
PAI	Painter FH
PAU	Paul, John FH
PAY	Payne FH
PCAM	Pedigree Chart A Miller
PCI	Pisgah Cemetery Inscriptions
PEN	Pence FH
PET	Peterson FH

PGC	Portrait & Bio. Album - Greene & Clark Counties
PHA	Presbyterian Historical Almanac
PMC	Portrait & Bio. Album - Dayton & Montgomery County 1897
POP	Popenoe FH
PPI	Pioneer Painters of Indiana
PRI	Price FH
PRU	Prugh FH
RAC	Roper Ancestor Chart
RACT	Reid Ancestor Chart
RAY	Ray FH
RB	Registration & Correction of Births, gives parent names & ca date
RB11	Registration & Correction of Births, Vol. 1A, 1941
RB22	Registration & Correction of Births, Vol. 2A/B 1942
RB33	Registration & Correction of Births, Vol. 3A, 1942-1943
RB44	Registration & Correction of Births, Vol. 4A, 1943-1945
RB55	Registration & Correction of Births, Vol. 1C, 1944-1947
RB66	Registration & Correction of Births, Vol. 2C, 1947-1952
RB77	Registration & Correction of Births, Vol. 3C, 1952-1954
RB88	Registration & Corr. of Births, Vol. 4C, 1954-1957 & Vol. 5C, 1957-1961
RCI	Ross TP Cemetery Inscriptions
RCY08	Reformed Church Yearbook 1908
REA	Read FH
REE	Reeves FH
REI	Reid FH
REP	Replogle FH
RH	Robinson's History Greene County
RHS	Rockel History Springfield & Clark County
RIF	Rife FH
ROC	Rockafield FH
RPC	Richards Pedigree Chart
RQL14	Regettr Query Leaves of Greene Jan 1984
SAC	Schwaegerle Ancestor Chart
SBCI	St. Brigid Cemetery Inscriptions
SBK	Sugarcreek TP, Bellbrook Cem. Inscr.
SC	Schneller-Cromwell FH
SCA	Silvercreek Cem., Section A Inscriptions
SCAC	Scott Ancestral Chart (changed from SAC)
SCB	Silvercreek Cem., Section B Inscriptions
SCC	Silvercreek Cem., Section C Inscriptions

SCD	Silvercreek Cem., Section D Inscriptions
SCE	Silvercreek Cem., Section E Inscriptions
SCF	Surname Card File, Greene County Chapter/OGS
SCH	Schauer FH
SCHC	Shelby Co. History, Clinton TP, (Sutton 1883)
SCHD	Shelby Co. History, Dinsmore TP, (Sutton 1883)
SCHF	Shelby Co. History, Franklin TP, (Sutton 1883)
SCHG	Shelby Co. History, Green TP, (Sutton 1883)
SCHJ	Shelby Co. History, Jackson TP, (Sutton 1883)
SCHO	Shelby Co. History, Orange TP, (Sutton 1883)
SCHS	Shelby Co. History, Salem TP, (Sutton 1883)
SCHT	Shelby Co. History, Turtle Creek TP, (Sutton 1883)
SCI	Silvercreek Cem., Section I Inscriptions
SCK	Silvercreek Cem., Section K Inscriptions
SCL	Silvercreek Cem., Section L Inscriptions
SCM	Silvercreek Cem., Section M Inscriptions
SCN	Silvercreek Cem., Section N Inscriptions
SCO	Silvercreek Cem., Section O Inscriptions
SCO	Scotts & Galloways FH
SCOS	Silvercreek Cem., Old Section Inscriptions
SCS	Silvercreek Cem., Section S Inscriptions
SCT	Silvercreek Cem., Section T Inscriptions
SCU	Silvercreek Cem., Section U Inscriptions
SCV	Silvercreek Cem., Section V Inscriptions
SCW	Silvercreek Cem., Section W Inscriptions
SEL	Seltenreich FH
SGI	Seneca Graveyard (Moorman) Inscriptions
SH	Sharp-Hutchison
SHC	Shook Cemetery Inscriptions
SHE	Sheley FH
SHI	Shields FH
SIM	Simpson FH
SLC	Sheley Cemetery Inscriptions
SLGC	Surname List, Greene Co. Chapter/OGS Vol. 1
SLGC2	Surname List, Greene Co. Chapter/OGS Vol. 2
SLGC3	Surname List, Greene Co. Chapter/OGS Vol. 3
SLGC3A	Surname List, Greene Co. Chapter/OGS Vol. 3 Sup A
SMAC	Smith Ancestry Chart
SMPC	Smith Pedigree Chart

SOB	Southern Ohio & Its Builders
SPA	Spahr FH
SPC	Sugarcreek TP Pioneer Cem. Inscriptions
SPE	Spencer FH
SRT	Sugarcreek TP Cemetery Inscriptions
STC	Stewart Cemetery Inscriptions
STE	Stevenson FH
STI	Stevenson Cemetery (Old Massie Creek) Inscriptions
STJ	St. John FH
STO	Stormont FH
STR	Strong FH
STT	Strattons FH
SUT	Sutton FH
SVC	Spring Valley Cemetery Inscriptions
SWF	Story Whitehall Farm (Cox 1927)
TB	Ten Broeck FH
TEA	Teach FH
TIC	Ticen FH
TIN	Tingley FH
TOO	Toomey FH
TOW	Townsley FH
TR17	OGS, The Report, #1, 1987
TRA	Trader, Moses FH
TRC	Turner Cemetery Inscriptions
TUR	Turner FH
UPC	Manuel, United Presbyterian Church of North America
VAU	Vaughan FH
VPJ8	The Village Pump (Spring Valley) Jan 1988
WAL	Walker FH
WCA	Woodland Cem., Section A Inscriptions
WCD	Woodland Cem., Section D Inscriptions
WCE	Woodland Cem., Section E Inscriptions
WCF	Woodland Cem., Section F Inscriptions
WCH	History Warren County (Beers)
WCHS	Woodland Cem., Section H Inscriptions
WCI	Warren County, IL Past & Present
WCI	Woodland Cem., Section I Inscriptions
WCII	Woodland Cem., Section I-I Inscriptions
WCJI	Woodland Cem., Section J-I Inscriptions
WCJJ	Woodland Cem., Section J-II Inscriptions
WCK	Woodland Cem., Section K Inscriptions
WCL	Woodland Cem., Section L Inscriptions
WCPQ	Woodland Cem., Section P & Q Inscr.
WCQ	Woodland Cem., Section Q Inscriptions
WCQP	Woodland Cem., Section QP III Inscr.

WCR	Woodland Cem., Section R Inscriptions
WCS	Woodland Cem., Section S Inscriptions
WEK	Weikel FH
WEN	Wenger/Winger/Wanger FH
WGE	Wingate/Winget FH
WIL	Williamson FH
WIN	Winter FH
WLS	Wilson FH
WMF	Williams/Fairchild FH
WNB	Woodlawn Cemetery, Bowersville
WOL	Wolff FH
WOO	Women of Ohio
WRI	Wright & Gregg FH
XG	Xenia Gazette
XGO	Xenia Gazette Obits
YOU	Young-McBride/Sleeth/Scouller, Forrest, Ball, etc. FH
ZMI	Zoar Methodist Church Cemetery Inscr.

ADAMS, Anna M. b 11 Oct 1854 GC, dau James G G & Eleanor C (Hutchinson) Adams (BH-TB)
Charles Ezbon b 18 Apr 1858 GC, s James G G & Eleanor C. (Hutchinson) Adams (BH-TB)
Cornelia b 23 Dec 1840 GC, dau Thomas & Lucy Adams (GDR/ Elam)
David M. b 1840 S. of Xenia, GC (BH)
Frank E. b 1 Jan 1861 GC, s James G G & Eleanor C (Hutchinson) Adams (BH-TB)
George T. b 8 Oct 1850 GC, s James G G & Eleanor C (Hutchinson) Adams (BH-TB)
Harvey b 18 Dec 1844 Caesarscreek TP, GC (GDR)
Jackson b 1829 Caesarscreek TP, N. of Paintersville, GC, s Nimrod & Susan (Linkhart) Adams (BH-IGI)
James A. b 7 Oct 1862 GC, s James G G & Eleanor C (Hutchinson) Adams (BH-TB)
James Dennis b 31 Mar 1865 near Paintersville, GC, s Jackson & Eliza (Ary) Adams (OB)
J. Harwood/Howard b 15 May 1866 GC, s James G G & Eleanor C. (Hutchinson) Adams (BH-TB)
John Harvey b 29 Apr 1853 Caesarscreek TP, GC, s Jackson & Sarah (Kildow) Adams (BH-GDR)
John Q. b 8 Mar 1837 Jamestown, GC, s Zina B. & Eliza (Sharp) Adams (DH)

ADAMS (continued)
Joseph W. b 25 Aug 1852 Xenia TP, GC, s James G G & Eleanor C (Hutchinson) Adams (BH-OB-TB)
Medora b 12 Mar 1863 Caesarscreek TP, GC, dau Jackson & Eliza (Ary) Adams (BH-OB/ Ellis)
Morgan C./O. b 15 Apr 1833 Jamestown, GC, s Zina B & Eliza (Sharp) Adams (DH-SCOS)
Sarah b prior 1869 Jamestown, GC (PGC)
ADSIT, Daniel E. b 25 Nov 1866 GC, s Silas & Mary E. (Ford) Adsit (OB)
Walter b 21 Jul 1853 Xenia TP, GC, s Silas & Mary Ellen (Ford) Adsit (OB)
ALDRIDGE, David D. b 1854 GC (OB)
ALEXANDER, Anna N. b 10 Mar 1864 near Belle Center, GC, dau David & Susanna (Hervey) Alexander (OB/Reed)
Augustus b prior 1869 Spring Valley, GC, s Washington & Rachel (Clark) Alexander (BH)
Aurelius b 1840 Sprig Valley, GC, s Washington & Rachel (Clark) Alexander (BH-SVC)
Charles Frank b 30 Jan 1859 Spring Valley TP, GC, s William J. & Elizabeth (Weller) Alexander (BH-RB22- SVC)
Frank b prior 1869 Spring Valley TP, GC, s Washington & Rachel (Clark) Alexander (BH)
George W. b 7 Apr 1837 Xenia TP, GC (GDR-WCD)
Hugh A. b 20 Mar 1827 Miami

ALEXANDER (continued)
TP, GC, s Jacob & Margaret (Alexander) Alexander (BH-GDR-RH)
Hugh Edward b ca 1867 GC (RB33)
Isabella b 1801/34 Spring Valley TP, GC, dau Washington & Rachel (Alexander) Alexander (BH-PGC-WCD-WCL)
Jesse C. b 1 Sep 1829 Spring Valley TP, GC, s Washington & Rachel (Clark) Alexander (BH-OB-WCF)
John b prior 1869 Spring Valley TP, GC, s Washington & Rachel (Clark) Alexander (BH)
John b 13 Feb 1866 Bath TP, GC, s Samuel & Lydia (Hess) Alexander (BH)
John S. b 6 Jan 1831/41 Xenia TP, GC, s John & Rebecca (Hook) Alexander (GDR-PGC-WCD)
Leon W. b 21 Jul 1862 Spring Valley, GC, s Aurelius & Hannah (Walton) Alexander (OB)
Lyle T. b 1 Mar 1868 Spring Valley, GC, s Aurelius & Hannah (Walton) Alexander (OB)
Mary A. b 8 May 1865 Xenia TP, GC, dau Laurence & Mildrice (Hage ?) Alexander (GDR)
Mary R. b 8 Apr 1864 Spring Valley, GC, dau Aurelius & Hannah (Walton) Alexander (OB/Zell)
Mathew C. b 3 Jan 1825 Xenia TP, GC, s John & Rebecca (Hook) Alexander (RH-WCD)
Perry Arelius b 17/28 Sep 1856 Spring Valley TP, GC, s William J & Elizabeth (Weller) Alexander (BH-RB44-RH-SVC)
Walter b 18 May 1865 E. of Xenia, GC (OB-WCD)
William J. b 10 Jun 1827 Spring Valley TP, GC, s Washington & Rachel (Clark) Alexander (BH-DH-PGC-RH-SVC)
ALLEN, Bathsheba/Bashaba b 20 Mar 1830 Xenia TP, GC, dau

ALLEN (continued)
John & Wilmoth (Foreman) Allen (BH-LG15-PGC-SC)
Benjamin C. b 6 May 1865 Spring Valley, GC (OB)
Clara b 1842 Xenia, GC, dau John B & Sarah (Nunnemaker) Allen (WOO)
Edward b 1848 GC, PROB Xenia, s John C & Mary (Arnold) Allen (BH-SWF)
Edward W. b 1847 Xenia, GC (GDR)
Eliza b 10 Jun 1828 GC, dau John & Wilmoth (Foreman) Allen (SC)
Evelyn b Jul 1826 GC, dau John & Wilmoth (Foreman) Allen (SC)
Frank b 1845 GC, s John & Mary (Arnold) Allen (BH-SWF)
Frank Larue b 13 Nov 1843 Bellbrook, GC (OB)
John C. b Aug 1814 GC (GDR)
John C. b 22 Jun 1815 N. of Spring Valley, GC, s Benjamin & Rebecca (Campbell) Allen (BH)
John D. b ca 1837 GC, s John & Wilmoth (Foreman) Allen (SC)
Josephine b 12 May 1843 near Spring Valley, GC, dau John C & Mary (Arnold) Allen (BH-OB-SWF)
Martha b 10 Oct 1832 GC, dau John & Wilmoth (Foreman) Allen (SC)
Mary C. b ca 1834 GC, dau John & Wilmoth (Foreman) Allen (SC)
Mary Catherine b 19 Sep 1840 POSS GC, dau John B & Sarah (Hivling) Allen (OB/Kinney)
Rachel b ca Apr 1839 GC, dau John & Wilmoth (Foreman) Allen (SC)
Rebecca A. b 11 Dec 1807 near Xenia, GC (AFF)
Sacinda b 1831 Spring Valley TP, GC (GDR)
Susanna/Susannah b 2 Apr 1818 Spring Valley TP, GC, dau

ALLEN (continued)
  Benjamin & Rebecca (Campbell) Allen (BH-GRB-PGC-RH)
ALLISON, Esther E. b ca 1830/40 PROB GC, dau Samuel & Mary C Allison (DH)
AMBUHL, Katherine b 10 May 1863 Xenia, GC (OB)
  William T. b 14 Apr 1859 Xenia, GC (OB)
ANABEE, Daniel Webster b ca 1847 Spring Valley, GC (RB33)
ANDERSON, Amos Edward b 13 Jun 1861 near Xenia, GC, s Thomas & Jane (Stanfield) Anderson (FUD)
  Anna b 1806/1824 near Xenia, GC, dau John Horney & Hannah (Painter) Anderson (PAI)
  Caroline Louisa b 3 Mar 1845 GC, dau Nelson Anderson (FFWT-GDR)
  Catherine b ca 1857 Union vicinity, Xenia TP, GC, dau Thomas & Mary Jane Anderson (OB/Stafford)
  Catherine Ruth b 10 Jul 1861 near Xenia, GC, dau Joseph & Matilda (Stanfield) Anderson (OB/Hagler)
  Charles Forsman b 16 Jun 1855 Xenia, GC, s Benjamin Dickey & Sarah (Forsman) Anderson (PMC)
  Charles T. b 13 Mar 1862 GC, s J S & E J Anderson (CUC)
  Clara L. b 1 Sep 1863 GC, dau J S & E J Anderson (CUC)
  David A. b 1806/24 near Xenia, GC, s John Horney & Hannah (Painter) Anderson (PAI)
  David L./T. b 8 Feb 1859 GC, s D & Y? Anderson (CUC)
  Edmund Harrison b 21 Oct 1835 GC, s Joseph W & Lydia (Smith) Anderson (FBA)
  Elizabeth b 1806/24 near Xenia, GC, dau John Horney & Hannah (Painter) Anderson (PAI)
  Emma b 30 May 1857 Spring Valley, GC (GDR)

ANDERSON (continued)
  Emma b prior 1869 near Clifton, GC, dau David & Julia Anderson (OB/Collins)
  Etta May b ca 1860 Spring Valley TP, GC (R877)
  Eugrne Pearl b 6 Apr 1866 Xenia TP, GC (GDR)
  Harmon b 1824 Spring Valley TP, GC, s James & Priscilla (Coffin) Anderson (GRB)
  Harmon b ca 1841 New Jasper TP, GC, (RB66)
  Horace b 9 Dec 1864/65 Union neighborhood, GC, s Thomas Maxey & Mary Jane (Stanfield) Anderson (AAC-FFHS-FFQKT-QB-SLGC)
  Horney b 1806/07 GC, s Paris & Lydia Anderson (LG95)
  Howard M. b Aug 1856 GC (GDR)
  James b 1806/24 near Xenia, GC, s John Horney & Hannah (Painter) Anderson (PAI)
  James R. b 10 Apr 1823/33 Spring Valley TP, GC, s James & Priscilla (Coffin) Anderson (PGC-RH)
  James W. b 14 Jul 1867 GC, s C B & M A Anderson (CUC)
  Jesse b 1806/24 near Xenia, GC, s John Horney & Hannah (Painter) Anderson (PAI)
  Jesse D. b 22 Sep 1865 GC, s C B & M A Anderson (CUC)
  Jessie D. b 4 Aug 1865 GC, s J S & E J Anderson (CUC)
  John b 6 Nov 1813 GC (DH)
  John Horney b 1806/24 near Xenia, GC, s John Horney & Hannah (Painter) Anderson (PAI)
  John S. b ca 1858 Spring Valley, GC (RB77)
  John Stanfield b 15 Dec 1854 GC (OB)
  John W. b 27 May 1852 Xenia TP, GC, s Thomas Maxey & Mary Jane (Stansfield) Anderson (BH)
  Joseph b 9 Sep 1814 GC (GDR)
  Joseph b 10 Dec 1815 GC, PROB

ANDERSON (continued)
Spring Valley TP, (PGC)
Joseph Franklin b 23 Nov 1856 Spring Valley TP, GC, s Joseph & Matilda (Stanfield) Anderson (BH-OB)
Joseph W. b 5 Dec 1809 GC (FBA)
Julia A. b 1 Aug 1867 Miami TP, GC dau John S & Elizabeth J (Tindall) Anderson (BH-CUC)
Laura b ca 1850 Union neighborhood, Xenia TP, GC, dau Alexander & Sarah (Allen) Anderson (OB/Douthett)
Levi b 1806/24 near Xenia, GC, s John Horney & Hannah (Painter) Anderson (PAI)
Lydia b prior 1869 E. of Xenia, GC (OB/Smart)
Margaret Ann b 15 Feb 1852 S. of Xenia, GC, dau Joseph & Matilda (Stanfield) Anderson (OB)
Maria b 26 Feb 1857 PROB GC, dau William & Mary (Collins) Anderson (WIL)
Martha b 1806/24 near Xenia, GC, dau John Horney & Hannah (Painter) Anderson (PAI)
Mary Cathrine b 25 Apr 1841 GC, dau Joseph W & Lydia (Smith) Anderson (FBA)
Mary J. b 15 May 1859 S. of Xenia, GC, dau Joseph & Matilda (Stanfield) Anderson (OB)
May b 26 Dec 1868 PROB Xenia, GC, dau Warren & Cannie (Vigus) Anderson (DH)
Milo Walton b 27 Mar 1850/57 Caesarscreek TP, GC, s Joseph & Matilda (Stanfield) Anderson (OB-PGC-WCII)
Rachel Ann b 5 Jul 1839 GC, dau Joseph W & Lydia (Smith) Anderson (FBA)
Robert S. b 21 Jan 1861 GC, s D & Y? Anderson (CUC)
Samuel b 1818 Cedarville TP, GC, s William Anderson (RH)
Samuel Collins b 6 May 1859

ANDERSON (continued)
New Jasper TP, GC, s William & Mary (Collins) Anderson (BH-OB)
Thomas Maxey b 14 Jun 1824 Xenia TP, GC, s Daniel & Jane (Dinsmore) Anderson (AAC-BH-ELA-FFHS-FFOK-T-SLGC)
William b 1806 GC, s William & ? (Kyle) Anderson (BH)
William Harvey b 27 Apr 1845 GC, s Joseph W & Lydia (Smith) Anderson (FBA)
William Patterson b 4 Feb 1848 S. of Cedarville, GC, s William & Mary (Collins) Anderson (BH-RB55)
Wilson S. b 10 Oct 1863 GC, s William & Lida (Beal) Anderson (OB)
ANDREW, Ebenezer Newton b 7 Dec 1827 near Xenia, GC, s James & Elizabeth (Scott) Andrew (AND)
Elizabeth Rebecca b 6 Oct 1856 GC, dau Thomas Scott & Jane Elder (McClellan) Andrew (MCCL)
Hugh Milton b 16 Nov 1824 near Xenia, GC, s James & Elizabeth (Scott) Andrew (AND)
James Harvey b 6 Sep 1848 Cedarville, GC, s Thomas Scott & Jane Elder (McClellan) Andrew (MCCL)
James Hervey b 23 May 1823 in or near Xenia, GC, s James & Elizabeth (Scott) Andrew (AND-UPC)
John C. b 14 Sep 1843 Xenia TP, GC (MR)
John Calvin b ca 1850 GC (RB44-RB66)
John Scott b 4 Jul 1842 GC, s Thomas Scott & Jane Elder (McClellan) Andrew (AND-MCCL)
Margaret Elizabeth b 31 Oct 1829 near Xenia, GC, dau James & Elizabeth (Scott) Andrew

ANDREW (continued) (AND)
Samuel G. b 23 Aug 1840 near Goes Station, Xenia TP, GC, s George & Jane (Goe) Quinn Andrew (BH-OB-RH)
Thomas Beveridge b 25 Dec 1851/52 Cedarville TP, GC, s Thomas Scott & Jane Elder (McClellan) Andrew (MCCL-PGC)
Thomas Scott b 7 Apr 1816 Xenia TP, GC, s James & Elizabeth (Scott) Andrew (AND-BH-MCCL)
William Hume b 18/28 Jul 1818 in or near Xenia, GC, s James & Elizabeth (Scott) Andrew (AND-UPC)
ANDREWS, Flora b ca 1850 Fairfield, GC, (OB/Harrison)
George H. b 1861 Xenia, GC (AFB)
John b ca 1858 GC, s Patrick & Winifred Ann (Mangan) Andrews (OB)
Louisa b Nov 1862 GC (GDR)
Margaret b 9 Apr 1856 Xenia, GC (AFB)
Mary b 4 Nov 1864 Xenia, GC, dau George Andrews (OB)
Mary A. b 12 Jun 1860 near Jamestown, GC, dau Patrick & Winifred (Mangan) Andrews (OB/Kyne-RH)
Robert H. b Feb 1839 Cedarville, GC (GDR)
ANKENEY, Albert b 15 Dec 1846 Beavercreek TP, GC, s Samuel & Margaret (Gettard) Ankeney (ANK-OB-RH)
Alice Elizabeth b 11 Nov 1853 near Alpha, Beavercreek TP, GC, dau David & Elizabeth (Varner) Ankeney (ANK)
Charles E. b 6 Dec 1853 Beavercreek TP, GC, s Nelson & Elizabeth Sidney (Coffelt) Ankeney (ANK-BH-OB)
Clara b 26 Apr 1859 GC, PROB Beavercreek TP, dau Nelson & Elizabeth (Coffelt) Ankeney

ANKENEY (continued) (OB)
ANKENEY/ANKENY, David b 8 Jun 1831 Alpha, Beavercreek TP, GC, s David & Elizabeth (Miller) Ankeney (ANK-BRC-DH-GDR-RH)
ANKENEY, Edward S. b 4 Dec 1864 near Alpha, Beavercreek TP, GC, s David & Elizabeth (Varner) Ankeney (ANK)
Elizabeth b 9 Nov 1844 Beavercreek TP, GC, dau Samuel & Margaret (Gettard) Ankeney (ANK-BRC)
Emma L. b 19 May 1852 Beavercreek TP, GC, dau Nelson & Elizabeth (Coffelt) Ankeney (ANK)
Henry b 1823 near Byron, GC, s Henry & Esther Ankeney (DH)
Horace b 11 Feb 1850 Beavercreek TP, GC, s Samuel & Margaret (Gettard) Ankeney (ANK-BH-OB-OPS-RB22)
Joan b 12 Feb 1840 Beavercreek TP, GC, dau Samuel & Margaret (Gettard) Ankeney (ANK-BRC-RH)
Lewis Warren b 13 Jan 1856 Beavercreek TP, GC, s Nelson & Elizabeth Sidney (Coffelt) Ankeney (ANK-BH-OB)
Margaret Ann b ca 1850 Beavercreek TP, GC (RB55)
Nelson b 15 Sep 1825 Beavercreek TP, GC (GDR)
Rachel b ca 1842 Xenia, GC (OB/Getchell)
Simon b 16 Jan 1833 Alpha, GC (GDR)
ANKENNY, John Sites b 4 Nov 1829 GC, s John Ankenny (BRC)
ANKENY, George b 18 Mar 1845 Beavercreek TP, GC (GDR)
ANTHONY, John W. b ca 1865 Bellbrook, GC (OB)
APPLEGATE, Howard b ca 1854 near Yellow Springs, GC, s Elias & Ann M. (Dehart) Applegate (OB)

APPLEGATE (continued)
William A. b 1857 Yellow Springs, GC, s Furman & Sarah Ann (Conover) Applegate (FFAP)
ARBOGUST, Charles Elmer b 22 Sep 1862 Xenia/Xenia TP, GC, s Charles & Rebecca W. (Sellers) Arbogust (OB-PGC-RH)
ARCHER, David b 1 Jan 1847 Beavercreek TP, GC, s John & Mary J. (Boroff) Archer (BH)
John b 8 Aug 1823 Sugarcreek TP, GC (GDR)
Lida b ca 1863 Mt Zion area, GC (OB/Helmer)
Oliver Franklin b ca 1857/58 GC (RB11)
Samuel b 31 Oct 1816 Beavercreek TP, GC (GDR)
ARMSTRONG, Mary b prior 1869 Xenia, GC, dau John S & Esther (Allison) Armstrong (OB/Whitmer)
ARNETT, James H. Jr. b 26 Jan 1847 New Burlington, Spring Valley TP, GC, s Valentine M & Mary (Jones) Arnett (BGI)
ARNOLD, Mary b prior 1869 near New Burlington, GC (OB)
ARY, Alva b 28 Feb 1868 Paintersville, GC, s Joel & Minerva (Mullen) Ary (OB)
Edith b 9 Jun 1845 near Paintersville, GC (OB/ Curl-RH)
Ezra b 8 Jun 1847 Xenia, GC, s Sinclair/St Clair & Ruth Ann (Ogan) Ary (FFAR)
Granville M. b 3 Jul 1862 Paintersville, GC, s John Ary (GDR)
Jacob Dennis b ca 1862 GC (RB33)
James William b ca 1861 Paintersville, GC (RB44)
Joel b ca 1831 Caesarscreek TP, GC (GDR)
John M. b 5 Feb 1822 GC, s William & Sarah (Bayliff) Ary (FFAR-FFDE-RH-WCI)
Joseph b 18 Oct 1850 GC (OB-

ARY (continued)
RB22)
Keziah Jane b 27 Jun 1836 near Paintersville, GC, dau John & Margaret (Turner) Ary (RH)
Laura Bell b prior 1869 Caesarscreek TP, GC, dau John & Evaline (DeVoe) Ary (RH)
Louisa b 24 Aug 1843 near Paintersville, GC, dau John & Evelyn (DeVoe) Ary (OB/Fawcett)
Margaretta b 12 Oct 1829 GC, dau William & Sarah (Bayliff) Ary (FFDE)
Mary J. b 13 Aug 1825/26 near Paintersville, GC, dau William & Sarah/Sally (Bayliff) Ary (RH)
Sarah Jane b Dec 1862 GC, dau Herman & Elizabeth (Dalby) Ary (GDR)
William b 1848 Paintersville, GC s Evaline Ary (OB-WCI)
ATKINS, James C. b 2 Sep 1866 Xenia TP, GC, s Frank & Precellia (Wardin?) Atkins (GDR)
ATKINSON, Charles T. b ca 1856 GC, s Levi & Mary B (Phillips) Atkinson (DH)
Elinor b 3 Jun 1844 near Xenia, GC, dau Thomas & Frances (Head) Atkinson (ATK)
Isaac b 6 Aug 1834 GC, s Thomas & Frances (Head) Atkinson (ATK)
Levi b 5 Dec 1818 GC (DH)
Martin b 28 Feb 1847 GC, s Thomas & Frances (Head) Atkinson (ATK)
Mary b 20 May 1839 GC, dau Thomas & Frances (Head) Atkinson (ATK)
Robert b prior 1869 GC, s Thomas & Frances (Head) Atkinson (ATK)
Sarah Elizabeth b 8 Sep 1841 GC, dau Thomas & Frances (Head) Atkinson (ATK)
Zimri b 21 Dec 1837 GC, s

ATKINSON (continued) Thomas & Frances (Head) Atkinson (ATK)
AUSTIN, Charles C. b ca 1843 POSS Bellbrook, GC (OB)
Charles M. b 1857 GC, s Justin Austin (BKI-OB)
Rebecca b 5 Feb 1811 GC (BH)
Susan b Jun 1817 GC, dau Joseph Austin (GDR/Vinard)
William b 22 Jun 1816 POSS GC, s Abel & Prudence (Stratton) Austin (FFAU)
BABB, Abner H. b 2 May 1824 Xenia, GC, s Peter & Jane (Scarff) Babb (BAB)
Anna b 2 May 1854 Xenia, GC, dau James Scarff & Phoebe (Lucas) Babb (BAB)
Betty b prior 1869 Xenia, GC, dau Thomas & Margaret (Wilson) Babb Jr. (BAB)
Charles Lewis b 28 Oct 1856, S. of Xenia, GC, s James Scarff & Phoebe (Lucas) Babb (BAB-BH)
Eliza Reed b 14 Oct 1859 Xenia, GC, dau James & Susan (Muier) Babb (OB/McClain-RB11)
Emma M. b 24 Feb 1865 near Spring Valley, GC, dau Peter S. & Amanda (Peterson) Babb (OB/Simison)
George H. b 22 Feb 1844 Xenia, GC, s James M. & Hannah (McQueary) Babb (OB)
Grace Anna b 6 Nov 1855 POSS GC, dau James & Susan (McQueary) Babb (OB/McClellan)
Harriet J. b 1835 GC, dau Abner & Anna (Dehaven) Babb (BAB)
Horace Martin b 16/17 Jul 1860 Richland neighborhood/Xenia, GC, s James Scarff & Phoebe (Lucas) Babb (BAB-OB)
James W. b 8 May 1837 Xenia, GC, s James M & Hannah (Smith) Babb (PGC)
John A. b 1841 Caesarscreek TP, GC, s Abner & Anna (Dehaven) Babb (BAB)

BABB (continued) Babb (BAB)
John B. b 21 Jan 1826 Xenia, GC, s Peter & Jane (Scarff) Babb (BAB)
Laura b 11 Jun 1852 Xenia, GC, dau James Scarff & Phoebe (Lucas) Babb (BAB)
Leon H. b 8 Jan 1854 Xenia, GC, s James M. & Susan (McCreary) Babb (OB)
Lewis F. b 11 Apr 1830 Xenia, GC, s Peter & Jane (Scarff) Babb (BAB)
Louisa b 11 Jun 1852 Xenia, GC, dau James Scarff & Phoebe (Lucas) Babb (BAB)
Luella/Lula Lydia b 24 May 1863 Xenia, GC, dau James Scarff & Phoebe (Lucas) Babb (BAB-OB/Davis)
Mary Jane b 16 Mar 1832 Xenia, GC, dau Peter & Jane (Scarff) Babb (BAB)
Mary Jane b ca 1847 Spring Valley TP, GC (RB66)
Mary Jane/June b 27 Dec 1850 near Xenia, GC (GCMR-OB-SVC)
Peter Smith b 18 Dec 1827 Xenia, GC, s Peter & Jane (Scarff) Babb (BAB)
Sinah Elizabeth b 13 May 1834 Xenia, GC, dau Peter & Jane (Scarff) Babb (BAB)
Stella J. b 28 Jun 1868 Richland vicinity near Xenia, GC, dau James Scarff & Phoebe (Lucas) Babb (BAB-OB/McDaniel)
Thomas M. b 20 Feb 1842 Xenia, GC (GDR)
William H. b 1843 GC, s Abner & Anna (Dehaven) Babb (BAB)
BADGLEY, Granville b 29 Jan 1857 Cedarville, GC (GDR)
BAGGETT, J. b 1854 Osborn, GC, dau G W & Mary Baggett (GDR)
BAILEY, B. F/T b 18 Nov 1843 Jamestown, GC (GDR)
Edwin Curtis b 13 Mar 1861 New

BABILEY (continued)
Burlington, GC, s Samuel P & Jane (Conger) Bailey (DAK)
BAIRD, Myra b ca 1848 near Bellbrook, GC (OB)
BAKER, A. H. b 13 Aug 1832 Xenia, GC (GDR)
Brinton b 24 Jan 1842 S. of Yellow Springs, GC, s Isaac & Eliza (Graham) Baker (BAK-BH-LG57)
Charles West b prior 1869 S. of Yellow Springs, GC, s Isaac & Eliza (Graham) Baker (BH)
Dan/Daniel b 20 Apr 1834/39 SE of Yellow Springs, GC, s Nayl & Huldah (Mills) Baker (BH-FFAU-RB22)
David b 27 Jan 1827 GC, s John C & Margaret Baker (SCHF)
Elizabeth Gowdy b 1860 Xenia, GC (OAA)
Frank b. ca 1862 GC, s David F & Ann R Baker (OB)
George b 14 Nov 1831 S. of Yellow Springs, GC, s Isaac & Eliza (Graham) Baker (BAK-BH)
George W. b 28 Sep 1866 near Alpha, GC (OB)
Hester b Aug 1849 S. of Yellow Springs, GC, dau Isaac & Eliza (Graham) Baker (BH)
John b 10 Oct 1836 S. of Yellow Springs, GC, s Isaac & Eliza (Graham) Baker (BH)
Joseph b 1843/44 S. of Yellow Springs, GC, s Isaac & Eliza (Graham) Baker (BH)
Justus Laban W. b 15 Jun 1844 Jefferson/Silvercreek TP, GC, s Jacob & Laura/Lorena (Haughey) Baker (BH-GDR)
Lavenia E. b 30 Dec 1830 W. of Jamestown, GC, dau Matthias W. & Matilda (Moorman) Baker (DH)
Louisa/Louise b prior 1869 S. of Yellow Springs, GC, dau Isaac & Eliza (Graham) Baker (BH)
Mamie Cecelia b. ca 1868 Yellow Springs, GC, dau George &

BAKER (continued)
Elizabeth (Higginson) Baker (OB)
Mary E. b 9 Jul 1829 near Jamestown, GC, dau Mathias/Matthias W. & Matilda (Moorman) Baker (BH-DH-PGC)
Mary F. b ca 1850 near Jamestown, GC, dau Jacob & Lorena Baker (BH-GRB-OB/Taylor-PGC)
Samuel T. b 17 Mar 1846/47 W. of Jamestown, GC, s John Winans & Elizabeth (Towell) Baker (BH-SCI)
Sarah b prior 1869 S. of Yellow Springs, GC, dau Isaac & Eliza (Graham) Baker (BH)
Sarah B. b 23 Jul 1825 Miami TP, GC (PGC)
Selathiel E. W. b 13 Sep 1838 W. of Jamestown, GC, child of Matthias W & Matilda (Moorman) Baker (DH)
Walter J. b ca 1859 GC (OB)
W. C. M. b 2 Oct 1833 W. of Jamestown, GC, child of Matthias W. & Matilda (Moorman) Baker (DH-OB)
William Penn b 4 Jan 1839 S. of Yellow Springs, GC, s Isaac & Eliza (Graham) Baker (BH)
William Raper b 31 Aug 1841 W. of Jamestown, GC, s John W. & Elizabeth (Towell) Baker (BH-GRB-PGC-SLGC)
BALDWIN, David P. b 30 Aug 1814 GC (GDR)
Edwin b ca 1852 POSS Yellow Springs, GC (OB)
Eleanor b 3 Jul 1832 near Oldtown, GC, dau David & Eleanor (Mclaughlin) Baldwin Jr. (BAL)
Eliza Ann b 15 Jan 1825 near Oldtown, GC, dau David & Eleanor (Mclaughlin) Baldwin Jr. (BAL)
Ira b 3 Jun 1820 near Oldtown, GC, s David & Eleanor (Mclaughlin) Baldwin Jr.

BALDWIN (continued) (BAL)
Ira W. b 11 Oct 1838 near Clifton, GC, s David P. & Julia Baldwin (BH-RH)
James McLaughlin b 10 May 1815 near Oldtown, GC, s David & Eleanor (Mclaughlin) Baldwin Jr. (BAL)
John b 23 Aug 1823 near Oldtown, GC, s David & Eleanor (Mclaughlin) Baldwin Jr. (BAL)
Newton b 9 Nov 1817 near Oldtown, GC, s David & Eleanor (Mclaughlin) Baldwin Jr. (BAL)
Rees Stanley b 2 Apr 1830 near Oldtown, GC, s David & Eleanor (Mclaughlin) Baldwin Jr. (BAL)
Sarah/Sally b 8 Sep 1816 near Oldtown, GC, dau David & Eleanor (Mclaughlin) Baldwin Jr. (BAL)
William b 7 Dec 1827 near Oldtown, GC, s David & Eleanor (Mclaughlin) Baldwin Jr. (BAL)
BALES, Aaron E. b 7 Dec 1822 Caesarscreek TP, GC, s Elisha & Elizabeth (Shook) Bales Jr. (BLE)
Alexander Z. b 9 Jan 1835 Caesarscreek TP, GC, s Elisha & Elizabeth (Shook) Bales Jr. (BLE)
Alice Lucretia b 1 Apr 1866 New Jasper TP, GC, dau John Stokes & Catherine L. (Spahr) Bales (BH)
Amanda b 1833 Caesarscreek TP, GC, dau Jacob & Dorothy (Hickman) Bales (BLE)
Charles R. b 12 Jan 1863/68 New Jasper TP, GC, s William & Nancy (Harness) Bales (OB-SCL)
Charles Raper b ca 1868 Xenia, GC (RB88)
Clemmie Mae b ca 1866 near Mt Tabor, GC, dau Jonathan &

BALES (continued)
Harriett (Adams) Bales (OB/Jones)
Cyrus b. 1818 Caesarscreek TP, GC, s Jacob & Dorothy (Hickman) Bales (BLE)
Dorothy b 1835 Caesarscreek TP, GC, dau Jonathan & Sarah (Hickman) Bales (BLE)
Dorothy b 1838 Caesarscreek TP, GC, dau Jacob & Dorothy (Hickman) Bales (BLE)
Elijah b 13 Jan 1835 Caesarscreek TP, GC, s John & Sarah (Lucas) Bales (BLE-MTC)
Elisha b 1 Dec 1826 Caesarscreek TP, GC, s John & Sarah (Lucas) Bales (BLE-PGC-SCK)
Elizabeth b 1822 Caesarscreek TP, GC, dau John & Sarah (Lucas) Bales (BLE)
Elizabeth b 1827 Caesarscreek TP, GC, dau Jacob & Dorothy (Hickman) Bales (BLE)
Elizabeth b 1831 Caesarscreek TP, GC, dau Jonathan & Sarah (Hickman) Bales (BLE)
Elizabeth Alice b 22 Jun 1859 GC, dau Laben & Nancy Ann (Sutton) Bales (SUT)
Elizabeth Eve b 19 Mar 1827 Caesarscreek TP, GC, dau Elisha & Elizabeth (Shook) Bales Jr. (BLE)
Fanny b prior 1869 GC (BH)
Frances b 18 Jun 1817 Caesarscreek TP, GC, dau John & Sarah (Lucas) Bales (BLE)
J. A. b 21 Sep 1863 near New Jasper, GC, s Lewis & Hannah (Thomas) Bales (OB)
Jacob b 26 Apr 1836 Caesarscreek TP, GC, s Jacob & Dorothy (Hickman) Bales (BLE-SHC)
Jacob b 1838 Caesarscreek TP, GC, s John & Sarah (Lucas) Bales (BLE)
Jacob b prior 1869 GC, s Elisha

BALES (continued)
Bales (BH)
James b 1 Aug 1821 Caesarscreek TP, GC, s Jacob & Dorothy (Hickman) Bales (BLE-LG96)
John Jr. b 1825 Caesarscreek TP, GC, s John & Sarah (Lucas) Bales (BLE)
John Stokes b 6 Apr 1840 Caesarscreek TP, GC, s Jacob & Dorothy (Hickman) Bales (BH-FFBC)
John W. b 3 Dec 1865 Caesarscreek TP, GC, s Jacob & Matilda (Lucas) Bales (BH)
Jonathan Jr. b 22 Aug 1839 Caesarscreek TP, GC, s Jonathan & Sarah (Hickman) Bales (BLE-GDR)
Joseph B. b 5 Sep 1858 near New Jasper, GC, s Lewis & Hannah (Thomas) Bales (OB)
Julia Ann b 27 May 1817 Caesarscreek TP, GC, dau Elisha & Elizabeth (Shook) Bales Jr. (BLE)
Laban b 29 May 1832 Caesarscreek TP, GC, s Jacob & Dorothy (Hickman) Bales (BLE)
Laban B. b 1831 New Jasper TP, GC (GDR)
Leah b 1837 Caesarscreek TP, GC, dau Jonathan & Sarah (Hickman) Bales (BLE)
Leah b 22 Jan/Mar 1843 Caesarscreek TP, GC, dau Jacob & Dorothy (Hickman) Bales (BH-SHC)
Letitia b 24 May 1856/58 GC, dau Laban/Laben & Nancy Ann (Sutton) Bales (FUD-SUT)
Lewis B. b 1829 Caesarscreek TP, GC, s Jacob & Dorothy (Hickman) Bales (BLE-SCOS)
Lydia b 1832 Caesarscreek TP, GC, dau John & Sarah (Lucas) Bales (BLE)
Martha b 30 Mar 1842 New Jasper TP, GC, dau Silas & Elizabeth (Smith) Bales (PGC)

BALES (continued)
Mary b 1820 GC (PGC)
Mary b 1824 Caesarscreek TP, GC, dau John & Sarah (Lucas) Bales (BLE)
Mary b 14 Sep 1824 Caesarscreek TP, GC, dau Elisha & Elizabeth (Shook) Bales Jr. (BLE-PGC)
Maschal/Maschil b 1 Apr 1821 Caesarscreek/New Jasper TP, GC, s John & Sarah (Lucas) Bales (BLE-GDR-SCD)
Matilda b 15 Jun 1818 Caesarscreek TP, GC, dau Elisha & Elizabeth (Shook) Bales Jr. (BLE)
Oscar Elliott b 2 Feb 1864 New Jasper TP, GC, s John Stokes & Catherine L. (Spahr) Bales (BH-OB)
Phobe b 13 Apr 1821 Caesarscreek TP, GC, dau Elisha & Elizabeth (Shook) Bales Jr. (BLE)
Rebecca b 1825 Caesarscreek TP, GC, dau Jacob & Dorothy (Hickman) Bales (BLE)
Sarah b 1823 Caesarscreek TP, GC, dau Jacob & Dorothy (Hickman) Bales (BLE)
Sarah Louise b 5 Feb 1831 Caesarscreek TP, GC, dau Elisha & Elizabeth (Shook) Bales Jr. (BLE)
Silas b 11 Jun 1814 Caesarscreek TP, GC, s John & Sarah (Lucas) Bales (BLE-DH-PGC-SCE)
Solomon b 1819 Caesarscreek TP, GC, s John & Sarah (Lucas) Bales (BLE)
William b 19 Mar/May/Jun 1830 Caesarscreek/New Jasper TP, GC, s John & Sarah (Lucas) Bales (BLE-GDR-MTC)
William Franklin b 21 Mar 1868 New Jasper TP, GC, s John Stokes & Catherine L. (Spahr) Bales (BH)
BALLARD, Alexander S. b 14 Nov 1821 Jamestown, GC (OB-

BALLARD (continued) SCW)
James b 21 May 1836 GC, s Josiah & Isabella (Miller) Ballard (DH)
Rufus H. b 1843 N. of Jamestown, GC, (OB-SCV)
Sarah b 1817 GC, dau Joseph & Sarah Ballard (FFTN-PGC)
BANKERD, Mary H. b prior 1869 Xenia, GC, dau Henry C. & Catherine (Manor) Bankerd (BH)
BARBER, Allan b 7 Jul 1845 GC, s Stephen & Mary (Vanaman) Barber (DH)
Carrie Jane b ca 1864 Cedarville, GC (RB33)
Charles M. b 1858 Cedarville TP, GC (GDR)
Emmazetta b 16 Jan 1849 Cedarville/Cedarville TP, GC, dau Martin M. & Nancy (Townsley) Barber (BH-OB/Bull)
Hulda b ca 1861 Cedarville, GC (RB22)
James M. b 18 Jan 1822 Cedarville TP, GC (PGC)
John A. b 17 Dec 1823 Cedarville, GC (GDR)
John A. b 19 Jul 1849 Cedarville, GC (GDR)
John Alexander b 23 Dec 1823 NE of Cedarville, GC, s John Sr. & Sarah (Martin) Barber (BH-PGC)
John Calvin b ca 1855 Cedarville, GC (RB66)
Nannie b 5 Feb 1855 Cedarville TP, GC, dau Martin & Mary Barber (MCCL-PGC)
Sally b 1850 GC, dau Samuel & ? (Kyle) Barber (GDR)
William H. b 10 Jul 1853 Cedarville TP, GC, s John Alexander & Eliza (Galloway) Barber (BH-OB)
William Martin b 6 May 1820 Ross TP, GC, s John & Sarah (Martin) Barber (RH)
BARBISON, Mary Ann b ca 1862

BARBISON (continued) Cedarville, GC (RB77)
BAREFOOT, Lucinda b 1846 GC (OB-SCI)
BARGDILL, Alice b ca 1854 Silvercreek TP, GC (OB/Fristoe)
Charles C. b ca 1859 near Jamestown, GC, s Calvin & Amanda (Shrack) Bargdill (OB)
Cyrus b 7 Sep 1829 Silvercreek TP, GC (BH)
George R. b 13 Apr 1862 Silvercreek TP, GC, s Cyrus & Harriet (Spahr) Bargdill (BH)
Margaret b 3 Sep 1858 Silvercreek TP, GC, dau Cyrus & Harriet (Spahr) Bargdill (BH)
Mary A. b 12 Aug 1850 near Jamestown, GC, dau Calvin & Amanda Bargdill (OB/Robison)
R. b 1829 Silvercreek TP, GC (GDR)
BARKMAN, Charles C. b ca 1859 Osborn, GC (OB)
David b 6 Oct 1822 W. of Xenia, GC, s Peter Barkman (OB-PGC)
Peter b prior 1869 GC, s David Barkman (FFBA)
BARLEY, E. N. b 17 Feb 1861 Spring Valley, GC, s Isaiah & Sarah (Marsh) Barley (OB)
Marsh Charles b ca 1862/63 Spring Valley, GC, s Isaiah & Sarah (Marsh) Barley (RB77)
Walton I. b ca 1859 Spring Valley, GC, s Isaiah & Sarah (Marsh) Barley (OB)
William D. b 1838 GC, s John & Levena (Haines) Barley (LG96)
BARNES, Amber Ruth b 27 Apr 1860 Xenia, GC (FBB)
Charles Adams b 14 Nov 1857 Xenia, GC (FBB)
Clarissa b 18 Apr 1850 Xenia, GC (FBB)
Daniel Dean b 20/27 Nov 1840 Xenia, GC (FBB-GDR)
Elmer Ellsworth b 27 Jul 1862 Xenia, GC (FBB)
George Andrew b 14 Jul 1837 Xenia, GC, s Henry & Ruth

BARNES (continued)
(Linkhart) Barnes (BH-DH-FBB-RB77)
Henrietta b 29 Oct 1848 Xenia, GC (FBB)
Henry b 30 Nov 1814 Xenia, GC (FBB)
Henry b 15 May 1855 Xenia, GC (FBB)
Henry b ca 1860 Xenia, GC (OB)
Henry Jr. b 17 May 1855 Xenia, GC (FBB)
James Moore b 23 Mar 1839 Xenia, GC (FBB)
Joseph Linkhart b 14 Apr 1845 Xenia, GC (FBB)
Margarette Ellen b 18 Oct 1852 Xenia, GC (FBB)
Mary Francis b 22 Jan 1843 Xenia, GC (FBB)

BARNETT, Ann Virginia b 26 Jan 1845/49 Xenia TP, GC, dau John & Amelia (Mowdy) Barnett (FBBT)
Catherine Rosanna/June b 26 Jul 1835 Xenia TP, GC, dau John & Amelia (Mowdy) Barnett (FBBT)
Cora b ca 1867 W. of Xenia, GC (OB/Moore)
Daniel Weisel b 15 Feb 1831 Xenia TP, GC, s John & Amelia (Mowdy/Moody) Barnett (FBBT-RH)
Edward Stake b 2 May 1840 Xenia TP, GC, s John & Amelia (Mowdy) Barnett (FBBT-FFMP)
Henry Otho b 18 Dec 1837 Xenia TP, GC, s John & Amelia (Mowdy/Moody) Barnett (FBBT)
James Hezikiah/Hezekiah James b 7 Jun 1847 Xenia TP, GC, s John & Amelia (Mowdy/Moody) Barnett (FBBT)
John Oliver b 16/21/26 Jan/Apr 1833 Spring Valley TP, GC, s John & Amelia Ann (Mowdy) Barnett (FFBT-GDR-RH)
John William b 10 Feb 1860 Oldtown, GC, s John Oliver &

BARNETT (continued)
Mary (Holmes) Barnett (OB-RB66)
Joshua b 13 Oct 1851/52 Xenia TP, GC, s John & Amelia (Mowdy) Barnett (FBBT)
Martha Ellen/Mary Ellen b 5 Sep/6 May 1842 Xenia TP, GC, dau John & Amelia (Mowdy) Barnett (FBBT)
Oliver/John O. b 26 Jan 1833 Xenia TP, GC, s John & Amelia (Mowdy) Barnett (FBBT)
Richard Edward b 1 Sep 1862/63 GC, s John Oliver & Mary (Holmes) Barnett (OB)
Susan b 10 Nov 1808 GC, POSS Bellbrook, (OB/Fudge)
Virginia b 26 Jan 1845 near Xenia, GC, dau John & Amelia (Moudy) Barnett (FFBT-OB/Nisonger)

BARNEY, Martha b ca 1856 Mt Zion area, GC, dau Benjamin Barney (OB/Snyder)

BARNHART, Arabella b 1861 Silvercreek TP, GC, dau John & Jane (Sheeley) Barnhart (BH)
Davis b 19 Dec 1854 Silvercreek TP, GC, s John & Jane (Sheeley) Barnhart (BH-OB)
John W. b 29 Jun 1853 Beavercreek TP, GC (GDR)
Matilda b 1846 Silvercreek TP, GC, dau John & Jane (Sheeley) Barnhart (BH)
Morgan b 1857 Silvercreek TP, GC, s John & Jane (Sheeley) Barnhart (BH)
Theodorick b 1848 Silvercreek TP, GC, s John & Jane (Sheeley) Barnhart (BH)

BARR, Anna Eliza b 17 Oct 1839 Bath TP, GC, dau John Barr (RH)
Charles W. b ca 1861 GC (OB)
Mary Catherine b ca 1853 Bath TP, GC, dau John & Susan (Miller) Barr (OB/Warner-RH)
Samuel b 14 Mar 1843 Cedarville, GC, s James A & ?

BARR (continued) (McHatton) Barr (BH)
BARRETT, Don Carlos b 22 Apr 1868 Spring Valley, GC (OA-VPJ8)
Frank J. b prior 1869 near Spring Valley, GC, s James E & Anna E Barrett (OB)
T. Swayne b 1 Sep 1852 Spring Valley TP, GC, s Isaac M & Rebecca (Swayne) Barrett (PGC)
BARRINGER, Harry J. b ca 1865 Osborn, GC (OB)
BARROWS, Mamie b prior 1869 GC, dau Russell & Providence Barrows (ELA)
Melville F. b 8 Jul 1864 Xenia TP, GC, s John I. & Providence Russell (Butler) Barrows (ELA-RH)
BARTLES/BATTLES, Cornelius b 1861 Xenia, GC (GDR)
BATCHELOR, Hester/Hettie b 26 Mar 1816/17 Yellow Springs, GC, dau Robert Batchelor (BH-RH)
BATDORF, John b 1835 Fairfield, GC, s Peter & Elizabeth (Crist) Batdorf (GDR)
Reuben G. b 4 Apr/Dec 1843 near Fairfield, Bath TP, GC, s Peter & Mary M. (Mitman) Batdorf (BCI-BH-GDR)
Thomas Wilber b ca 1856 GC (RB22)
BATES, Barbara Ellen b 1863 Beavercreek TP, GC, dau Peter & ? (Reese) Bates (HAH)
David b 18 Dec 1823 Bath TP, GC (GDR)
Henry b 5 Mar 1827 GC, s Henry & Margaret (Shingledecker) Bates (CCO)
Henry B. b 21 Aug 1828 Beavercreek TP, GC (GDR)
Jacob b 19 Mar/Apr 1827 Beavercreek TP, GC, s Jacob & Margaret Bates (GDR-RH)
Jennie Belle b 1866 Beavercreek TP, GC, dau Peter & ? (Reese) Bates (HAH-RB33)

BATES (continued) Mary Ann Elizabeth b 1 Sep 1852 GC, dau Peter & ? (Reese) Bates (HAH)
Sarah Jane b Aug 1832/34 Beavercreek TP, GC (GDR)
William b 14 Jan 1868 Beavercreek TP, GC (GDR)
BAUGHMAN, Stafford M. b 14 Jan 1856 Osborn, GC (GDR)
BAUMASTER, Jacob b ca 1855 Xenia, GC (OB)
BAUMGARTNER, Catherine b prior 1869 GC (BH)
BAUSER, Elizabeth b ca 1862 Oldtown, GC, dau John & Margaret (Geron) Bauser (OB)
Katherine b 6 Feb 1863 Oldtown, GC, dau John & Margaret (Geron) Bauser (OB-Cromwell)
BAXLA, Hiriam A. b 2 Jul 1826/27 Xenia, GC, s Julian & Catharine (Turner) Baxla (BT)
Samantha b 28 Apr 1822 GC, dau Julian & Catharine (Turner) Baxla (BT-LG96)
Susannah b 23 Mar 1829 Jamestown, GC, dau Julian & Catharine (Turner) Baxla (BT)
BAYLIFF, Amanda E. b 7 Jul 1862 PROB GC, dau Joshua & Mary L (Stephens) Bayliff (DH)
Daniel b 22 May 1816 near Paintersville, GC, s Joshua & Mary (Fry) Bayliff (DH)
Jane b 12 Feb 1864 PROB GC, dau Joshua & Mary L (Stephens) Bayliff (DH)
Joshua b 4 Apr 1837 near Paintersville, GC, s Daniel & Eliza (Stephens) Bayliff (DH)
Reece b 10 Jul 1854 near Paintersville, GC, s Daniel & Eliza (Stephens) Bayliff (DH)
William C. b 31 Mar 1861 PROB GC, s Joshua & Mary L (Stephens) Bayliff (DH)
BAYNARD, Amos b ca 1850 S. of Xenia, GC, s Solomon Baynard (OB)
BEACHAM, James b 1835 GC, s Thomas & Elizabeth (Butler)

BEACHAM (continued)
Beacham (ELA)
John P. Sr. b 17 Dec 1843 Xenia, GC, s Thomas & Elizabeth (Butler) Beacham (ELA)
Oliver Conley b 4 Oct 1862 GC (OAA)
William M. b 20 Feb 1866 Xenia, GC (GDR)
BEADE, J. C. b 17 Sep 1839 GC (RCY08)
BEAL, Aaron Jr. b 9 May 1819 Beavercreek TP, GC, s Aaron & Annie (Oram) Beal (BCI-PGC)
Aaron H. b 2 May 1837 Caesarscreek TP, GC, s George & Rachel (Driscoll) Beal (RH)
David E. b 30 May 1860 Caesarscreek TP, GC, s Aaron H & Keziah Jane (Ary) Beal (RH)
George b 16 Mar 1864 near Cedarville, GC, s Stephen & Amanda Jane Beal (OB)
Jasper S. b 9 Feb 1847 Beavercreek TP, GC, s Thomas & Priscilla (Hopping) Beal (BH)
John b 1821 GC, s George Beal (LG96)
Marcelous/Marsellous Osborn b 1854 Goes Station, GC (FCR-RB22)
Martha J. Florence b 3 Mar 1846 Beavercreek TP, GC, dau Thomas & Priscilla (Hopping) Beal (BH)
Mary Ann b 28 May 1827 GC (BEA)
Samuel L. b ca 1861 near Xenia, GC, s Aaron & Keziah Beal (OB)
Stephen C. b 1 Aug 1827 GC, s George & Rachel (Driscoll) Beal (DH)
Thomas b 26 Feb/Oct 1821/22 GC, s Thomas Beal (BCI-BH)
Thomas L. b 16 Jun 1858 Beavercreek TP, GC, s Aaron & Annie (Oram) Beal (PGC)

BEAL (continued)
Washington A. b 9 Nov 1827 Xenia TP, GC (GDR)
BEALL, Eli C. b 2 Mar 1841 Xenia TP, GC (MR)
James W. b 15 Feb 1839 Xenia, GC (MR)
BEALL/BUEL, Malinda b 10 Oct 1814 GC (LG47)
BEALL/BEAL, Martha b 1859 GC, dau John & Maria (Mainer) Beall (BH-WCF)
BEAM, Addie B. b 20 Jan 1862 Caesarscreek TP, GC, dau Daniel Hains & Susan Mariah (Keiter) Beam (BH-B&K)
Anna Mary b 21 Mar 1868 Zoar area, Caesarscreek TP, GC, dau Daniel Hains & Susan Mariah (Keiter) Beam (BH-B&K-OB/Woods)
Daniel Frank b 16 Dec 1865 Zoar area, Caesarscreek TP, GC, s Daniel Hains & Susan Mariah (Keiter) Beam (BH-B&K-OB)
Daniel Hains b 2 Feb 1833 Caesarscreek/Xenia TP, GC, s Daniel & Ann/Anna (Haines/Hains) Beam (BH-B&K-GDR-RH)
Eliza b 19 Jan 1840 Caesarscreek TP, GC, dau Daniel & Anna (Haines) Beam (PGC)
Emma Jane b 10 Aug 1860 Caesarscreek TP, GC, dau Daniel Hains & Susan Mariah (Keiter) Beam (BH-B&K)
Euretta/Luretta Susan b 22 Feb 1864 Caesarscreek TP, GC, dau Daniel Hains & Susan Mariah (Keiter) Beam (BH-B&K)
Henry Alva b 12 Aug 1858 Caesarscreek TP, GC, s Daniel Hains & Susan Mariah (Keiter) Beam (BH-B&K-OB-RH)
William Oscar b 30 Nov 1856 Caesarscreek TP, GC, s Daniel Hains & Susan Mariah (Keiter) Beam (BH-B&K-OB)

BEAMER, Martha Ellen b 25 Mar 1854 near Cedarville, GC, dau James Beamer (OB/Shepard)
BEAR, Josephine b ca 1857 W. part GC (OB/Shank)
BEASON, Arnasa L. b Apr 1861 Caesarscreek TP, GC (GDR)
Jacob b 11 Jan 1818 GC, s William & Mary (Standberry) Beason (FFBK)
Laura Elizabeth b 14 Jun 1859 near Mt. Tabor, GC, dau Lewis & Rebecca J. (Beal) Beason (OB/Nicely)
Mary b 1804 Caesarscreek TP, GC, dau Mercer & Katie (Kains) Beason (PGC-TUR)
Rhoda b 25 Jan 1832 Silvercreek TP, GC (GDR)
William L. b 30 Oct 1835 GC (GDR)
BEATTY, Catherine b 13 Mar 1857 Yellow Springs, GC, dau John & Delilah (Jones) Beatty (OB)
BEATTY, Charles E. b 5 Mar 1865 Xenia TP, GC, s John & Delilah (Jones) Beatty (BH)
Charles Edward b ca 1864 Yellow Springs, GC (RB77)
Frank F. b ca 1868 near Yellow Springs, GC, s John & Delilah (Jones) Beatty (OB)
John A. b 19 Jan 1862 Bath TP, near Yellow Springs, GC, s John & Delilah (Jones) Beatty (BH-GRB-OB)
Margaret Ann b ca 1866 W. of Yellow Springs, GC, dau John & Delilah (Jones) Beatty (OB)
William H. b ca 1859 N. of Xenia, GC, s John & Delilah (Jones) Beatty (OB)
BECK, Emaline b 1830 GC (BH)
BEESON, Eliza b 1837 S. of New Jasper, GC, dau Thomas & Keziah Beeson (BH)
Lydia b 1827 GC, dau Thomas & Kesiah (Turner) Beeson (BH)
BEETS, Joseph Ellsworth b 12 Feb 1865 Xenia, GC (FFBF)

BEICKEL, John Henry b ca 1846 Silvercreek TP, GC (RB33)
BELL, Ann/Anna Maria b prior 1869, GC, dau George & Vinca (Heath) Bell (BIC-ELA)
Edwin E. b 20 Feb 1824 GC, s William & Rebecca (Davis) Bell (SCHT)
Elisha Bales b 26 Mar 1808 Caesarsville, GC, s Joshua Davage & Mary (Bales) Bell (BEL-BLE-ELA)
Elizabeth N. b 1810 Caesarscreek TP, GC, dau Joshua Davage & Mary (Bales) Bell (BEL-BLE)
Erasmus U. b 22/23 Sep 1829 White Chapel area, GC, s George & Viney/Vinca (Heath) Bell (BEL-BIC-ELA-RH)
George C. b 7 Jun 1825 Caesarscreek TP, GC, s Joshua Davage & Mary (Bales) Bell (BEL-BLE)
George F. b 5 Mar 1824 GC, s George & Vinca (Heath) Bell (ELA-GDR)
Georgia b 1860 E. of Xenia, GC, dau Freeborn & Jane (Scarff) Bell (OB-WCJI)
James M. b prior 1869 GC, s George & Vinca (Heath) Bell (ELA)
Jewett Freeborn G. b 17 Sep 1837 GC, s George & Vinca/Viney (Heath) Bell (BIC-ELA)
John L. b 1819 Caesarscreek TP, GC, s Joshua Davage & Mary (Bales) Bell (BEL-BLE)
John Merriman b prior 1869 GC, s George & Vinca (Heath) Bell (ELA)
John Smith b 1809 GC, s John & Lydia (Smith) Bell (ELA)
Joshua Davage Jr. b 21 Feb 1817 Caesarscreek TP, GC, s Joshua Davage & Mary (Bales) Bell (BEL-BLE)
Lewis L. b prior 1869 GC, s George & Vinca (Heath) Bell (ELA)

BELL (continued)
Martha A. b May 1820 Xenia TP, GC (GDR)
Martha Ellen b prior 1869, S. of Xenia, GC, dau Freeborn & Jane (Scarff) Bell (OB)
Mary Etta/Marietta b 1823 Caesarscreek TP, GC, dau Joshua Davage & Mary (Bales) Bell (BEL-BLE)
Mattie B. b 13 Jan 1831 Bellbrook, GC, dau William & Sallie (Davis) Bell (GDR)
Rebecca Margaret b 21 Nov 1814 Caesarscreek TP, GC, dau Joshua Davage & Mary (Bales) Bell (BEL-BLE)
Sallie b 3 May 1854 Xenia, GC (OB/Wood)
Sarah C. b 24 May 1812 Caesarscreek TP, GC, dau Joshua Davage & Mary (Bales) Bell (BEL-BLE)
Sarah C. b prior 1869 GC, dau George & Vinca (Heath) Bell (ELA)
Sheridan Watson b 24 Sep 1864 Union area, Xenia TP, GC, s Erasmus U. & Martha Frances (Watson) Bell (BIC-ELA-OB-WCPQ)
Thomas L. b prior 1869 GC, s George & Vinca (Heath) Bell (ELA)
Tinsley H. b 6 Apr 1855 Union area, Xenia TP, GC, s Erasmus U. & Martha Frances (Watson) Bell (BIC-ELA-OB-RH-WCPQ)
William M. b 31 May 1827 GC, s William & Rebecca (Davis) Bell (SCHT)
BELT, Albert Wilson b 23 Mar 1855 Bellbrook, GC, s Whiteford & Nancy/Matilda (Dickensheets) Belt (BELT-GDR-RB33)
Amanda J. b 5 Mar 1844 Sugarcreek TP, GC, dau Whiteford & Nancy/Matilda (Dickensheets) Belt (BELT)

BELT (continued)
Anna M. b 8 Jan 1852 Sugarcreek TP, GC, dau Whiteford & Nancy/Matilda (Dickensheets) Belt (BELT)
Catherine b 20 Aug 1835 Sugarcreek TP, GC, dau Whiteford & Nancy/Matilda (Dickensheets) Belt (BELT)
David Franklin b 27 Mar 1863 Sugarcreek TP, GC, s John & Amanda (Crumbaugh) Belt (BH)
Harriet Matilda b 9 Jul 1838 Sugarcreek TP, GC, dau Whiteford & Nancy/Matilda (Dickensheets) Belt (BELT)
James Dawson b 11 Jan 1847 Sugarcreek TP, GC, s Whiteford & Nancy/Matilda (Dickensheets) Belt (BELT)
John Dillman b 9 Jun 1834 Sugarcreek TP, GC, s Whiteford & Nancy/Matilda (Dickensheets) Belt (BELT-BH-RB66)
Joseph L. b 18 Jul 1848 Sugarcreek TP, GC, s Whiteford & Nancy/Matilda (Dickensheets) Belt (BELT)
Martha M. b 6 Apr 1840 Sugarcreek TP, GC, dau Whiteford & Nancy/Matilda (Dickensheets) Belt (BELT)
Mary E. b 21 Jul 1858 Sugarcreek TP, GC, dau Whiteford & Nancy/Matilda (Dickensheets) Belt (BELT)
Merryman b 1 Aug 1850 Sugarcreek TP, GC, child of Whiteford & Nancy, Matilda (Dickensheets) Belt (BELT)
Perry b 5 Feb 1842 Sugarcreek TP, GC, s Whiteford & Nancy/Matilda (Dickensheets) Belt (BELT)
Thomas Cramer b 21 Feb 1853 Sugarcreek TP, GC, s Whiteford & Nancy/Matilda (Dickensheets) Belt (BELT)
William H. b 25 Apr 1837 Sugarcreek TP, GC, s

BELT (continued)
Whiteford & Nancy/Matilda (Dickensheets) Belt (BELT)
BENHAM, Benjamin b 1819 Beavercreek TP, GC, s Peter & Catherine (Beck) Benham (BH-MZP)
Eliza Jane b ca 1852 Alpha, GC (RB55)
John Jr. b 17 Oct 1811 GC, s John Benham (MCH)
Lida Jane b ca 1853 Beavercreek TP, GC (RB11)
Peter O. b 8 Nov 1839 Beavercreek TP, GC, s Peter & Catherine (Beck) Benham (DH-PGC)
William Franklin b 24 Nov 1849 Beavercreek TP, GC, s Benjamin & Mary (Gillespie) Benham (BH-MZP)
BENNETT, Jole b 8 Mar 1839 GC (GDR)
Samuel b 10 Jan 1848 Fairfield, GC (GDR)
BENNING, Ernest b ca 1868 Yellow Springs, GC (RB44)
Lewis A. b 26 Jun 1868 Yellow Springs, GC (OB)
BENSON, George b 1847 in or near Jamestown, GC, s William Creighton & Eliza Ann (Farmer/Hibbens) Benson (FFBE)
Henry Clark b 1815 Xenia, GC (GLAN-OA)
Josephine Irene b 1 Jan 1842 Jamestown, GC, dau William Creighton & Elizabeth (Farmer) Benson (FFBE)
Louisa Maria b 30 Aug 1844 Jamestown, GC, dau William Creighton & Elizabeth (Farmer) Benson (FFBE)
Martha Quinn b 4 Apr 1813 GC (FFBJ)
Van b 1847 in or near Jamestown, GC, dau William Creighton & Eliza Ann (Farmer/Hibbens) Benson (FFBE)
Victoria b 1845 in or near

BENSON (continued)
Jamestown, GC, dau William Creighton & Eliza Ann (Farmer/Hibbens) Benson (FFBE)
BENTZ, Emma Melissa b ca 1862 GC (RB44)
BERG, Allie Glen b ca 1868 Clifton, GC (RB66)
Carrie b ca 1864 GC (RB55)
BERGDOLL, William b 1 Aug/Oct 1840/41 GC, s John & Mary Bergdoll (BRC)
BERRY, Charles b 1842 GC, POSS Yellow Springs, (GDR)
Frances Martha b ca 1863 Xenia, GC (RB66)
Martin S. b 19 Dec 1860 Xenia, GC, s Michael & Hannah (McGinty) Berry (OB)
Rose E. b 15 Jan 1866 Xenia, GC, dau Michael & Hannah (McGinty) Berry (OB)
Thomas b ca 1858 Xenia, GC (OB)
William A. b 2 Nov 1865 Xenia, GC, s B. V & Mary C (Lutz) Berry (OB)
BERRYHILL, Aaron M. b 15 Apr 1828 S. of Bellbrook, GC, s Samuel & Mary/Polly (Crumley) Berryhill (BM)
Amanda b 9 Jun 1833 PROB GC (DUN)
Caroline M. b 30 Dec 1841 S. of Bellbrook, GC, dau Samuel & Mary/Polly (Crumley) Berryhill (BM-SRT)
Douglas b ca 1860 Bellbrook vicinity, GC, s Mathew Berryhill (OB)
Erastus E. b 4 Feb 1846 S. of Bellbrook, GC, s Samuel & Mary/Polly (Crumley) Berryhill (BM-SRT)
Ira M. b 4 Feb 1863 near Ferry, Sugarcreek TP, GC, dau Jasper & Sarah Catherine (Dill) Berryhill (OB)
John E. b 5 Sep 1840 S. of Bellbrook, GC, s Samuel & Mary/Polly (Crumley) Ber-

BERRYHILL (continued) ryhill (BM-SRT)
Rhoderick/Rodrick R. b 1837 S. of Bellbrook, GC, s Samuel & Mary/Polly (Crumley) Berryhill (BM-SRT)
Sarah Ann b 1823 Sugarcreek TP, GC, dau William T & Nancy (Lyle) Berryhill (BH)
Thomas P. b ca 1854 Sugarcreek TP, GC (RB55)
William C. b 4/29 Jan/Feb 1823 S. of Bellbrook, GC, s Samuel & Mary/Polly (Crumley) Berryhill (BM-SRT)
BEYL, Emily J. b 14 May 1856 near Osborn, Bath TP, GC, dau Solomon & Mary Beyl (FCR-PGC)
BICHEL, Jacob b 25 Feb 1815 Jamestown, GC (GDR)
BICKETT, Adam R. b 24 Jun 1829 Xenia TP, GC, s William R & Isabella (Alexander) Bickett (RH)
Adam Reed b 4 Mar 1822 New Jasper TP, GC, s John & Margaret (Dean) Bickett (BIC)
Alice Rebecca b 16 Oct 1853 GC, dau Adam Reed & Mary Ann (Junkin) Bickett (BIC)
Charles Alexander b 28 Jan 1868 GC, s Matthew A & Caroline Eleanor (Kendall) Bickett (JAC-RB22)
Clark Kendall b 28 Mar 1866 Xenia TP, GC, s Matthew A & Caroline Eleanor (Kendall) Bickett (BH-JAC)
Clinton Wright b 9 Oct 1868 Xenia TP, GC, s Adam Reynolds & Mary Agnes (Wright) Bickett (GDR-SIM)
Daniel Bean b 1824 GC, s John & Margaret (Dean) Bickett (BIC)
Daniel Bean Jr. b 16 Feb 1855 New Jasper TP, GC, s Daniel Dean Sr. & Elizabeth (Allen) Bickett (BLE-OB)
Elizabeth b 6 Jun 1826 New Jasper TP, GC, dau John & Margaret (Dean) Bickett (BIC)

BICKETT (continued)
Elizabeth Isabella b prior 1869 Xenia TP, GC, dau William R & Isabella (Alexander) Bickett (RH)
Etta Luella b 20 Feb 1864 New Jasper TP, GC, dau Adam Reed & Mary Ann (Junkin) Bickett (BIC)
Frances Emma b 10 Oct 1860 GC, dau Adam Reed & Mary Ann (Junkin) Bickett (BIC)
George McVey b 29 Sep 1851 GC, s Adam Reed & Mary Ann (Junkin) Bickett (BIC)
Hugh A. b ca 1851 near New Jasper, GC, s D D & Eliza Bickett (OB)
Jeannette Isabell b 3 May 1857 GC, dau Adam Reed & Mary Ann (Junkin) Bickett (BIC)
Jennet Ann b 1 Aug 1830 GC, dau John & Margaret (Dean) Bickett (BIC-DCI)
John H. b 23 Nov 1836 GC, s John & Margaret (Dean) Bickett (BIC)
John Henry b 3 Feb 1846 GC, s Adam Reed & Mary Ann (Junkin) Bickett (BIC)
Julia Dean b 13 Feb 1859 GC, dau Adam Reed & Mary Ann (Junkin) Bickett (BIC)
Lydia Ann b prior 1869 Xenia TP, GC, dau William R & Isabella (Alexander) Bickett (RH)
Margaret A. b 6 May 1847 near New Jasper, GC (OB/Clark)
Margart Jane b 10 Aug 1844 GC, dau Adam Reed & Mary Ann (Junkin) Bickett (BIC)
Martha Ann b 16 May 1843 GC, dau Adam Reed & Mary (Junkin) Bickett (BIC)
Mary Elizabeth b 11 Mar 1848 GC, dau Adam Reed & Mary Ann (Junkin) Bickett (BIC)
Mary Jane b 1825 Xenia TP, GC, dau William R & Isabella (Alexander) Bickett (BH)
Mary L. b 6 May 1833 GC, dau

BICKETT (continued)
John & Margaret (Dean) Bickett (BIC-PGC)
Matthew Alexander b 19 Jan 1831 Xenia TP, GC, s William R & Isabella (Alexander) Bickett (BH-PGC-RH)
Robert b 1827 GC, s John & Margaret (Dean) Bickett (BIC)
Robert Harvey b 2 Sep 1855 GC, s Adam Reed & Mary Ann (Junkin) Bickett (BIC)
Sallie Catherine b 27 Dec 1849 GC, dau Adam Reed & Mary Ann (Junkin) Bickett (BIC)
William Harvey b 6 Dec 1835 Xenia TP, GC, s William R & Isabella (Alexander) Bickett (RH)
BIGELOW, James K. b 17 Oct 1833 Bellbrook, GC (GLAN)
BIGGER, Hamill/Joseph H. b 1840 Sugarcreek TP, GC (BKI-OB)
Joseph b 2 Mar 1800 NWT where Xenia, GC later located (GDR)
Samuel b 1820 Sugarcreek TP, GC (GDR)
Thomas b Nov 1855 Cedarville/Miami TP, GC (GDR)
BILLET, John b 4 Aug 1853 Beavercreek TP, GC (GDR)
BINDER, Charles b 28 Mar 1854 Xenia, GC (OB)
Mary b ca 1865 Xenia, GC, dau Andrew & Amelia (Aman) Binder (OB/Neville)
BINEGAR, Ella b ca 1858 Jamestown, GC (RB22)
BINGAMON, Charles S. b 21 Sep 1856 Spring Valley TP, GC, s John & Emaline (Beck) Bingamon (BH-OB)
John b 1821 Spring Valley TP, GC (BH)
Mary Jane b ca 1846 near Spring Valley, GC (OB/Simison)
BINIJUN, John b 26 Sep 1816 Jamestown, GC (GDR)
BINNEGAR, Rachael b 1822 Silvercreek TP, GC (GDR)
BIRD, Mark Allen b 18 Mar 1821

BIRD (continued)
Sugarcreek TP, GC, s Adam & Mary (Houck) Byrd, spelling per source (HOK)
BISHOP, Eliza b ca 1846 near Cedarville, GC (OB/Randall)
Elmer W. b 1868 GC (GDR)
John Watt b 5 Jan 1835 Cedarville, GC (GDR-RB11)
BLACK, Andrew b Jan 1843 GC (GIB)
Rebecca b ca 1826 Beavercreek TP, GC (RB11)
Rebecca b 2 Nov 1835 Bath/Beavercreek TP, GC, dau Robert & Mary (Koogler) Black (BH-RH)
Simon b 1831 Bath TP, GC, s Robert & Mary (Koogler) Black (RH)
BLAINE, Emma b 10 Nov 1860 Blainestown, Silvercreek TP, GC, dau Samuel & Harriett (Ogan) Blaine (OB)
BLAIR, Alvin b ca 1857 Cedarville TP, GC (OB)
BLAKLEY, David b ca 1858 Jamestown, GC (OB)
Ella Elizabeth/Elisbeth b ca 1865 GC (RB22)
BLESSING, Abram Wesley b 18 Aug 1838 near Xenia, GC, s Abram & Phebe (Mock) Blessing (FFBI)
Amos b 1817 GC, s John & Clarissa (Skeen) Blessing (FFBI)
Amos T. b 21 Apr 1831 GC, s Abram & Phebe (Mock) Blessing (FFBI)
Austin b 27 Apr 1829 near Xenia, GC, s Abram & Phebe (Mock) Blessing (FFBI)
Catherine b 11 Oct 1834 GC, dau Absalom & Mary (Zimmerman) Blessing (FFBL)
Clarissa Ann b 20/29 Apr 1843 near Xenia, GC, dau Abram & Phebe (Mock) Blessing (FFBI)
Clarissa Jane b 22 Feb 1831 GC, dau Marcus & Maria (Crumley) Blessing (FFBI)

BLESSING (continued)

Cornelius b 9 Dec 1866 GC, s Absalom & Mary (Zimmerman) Blessing (FFBL)

Elizabeth b 31 Jul 1854 GC, dau Absalom & Mary (Zimmerman) Blessing (FFBL)

Elizabeth Sydney b 14 Jul 1836 GC, dau Marcus & Maria (Crumley) Blessing (FFBI)

Henry C. b 8 Jun 1836 GC, s Abram & Phebe (Mock) Blessing (FFBI-HOW)

Isaac William b 23 May 1834 GC, s Marcus & Maria (Crumley) Blessing (FFBI)

Jacob b 5 Apr 1849 GC, s Absalom & Mary (Zimmerman) Blessing (FFBL-RB33)

Jessie b 25 Dec 1866 Xenia, GC, dau John A & Mary Frances Blessing (OB/Howe)

John b 20 Mar 1847 GC, s Absalom & Mary (Zimmerman) Blessing (FFBL-HAH-SLGC2)

John Marcus b 7 May 1825 near Spring Valley, GC, s Abram & Phebe (Mock) Blessing (FFBI)

Leannah b 6 Apr 1831 GC, dau Reuben & Elizabeth (Coffelt) Blessing (FFBI)

Lucinda b 22 Dec 1842 GC, dau Absalom & Mary (Zimmerman) Blessing (FFBL)

Mary Catharine b 24 Oct 1839/41 Spring Valley/Spring Valley TP, GC, dau Marcus & Maria (Crumley) Blessing (BH-FFAN-FFBI-FFHS-FFOKT--SLGC)

Mary Elizabeth b 23 Mar 1834 near Xenia, GC, dau Abram & Phebe (Mock) Blessing (FFBI)

Mary M. b 13 Feb 1837 GC, dau Absalom & Mary (Zimmerman) Blessing (FFBL-HAH)

Nancy b 6 May 1839 GC, dau Absalom & Mary (Zimmerman) Blessing (FFBL)

Phebe Catherine b 20 Sep 1840 GC, dau Abram & Phebe (Mock) Blessing (FFBI)

BLESSING (continued)

Rachel Lydia b 23 Mar 1845 GC, dau Abram & Phebe (Mock) Blessing (FFBI)

Rebecca b 1 Oct 1840 GC, dau Absalom & Mary (Zimmerman) Blessing (FFBL)

Sarah b 17 Aug 1844 GC, dau Absalom & Mary (Zimmerman) Blessing (FFBL)

Wesley b 31 Oct 1831 GC, s Absalom & Mary (Zimmerman) Blessing (FFBL)

William b 26 Mar 1827 GC, s Abram & Phebe (Mock) Blessing (FFBI-HOW)

BLOOM, J. George b 25 Nov 1867 Xenia, GC, s Wendell & Margaret Bloom (OB)

John b ca 1857 Trebeine, GC (RB22)

Wendell C. b 18 Aug 1859 Xenia, GC, s Wendell & Margaret (Byers) Bloom (OB)

BOGLE, Samuel S. b 28 Dec 1868 GC, s J(?) P & M E Bogle (CUC)

BOHLE, Susannah b 10 Jun 1838 GC, dau Christian & Margaret Elizabeth Bohle (BRC)

William b 19 Feb 1837 GC, s Chris. Bohle (BRC)

Zavena Wilmina b 7 Sep 1839 GC, dau Christian & Margaret Bohle (BRC)

BOLEN, Rhoda M. b 5 Feb 1850 New Jasper TP, GC, dau Daniel & Lucinda Bolen (OB/Smith)

BONE, Christena b 12 Oct 1815 Caesarscreek TP, GC, dau Thomas Bone (GDR)

Foster S. b 13 Mar 1867 Paintersville, GC, s Thomas D. & Eliza J. (Devoe) Bone (OB)

Harvey b 4 Feb 1825 Beavercreek TP, GC (GDR)

John Elmer b 22 Feb 1863 GC (OB-RB88)

Laura b 3 Feb 1866 near Eleazor, GC, dau Harvey S. & Ellen (Shane) Bone (OB)

BONE (continued)
Lincoln b ca 1863 Eleazor area, GC, s Calvin & Suzannah Bone (OB)
Simon Newton b 12 Aug 1859 Needmore neighborhood, GC, s James Calvin & Susan (Ellis) Bone (OB)
Thomas D. b 27 Jul 1834 GC, s Thomas & Ellen (Turner) Bone (DH)
BONIGAN, John Charles b 1 Nov 1856 Jamestown, GC (GDR)
BONNER, Ann Pelham b 13 Oct 1812 near Xenia, GC, dau Chappell H Bonner (ELA)
Caroline b ca 1824 near Xenia, GC, dau Stith Bonner (ELA)
Elizabeth b 30 Apr 1819 GC, dau Chappell Heath Bonner (ELA-FFBO)
Frederick b 30 May 1864 S. of Xenia, GC, s Erastus & Hannah (Reagan) Bonner (ELA-OB)
Harriet Patterson b 1843 Xenia, GC, dau John R & Martha (Gowdy) Bonner (GOW)
Henrietta Maria b 1 Mar 1840 Xenia TP, GC, dau Stith & Maria (Mercer) Bonner (ELA RH)
Horace b 19 Mar 1851 near Xenia, GC, s Erastus & Hannah Bonner (ELA)
John Heath b 5 Jan 1838 Xenia TP, GC, s Philip Davis & Mary Fletcher (Heath) Bonner (ELA-FFBO)
Laura A. b 1827 GC, dau Styth & Maria H Bonner (DH-WCII)
Louisa Jane b 1841 Xenia, GC, dau John R & Martha (Gowdy) Bonner (GOW)
Virginia b 22 Jul 1844 Xenia TP, GC, dau Stith & Maria Bonner (ELA)
BOOKER, George W. b 1867 Xenia, GC (GDR)
Joel b 29 Apr 1852 Beavercreek TP, GC (GDR)
John b ca 1863 Xenia, GC (RB22)

BOOKER (continued)
John T. b ca 1855 Zimmerman GC, (OB)
John W. b ca 1868 Xenia, GC (OB)
Samuel b 10 Jul 1854 GC (OB)
BOOLMAN, America b ca 1852 GC (RB44)
Benjamin Franklin b ca 1836 GC, s Samuel & Sarah Boolman (OB)
BOONE, Anna b 17 Apr 1857 Xenia, GC (OB/Pettiford)
BOOTES, Barbara Ann b 9 Mar 1835 GC, dau Jesse & Anna (Thornburg) Bootes (FUD)
Marietta b 26 May 1838 New Jasper TP, GC, dau Jesse & Sarah (Thornburg) Bootes (FUD)
Mary Catherine b 4 Dec 1845 Zoar neighborhood, Spring Valley TP, GC, dau Edmund & Elizabeth C (Haines/Hanes) Bootes (BH-OB/Keiter)
Mary Catherine b 17 Dec 1854 S. of Xenia, GC, dau David & Martha (Peterson) Bootes (OB/MacDonald)
William J. b 31 Jul 1867 SE of Xenia, GC, s John M & Amanda (Spahr) Bootes (OB)
BOOTH, Nancy Ann b 28 Nov 1832 GC, dau John & Hannah (Paul/Pane) Booth (FFMW)
BOOTS, Adam Jesse b 20 Jul 1849 GC, s Jesse & Catherine (Tresslar) Boots (OB-WCQP)
Catherine b ca 1827 GC (RB11)
David b prior 1869 GC (BH)
E. A. b 1855 Xenia, GC (FFBT)
Eli b 11 Jan 1815 GC, s Jacob & Anna (Hagler) Boots (FFBT-FFLA)
Hannah J. b ca 1857 GC (RB77)
John Milton b 20 May 1848 POSS GC (BH-SPA)
Martha J. b 1830 GC, dau Joseph & Catherine (Peterson) Boots (LG96)
Mary b 19 Nov 1819 Caesarscreek TP, GC, dau Joseph &

BOOTS (continued)
Catherine (Peterson) Boots (PGC)
Mary Ann b 1 Dec 1816 GC, dau Jacob & Anna (Hagler) Boots (LAC)
Mina b prior 1869 Caesarscreek TP, GC, dau David & Martha E (Peterson) Boots (BH)
William J. b 31 Jul 1867 POSS GC, s John Milton & Phoebe Amanda (Spahr) Boots (SPA-WCR)
Willmina b 30 Nov 1856 Caesarscreek TP, GC, dau David & Martha (Peterson) Boots (OB/Peterson)
BORDEN, Henry b ca 1825 POSS Xenia, GC (OB)
BOROFF, Mary J. b 24 Apr 1823 Beavercreek TP, GC (BH)
Sarah J. b 11 Mar 1849 Beavercreek TP, GC (GDR)
BORTON, Lucinda b ca 1865 Jamestown, GC (RB33)
BOTELER, Mattie M. b 28 Aug 1859 Jamestown, GC (OA)
BOUCK, Orion L. b 6 Jul 1853 GC, s James Henry & Sarah (Aley) Bouck (PMC)
BOVEY, Jacob b 8 Aug 1842 Beavercreek TP, GC (GDR)
BOWERMASTER, Aaron b ca 1833 Bowersville vicinity, GC (OB)
Andrew J. b 1868 Bowersville, GC, s John A & Catherine (King) Bowermaster (BOW)
Anna M. b 10 Jun 1854 Bowersville, GC, dau George W & Elizabeth Jane (Johnson) Bowermaster (BOW-STC)
Catherine Christina b 1859 Bowersville, GC, dau John A & Catherine (King) Bowermaster (BOW-STC)
Charles S. b 11 Sep 1858 Bowersville, GC, s George W & Elizabeth Jane (Johnson) Bowermaster (BOW)
Fulton b 26 Sep/Oct 1860 GC, s Aaron H & Ester (Long)

BOWERMASTER (continued)
Bowermaster (BOW-STC)
George R. b 2/27 May 1864 Bowersville, GC, s George W & Elizabeth Jane (Johnson) Bowermaster (BOW)
Harvey A. b 10 Jul 1856 Bowersville, GC, s George W & Elizabeth Jane (Johnson) Bowermaster (BOW)
Ida M. b 9 Oct 1864 GC, dau Aaron & Ester (Long) Bowermaster (BOW-STC)
James b 1 Aug prior 1869 GC, PROB Bowersville (BOW)
James Fulton b 12 Sep 1862 PROB GC, s N & S A Bowermaster (STC)
John b 1827 Bowersville, GC (GDR)
John W. b 2 Dec 1856 Bowersville, GC, s John A & Catherine (King) Bowermaster (BOW-STC)
Peter b 16 Sep 1847 Bowersville, GC (OB-STC)
Peter L. b 21 Apr 1853 Bowersville, GC, s John A & Catherine (King) Bowermaster (BOW-STC)
P. L. b 13 Apr 1848 Jefferson TP, GC (GDR)
Rebecca A. b 10 Nov 1866 Jefferson TP, GC, dau Aaron & Esther (Long) Bowermaster (BOW-OB)
Rose E. b 23 Dec 1866 Bowersville, GC, dau George W & Elizabeth Jane (Johnson) Bowermaster (BOW)
Samantha E. b 4 Feb 1863 GC, dau Aaron & Ester (Long) Bowermaster (BOW-STC)
Sarah b ca 1850 Bowersville, GC (RB77)
Simon M. b 21 Feb 1862 Bowersville, GC, s John A & Catherine (King) Bowermaster (BOW-STC)
Truman b 8 Oct 1866 Bowersville, GC, s John A & Catherine (King) Bowermaster

BOWERMASTER (continued) (BOW)
William Allan b 1858 PROB Bowersville, GC, s Nicholas J & Sarah Ann (King) Bowermaster (BOW)
William L. b 20 Apr 1852 Bowersville, GC, s George W & Elizabeth Jane (Johnson) Bowermaster (BOW)
Wyatt B. b 4 May 1861 Bowersville, GC, s George W & Elizabeth Jane (Johnson) Bowermaster (BOW)

BOWERMEISTER, Stephen Albert b ca 1854/62 Bowersville, GC (HUC-RB77)

BOWLES, William O. b 20 Jun 1851 Xenia, GC, s John R & Sarah J (Bryant) Bowles (HCH)

BOWMAN, Catharine Ann b 25 Mar 1839 GC, dau Henry Bowman (BRC)
Hetty Elizabeth b 17 Apr 1842 GC, dau Henry Bowman (BRC)
John b 19 Jan 1837 GC, s John H. Bowman (BRC)
Mary Magdalena b 16 Sep 1840 GC, dau Henry Bowman (BRC)

BOWSER, John G. b 1854 GC, s Mike & Hulda Bowser (DH)

BOYD, Alice b ca 1864 Xenia, GC (RB22)
Anna Margaret b 5 Jul 1851 Bellbrook, GC, dau Alexander & Martha Ann (Appleton) Boyd (FFAN)
George b 7 Sep 1847 Bellbrook, GC, s Alexander & Martha Ann (Appleton) Boyd (FFAN)
Mary Emma b 7 Jul 1849 Bellbrook, GC, dau Alexander & Martha Ann (Appleton) Boyd (FFAN)
Watson Lovett b 16 Mar 1853 Bellbrook, GC, s Alexander & Martha Ann (Appleton) Boyd (FFAN)

BOYLE, John b 12 Aug 1841 GC, s Christian Boyle (BRC)
Samuel b 19 Feb 1844 GC, s Christian Boyle (BRC)

BOZARTH, Isaac S. b 4 Feb 1848 GC, s Presley M Bozarth (BGI)
John Iden b ca 1864/65 Yellow Springs, GC (RB22-RB33)

BRACKNEY, Samuel b 29 Jan 1825 GC, s Reuben & Sarah Brackney (SCHD)

BRADFORD, Alexander Ashley b prior 1869 PROB GC, s William & Jane (Ashley) Bradford (MCD)
Harriet Henderson b 1851 PROB GC, dau William & Jane (Ashley) Bradford (MCD)
Jessie F. b ca 1867 GC (RB44)
Margaret Jane b 1851 PROB GC, dau William & Jane (Ashley) Bradford (MCD)
Susan b prior 1869 PROB GC, dau William & Jane (Ashley) Bradford (MCD)

BRADFUTE, Anna b ca 1863 GC, dau William & Elizabeth (Anderson) Bradfute (BRA-OB)
David b 14 Jan 1835 Clifton, GC, s William & Elizabeth (Anderson) Bradfute (BH-BRA)
Elizabeth b 8 Oct 1829 GC (FFBD)
Elizabeth Jane b 20 Oct 1830 Cedarville TP, GC, dau William & Elizabeth (Anderson) Bradfute (BRA)
Ellen/Mary b 27 Aug 1840 Clifton, GC (FFBD)
Jane b 31 Mar 1836 near Clark's Run, GC, dau John & Eliza (Laughead) Bradfute (FFBD-STO)
John Anderson b 1 Nov 1837 Cedarville TP, GC, s William & Elizabeth (Anderson) Bradfute (BRA-CFI)
John K. b 21 May 1833 Miami TP, GC, s John & Eliza (Laughead) Bradfute (PGC)
Lydia Rebecca b 24 Aug 1868 GC, dau David & Martha E (Collins) Bradfute (CUC-OB/Turnbull)
L. Y. L. b 12 Jul 1863 GC, s/dau J A & M Y Bradfute (CUC)

BRADFUTE (continued)
Nancy A. b 10 Jan 1828 Cedarville TP, GC, dau William & Elizabeth (Anderson) Bradfute (BAB-BRA-PGC)
Orah E. b 17 Apr 1855 Miami TP, GC (GDR)
Oscar Edwin b 21 Jan 1862 Cedarville TP, GC, s David & Martha or S & M E (Collins) Bradfute (BH-BRA-CUC)
Samuel W. b 18 May 1862 GC, s J A & M Y-? Bradfute (CUC)
BRAGG, William Smith b ca 1850 Bowersville, GC (RB22)
BRAKEFIELD, John A. b 13 Oct 1868 near Bowersville, GC (OB)
Rebecca Elizabeth b 20 Oct 1860 POSS GC, dau John & Rachel (Brakefield) Brakefield (OB)
BRALEY, Agnes b 1867 Clifton, GC (CCB-CFI-OB/Babb)
George b 22 Dec 1831 GC, s Lewis & Caroline (Knott) Braley (CCB)
BRANDENBURG, Elizabeth Jane b 11 May 1832 in or near Bellbrook, GC, dau Nathaniel & Naomi (Bell ?) Brandenburg (FFBN)
BRANDON, James b 1845 Xenia, GC (GDR)
Mary Ann b ca 1863 GC (RB33)
BRANNEN, Thomas b ca 1866 GC (RB11)
BRANNUM, Mose Robert b ca 1852 Bath TP, GC (RB22)
BRASSELTON, James b 1864 Xenia, GC (GDR)
BRATTON, Elizabeth b ca 1827 Xenia, GC (RB22)
James L. b 25 Jul 1839/40 Xenia, GC, s James & Mary (McComas) Bratton (FFBB)
BREAKFIELD, Edward Estle b ca 1868 GC (RB77)
John W. b 31 Jan 1864 Gunnersville, GC, s Joseph & Sarah Breakfield (OB)
BRECKENRIDGE, Frances b 1859 Xenia, GC (CGC-OB)

BRACKENRIDGE (continued)
John Thomas b ca 1863 Xenia, GC (RB22)
BREEDLOVE, Susan b 4 May 1864 New Jasper TP, GC, dau John & Charlotte (Jones) Breedlove (FUD)
BREEN, Catherine M. b 23 Nov 1867 Spring Valley TP, GC, dau Daniel Sr. & Catherine (Sullivan) Breen (CGC-FFHP-OB/Hollenkamp)
Dennis b May 1863 Xenia, GC (GDR)
John P. b 21 Apr 1860 Xenia, GC, s Maurice Breen (OB)
BRELSFORD, Edith J. b prior 1869 Bellbrook, GC, dau William & Nancy Brelsford (DUN)
BRESNAHAM/BRESNEHAN, Hugh b Feb 1866 Xenia, GC (GDR)
BRESNEHAN, Timothy b 3 Feb 1857 Xenia, GC (GDR)
BREWER, Adam Bell b ca 1858 GC (OB)
Charlie E. b 1836 Miami TP, GC (GDR)
David A. b 21 Nov 1834 GC (GDR)
David Russell b 15 Feb 1846 Miami TP, GC, s John G & Sarah (Miller) Brewer (OB-RH)
Eleanora b 11 Feb 1847 Trebein, GC (OB/Krise)
Elnora b 1841 GC, dau Peter & Cassie (Moudy) Brewer (OB/May)
J. B. b 1860 Clifton, GC (OB)
William H. b 26 Aug 1826 S. of Yellow Springs, GC, s John G & Sarah Ann (Miller) Brewer (BH-PGC)
William Jacob b 12 Feb 1867 Miami TP, GC (GDR)
BREWINGTON, Martha Ellen b ca 1861 GC (RB55)
BRICKEL/BRICKLE, Amanda Jane b 5/25 Sep 1840/41 near Jamestown, GC, dau Jacob & Mary (Phillips) Brickel/Brickle (BLE-OB)

BRICKEL/BRICKLE (continued)
George Franklin b 21 May 1855 Silvercreek TP, GC, s Jacob & Mary (Phillips) Brickel (BH-FFBC)
J. W. b Apr 1857 E. of New Jasper, GC, s George & Clara (Newland) Brickel (OB)
John H. b 14 Sep 1845 near Jamestown, GC, s Jacob & Mary (Phillips) Brickle (BH-FFBC)
BRIDGMAN, A. O. b 1853 Cedarville TP, GC (GDR)
BROADSTONE, Michael A. b 30 Oct 1852 Beavercreek TP, GC (BH-FFBS-OB-PGC-RH)
BROCK, Ellen M. b 4 Jul 1861 GC, dau Francis Brock (GDR)
Owen b 7 Dec 1846 Ross TP, GC, s William & Sydney (Hidy) Brock (PGC)
William b 8 Jan 1817 Ross TP, GC, s Francis Brock (PGC)
BROMAGEM, John b 1845 Cedarville, GC, s John & Mary (Little) Bromagem (GDR)
BROMAGEN, Thomas b 21 Feb 1821 GC, s Samuel & Catherine (McClelland) Bromagen (FFML-MFF)
William Samuel b 15 Mar 1846 GC, s Thomas & Jane (McElroy) Bromagen (FFML-MFF)
BROWDER, Joseph McFarland b 3 Jul 1830 GC (FFBW)
Uriah Marion b 1846 Jamestown, GC (OA)
Wilmuth Fowler b 25 May 1837 GC, dau James Anderson & Celinda McFarland (Brewer) Browder (FIE)
BROWN, Abraham b 4 Jan 1829 GC, s George & Elizabeth Brown (BRC)
Adam b 11 Apr 1837 Sugarcreek TP, GC (GDR)
Alice L. b 1849 Xenia, GC (GDR)
Alice Lovona b 16 Aug 1867 Jefferson TP, GC, dau Cyrus & Mary Elizabeth (Smith) Brown

BROWN (continued) (BH)
Amelia E. b 3 Dec 1846 Caesarscreek TP, GC, dau Joshua Brown (OB/Eyman)
Andrew b 1829 Beavercreek, GC (GDR)
Andrew b 19 May 1831 GC, s David & Esther Brown (BRC)
Andrew b 1832 Cedarville TP, GC, s James & Mary (Stewart) Brown (BCSA)
Anne b ca 1845 Bowersville area, GC (OB/Story)
Catharine b 21 Feb 1834 GC, dau David Brown (BRC)
Catharine Elizabeth b 10 Aug 1832 GC, dau Philip & Catharine Brown (BRC)
Charles A. b 2 Apr 1856 Beavercreek TP, GC (GDR)
Cora b 14 Jan 1864 GC near Port William, dau James D & Louisa (Jones) Brown (OB)
Cornelius b 13 Jul 1851 GC, s Jonathan & Polly (Harshman) Brown (HAH-RH)
Cyrus b 6 Oct 1842 Jefferson TP, GC, s James & Rachel (Powers) Brown (BH)
David b 1 May 1848 GC, s Jonathan & Polly (Harshman) Brown (HAH)
Eleanor b 1824 Cedarville TP, GC, dau James & Mary (Stewart) Brown (BCSA)
Eliza b 27 Sep 1829 near Cedarville, GC, dau James & Mary (Stewart) Brown (BCSA)
Elizabeth b 15 Jan 1833 GC, dau Jonathan & Polly (Harshman) Brown (HAH)
Ella Carruthers b 26 Nov 1845 near Xenia, GC, dau Robert & Jean (Carruthers) Brown (FFBV)
Ezra b 6 Feb 1855 Silvercreek TP, GC, s James T & Rachel (Powers) Brown (BH-WCQP)
Frank J. b prior 1869 GC, s John D & Hester (Smith) Brown (GLAN)

25

BROWN (continued)
George b 18 Sep 1827 Sugarcreek TP, GC (GDR)
George b 17 Jul 1833 GC, s William & M Brown (BRC)
George b 13 Oct 1835 GC, s Jonathan & Polly (Harshman) Brown (HAH)
Jacob b 2 Jan 1829 GC, s Philip & Catharine Brown (BRC)
Jacob b 25 Apr 1856 Beavercreek TP, GC (GDR)
Jacob E. b 22 Jun 1856 Beavercreek TP, GC (GDR)
James b 1820 Cedarville TP, GC, s James & Mary (Stewart) Brown (BCSA)
James R. b 1856 SE of Xenia, Caesarscreek TP, GC, s Samuel Brown (BRO)
James Worthington b 1839 Caesarscreek TP, GC (BRO)
John b 29 Mar 1838 GC, s Jonathan & Polly (Harshman) Brown (HAH)
John C. b 1842 S. of Jamestown, GC, s Robert Brown (OB-WCS)
John F. b 14 Aug 1852 Sugarcreek TP, GC (GDR)
John R. b 28 Jul 1865 GC, s Joshua & Nancy (Stinson) Brown (OB)
Jonathan b/d infancy prior 1869 GC, s Jonathan & Polly (Harshman) Brown (HAH)
Joseph b 1822 Cedarville TP, GC, s James & Mary (Stewart) Brown (BCSA)
Laura b 5 Jun 1864 Caesarscreek TP, GC, dau Samuel & Eliza Brown (BRO)
Laura Edwina b 1854 Yellow Springs, GC, dau Hiram C Brown (OB)
Lincoln F. b 7 Oct 1866 Caesarscreek TP, GC, s Samuel & Eliza (Brandom) Brown (BRO)
Lovona b ca 1867 New Jasper TP, GC, dau Cyrus Brown (OB/Thomas)
Lydia Belle b prior 1869

BROWN (continued)
Sugarcreek TP, GC, dau Adam & Sarah (People) Brown (RH)
Maria b 17 Sep 1826 GC, dau David & Esther Brown (BRC)
Marshall b 27 Sep 1852 NW Jefferson TP, GC, s James T & Rachel (Powers) Brown (BH-OB-WCQP)
Mary b 18 Jun 1834 GC, dau Jonathan & Polly (Harshman) Brown (HAH)
Mary Elizabeth b 3 Apr 1844 GC, dau Jonas & Rachel (Powers) Brown (OB/Lane)
Mary Ellen b ca 1855 Sugarcreek TP, GC (RB11)
Nancy Ann b 1827 Cedarville TP, GC, dau James & Mary (Stewart) Brown (BCSA)
Nettie Estella b ca 1867 Bellbrook, GC (RB22)
Nixon G. b 23 Jan 1826/27 Cedarville TP, GC (GDR-WCPQ)
Philip W. b 28/30 Aug 1843 Beavercreek TP, GC, s Jonathan & Polly (Harshman) Brown (GDR-HAH-RH)
Samuel Jr. b 15 Apr 1858 Caesarscreek TP, GC, s Samuel & Eliza Brown (BRO)
Sarah b/d infancy prior 1869 GC, dau Jonathan & Polly (Harshman) Brown (HAH)
Thomas b ca 1853 near Jamestown, GC, s Robert & Jane (Carruthers) Brown (OB)
Thomas Gordon b 10 Nov 1848 near Jamestown, GC, s Robert & Jean (Carruthers) Brown (FFBV-GCB-RB55-XG)
Victoria b 16 May 1861 Caesarscreek TP, GC, dau Samuel & Eliza Brown (BRO)
Victoria b ca 1866 GC (RB22)
William H. b 1854 Caesarscreek TP, GC, s Samuel Brown (BRO)
BRUCE, Margery b 1809 GC, dau James & Rebecca (Harris) Bruce (FFBU)

BRUNER, John M. b 1832 GC, s Joseph Bruner (SCHS)
BRYAN, A. M. b 13 May 1823 Silvercreek TP, GC (GDR)
Andrew M. b 11 Aor 1865 near Jamestown, GC, s James & Angeline (Glass) Bryan (OB)
Eliza b 7 Jan 1853 Ross TP, GC, s Thomas Bryan (GDR)
Ellen b 4 Nov 1856 E. of Jamestown, GC, dau James & Angeline (Glass) Bryan (OB/Wickham)
Francis b 23 Aug 1862 GC, s Thomas Jr./II/III & Sarah (Kilgore) Bryan (BRY)
Francis b ca 1863 GC (RB77)
Franklin Pierce b 6 Jun 1852 Fairfield, GC, s Henry & Lydia (Petry) Bryan (PGC-RH)
Gabriella b 4 Jul 1833 Jamestown, GC, dau David & Mildred (Johnson) Bryan (BH-FFFA)
Penelope b 30 Nov 1830 GC, dau David & Mildred (Johnson) Bryan (CUR)
Rachel b 20 Jan 1855 Jamestown, GC, dau Morrison & Maria (Miller) Bryan (OB/Glass)
Thomas Jr./II/III b 27 Apr 1825 Jamestown, GC, s Thomas & Mary (Bryan) Bryan (BRY-GDR)
William b 26 Oct 1859 near Jamestown, GC, s James & Angeline (Glass) Bryan (OB)
BRYCE, Cora B. b 11 Aug 1866 Spring Valley, GC, dau Alexander & Margaret (Irving) Bryce (OB/Miars)
Cora Margaret b ca 1865 Spring Valley, GC (RB88)
BRYSON, Agnew Ellsworth b 28 Oct 1863 N. of Xenia, GC, s James & Nancy A. (Bradfute) Bryson (BH-OB)
James b 1815 GC, s Robert & Hannah (Corry) Bryson (COR)
Nettie b 1857 N. of Xenia, GC, dau James & Nancy A (Bradfute) Bryson (BH)

BRYSON (continued)
Robert Edwin b 29 Jul 1860 N. of Xenia, GC, s James C & Nancy A (Bradfute) Bryson (BH-OB-WIL)
William Bradfute b 19 Aug 1854 N. of Xenia, GC, s James & Nancy A (Bradfute) Bryson (BH)
BUCK, Charles b 1865 Xenia, GC (BH)
John F. Sr. b 1863 Jamestown, GC (OB)
Mollie b ca 1866 Xenia. GC (OB/McCleary)
Nellie b 13 Jan 1861 Dean neighborhood E. of Xenia, GC, dau Charles & Julia (Campbell) Buck (OB)
BUCKHILL, Jacob b 18 Jul 1829 GC, s Peter & Sarah Buckhill (BRC)
John b 17 Feb 1831 GC, s Peter & Sarah Buckhill (BRC)
BUCKLES, Anna E. b 26 Jul 1846 GC, dau William & ? (Barnes) Buckles (GDR/Evans)
Clarence Quinton b ca 1861 Spring Valley, GC (OB)
Daniel D. b 1834 GC (GDR)
Flora b ca 1856 Xenia, GC (OB/Laurens)
Gerald b 15 Apr 1810 Westpoint, GC, s William Buckles (OB)
Henry S. b 30 Apr 1815 GC, s John & Elizabeth Buckles (DH-GDR-RH)
Hester b 2 Feb 1851 Xenia, GC, dau William & Sarah (Dixon) Buckles (GDR/Eberts)
Luetta Rosalie b ca 1858 Bowersville, GC (RB33)
Robert F. b 18 Jan 1832 Xenia, GC (OB)
Sarah b ca 1802 (NWT) GC (CRA)
Sara b 9 Nov 1824 GC, dau Henry & Elizabeth (Heaton) Buckles (WRI)
William Nathaniel b 17 Jan 1856 GC (GDR)
BUEL/BEALL, Malinda b 10 Oct

BUEL/BEALL (continued) 1814 GC (SCF)
BUFORD, Cora Elizabeth b ca 1860 Xenia, GC (RB22)
James b ca 1860 Xenia, GC (OB)
BUICK, John Graham b 1 Nov 1855 Yellow Sprngs area, GC, s William & Janet (Syme) Buick (BH)
William b ca 1850/55 Yellow Springs area, GC, s William & Janet (Syme) Buick (BH)
BULL, Amos S. b 10 Jan 1820 GC, s James & Ann (Gowdy) Bull (BH-FFBG)
Andrew Rankin b 24 May 1824 Cedarville, GC (GDR)
Andrew Rankin b 8 Jun 1824 GC, s James & Ann (Gowdy) Bull (FFBG-GDR)
Edward Oscar b 15 Jul 1858 GC, s Andrew Rankin & Elizabeth (Orr) Bull (FFBG)
Edwin O. b 30 Jun 1858 Cedarville, GC (GDR)
Henrietta b ca 1855 E. of Yellow Springs, GC, dau Amos & Margaret (Laughead) Bull (OB)
Hiram b 7 Mar 1818 S. of Bellbrook, GC, s Nathan & Frances (Lilburn) Bull (FFBG-SCHO)
James Edward b 11 Jun 1845 near Yellow Springs, GC, s Robert S & Elizabeth A Bull (CH-LG47)
James Richard b 29 Mar 1812 Xenia TP, GC, s Richard Bull (RH-WCJI)
Jennie Catherine b 8 Jul 1849 Xenia TP, GC, dau William Hunter & Abigail Ryan (Kyle) Bull (FFBIR-FFHD-FFII)
John Gowdy b 5 Jun 1843 GC, PROB s James & Anna (Gowdy) Bull (FFBG)
Jonah/Jonas James/Jameson b 28 Feb 1812 GC, s Thomas & Isabell Bull (FFBG-FFBIR)
Lancaster Granville b 22 Jun 1850 Goes Station, Xenia TP, GC, s Robert Scott & Ann

BULL (continued) (Reid) Bull (BH)
Lewis M., b 1848 Xenia, GC, s James R & Anna A Bull (DH-RH)
Mary Adda b 12 Jul 1856 W. of Xenia, GC, dau Andrew Rankin & Elizabeth (Orr) Bull (OB/Ramsey)
Robert Scott b Feb 1817 Cedarville TP, GC, s James & Anna (Gowdy) Bull (BH-FFBG-OB)
R. S. b 1816 Silvercreek TP, GC (GDR)
Samuel Addison b 9 Oct 1852/62 between Xenia & Cedarville, GC, s William Hunter & Abigail (Kyle) Bull (FFBG-OB-RB44)
William Henry b 5 Oct 1845 Xenia TP, GC, s James Richard & Amelia (Moudy) Bull (BH-DH-RH)
W. Hunter b 29 Jun 1846 Eastpoint district, Xenia TP, GC, s William Bull (RH)
William Hunter b 5/14 Nov 1805 Eastpoint district Xenia/Cedarville TP, GC, s James & Ann/Anna (Gowdy) Bull (DH-FFBG-FFHD-RH)
BULLOCK, Abbie b 1865 POSS New Jasper, GC, dau Emelton G & Narcissia (Shrack) Bullock (BUL)
Abigail Maria b 3 Sep 1857 near Xenia, GC, dau Morgan Lewis & Patience (Neal) Bullock (BUL)
Albert b 1865 POSS New Jasper, GC, s Emelton G & Narcissia (Shrack) Bullock (BUL)
Charles M. b 1862 POSS New Jasper TP, GC, s Emelton G & Narcissia (Shrack) Bullock (BUL)
Hulda Sarah b 5 Jul 1847 GC, dau Morgan Lewis & Patience (Neal) Bullock (BUL)
James C. b 1860/61 GC, s Emelton G & Narcissia/ Narcissa (Shrack/Strack) Bullock

BULLOCK (continued) (BUL-LG96)
Lewis Henry b 15 Jan 1843 GC, s Morgan Lewis & Patience (Neal) Bullock (BUL)
Melda S. b 1857 POSS New Jasper TP, GC, dau Emelton G & Narcissia (Shrack) Bullock (BUL)
Phoebe Jane b 14 Dec 1851 near New Jasper, GC, dau William Bullock (OB/Powers)
Samantha b 14 Feb 1841 GC, dau Morgan Lewis & Patience (Neal) Bullock (BUL)
Samuel S. b 1858 POSS New Jasper TP, GC, s Emelton G & Narcissia (Shrack) Bullock (BUL)
William Harvey b 1856 POSS New Jasper TP, GC, s Emelton G & Narcissia (Shrack) Bullock (BUL)
William O. b ca 1859 GC (RB88)
BUMGARDNER, Josephine b prior 1869 Beavercreek TP, GC, dau Isaac & Elizabeth (Benham) Bumgardner (BH)
BUNDY, David b 1835 Xenia, GC (GDR)
BUNNELL, Norina Marietta b 4 Jun 1844 Xenia, GC, dau Samuel F & Eliza (Conwell) Bunnell (CNL)
Oscar b 1840 Xenia, GC, s Samuel F & Eliza (Conwell) Bunnell (CNL)
BUNNELLE, George H. b 23 Sep 1837 Xenia, GC (SCHC)
BURDELL, Alice b ca 1851 Xenia, GC (OB)
BURKE, Amanda Lily b 26 May 1854 GC (FFBJ)
BURNELL, Marchee b 1824 GC (GDR)
BURNEY, Thomas b 4 Nov 1839 CC (GDR)
BURR, Almeta Jane b 25 Aug 1860 Bowersville, GC, dau William C & Rachel (Ervin) Burr (OB)
Anna M. b 25 Nov 1865

BURR (continued) Bowersville, GC (MLR)
David b ca 1854 GC (RB55)
John H. b 1828 Silvercreek TP, GC, s David & Louisa (Oxley) Burr (BH-DH)
Laura Emma b 27 May 1859 Bowersville, GC, dau Peter & Mahala (Wical) Burr (OB)
Mary E. b 8 Nov 1857 GC (FFBRR)
Mary Jane b ca 1861 Bowersville, GC (RB44-RB66)
Nannie b 8 Dec 1860 Jefferson TP, GC, dau John H & Henrietta (Thompson) Burr (OB/Smith)
William C. b 21 Sep 1839 Jefferson TP, GC, s David & Louisa (Oxley) Burr (BH)
William Hendrickson b 20 Nov 1852 near Spring Valley, GC, s John H & Henrietta (Morris) Burr (BH-DH-RB44)
BURRELL, Albert b 18 Aug 1846 near Paintersville, GC, s Marshall & Rebecca (Powers) Burrell (OB)
Eli b 3 Mar 1858 Caesarscreek TP, GC, s Marshall & Rebecca (Powers) Burrell (BH)
Eli b ca 1860 GC (RB22)
Margaret b 16 Aug 1806/08 Caesarscreek TP, GC (BH)
Marshall b 22 Feb 1825/28 Caesarscreek TP, GC, s John D & Eleanor (Marshall) Burrell (BH)
BURROUGHS, Cora b ca 1868 near Trebein, GC (OB/Piper)
BURROUS, Andrew H. b ca 1855 GC (RB33)
George R. b 18 May 1849 Bath TP, CC, s Richard & Elizabeth (Harner) Burrous (PGC)
Richard b 1 Feb 1812 Beavercreek TP, GC (GDR-PGC)
BURROWES, William Eden b 8 Oct 1854 Fairfield, GC, s Joseph & Lydia (Winters) Burrowes (BH)

BURROWS, Magdelena b 19 Aug 1835 GC, dau Benjamin Burrows (BRC)
Martin b 11 Nov 1837 GC, s Benjamin Burrows (BRC)
Matilda Ann b 6 Dec 1838 GC, dau John & Eliza Burrows (BRC)
Sarah Elizabeth b 3 Nov 1840 GC, dau John Burrows (BRC)
William Jackson b 5 Jun 1830 GC, s Benjamin Burrows (BRC)
BUTCHER, John b 16 Jan 1818 Ross TP, GC (GDR)
BUTLER, Lemuel R. b Nov 1837 GC, s Joshua & Mary Butler (ELA)
Nancy A. b ca 1829 near Xenia, GC (ELA)
Providence Russell b 1 Jul 1836 Union area near Xenia, GC, dau Joshua S & Mary Butler (ELA)
BUTTERBAUGH, Adam b 29 Apr 1826 GC, s Andrew & Anna Butterbaugh (BRC)
BUTTS, Ella b prior 1869 Beavercreek TP, GC, dau Basil & Anna Butts (BH)
BYRD, Andrew b 1814 Spring Valley TP, GC (GDR)
Andrew Felix b 7 Aug 1825 Sugarcreek TP, GC, s Adam & Mary (Houck) Byrd (HOK)
Daniel Houck b 12 May 1827 Sugarcreek TP, GC, s Adam & Mary (Houck) Byrd (HOK)
Devault b 12 Aug 1823 Sugarcreek TP, GC, s Adam & Mary (Houck) Byrd (HOK)
Phoebe b 1835 Spring Valley, GC (GDR)
CALDWELL, Elizabeth b ca 1860 Cedarville, GC (OB/Blair)
Elizabeth b 12 Oct 1868 Cedarville, GC, dau David Riley & Mary J (Armstrong) Caldwell (JAC)
Francis Marion b 12 Mar 1851 near Cedarville, GC, s John & Mary Ann (Nichol) Caldwell

CALDWELL (continued) (JAC)
Irma J. b 20 Nov 1865 Cedarville, GC, dau David Riley & Mary J (Armstrong) Caldwell (JAC)
Jackson Nichol b 3 Nov 1843 near Cedarville, GC, s John & Mary Ann (Nichol) Caldwell (JAC)
James Dunlap b 29 Dec 1862 W. of Clifton, GC, s Joseph P. & Mary Sue (McQuillan) Caldwell (OB)
James Riley b 9 Jan 1853 near Cedarville, GC, s John & Mary Ann (Nichol) Caldwell (JAC)
John Melanchton b 20 Feb 1849 near Cedarville, GC, s John & Mary Ann (Nichol) Caldwell (JAC)
Joseph C. b 14 Jun 1846 near Cedarville, GC, s John & Mary Ann (Nichol) Caldwell (JAC)
J. P. b 1836 Cedarville TP, GC, s James & Elizabeth (McMillan) Caldwell (DH)
Mary Jane b 28 Dec 1865 GC, dau Joseph P & Mary Sue (McQuillan) Caldwell (OB/McMillan)
Nancy Jane b 24 Sep 1841 near Cedarville, GC, dau John & Mary Ann (Nichol) Caldwell (JAC)
CAMPBELL, Anna Elizabeth b 3 Jun 1868 GC, dau John & Jane Campbell (OB/Ginn)
Elizabeth C. b ca 1848 GC (RB33)
Elizabeth Catherine b ca 1853 Xenia, GC (RB66)
Hulda E. b 19 Jul 1862 GC, dau W A & M A Campbell (CUC)
Jonathon Clark b 8 Apr 1812 GC, s Samuel & Margaret/Peggy (Cobb) Campbell (LG15-MEAC)
Maggie F. b 2 Nov 1866 GC, dau W A & M A Campbell (CUC)
Mary b 5 Jul 1845 GC (FFOKC-SLGC)

CAMPBELL (continued)
Rebecca b 1835 Bath TP, GC, dau Joseph & Drusilla Campbell (DH)
Ross T. b 1 Dec 1863 GC, s W A & M A Campbell (CUC)
William W. b 25 Oct 1868 GC, s W A & M A Campbell (CUC)
CANNING, Ann b prior 1869 Bellbrook, GC, dau Peter & Sall (Ryan) Canning (BC)
John b 1837 Bellbrook, GC, dau Peter & Sally (Ryan) Canning (BC)
Katherine b 1842 Bellbrook, GC, dau Peter & Sally (Ryan) Canning (BC)
Macy b 1834 Bellbrook, GC, dau Peter & Sally (Ryan) Canning (BC)
Patrick b 1836 Bellbrook, GC, s Peter & Sally (Ryan) Canning (BC)
CARBY, Frank Cornell b ca 1859 GC (RB22)
CAREY, Simeon b 8 Oct 1830 Spring Valley, GC (GDR)
CARLETON, Charles S. b 17 Jun 1856 Xenia, GC, s Benjamin F & Ann (Wright) Carleton (OB)
CARLISLE, Frank b 19 Apr 1862 Miami TP, GC, s George A & Margaret (Kiser) Carlisle (BH-OB)
George A. b 29 Jun 1840 Miami TP, GC, s Jehu & Hettie (Batchelor) Carlisle (BH)
Robert b ca 1838 GC, s Jehu & Hester Carlisle (OB)
Towne b 26 Mar 1855 near Yellow Springs, Miami TP, GC, s Jehu & Hettie (Batchelor) Carlisle (BH-OB-RH)
CARLOS, Julia b 1865 Xenia, GC, marital not shown, (GDR)
CARMAN, Sarah b 2 Jul 1815 GC, dau Joshua & Jane (James) Carman (DUN)
CARNES, Adam Edward b ca 1866 GC (RB88)
CARPENTER, John N. b 17 Aug 1857 Bowersville, GC, s

CARPENTER (continued)
Nathan & Jane (Davis) Carpenter (OB)
Samuel T. b 12 Feb 1868 near Jamestown, GC, s Thomas & Mary Elizabeth (Smith) Carpenter (OB)
W. A. b 21 Nov 1855 Jamestown, GC (OB)
CARPER, James M. b prior 1869 Ross TP near Gladstone, GC, s Frederick William & Mariam C. Carper (CCF-XGO)
CARRUTHERS, Jennie Belle b 25 Dec 1861 Cedarville TP, GC, dau Robert M & Mary Ann (McQuiston) Carruthers (BH-OB/Rader)
CARSON, Alice b ca 1859 Cedarville TP, GC (OB/Hutson)
CARTER, Lydia Ann b ca 1861 GC (RB77)
CASSADY, Ellen b ca 1862 Xenia, GC (RB55)
CASSIDY, Katherine May F. b 26 May 1859 Xenia, GC, dau Charles & Teresa Josephine (Duffy) Cassidy (FFTL)
CHAFFIN, Sarah Isabella b 27 Jul 1840 near Jamestown, Ross TP, GC, dau Solomon & Elizabeth Chaffin (BH-OA)
CHALMERS, Elizabeth b 23 Mar 1830 GC, dau John & Isabella (Turnbull) Chalmers (DH)
Margaret b ca 1865 E. of Xenia, GC, dau William & Jane (Crawford) Chalmers (OB)
Martha b 4 Sep 1856 Caesarscreek TP, GC, dau John & Jane (Vance) Chalmers (OB/Barnhart)
William Scott b 2 Jun 1862 New Jasper TP, GC, s William D & Jane (Crawford) Chalmers (BH)
CHAMBERS, Robert b 11 Oct 1827 Bath TP, GC, s William & Elizabeth (Kirkwood) Chambers (DH-PGC)
CHAMBLISS, Ella Louella b ca 1868 Xenia, GC (RB22)
Nancy Jane b 29 Apr 1856 GC,

CHAMBLISS (continued)
dau Mark & Celia Chambliss (OB/McClain)
CHANEY/CHENEY, Granville b 1830 GC (FFCY-LG97-0GS7)
Mary J. b 26 Oct 1845 GC, dau Iradell & Ann Chaney/Cheney (DH-PGC)
CHARLTON, John b ca 1845 Yellow Springs, GC (RB44)
CHARTERS, George b 12 Jul 1835 Xenia, GC, s John & Margaret (Monroe) Charters (BH-DH)
John b 3 Aug 1844 Xenia, GC (MR)
William b ca 1856 Xenia, GC (RB22)
CHERRY, Andrew Lewis b 13 Dec 1832 Xenia TP, GC, s James & Elizabeth (Grenwood) Cherry (BH-FFHR-RH)
Anna Louise b prior 1869 Ross TP, GC (BH)
Benjamin b 30 Jul 1830 Xenia TP, GC, s James & Elizabeth (Greenwood) Cherry (BH-FFHR-RH)
David Haslip/Hyslop b 25 Feb 1839 Xenia TP, GC, s James & Elizabeth (Greenwood) Cherry (BH-FFHR-OB-RH)
Isaac b 1836 GC (GDR)
James Q. b 8 Oct 1823 Xenia TP, GC, s James & Elizabeth (Greenwood) Cherry (BH-FFHR-RH)
Jane b 9 Dec 1819 Xenia TP, GC, dau James & Elizabeth (Greenwood) Cherry (BH-FFHR-RH)
John b 20 Feb 1828 Xenia TP, GC, s James & Elizabeth (Greenwood) Cherry (BH-FFHR-RH)
Mary Ann b 13 Dec 1817 Xenia TP, GC, dau James & Elizabeth (Greenwood) Cherry (BH-FFHR-RH)
Nellie E. b ca 1867 near Xenia, GC, dau Isaac & Kate (Jones) Cherry (OB)
Rachel b 5 Dec 1821 Xenia TP,

CHERRY (continued)
GC, dau James & Elizabeth (Greenwood) Cherry (BH-FFHR-RH)
Robert b 29 Dec 1825 Xenia TP, GC, s James & Elizabeth (Greenwood) Cherry (BH-FFHR-RH)
William b 16 Feb 1816 Xenia, GC (BH)
William J. b 10 May 1868 Xenia TP, GC, s David H & Mary E (Watt) Cherry (BH)
CHIMPSON, George b Jun 1829 GC, s James & Harriet Chimpson (BRC)
Mordiei (?) b 24 Dec 1827 GC, s James & Harriet Chimpson (BRC)
CHRISSINGER, Frank b 26 Jul 1854 Cedarville, GC (OB)
CHRISTOPHER, Andrew b ca 1866 Jamestown, GC (OB)
Ellen b ca 1855 Jamestown, GC (OB/Pease)
James B. b ca 1856 Jamestown, GC (RB55)
CHRISTY, J. Milton b 1 Aug 1866 near Bowersville, GC, s James & Ann Mary (Williams) Christy (OB)
CHURCH, Hamilton b 13 Dec 1863 GC, s George & Ellen (Humphrey) Church (OB)
CLANCEY, James W. b 4 Mar 1836 GC, s William & Rachel S. (Steele) Clancey (SCHF)
CLARK, C. M. J. b 1858 Xenia, GC (GDR)
Harry Louis b ca 1864 Spring Valley, GC (RB77)
Irvin Luther b 30 Aug 1852 GC, s Benmamin & Frances (Gerlaugh) Clark (HAH)
Rachel b 1805 GC (DH)
Sarah L. b 1868 Clifton, GC (GDR)
Ulysses Ellsworth b 23 Dec 1867 Xenia, GC (OB)
William James b ca 1857 Xenia, GC (RB77)
CLAYTON, Anna b 1819 GC, dau

CLAYTON (continued)
Reuben Clayton (SCHS)
CLEMANS, Francis Marion b 28 Jun 1834/35 Ross TP, GC, s William T & Elizabeth (Dalby) Clemans (BH-PMC)
William L. b 7 Jul 1865 Jamestown, GC, s Francis M & Sarah Isabella (Chaffin) Clemans (BH)
CLEMENS, Catherine b ca 1845 Silvercreek TP, GC (RB33)
Catherine F. b 9 Jan 1846 New Jasner TP, GC, dau George & Susanna (Fichthorn) Clemens (BH-FFBC)
George b prior 1869 GC (BH)
Gertrude b 12 Sep 1865 near Jamestown, GC, dau John & Margaret (Long) Clemens (DH-OB)
Hester Jane b ca 1840/49 Xenia, GC (RB22)
John G. b 21 Jan 1820 Xenia TP, GC, s John & Susan/Susanna (Slagle/Slagal) Clemens (DH-RH)
Margaret L. b Sep 1847 GC, dau John G & Margaret (Long) Clemens (DH)
Mary L. b 6 Apr 1845 GC, dau John G & Margaret (Long) Clemens (DH)
Melda A. b ca 1851 New Jasper, GC, dau George & Susan Clemens (OB)
CLINE, Albert b 26 Oct 1850 near Cedarville, GC, s Johnathan & Susan Cline (OB)
Charles b 20 Mar 1858 Cedarville, GC (GDR)
Laura b 22 Oct 1867 GC, dau David & Ellen (Gerard) Cline (OB/Bales)
Lemuel b 28 Mar 1839 Xenia, GC (MR)
Lina Gertrude b ca 1859 GC, dau William & Nancy A (Harner) Cline (BH-RB22)
Mary E. b 18 Feb 1851 GC, near Pt. William, dau James & Elizabeth Cline (OB/Glass)

CLINE (continued)
Minnie b 1865 Cedarville, GC, dau Hiram & Ann (Powers) Cline (GDR/McElroy)
Rebecca Ann b prior 1869 GC (BH)
Stephen b 28 Jan 1832 Caesarscreek TP, GC (GDR)
William C. b 20 Dec 1829 Beavercreek TP, GC, s Adam & Barbara (Herring) Cline (BH-RH)
William Madison b 7 Mar 1858 Bowersville area, GC (OB)
CLINGMAN, Adam b ca 1865 GC (OB)
COATE, Alice b 1848 Paintersville, GC, dau Hiram & Rachel W (Painter) Coate (PAI)
Alvin P. b 1848 Paintersville, GC, s Hiram & Rachel W (Painter) Coate (PAI)
Elijah S. b 25 Dec 1841 Paintersville, GC, s Hiram & Rachel W (Painter) Coate (PAI)
Elizabeth P. b 9 Sep 1839 Paintersville, GC, dau Hiram & Rachel W (Painter) Coate (PAI)
H. A. b ca 1863 GC (OB)
Hiram P. b 1862 Paintersville, GC, s Hiram & Rachel W (Painter) Coate (PAI)
Joseph S. b Aug 1863 PROB Paintersville, GC, s Lindly M & Martha (Painter) Coate (PAI)
Lucy E. b Apr 1850 PROB Paintersville, GC, dau Lindly M & Martha (Painter) Coate (PAI)
Mordica W. b 1845 PROB near Paintersville, GC, s Lindly M & Martha (Painter) Coate (PAI)
Nancy A. b 6 Jun 1850 Paintersville, GC, dau Hiram & Rachel W (Painter) Coate (PAI)
Ophelia A. b 10 Jul 1844 Paintersville, GC, dau Hiram & Rachel W (Painter) Coate (PAI)

COATES, John b ca 1855 Spring Valley, GC (RB11)
COBLE, Rachel Ann b 4 May 1847 Osborn, GC, dau Anthony & Susanna (Swallows) Coble (WEN)
COE, Herman N. b ca 1855 GC (OB)
COFFELT, Amanda b 16 Oct 1847 Spring Valley, GC, dau Moses & Elizabeth (Smith) Coffelt (GDR)
Charles Wesley b 22 Sep 1864 near Spring Valley, GC, s John & Julia (Jackson) Coffelt (OB-RB33)
Elizabeth Sidney b 8 Dec 1832 N. of Bellbrook, GC, dau Jacob & Hannah (Crumley) Coffelt (BH)
Sarah Ann b 5 Apr 1850 Spring Valley, GC, dau Moses & Elizabeth (Smith) Coffelt (OB)
COHAGAN, John A. b 25 Jan 1825 Caesarscreek TP, GC (GDR)
COLDREN, Anna Maria b 26 Mar 1826 Xenia, GC (FFDO)
COLEMAN, C. O. b 18 Jun 1865 GC, s/dau J L & M B Coleman (CUC)
COLLETT, Nathan H. b 27 Nov 1810 GC (CCH82)
COLLIER, Clara/Clarissa b 1828/29 Xenia TP, GC, dau Moses & Elizabeth (Small) Collier (LG15-RH-SAC-SC)
Margaret Annette b 10 Apr 1868 Yellow Springs, GC (OB)
COLLINS, Ada Blanche b ca 1867 Xenia, GC (RB55)
Andrew Gordon b 12 Aug 1865 Cedarville TP, GC, s James Wallace & Mary J (Gordon) Collins'(BH-RB44-RIF)
Anna Rebecca b 12 Mar 1852 Xenia TP, GC, dau Samuel & Rebecca (McClellan) Collins (BH-KC-MCCL)
Arthur Eugene/Ewing b 19 Feb 1866 N. of Oldtown, GC, s William Henry & Mary Elizabeth (Galloway) Collins (BH-KC-MCCL)

COLLINS (continued)
David Wallace b 31 Mar 1823 Xenia, GC (UPC)
Dora LeFrances b ca 1850 Fairfield, GC (RB33)
Elinor Agnes b 19 Jan 1861 E. of Xenia, GC, dau John & Elizabeth (Scroggs) Collins (OB)
Elizabeth b 4 Mar 1838 POSS GC, dau John & Isabella (Currie) Collins (JNAC-LG47-RACT)
Frank E. b Jan 1855 Xenia, GC, s John & Elizabeth Collins (OB)
Frank G. b 6 Nov 1867/68 Xenia TP, GC, s William Henry & Mary Elizabeth (Galloway) Collins (BH-KC-MCCL-OB)
George Galloway b 30 Apr 1827 GC, s William & Mary (Galloway) Collins (FFCO-JNAC-LG47-RACT)
Isabella b 4/14 Jun 1849 GC, dau Samuel & Rebecca (McClellan) Collins (BH-KC-MCCL-WIL)
James Edward b ca 1866 Xenia, GC (RB77)
James Martin b 7 Feb 1845 Xenia TP, GC, s Samuel & Rebecca (McClellan) Collins (BH-KC-MCCL)
James Wallace b 16 Feb 1832 Clarks Run/Cedarville TP, GC, s William & Mary (Galloway) Collins (BH-OB-PGC)
Jennie M. b prior 1869 Xenia TP, GC, dau John & Nancy (Scroggs) or Mary Collins (BH-OB)
John b 14 Aug 1824 Xenia TP, GC (GDR)
John Edward b 3 Nov 1859 GC, s George Galloway & Elizabeth (Collins) Collins (FFCO-JNAC-LG35-LG47-RACT)
John Edward b ca 1864 Clifton, GC (RB66)
John Quincy b 4 Apr 1841 Xenia TP, GC, s Samuel & Rebecca

COLLINS (continued) (McClellan) Collins (BH-DH-KC-MCCL-RH)
Joseph A. b ca 1830 near Xenia, GC (UPC)
Lydia Mariah b 16 Feb 1843 Xenia TP, GC, dau Samuel & Rebecca (McClellan) Collins (BH-KC-MCCL)
Martha E. b 1837 Cedarville TP, GC (BH)
Mary Jane b 5 Dec 1846 Xenia TP, GC, dau Samuel & Rebecca (McClellan) Collins (BH-KC-MCCL)
Mitchell W. b 20 Sep 1863 near Xenia, GC, s William & Katharine Dinsmore (Collins) Collins (OB)
Nancy Ellen b 23/25 Feb 1837 Xenia TP/Xenia, GC, dau Samuel & Rebecca (McClellan), Collins (BH-KC-MCCL-PGC)
Samuel b 23 Sep 1821 Xenia, GC (UPC)
W. H. b 1838 Xenia TP, GC (GDR)
William b 2 Feb 1800 (NWT) N. of present Xenia, GC, s William & Lydia (Manifold) Collins (BH-JNAC-LG47-RACT)
William b ca 1835 Xenia TP, GC, s Joseph Collins (OB)
William Henry b 21 Sep/6 Nov 1838 N. of Oldtown, GC, s Samuel & Rebecca (McClellan) Collins (BH-MCCL)
COLVIN, Anna Eliza b ca 1836 New Burlington, GC (RB44)
COLWELL, Judith R. b 17 Nov 1811 GC (OB)
COMPTON, Alice b prior 1869 Xenia, GC, dau Eber & Mary Jane (Babb) Compton (BAB)
Alice b 7 Jan 1836 Spring Valley TP, GC, dau John & Rebecca (Steddon) Compton (PGC)
Ambrose b 1856 Xenia, GC, s Eber & Mary Jane (Babb) Compton (BAB)
Amos b 19 Dec 1830 Spring Valley TP, GC, s Samuel & Allie (Thatcher) Compton (RH)

COMPTON (continued) ley TP, GC, s Samuel & Allie (Thatcher) Compton (RH)
Christopher Hussey b ca 1862/63 near Bowersville, GC (OB-RB77)
Eber b 6 Mar 1831 GC (GDR)
Eunice b 9 Aug 1834 Spring Valley TP, GC, dau John & Rebecca (Steddon) Compton (RH)
Frank b ca 1861 GC (RB11)
Jesse b 12 Jan 1825 Spring Valley TP, GC, s Samuel & Allie (Thatcher) Compton (RH)
John b 1 Mar 1807 Spring Valley TP, GC, s Amos & Rebecca (Millhouse) Compton (DH-RH)
John b 7 Jul 1854 GC, s Jesse & Esther (Spray) Compton (RH)
John M. b 6 May 1833 Spring Valley TP, GC, s Samuel & Allie (Thatcher) Compton (RH)
Lucy A. b 16 Jul 1868 near New Burlington, GC, dau Amos & Ann (Mendenhall) Compton (OB)
Lydia b 16 Dec 1842 Spring Valley TP, GC, dau Samuel & Allie (Thatcher) Compton (RH)
Martha b 1 Apr 1840 Spring Valley TP, GC, dau Samuel & Allie (Thatcher) Compton (RH)
Martha R. b 26 Mar 1862 GC near New Burlington, dau Amos & Ann (Mendenhall) Compton (OB/Jones)
Nancy b 2 Oct 1828 Spring Valley TP, GC, dau Samuel & Allie (Thatcher) Compton (RH)
Nettie b 5 May 1866 Richland community S. of Xenia, GC, dau Amos C & Priscilla (Mendenhall) Compton (OB/Scarff)
Rebecca b 8 Oct 1826 Spring Valley TP, GC, dau Samuel & Allie (Thatcher) Compton (GDR-RH)
Rolla b ca 1868 Spring Valley, GC (RB55)

COMPTON (continued)
Rosa b 5 Nov 1867 Spring Valley TP, GC, dau Wilson & Rachel Compton (OB/Smith)
Sadie b prior 1869 Spring Valley TP, GC, dau Eber & Mary Jane (Babb) Compton (BH)
Sarah b 1859 Xenia, GC, dau Eber & Mary Jane (Babb) Compton (BAB)
Sarah Jane b ca 1860 GC (RB22)
Uriah b 1 Sep 1850 GC, s Jesse & Esther (Spray) Compton (RH)
Wilson b 7 Sep 1841 Spring Valley TP, GC, s Henry & Catherine (Mock) Compton (BH-PGC-RH)
Wilson L. b 18 Dec 1857 near Spring Valley, GC, s Eber & Lillie (Daugherty) Compton (OB-RB77)
Wilson Lewis b 12 Dec 1858 Xenia, GC, s Eber & Mary Jane (Babb) Compton (BAB)
CONFARR, Charles Edwin b 19 Jun 1850 Clifton, GC, s John & Eve Catherine (Stimmel) Confarr (BH)
CONFER, Arthur Upton b 21 Jul 1867 Miami TP, GC, s George & Ann (Johnson) Confer (BH)
Elizabeth Jane b ca 1861/62 Yellow Springs, GC (OB/Cosler-RB88)
George B. b 1859 GC, s William G & Mary Jane (Cost) Confer (RH)
Isaac T. b 30 Oct 1844 Clifton, GC (GDR)
Mary Etta b prior 1869 Miami TP, GC, dau George & Ann (Johnson) Confer (BH)
William G. b 28 Dec 1823 Miami TP, GC (GDR)
CONKLIN, Abraham b 13 Jun 1846 GC, s Tunis & Margaret (McConnell) Conklin (FUD)
Carrie E. b 1866 Caesarscreek TP, GC, dau James Gilbert & Catherine (Hussey) Conklin (BH-WNB)
Charles O. b 25 Dec 1857

CONKLIN (continued)
Caesarscreek TP, GC, s Harvey Fosdick & Hannah (Nolan) Conklin (CON)
Emma b 14 Jan 1854 near Paintersville, GC, dau Carpenter & Mary Conklin (OB/Bragg)
Emma Jane b ca 1853 Paintersville, GC, (RB22)
George B. b 27 Dec 1854 Caesarscreek TP, GC, s Harvey Fosdick & Hannah (Nolan) Conklin (CON)
Henry b 1817 Xenia TP, GC (GDR)
Henry Harvey b 16 Dec 1844 Caesarscreek TP, GC, s Harvey Fosdick & Hannah (Nolan) Conklin (CON)
James A. b ca 1856 Paintersville, GC (OB)
James Gilbert b 3 Jun 1837 Caesarscreek TP, GC, s Harvey Fosdick & Hannah (Nolan) Conklin (CON)
Nancy Jane b 21 Apr 1847 Caesarscreek TP, GC, dau Harvey Fosdick & Hannah (Nolan) Conklin (CON)
Ruth Ellen b 5 Mar 1861 Caesarscreek TP, GC, dau Harvey Fosdick & Hannah (Nolan) Conklin (CON)
Sarah Ann b 15 Oct 1839 Caesarscreek TP, GC, dau Harvey Fosdick & Hannah (Nolan) Conklin (CON)
Thomas Watson b 22 Oct 1849 Caesarscreek TP, GC, s Harvey Fosdick & Hannah (Nolan) Conklin (CON)
Tunis Walker b 18 May 1852 Caesarscreek TP, GC, s Harvey Fosdick & Hannah (Nolan) Conklin (CON-OB)
William A. b 29 Jul 1842 Caesarscreek TP, GC, s Harvey Fosdick & Hannah (Nolan) Conklin (CON)
CONLEY, James E. b 1866 GC (SOB)
May b prior 1869 Clifton, GC

CONLEY (continued) (BH)
Nannie b Feb 1868 Cedarville, GC, dau M. & ? (Campbell) Conley (GDR/Deck)
William b 23 Jun 1859 near Cedarville, GC, s Moore & Eliza (Campbell) Conley (BH)
CONNABLE, Frank L. b ca 1867 Xenia, GC, s John L. & Augusta Connable (OB)
CONNER, Charles Francis b ca 1860 Bellbrook, GC (BKI-OB-RB22)
Orange Marcus/Martic/Martin b ca 1855/56 near Jamestown, Silvercreek TP, GC (RB11-RB22-RB66-SCK)
Sarah b 8 Jul 1840 Bellbrook, Sugarcreek TP, GC, dau John & Susan (Austin) Conner (PGC)
CONREY, William b 1841/47 GC (GDR)
CONWELL, Benjamin Grover b 18 May 1812 Xenia, GC, s Richard & Mary Anderson (Grover) Conwell (FFBY-FFCW)
Catharine b 1836 Xenia, GC, dau Richard & Eliza (Beatty) Conwell (FFBY)
Charles W. b 1847 Xenia, GC, s John Cors & Mary Ann Euphemia (Paullin) Gower Conwell (CNL-FFCW)
Ed Baker b ca 1863 Xenia, GC (RB33)
Eliza b 1819 Xenia, GC, dau Stephen & Martha (Mills) Conwell (CNL)
Elizabeth b 1835 Xenia, GC, dau Richard & Eliza (Beatty) Conwell (FFBY)
Elizabeth Lorinda b 7 Aug 1833 GC, dau Levi & Harriet (Wright) Conwell (CNL)
Emma Triphenia b 3 Dec 1844 Xenia, GC, dau John C/S & Mary Ann Euphemia (Paullin) Gower Conwell (FFCW)
Harriet G. b ca 1842 Xenia, GC (RB22)

CONWELL (continued)
Harriet Gardiner b 1840 Xenia, GC, dau Richard & Eliza (Beatty) Conwell (FFBY)
Henry B. b 1831 Xenia, GC, s Richard & Eliza (Beatty) Conwell (FFBY)
Ira b 1810-19 Xenia, GC, dau Richard & Mary Anderson (Grover) Conwell (FFBY)
James Madison b 18 Nov 1843 Xenia, GC, s Samuel Davenport & Caroline Louise (Binkley) Conwell (FFBY)
John C/S b 1822 Xenia, GC, s Richard & Mary Anderson (Grover) Conwell (CNL-FFBY-FFCW)
Kate b 9 Oct 1835 Xenia, GC, dau Richard & E (Baley) Conwell (GDR)
Levi b. 8 Dec 1810 Xenia, GC (CNL)
Louisa Ann b 1838 Xenia, GC, dau Richard & Eliza (Beatty) Conwell (FFBY)
Lutie b 25 Nov 1855 Xenia, GC, s/dau John Cors & Mary Ann Euphemia (Paullin) Gower Conwell (FFCW)
Mary E. b 12 Dec 1853 Xenia, GC, dau John Cors & Mary Ann Euphemia (Paullin) Gower Conwell (FFCW)
Mary Ellen b 1827 Xenia, GC, dau Richard & Mary Anderson (Grover) Conwell (FFBY)
Nancy Ann b 1833 Xenia, GC, dau Richard & Eliza (Beatty) Conwell (FFBY)
Richard b 1820-29 Xenia, GC. s Richard & Mary Anderson (Grover) Conwell (FFBY)
Richard Benjamin b 8 Oct 1845 Xenia, GC, s Samuel Davenport & Caroline Louise (Binkley) Conwell (FFBY)
Rufus Theodore b 21 Nov 1841 POSS Xenia, GC, s Samuel Davenport & Caroline Louise (Binkley) Conwell (FFBY)
Samuel Davenport 19 Oct 1814

CONWELL (continued)
Xenia, GC, s Richard & Mary Anderson (Grover) Conwell (FFBY-FFCW)
Samuel Davenport b 24 May 1847 Xenia, GC, s Samuel Davenport & Caroline Louise (Binkley) Conwell (FFBY)
Theopholis b 25 Sep 1848 Xenia, GC, s Samuel Davenport & Caroline Louise (Binkley) Conwell (FFBY)

COOPER, Anna Jeanette b 3 Jan 1854 S. of Cedarville, GC, dau William K & Hannah M (Hamilton) Cooper (OB/Frazer)
Charles Edwin b 25 Sep 1862 Xenia, GC, s John Harvey & Julia (Platter) Cooper (MCM)
Clara Luella b 20 Feb 1856 New Jasper TP, GC, dau Samuel & Mary (Fudge) Cooper (FUD)
Daniel Cargill b 3 Jan 1833 GC (MCM)
Ebnezer b 1833 Cedarville TP, GC, s John A & Agnes (King) Cooper (BH-MCI)
Ella b 27 Mar 1858 near Jamestown, GC, dau John & Rachel (Clemens) Cooper (OB)
Harvey Lawrence b 18 Jun 1864 Xenia, GC, s John Harvey & Julia (Platter) Cooper (MCM)
Isabel Paul b 30 Jan 1868 Xenia, GC, dau John Harvey & Julia (Platter) Cooper (MCM)
James A. b 10 Apr 1868 Yellow Springs, GC (GDR)
James K. Polk b ca 1843 Yellow Springs, GC (RB22)
Jennie Morris b 19 Dec 1860 Xenia, GC, dau John Harvey & Julia (Platter) Cooper (MCM)
J. McC. b 21 Nov 1866 Cedarville, GC (GDR-MCI)
John Harvey b 1831 PROB GC, s Ebnezer & Jane (McMillan) Cooper (STO)
John Milton b 14 Aug 1853 New Jasper TP, GC, s Samuel & Mary (Fudge) Cooper (FUD)

COOPER (continued)
Mary Elizabeth b 16 Jan 1861 Xenia, GC, dau Ebenezer & Elizabeth (Weir) Cooper (BH-OB/Harbison)
Nancy Emma b 20 Feb 1856 New Jasper TP, GC, dau Samuel & Mary (Fudge) Cooper (FUD)
Otway b 25 Mar 1848 Xenia, GC, s William & Mary A Cooper (TSH)
Robert M. b 23 Jan 1838 Cedarville/Cedarville TP, GC, s John A & Agnes (King) Cooper (DH-GDR-MCI)
Sarah Elizabeth b 14 Jan 1855 New Jaspsr TP, GC, dau Samuel & Mary (Fudge) Cooper (FUD)
William b 8 Jul 1850 Xenia, GC. s William & Mary A Cooper (TSH)

COPELAND, Abraham Lucas b 23 Jun 1814 GC, s William & Sarah (Lucas) Copeland (LUC)
Asenatha b 23 Dec 1822 GC, dau William & Sarah (Lucas) Copeland (LUC)
Isaac b Feb 1816 GC, s William & Sarah (Lucas) Copeland (LUC)
Jacob b 1/29 Sep 1817 GC, s William & Sarah (Lucas) Copeland (LUC)
John Daniel b 3 Jan 1813 GC, s William & Sarah (Lucas) Copeland (LUC)
Mary b 14 Feb 1825 GC, dau William & Sarah (Lucas) Copeland (LUC)
Samuel Miller b 13 Mar 1820 GC, s William & Sarah (Lucas) Copeland (LUC)
William b 3 Aug 1829 GC, s Abner & Margaret (Morgan) Copeland (CAC-FFCP-LGN5)

COPPESS, Adam b 8 Mar 1812 GC, s Adam & Mary (Mock) Coppess (FFMF)
Alfred b 1 Feb 1818 GC, s Adam & Mary (Mock) Coppess (FFMF)

COPPESS (continued)
Daniel b 12 May 1814 GC, s Adam & Mary (Mock) Coppess (FFMF)
John b 15 Aug 1822 GC, s John & Rhoda (Horney) Coppess (FFMF)
Paris b 1824 GC, s John & Rhoda (Horney) Coppess (FFMF)
Sarah b 17 Jun 1810 GC, dau Adam & Mary (Mock) Coppess (FFMF)
COPSEY, Elizabeth Virginia b 19 Sep 1861 Spring Valley, GC, dau Garland & Elizabeth (Holbrook) Copsey (OB/LeValley)
Emanuel M. b 20 Feb 1855 Spring Valley, GC, s John & Elizabeth (Coffman) Copsey (COP)
Harry b Jan 1868 GC (COP)
Loamins b Dec 1858 GC (COP)
Philip b May 1837 GC (COP)
Rosella b ca 1861 Mt. Holly, GC, dau Mary Copsey (OB/Smith)
William b 12 May 1837/38 GC, s Hezekiah & Nancy (Hurley) Copsey (COP)
CORNELL, Sarah T. b ca 1818 GC, dau Sylvanus Cornell (BM/Hartsock)
CORRY, Alta Lydia b 26 Apr 1867 Miami TP, GC, dau William R & Eliza (Brown) Corry (BCSA-BH-MCCL-OB/Jobe)
CORRY, Anna Alice b 5 Oct 1849 Xenia TP, GC. dau William R & Eliza (Brown) Corry (BCSA-BH-OB)
Charles Brown b ca 1860 near Clifton, GC (RB33)
Frank Martin b 9 Sep 1861 near Yellow Springs, GC, s William R & Eliza (Brown) Corry (BCSA-BH-OB)
Hannah b 24 Aug 1831 GC, dau Matthew & Rachel (Jacoby) Corry (BCSA-BH)
Harry R. b 24 Feb 1860 near Yellow Springs, GC, s William R & Eliza (Brown) Corry (BCSA-BH-OB)

CORRY (continued)
John b 1 Jan 1820 POSS GC, s John & Elizabeth (Jackson) Corry (JAC)
Lee Andrew b 11 Mar 1855 near Yellow Springs, GC, s William R & Eliza (Brown) Corry (BCSA-BH)
Lizzie Alta b 10 Nov 1861 POSS GC, dau John & Elizabeth (Jackson) Corry (JAC)
Mary Belle b ca 1854 GC, dau James B & Nancy Corry (OB/Garlough)
Minerva Emazetta b 21 Jan 1849 POSS GC, dau John & Elizabeth (Jackson) Corry (JAC)
Rachel b 5 Oct 1834 GC, dau Matthew & Rachel (Jacoby) Corry (BCSA-BH)
Rachel J. b 20 Aug 1864 near Yellow Springs, GC, dau James & Nancy (Brown) Corry (OB/Kelly)
Riley J. b 25 Jun 1851 near Yellow Springs, GC, s William R & Eliza (Brown) Corry (BCSA-BH)
Robert Elmer b 1 Nov 1863 near Clifton/Yellow Springs, GC, s William R & Eliza (Brown) Corry (BCSA-BH-OB)
Walter Matthew/Matthew W. b 9 Jun 1853 near Yellow Springs, GC, s William R & Eliza (Brown) Corry (BCSA-BH)
William Edwin/William Edward b 2 Apr 1858 near Yellow Springs, GC, s William R & Eliza (Brown) Corry (BCSA-BH)
William Henry b 22 May 1846 POSS GC, s John & Elizabeth (Jackson) Corry (JAC)
COSAD/CASAD, Harriet b 1820 Bath TP, GC (BH-HAH-RH)
COSBY, Elizabeth b ca 1866 POSS Xenia, GC, dau William & Fannie Cosby (OB)
Laura b ca 1868 Xenia, GC

COSBY (continued) (RB55)

COSLER, Abram B. b prior 1863 near Alpha, GC (BH-CCB)

Andrew H. b ca 1852 Beavercreek TP, GC (OB)

Caroline b 10 Feb 1855 Beavercreek TP, GC, dau Samuel H & Susanna (Hower) Cosler (HAH)

D. Grant b 4 Sep 1868 near Byron, GC, s John & Rose (Wolf) Cosler (OB)

Eliza Jane b 17 Mar 1861 GC, dau Samuel H & Susanna (Hower) Cosler (HAH)

Jacob Simson b 24 Nov 1856 near Yellow Springs, GC, s Lewis & Sarah (Sipe) Cosler (OB-RB88)

Jennie E. b ca 1861 Beavercreek TP, GC, dau Samuel & Susann Cosler (OB/Harshman)

John L. b 11 May 1823 GC, s Lewis & Elizabeth (Durnbaugh) Cosler (HRHC)

Lewis b 2 Dec 1824 GC, s Lewis & Elizabeth (Durnbaugh) Cosler (HKI-HRHC)

S. H. b 1 Apr 1820 Beavercreek TP, GC (GDR)

COSLEY, H. A. b ca 1851 Xenia, GC (OB)

COSNER, Jacob S. b ca 1856 Yellow Springs, GC (OB)

COSTELLO, John H. b ca 1867 Osborn, GC, s John J. Costello (OB)

COSTENBORDER, Jacob b 21 Mar 1828 Beavercreek TP, GC (BH)

William F. b 9 Jun 1862 Beavercreek TP, GC, s Jacob & Catherine (Shoup) Costenborder (BH)

COTTERILLE, Lucinda b 1827 GC, dau Hiram Cotterille (FFMV)

COTTRELL, Obediah b 1818 GC (LG63-MAC)

Sarah Elizabeth b 2 Mar 1844 GC, dau Obediah & Sarah Ann Minerva (McKinney) Cottrell

COTTRELL (continued) (LG63-LG75-MAC-MPC)

COULTER/COURTER, John H. b 1853 Bellbrook, GC (GDR)

COULTER, John W. b ca 1862 GC (OB)

COUSINS, Edward b 1820 Xenia, GC (GDR)

Lucy b ca 1864 Xenia, GC (OB/Nichols)

COX, Dorton b ca 1854 New Germany, GC (RB22)

Edwin B. b 25 Nov 1851 Osborn, GC, s Jonathan & Emeline Cox (GLAN)

Isaac b 1801 (NWT) Osborn, GC, s John & Sarah (Clark) Cox (TIN)

John Thomas b 8 Feb 1821 Fairfield, GC, s Isaac & Lydia (Cosad) Cox (TIN)

Mary/May Ellen b 17 Dec 1844 Beavercreek TP, GC, dau Henry & Elizabeth (Howard) Cox (FFKG-RB55)

Richard b 1849 Yellow Springs, GC (BH)

Samuel W. b 5 Dec 1833 Miami TP, GC, s Samuel W & Elizabeth (Jones) Cox (RH)

COY, Aaron b 19 Dec 1846 Beavercreek TP, GC, s Nicholas & Charlotta (Shoup) Coy (BH)

Abraham b 7 Nov 1820 Beavercreek TP, GC, s Adam & Catherine (Martin) Coy (GDR-PGC)

Abraham b 1820 Beavercreek TP, GC, s Jacob Coy (BH-DH)

Adam b 9 Jan 1809 Beavercreek TP, GC, s John & Mary (Jones) Coy (COY)

Adam b 1834 Beavercreek TP, GC, s Jacob Coy (BH)

Amanda b 1856 Beavercreek TP, GC, dau Jacob Coy (GDR)

Andrew b 16 Apr 1821 Beavercreek TP, GC, s John & Mary (Jones) Coy (COY)

Ann/Anna Maria b 5 Jun 1814 Beavercreek TP, GC, dau

COY (continued)
Peter & Elizabeth (Ritter) Coy (BH-ACC)
Benjamin F. b 5 Aug 1841 Beavercreek TP, GC, s Nicholas & Charlotta (Shoup) Coy (BH-MZS)
Caleb b 26 Jan 1818 Beavercreek TP, GC, s John & Mary (Jones) Coy (COY)
Catharine b 11 Mar 1840 Beavercreek TP, GC, dau Jacob Coy (GDR/Fogle)
Catherine b ca 1848 Zimmerman, GC (RB33)
Charles b ca 1856 Mt Zion area, Beavercreek TP, GC (OB)
Christopher C. b 1 Jan 1843 GC (OB)
David b 28 Jun 1818 Beavercreek TP, GC (GDR)
Effie Mae b ca 1865 GC (OB/Kipp)
Elizabeth b ca 1838 W. of Xenia, GC, dau Nicholas & Charlotte Coy (OB/Engle)
Emanuel b 10 Aug 1822 Beavercreek TP, GC, s Peter & Elizabeth (Ritter) Coy (BH)
Henry b 7 May 1822 Beavercreek TP, GC (GDR)
Henry b 7 May 1857 Beavercreek TP, GC (GDR)
Jacob b 20 Feb 1807 Beavercreek TP, GC, s John & Mary (Jones) Coy (COY)
Jacob b 25 Feb 1813 Beavercreek TP, GC, s Peter & Elizabeth (Ritter) Coy (BH-MZP)
Jacob H. b 1820 Beavercreek TP, GC, s Henry Coy (BH-MZS)
John b 27 Mar 1811 Beavercreek TP, GC, s John & Mary (Jones) Coy (COY)
John b 3 Sep 1811 Beavercreek TP, GC, s Peter & Elizabeth (Ritter) Coy (BH)
John F. b 10 Oct 1852 Beavercreek TP, GC, s Jacob H & Rebecca H Coy (BH)
John Jr. b 1811 GC (SLGC2)
John W. b 14 Feb 1831 Beavercreek TP, GC (COY)
Joseph M. b 4 Oct 1859 Beavercreek TP, GC (GDR)
Leonard b 20 Sep 1836 Beavercreek TP, GC (GDR)
Lewis E. b 1864 Zimmerman, GC (MZS-OB)
Lincoln b ca 1861 GC (OB)
Lodema b ca 1862 Zimmerman, GC (OB/Stewart)
Louie M. b 16 May 1864 Beavercreek TP, GC, dau Jacob H & Helen (Buck) Coy (OB)
Mary Catherine b 9 Apr 1849 Beavercreek TP, GC, dau Nicholas & Charlotte (Shoup) Coy (BH-RH)
Mary Ellen b 5 Apr 1849 Beavercreek TP, GC, dau Henry & Lucinda Coy (BH)
Mary Polly Ann b 26 Feb 1819 Beavercreek TP, GC, dau John & Mary (Jones) Coy (COY)
Nancy Ann b 3 Sep 1814 Beavercreek TP, GC, dau John & Mary (Jones) Coy (COY)
Nicholas b 21/31 Jan 1811 near Alpha, Beavercreek TP, GC, s Adam & ? (Martin) Coy (BH-MZS-RH)
Peter b 30 Apr 1818 Beavercreek TP, GC (GDR)
Rebecca b 14 May 1845 GC, dau Jacob & Catherine Coy (BH)
Rebecca Jane b 1843 GC (SLGC)
Sarah b 2 Aug 1819 Beavercreek TP, GC, dau Peter & Elizabeth (Ritter) Coy (BH)
Sarah E. b 15 Mar 1852 Zimmerman, GC (GDR)
Sarah Elizabeth b ca 1850 Beavercreek TP, GC (OB/Hawker)
Susan Ann b prior 1838 GC (ORF7)
Susanna b 2 Jul 1805 Beavercreek TP, GC, dau John & Mary (Jones) Coy (COY)
Susanna b 12 Aug 1825 Beavercreek TP, GC, dau

COY (continued)
Peter & Elizabeth (Ritter) Coy (BH-HKI)
Tobias R. b 2 Sep 1816 Beavercreek TP, GC, s Peter & Elizabeth (Ritter) Coy (BH)
Valentine b 11 Nov 1842 Beavercreek TP, GC (GDR)
Valentine P. b 14 Feb 1852 Beavercreek TP, GC, s John & Catherine (Cosler) Coy (BH-MZS)
William Edward b 10 Nov 1862 Beavercreek TP, GC, s Adam & Sophronia (Crowl) Coy (BH-OB)
William H. b 9 Apr 1854 Beavercreek TP, GC, s Jacob H & Rebecca Ella (Buck) Coy (BH-MZS-OB)
COZAD, George W. b ca 1866 Osborn, Bath TP, GC (RB11)
George Washington b ca 1864 Fairfield, Bath TP, GC (RB11)
George Washington b ca 1867 GC (RB77)
CRAIG, Charles D. b 1862 GC, s Moses & Mary E Craig (DH)
Clement V. b 16 Jun 1863 E. of New Burlington, GC (OB)
George W. b 15 Oct 1867 S. of Xenia, GC, s Noah & Dorothy (Stafford) Craig (OB)
William b 27 Jun 1857 near New Burlington, GC (OB)
William A. b 27 Jul 1867 Baynard's Corner, S. of Xenia, GC, s Charles & Rebecca (Stafford) Craig (OB)
CRAIN, Catharine Margaret b 27 Mar 1838 GC, dau Joseph & Mary Crain (BRC)
CRAMER, Ada Blanche b ca 1868 GC, near Cedarville (RB22)
John H. b 1852 S. of Bellbrook, GC (BH)
CRANDALL, Alanson Reynolds b 1845 Xenia, GC, s Nickolas & Anner (Brown) Crandall (RH)
CRANDEL/CRANDIL, Mary L. b 1801 (NWT) Xenia, GC (GDR)
CRANE, Mary Ann b 29 Nov 1834

CRANE (continued)
GC, dau Joseph A & Mary Crane (BRC)
CRAWFORD, Della b 10 Dec 1860 E. of Xenia, GC, dau Robert & Jane (Cherry) Crawford (OB/Lackey)
James H. b 23 Sep 1828 Cedarville TP, GC, s James & Martha (Leach) Crawford (GDR-PGC)
James William b ca 1864 Cedarville, GC (RB77)
Martha J. b 11 Oct 1859 near Cedarville, GC, dau James H & Matilda (Patterson) Crawford (OB)
Sarah Jane b ca 1858 Oldtown, GC, dau Robert & Jane (Cherry) Crawford (OB/Hagler)
CREIGHTON, Samuel b 1 Apr 1862 New Burlington, GC (GDR)
CRESWELL, Ada C. b ca 1865 Cedarville, GC, dau Amos Creswell (OB)
Ada L. b 24 Nov 1865 GC, dau Amos Wilson & Hannah Rebecca (Ward) Creswell (BH)
Amos N. b 4 Mar 1827 Cedarville, GC (GDR)
Amos Wilson b 13 Mar 1827 E. of Cedarville, GC, s Samuel & Letitia (Wilson) Creswell (BH-PGC)
Andrew Heron b 2 Jan 1856 Cedarville TP, GC, s Samuel & Eliza (Huffman) Creswell (BH-CRE-OB-MCI)
Ann b 1823 GC, dau Samuel & Letitia (Wilson) Creswell (BH)
Benoni b 1826/28 Cedarville, GC, s Samuel & Letitia (Wilson) Creswell (BH-RB77)
Demoni b 10 Sep 1828 Cedarville TP, GC (OB)
Flora Janette b 1863 Cedarville TP, GC, dau Samuel Creswell (CRE)
George Howard b 30 Aug 1860 Cedarville TP, GC, s Samuel & Eliza Jane (Huffman) Cres-

CRESWELL (continued) well (BH-CRE-OB-MCI)
George W. b ca 1853 Cedarville, GC (OB)
Ida Catherine b 11 Jun 1868 Cedarville TP, GC, dau Samuel Creswell (CRE-RB88)
James b 1821 GC, s Samuel & Letitia (Wilson) Creswell (BH)
James H. b 16 Jan 1852 Cedarville TP, GC, s Samuel & Eliza Jane (Huffman) Creswell (BH-OB)
James Rankin b 7 Dec 1814 Cedarville TP, GC, s James & Ann (Junkin) Creswell (BH)
Jeanette b 14 Sep 1863 Cedarville TP, GC, dau Samuel & Eliza (Huffman) Creswell (OB/Ervin)
Julia b prior 1869 GC, dau Samuel & Eliza Jane (Huffman) Creswell (BH)
Julietta b 1854 Cedarville TP, GC, dau Samuel Creswell (CRE)
Keziah b ca 1857 near Paintersville, GC, (OB/Mussetter)
Launcelot b 19 May 1817 Cedarville TP, GC, s James & Ann (Junkin) Creswell (BH)
Martha b 23 Oct 1812 Cedarville TP, GC, dau James & Ann (Junkin) Creswell (BH)
Martha Ann b 1847 Cedarville TP, GC, dau Samuel Creswell (CRE)
Mary b ca 1866 Cedarville, GC, dau Benoni & Mary (Marshall) Creswell (OB/Randall)
Mary Elizabeth b 19 May 1850 near Cedarville, Cedarville TP, GC, dau Samuel & Eliza Creswell (CRE-MCI-OB)
Mary Elma b ca 1866 Cedarville, GC (RB11)
Nettie b ca 1863 Cedarville TP, GC (RB77)
Samuel b 12 Jan 1820 Cedarville TP, GC, s James & Ann/Anna (Junkin) Creswell (BH-DH-MCI)

CRESWELL (continued)
Samuel R. b 1825 GC, s Samuel & Letitia (Wilson) Creswell (BH)
Sarah A. b 4 Jul 1867 near Xenia, GC, dau John & Cynthia (Osborne) Creswell (OB/Swope)
Sarah Jane b 3 Oct 1848 Cedarville TP, GC, dau Samuel & Eliza Creswell (CRE-OB/Kyle)
William H. b 26 Feb 1859 Cedarville TP, GC, s Samuel & Eliza Jane (Huffman) Creswell (BH-CRE-MCI-OB)
William Ward b 1 Dec 1867 Cedarville TP, GC, s Amos Wilson & Hannah Rebecca (Ward) Creswell (BH-PGC)
CRETORS, Cheney F. b 6 Oct 1856 Xenia, GC, s Samuel B & Sarah Cretors (DH)
Ellen b prior 1869 Xenia, GC, dau Samuel Cretors (RH)
Elmer B. b 12 Oct 1866 Xenia, GC (OB)
George Washington b 22 Feb 1848 Xenia, GC, s Samuel B & Eliza (Milton) Cretors (DH)
Jennie b ca 1859 Xenia, GC, dau Samuel Cretors (OB/Hoverman)
Morris b 25 Dec 1841 Xenia, GC (DH)
CRITES, Margaret b 17 Feb 1839 Spring Valley, GC (GDR)
CROMWELL, Charles Richard b 6 Dec 1855 Oldtown, GC, s Joseph & Bathsheba (Allen) Cromwell (OB-SC)
Emma B. b 11 Aug 1868 Oldtown, GC, dau Joseph & Bathsheba (Allen) Cromwell (SC)
Harry L. b 11 Sep 1862 Oldtown, GC, s Joseph & Bathsheba (Allen) Cromwell (SC)
John A. b 27 Nov 1853 GC, s Joseph & Bathsheba (Allen) Cromwell (LG15-OB-SAC-SC)
Richard b ca 1855 GC (RB33)

CROUSE, Chris Willemina b ca 18 Jun 1840 GC, dau Henry & Therese Crouse (BRC)
Margaretta Phil b ca 18 Jun 1840 GC, dau Henry & Therese Crouse (BRC)
CROWL, James b 18 Sep 1855 Bellbrook, GC, s William H & Sarah Ann (Berryhill) Crowl (BH-OB)
CRUMBAUGH, Amanda b ca 1842/43 Xenia, GC, dau Samuel Crumbaugh (BH)
Elizabeth b 6 Aug 1828 GC, dau Samuel & Clarissa Crumbaugh (BRC)
Mary Elizabeth b 19 Jul 1867 Xenia, GC, dau Samuel Jr & Nancy (Lewis) Crumbaugh (GRB-OB/Smith)
Samuel Jr. b 14 Aug 1822 Xenia, GC, s Samuel & Clara Crumbaugh (GDR-GRB)
CRUZEN, Abigail b 17 Feb 1808 Silvercreek TP, GC, dau Cornelius & Hannah (Sheley) Cruzen (FFCZ-SLGC)
Andrew G. b 1840 GC, s John S & Mary Ann (Stephens) Cruzen (FFCZ-SLGC)
Bertha b 1818 Silvercreek TP, GC, dau Cornelius & Hannah (Sheley) Cruzen (FFCZ)
Hervey b 29 Jan 1810 Silvercreek TP, GC, s Cornelius & Hannah (Sheley) Cruzen (FFCZ-SLGC)
Isabella b 1838 GC, dau John S. & Mary Ann (Stephens) Cruzen (FFCZ-SLGC)
James H. b ca 1842 GC, s John S. & Mary Ann (Stephens) Cruzen (FFCZ-SLGC)
John S. b 4 Jul 1814 GC, s Cornelius & Hannah (Sheley) Cruzen (FFCZ-SLGC)
John W. b 1844 GC, s John S & Mary Ann (Stephens) Cruzen (FFCZ-SLGC)
John William b 14 Mar 1833 GC (TUR)
Mary Ann b 1812 GC, dau Cornelius & Hannah (Sheley)

CRUZEN (continued)
Cruzen (FFCZ)
William D. b 8 Dec 1816 GC, s Cornelius & Hannah (Sheley) Cruzen (FFCZ)
CULLEN, John b ca 1865 Xenia, GC (OB)
CULTICE, Ann E. b prior 1869 GC, dau Thomas & Sarah Jane (Hodge) Cultice (CUL)
Charles A. b 1854 GC, s Martin & Mary (Dinsmore) Cultice (CUL)
Francis W. b 12 Oct 1857 GC, s Martin & Mary (Dinsmore) Cultice (CUL)
Hester Ann b 29 Apr 1857 GC, dau George H & Susan Rebecca (Rice) Cultice (CUL)
James M. b 1852 GC, s Martin & Mary (Dinsmore) Cultice (CUL)
Jane Weddle b 16 Dec 1866 near Xenia, GC, dau Jacob & Nancy (Ary) Cultice (OB/Cooper)
John Harvey b ca 1835 GC, s Gabriel & Susannah Marian (Judy) Gultice (CUL)
John Harvey b 5 Feb 1849 GC, s George H & Susan Rebecca (Rice) Cultice (CUL)
John W. b 1850 GC, s Martin & Mary (Dinsmore) Cultice (CUL)
Laura b 23/28 Nov 1864 GC, dau Martin & Mary (Dinsmore) Cultice (CLI-CUL)
Margaret Angeline b 17 Jun 1852 GC, dau George H & Susan Rebecca (Rice) Cultice (CUL)
Margaret Ellen b 17 Sep 1860 New Jasper TP, GC, dau Jacob & Nancy (Ary) Cultice (OB/Whittington)
Sarah A. b prior 1869 GC, dau Thomas & Sarah Jane (Hodge) Cultice (CUL)
Sarah Ann b 31 Mar 1833 GC, dau Gabriel & Susannah Marian (Judy) Gultice (CUL)
Thursa/Thursey Jane b 19 Sep 1858 Jamestown, GC, dau

CULTICE (continued)
George & Sarah R (Rice) Cultice (BH-CUL)
Walter Perry b 2 Nov 1845 GC, s George H & Susan Rebecca (Rice) Cultice (CUL)
William Raper b 1 May 1855 GC, s George H & Susan Rebecca (Rice) Cultice (CUL)

CUMMINGS, Ellen b ca 1861 GC (RB66)
Finley Ogden b 7 Jan 1842 GC, s James & Mary Ann (Moore) Cummings (CCO)
J. B. b 6 Feb 1814 Caesarscreek TP, GC, s James & L H (Barr) Cummings (GDR)
Joseph B. b 31 May 1841 Caesarscreek TP, GC, s Thomas B & Mary E (Boots) Cummings (PGC-RH)
Martha b 2 Aug 1851 S. of Xenia, GC, dau Thomas B & Mary E (Boots) Cummings (OB/Fudge)
Mary b 26 Sep 1867 Caesarscreek TP, GC, dau Joseph B & Ann (Humston) Cummings (RH)
Robert b 11 Apr 1817 Beavercreek TP, GC (GDR)

CUNNINGHAM, Angeline b 25 Nov 1846 Bellbrook, GC (FFSO)
Charles E. b 27 Sep 1850 Sugarcreek TP, GC, s James & Sarah (Stratton) Cunningham (BH-RH)
Elizabeth b Feb 1803 Spring Valley, GC, dau James & Elizabeth Cunningham (GDR/Bigger)
Elizabeth b 18 May 1858 Sugarcreek TP, GC, dau James & Sarah (Stratton) Cunningham (BH-RH)
F. P. b 6 Apr 1845 Sugarcreek TP, GC, s James & Sarah (Stratton) Cunningham (BH-RH)
James b 15 Sep 1818 Bellbrook, GC, s Robert Curry & Margaret Ann (Berryhill) Cunningham (BH-FFCU-RH)

CUNNINGHAM (continued)
James C. b 19 Dec 1848/57/59 Sugarcreek TP, GC, s James & Sarah (Stratton) Cunningham (BH-BKI-RH)
Martha J. b 24 Jan 1853 Bellbrook, GC, dau James & Sarah (Stratton) Cunningham (BH-RH)
Mary Angeline b 25 Nov 1846 Sugarcreek TP, GC, dau James & Sarah (Stratton) Cunningham (BH-RH)
Minnie L. b 22 Nov 1865 Sugarcreek TP, GC, dau James & Sarah (Stratton) Cunningham (BH-RH)
Nellie M. b 3 Jun 1863/64 Sugarcreek TP, GC, dau James & Sarah (Stratton) Cunningham (BH-BKI-RH)
Robert A. b 28 Jul 1848 Sugarcreek TP, GC, s James & Sarah (Stratton) Cunningham (BH-BKI-RH)
William b 17 Dec 1860 Sugarcreek TP, GC, s James & Sarah (Stratton) Cunningham (BH-RH)

CURL, Anthony b 27 Feb 1826 Caesarscreek TP, GC, s James & Mary (Davis) Curl (CCH)
Augustus b ca 1852 GC (RB22)
Lydia Jane b 28 Sep 1864 near Paintersville, GC, dau Samuel & Edith (Ary) Curl (OB)
Samuel b 6 Jun 1832 near Paintersville, Caesarscreek TP, GC (ELA-GDR)

CURLE, Sarah b 17 Oct 1841 Xenia, GC, dau James & Anna Curle (OB/Matthews)

CURREN, Mary Ann b 9 Jun 1863 Xenia, GC, dau Maurice & Sarah Dorian Curren (OB)
Susie A. b 2 May 1868 Xenia, GC, dau Daniel & Mary Curren (LGN7)

CURRIE, Andrew H. b 14 Nov 1831/32 near Union area, Xenia TP, & near Cedarville,

CURRIE (continued)
GC, s George & Mary (Chalmers) Currie (ELA-FFCR-WCQP)
Ebenezer b 10 Feb 1834 Massies Creek area, GC (UPC)
Emma b ca 1861 Xenia, GC, dau Andrew H. Currie (OB/Orr)
Hannah A. b ca 1844 GC, dau James Currie (RH)
James C. b 7 Jan 1810 GC (RH-WCA)
Louie b 8 Jan 1858 Xenia, GC, dau Andrew & Lavinia (Forbes) Currie (OB/Spencer)
Walter Pinkerton b 11 Apr 1828 GC (UPC)
CURRY, Charles William b 16 Apr 1862 Jamestown, GC, s Leonard & Penelope (Bryan) Curry (CUR)
Elizabeth b ca 1820 Silvercreek TP, GC, dau John & Mary (Leonard) Curry (CUR)
James Austin b 25 Aug 1852 Jamestown, GC, s Leonard & Penelope (Bryan) Curry (CUR)
John Jr. b prior 1869 Silvercreek TP, GC, s John & Mary (Leonard) Curry (CUR)
Leodica May b 22 Sep 1863 Jamestown, GC, dau Leonard & Penelope (Bryan) Curry (CUR)
Leonard b 29 Jun 1821 GC, s John & Mary (Leonard) Curry (CUR)
Lura Alice b 15 Sep 1860 Jamestown, GC, dau Leonard & Penelope (Bryan) Curry (CUR)
Martha E. b 27 Apr 1858 Jamestown, GC, dau Leonard & Penelope (Bryan) Curry (CUR)
Mary Elizabeth b Dec 1853 Jamestown, GC, dau Leonard & Penelope (Bryan) Curry (CUR)
Mildred b 6 Jan 1851 Jamestown, GC, dau Leonard & Penelope (Bryan) Curry (CUR)
Nancy Luvina b 23 Oct 1855 Jamestown, GC, dau Leonard

CURRY (continued)
& Penelope (Bryan) Curry (CUR)
Rebecca b ca 1828 Silvercreek TP, GC, dau John & Mary (Leonard) Curry (CUR)
Thomas b 6 Jun 1849 Jamestown, GC, s Leonard & Penelope (Bryan) Curry (CUR)
Zephaniah/Zephinah/Zetheniah b ca Jun 1823/25 Silvercreek TP, GC, child of John & Mary (Leonard) Curry (CUR-SCV)
CURVAULT, Susan Katherine b May 1852 Spring Valley, GC, dau George Washington & Sarah Minerva (Hurley) Curvault (REE)
CUSTENBORDER, John Samuel b ca 1857 Beavercreek TP, GC (RB22)
CUSTERBORDER, Lucinda b ca 1829 GC (OB/Coy)
CYPHERS, Amanda Sovila b ca 1858 Zimmerman, GC (RB22)
Charles William b ca 1858/60 near Zimmerman, GC (OB-RB22-RB33)
George William b 23 Feb 1855 GC (OB)
Jeremiah b ca 1860 Beavercreek TP, GC (RB88)
Martha Ellen b 1853 Beavercreek TP, GC, dau Abraham Cyphers (BVI-DH-RB11)
William b ca 1867 GC (OB)
DALBY, Sarah L. b Dec 1843 GC, dau Jesse Dalby (DH)
DANIEL, Amanda b 26 Jun 1829 GC, dau Wilson W & Elizabeth (Ladd) Daniel (GDR)
DANIELS, Mary Isabella b 8 Apr 1865 Wilberforce, GC, dau George Washington & Ella (Ashe) Daniels (RB22)
DANNAKER, Magdalena b ca 1861 Osborn, GC (RB66)
DARDING, Perry William b ca 1852 GC (RB22)
DARNER, Ella b 24 Aug 1862 GC, dau George & Priscilla (Cahill) Darner (OB/Swigart)

DARST, Edward W. b 31 Jul 1856 GC, s Henry Patterson Clay & Margaret Caroline (Glotfelter) Darst (DUR)

Franklin b ca 1857 Mt Zion area, Beavercreek TP, GC, (OB)

Harrison H. b 8 Apr 1841 GC, s John & Ruhamah (Moler) Darst (DUR)

Henry C. b 15 Nov 1830 Beavercreek TP, GC, s Jacob & Ruhamah (Moler) Darst (DUR)

Henry R. b 4 Feb 1847 GC, s John & Ruhamah (Moler) Darst (DUR)

James P. b 14 Mar 1845 GC, s John & Ruhamah (Moler) Darst (DUR)

John b 6 Nov 1818 GC, s Jacob & Mary (Coy) Darst (DUR)

John Charles b 18 May 1861 GC, s Benjamin F & Rebecca Ann (Shoup) Darst (DH)

Leo C. b 8 Jan 1843 GC, s John & Ruhamah (Moler) Darst (DUR)

Lydia b ca 1852 Mt Zion area, Beavercreek TP, GC,(OB)

Mary b 1864 Beavercreek TP, GC, dau Henry & Margaret (Glotfelter) Darst (BH)

Mary Louetta b 21 Apr 1864 GC, dau Henry Patterson Clay & Margaret Caroline (Glotfelter) Darst (DUR)

Moses b 8 Jan 1868 GC, s Benjamin F & Rebecca Ann (Shoup) Darst (DH)

Oliver Perry b 27 Oct 1839 GC, s John & Ruhamah (Moler) Darst (DUR)

Sarah Ann b 17 Nov 1814 GC (MCH)

William Henry b 23 Oct 1858 Beavercreek TP, GC, s Henry Patterson Clay & Margaret Caroline (Glotfelter) Darst (DUR-OB-RB77)

DAUGHTERS, Elmer b 1865 New Burlington, GC (GDR)

William b 1817 Xenia, GC (GDR)

DAUGHERTY, Annetta Charlotta b ca 1862 Spring Valley, GC (RB77)

Emma b ca 1860 Gladstone area, GC (OB/Klontz)

James H. b 14 Jan 1827 near Spring Valley, GC, s Michael & Lucinda (McReynolds) Daugherty (RH)

John F. b 19 Jun 1835 Spring Valley, GC (GDR)

Lillie A. b ca 1861 Spring Valley, GC (RB77)

Lucinda Mariah b 25 Aug 1843 at what is now Spring Valley, GC, dau Michael & Lucinda Daugherty (BM)

Rosa b 2 Mar 1866 near Spring Valley, GC, dau James H & Cynthia (Compton) Daugherty (OB/Shaffer)

Thomas J. Jr. b 24 Sep 1866 Spring Valley, GC (GDR)

DAVIDS, Ella D. b 11 Mar 1866 Center Community, near Jamestown, GC, dau John & Mary (Zimmerman) Davids (OB)

DAVIE, Oliver b 15 Jul 1857 Xenia, GC (OA)

DAVIS, Allen H. b 9 Jan 1868 GC (OB)

Catharine O. b 16 Sep 1848 Sugarcreek TP, GC (GDR) (marital status not shown)

Daniel b 19 Aug 1810 near Alpha, Beavercreek TP, GC, s Daniel & Elizabeth Davis (BH)

Daniel W. b 28 Jun 1854 Alpha, Beavercreek TP, GC, s Daniel W & Rebecca Davis (OB)

Della b 27 Jan 1864 Xenia, GC, dau Philip & Sarah (Clemens) Davis (OB)

Edward b 1840 Spring Valley, GC (GDR)

Ella b 2 Jan 1858 Union neighborhood, Xenia TP, GC, dau Newton & Catherine M (Loyd/Lloyd) Davis (ELA-PGC)

Elizabeth b ca 1845 GC (RH)

Flavius b prior 1869 Union area,

DAVIS (continued)
Xenia TP, GC, s Josiah & Elizabeth (Scarff) Davis (ELA)
Harriet b 30 Apr 1848 Beavercreek TP, GC (BH-RH)
Herman b 14 Mar 1867 Union area, Xenia TP, GC (OB)
Isaac b 15 Sep 1839 Bellbrook, GC, s Jonathan & Sarah Ann (Darst) Davis (MCH)
Jacob b May 1841 Sugarcreek TP, GC, s Jonathan Davis (GDR-PGC)
James M. b 26 May 1850 Xenia TP, GC, s George & Margaret (Ary) Davis (GDR)
John b 1845 Ross TP, GC (GDR)
John Harvey b ca 1855 Jamestown, GC (RB44)
Laura Elizabeth b ca 1855 Jamestown, GC (RB44)
Mary J. b prior 1869 GC (DH)
Mary Louisa b 16 Aug 1852 near Jamestown, GC, dau David & Susan/Susanne (Clemens) Davis (OB-OB/Shigley)
Newton b 8 Feb 1827 Xenia TP, GC, s Josiah & Elizabeth Davis (DH-ELA)
Philip b 28 Jan 1831 near Xenia, GC (ELA
Phillip b 5 Jul 1830 Xenia, GC (GDR)
Rachel b 19 Aug 1850 Beavercreek TP, GC, dau Daniel & Rebecca (Gerhard) Davis (BH)
Reason b 27 Apr 1828 GC, s Jacob & Sarah Davis (BRC)
Rolla b 4 May 1845 GC, s Jonathan Davis (PGC)
Russell b ca 1864 Jefferson TP, GC (RB77)
Sarah B. b 12 May 1842 Spring Valley TP, GC, dau Nathan L & Harriet (Mercer) Davis (PGC)
S. C. b 1817 Bath TP, GC, s Jonathan & Piety (Maxon) Davis (HCH)
Thomas b 21 Jun 1817 Xenia, GC (GDR)

DAVISSON, Alfred V. b after 1814 prior 1869 GC, s Andrew W & Rebecca (Todd) Davisson (LG56)
Amanda D. b 1808 GC, dau Andrew W & Rebecca (Todd) Davisson (LG56)
Clarendon b after 1814 prior 1869 GC, s Andrew W & Rebecca (Todd) Davisson (LG56)
DAY, Daniel Jr. b 23 Oct 1855 Xenia, GC (GDR)
John b 1852 Xenia, GC, s Daniel & Ann (Kershner) Day (GDR)
Maude b 19 Feb 1868 Xenia, GC, dau Frederick A & Harriet Day (OB/Monroe)
Thomas b ca 1851 near Yellow Springs, GC (OB)
DEAN, Ann Levina b 16 Feb 1840 New Jasper TP, GC, dau Joseph & Hannah (Boggs) Dean (BH)
Anna Jane b 10 Jul 1857 New Jasper TP, GC, dau John C & Emily Louisa (Hagler) Dean (BH)
Catharine M. b 25 May 1861 POSS GC, dau Alfred Dean (FBD)
Charles S. b 9 Dec 1859 New Jasper TP, GC, s William C & Susan (Janney) Dean (BH-DCI)
Charles Walker b 5 Sep 1861 New Jasper TP, GC, s John Campbell & Emily Louisa (Hagler) Dean (BH-OB)
Daniel Milton b 19 May 1831 New Jasper TP, GC, s Joseph & Hannah (Boggs) Dean (BH)
Daniel Steel b 21 Jan 1825 POSS GC, s William & Catharine (Shook) Dean (DCI-FBD-FUD)
David b 28 Apr 1833 near Xenia, GC, s Daniel & Jennie (Campbell) Dean (FUD)
David Oscar b 13/14 Feb 1863 New Jasper TP, GC, s John C & Emily Louisa (Hagler) Dean (BH-OB)
E. L. b Oct 1868 New Jasper TP, GC, dau John C & E L (Hagler)

DEAN (continued)
Dean (GDR)
Eliza Jane b 9 Aug 1844 New Jasper TP, GC, dau Joseph & Hannah (Boggs) Dean (BH)
Elizabeth b prior 1869 GC, dau Robert & Elizabeth (Campbell) Dean (RH)
Emily Luella b 20 Oct 1858 New Jasper TP, GC, dau John C & Emily Louisa (Hagler) Dean (BH)
Eve Elizabeth b 14 Dec 1826 POSS GC, dau William & Catharine (Shook) Dean (FBD-FUD)
Frank Henry b 6 Mar 1868 GC, s Levi B & Mary (Spencer) Dean (GRB-OB)
George H. S. b 6 Aug 1859 POSS GC, s Alfred Dean (FBD)
George Henry b 28 Dec 1843 POSS GC, s William & Catharine (Shook) Dean (FBD-FUD)
James C. b 9 Aug 1835 POSS GC, s William & Catharine (Shook) Dean (FBD-FUD)
Jane b 10 Jul 1855 New Jasper TP, GC, dau John & Louisa (Hagler) Dean (OB/Grieve)
John b 13 Aug 1866 New Jasper TP, GC, s John C & Emily Louisa (Hagler) Dean (BH)
John Campbell b 28 Dec 1830 in area that became New Jasper TP, GC, s Daniel & Jane (Campbell) Dean (BH-DCI-GDR)
John H. b 6 Apr 1828 POSS GC, s William & Catharine (Shook) Dean (FBD-FUD)
John W. b ca 1865 New Jasper TP, GC, s Levi B & Mary S Dean (OB)
Joseph Newton b 22 Aug 1842/44 New Jasper TP, GC, s Joseph & Hannah (Boggs) Dean (BH-DCI-DH-PGC-RH)
Julia b 12 Aug 1856 near Xenia, GC, dau David & Hannah Minerva (Hagler) Dean (FUD)

DEAN (continued)
Julia Ann b 27 Apr 1829 New Jasper TP, GC, dau Joseph & Hannah (Boggs) Dean (BH)
Julia Ann b 10 Feb 1842 POSS GC, dau William & Catharine (Shook) Dean (FBD-FUD)
Julia R. b 25 Oct 1864 GC, dau Dale/Dell & C Dean (CUC)
Laura Etta b 24 Dec 1864 New Jasper TP, GC, dau John C & Emily Louisa (Hagler) Dean (BH)
Letitia E. b 1852 New Jasper TP, GC, dau William C & Susan (Janney) Dean (BH-DCI-OB)
Levi B. b 21 Apr 1836 GC, s Daniel Jr & Jane (Campbell) Dean (GDR-GRB)
Lewis Henry b 5 Mar 1838 New Jasper TP, GC, s Joseph & Hannah (Boggs) Dean (BH)
Louisa b ca 1832/37 New Jasper TP, GC, dau Joseph & Hannah (Boggs) Dean (BH)
Martha Jane b 13 Feb 1837 POSS GC, dau William & Catharine (Shook) Dean (FBD-FUD)
Mary Campbell b 9 Aug 1847 E. of Xenia, GC, dau Joseph & Hannah (Boggs) Dean (BH-DEA-FFWT-OB/Wright)
Mary L. b 1 Mar 1832/33 POSS GC, dau William & Catharine (Shook) Dean (FBD-FUD-OB)
Matilda C. b 1861 GC, dau Alfred Dean (GDR)
Moses Allen b 26 Jan 1860 New Jasper TP, GC, s John C & Emily Louisa (Hagler) Dean (BH-OB)
Robert L. b 21 Apr 1865 New Jasper TP, GC, s Andrew H & Carolyn (Turnbull) Dean (OB)
Samuel b Sep 1820 PROB GC, s Robert & Elizabeth Dean (DCI)
Samuel Edgar b 14 Apr 1856 New Jasper TP, GC, s John C & Emily Louisa (Hagler) Dean (BH)
Samuel Steele b 17 Apr 1850 New

DEAN (continued)
Jasper TP, GC, s Joseph & Hannah (Boggs) Dean (BH)
Sarah Catherine b 29 Mar 1839 New Jasper TP, GC, dau William & Catharine (Shook) Dean (FBD-FUD)
Washington b 10 Aug 1827 New Jasper TP, GC, s Joseph & Hannah (Boggs) Dean (BH)
William Addison b 11 Mar 1856/57 New Jasper, GC, s William Campbell & Susan (Janey) Dean (DCI-RB33)
William B. b 3 May 1859 New Jasper TP, GC (GDR)
William Campbell b 4/24 Jul 1820/22 area now New Jasper TP, GC, s Robert & Elizabeth (Campbell) Dean (BH-DCI-GDR)
William H. b 18 Sep 1833 POSS GC, s William & Catharine (Shook) Dean (FBD-FUD)
William Sr. b 3 Apr 1803 POSS GC (FBD)
Willis b ca 1832/37 New Jasper TP, GC, s Joseph & Hannah (Boggs) Dean (BH)
DEARDUFF, Sarah b 1826 New Jasper TP, GC, dau Henry & Sidney (Thornhill) Dean (GDR)
DEDRICK, Ora A. b 1 Nov 1858 near Jamestown, GC, dau William & Mary (Robertson) Dedrick (OB/Huffman-RB55)
DEHAVEN, Charles A. b 15 Aug 1865 near Xenia, GC, s James W DeHaven (BGI)
DELL, Willelinia (?), b 23 Mar 1859 Sugarcreek TP, GC (GDR)
DELLAHUNT, Mary b 1863 Xenia, GC, dau William & Ann (Lenehan) Dellahunt (OB-SBCI)
DERICQLES, Alphonse E. b 8 Apr 1867 Yellow Springs, GC (OB)
DERRICK, Emma Catherine b ca 1857 Fairfield, GC (RB22)
James Patrick b ca 1850 Fairfield, GC (RB22)
DETRICK, Samuel b 29 Aug 1855

DETRICK (continued)
Bellbrook, GC (OB)
DEVOE, Charles Morris b ca 1866 Paintersville, Caesarscreek TP, GC (RB22)
David Jackson b 13 Nov 1822 near Paintersville, GC, s Joseph & Abigail/Abby (Oglesbee) DeVoe (BH-FFDE-GDR)
David Jackson b 21 Dec 1845 Paintersville, GC, s Robert Jackson & Lydia E (Kendrick) DeVoe (FFDE)
Edwin Francis b 19 Apr 1843 Xenia, GC, s William Henry & Phebe (Oglesbee) DeVoe (FFDE)
Eliza J. b ca 1844 Paintersville, GC, dau David & Mary DeVoe (OB)
Evaline b 5/9 Nov 1824 near Paintersville, GC, dau Joseph & Abilgail (Oglesbee) DeVoe (FFAR-FFDE)
George Jewell b 6 Aug 1842 GC, s Robert Jackson & Lydia E (Kendrick) DeVoe (FFDE)
George Jr. b 5 Mar 1864 Paintersville, GC, s James & Elizabeth A (Brown) DeVoe (GDR)
George W. b 4 Mar 1864 PROB GC, s G W & M DeVoe (NHC)
George Washington b 24 Jun 1827 GC, s Joseph & Margaretta (Ary) DeVoe (FFDE)
Jesse b ca 1867 Paintersville, GC (RB22)
John b 7 Feb 1855 Caesarscreek TP, GC (BH)
John Ary b ca 1854 GC (RB66)
Joseph b 7 Mar 1850 Jefferson TP, GC, s David & Mary (Ary) DeVoe (BH-FFDE-RH)
Lewis b 20 Apr 1850 Paintersville, GC (OB)
Loura b prior 1869 Caesarscreek TP, GC (BH)
Marion A. b prior 1869 Caesarscreek TP, GC (BH)
Rachel b 2 May 1834 PROB GC,

DEVOE (continued)
dau William & P DeVoe (NHC)
Sarah Abigail b 23 Nov 1845 near Gunnersville, GC, dau David J & Mary J (Ary) DeVoe (FFDE)
Thomas b 27 May 1854 Yellow Springs, GC (OB)
W. M. b 1846 GC, s Joseph & Judith (Fakner/Faulkner) DeVoe (GCMR-HCH)
DEWEY, Mabel b prior 1869 Fairfield, GC (OB/Peiffer)
DICE, Alice Margaret b 13 Jul 1854 Xenia TP, GC, dau Benjamin & Elizabeth Catherine (Carter) Dice (RB22-SEL)
Calvin b 1850 GC (GDR)
Calvin b 1 Jun 1851 GC, s Benjamin & Elizabeth Catherine (Carter) Dice (SEL)
David b 12 Apr 1852 GC, s Benjamin & Elizabeth Catherine (Carter) Dice (SEL)
Frank B. b 1857 GC, s Benjamin & Elizabeth Catherine (Carter) Dice (SEL)
Harry b 25 Jul 1861 Alpha, GC, s Benjamin & Elizabeth Catherine (Carter) Dice (OB-SEL)
Harvest Home b 21 Jul 1860 GC, s Benjamin & Elizabeth Catherine (Carter) Dice (SEL)
Henry Lincoln b 5 Sep 1862, s Benjamin & Elizabeth Catherine (Carter) Dice (SEL)
James b 1850 GC, s Benjamin & Elizabeth Catherine (Carter) Dice (SEL)
Joseph William b 4 May 1865/67 GC, s Benjamin & Elizabeth Catherine (Carter) Dice (RB11-SEL)
DICKENSHEETS, Amanda J. b 28 Jan 1830 Bellbrook, GC (GCMR-OB/Weller)
Matilda b 12 May 1821 GC (BELT)
Nancy b 11 Feb 1817 GC (BELT)
DILL, Joahanna Lugenia b ca 1863 Mt Holly, GC (RB88)
DILLE, John b 1826 Beavercreek

DILLE (continued)
TP, GC (GDR)
William b 1823 Xenia TP, GC (GDR)
DILLON, Catherine b 5 May 1866 Yellow Springs, GC, dau Michael & Elizabeth (Shaw) Dillon (OB/Hocke)
Ellen Louise b ca 1859 Yellow Springs, GC (RB55)
Joanna b 15 Oct 1856 Xenia, GC, dau Jeremiah & Katherine (Ferris) Dillon (OB)
DILTS, May b 15 Mar 1867 Xenia, GC, dau Preston & Carrie (Hollingshead) Dilts (BH)
DINGESS, Minnie Maude b 1865 Jamestown, GC (GDR)
DINGISS, Farces b 3 Jul 1846 Jamestown, GC, dau Peter & May (Whartols-?) Dingiss (GDR)
DINSMORE, Rosalie b 5 Aug 1857 Xenia, GC, dau John & Maria (Owens) Dinsmore (C&D)
DINWIDDIE, Francis b 1841 GC, s John R & Jane (Gowdy) Dinwiddie (DUN)
Frank b 18 Jul 1840 Bellbrook, GC (GDR)
Frank W. b 17 Oct 1865 Bellbrook, GC, s Samuel & Amanda (Berryhill) Dinwiddie (OB)
Frank W. b 1866 GC, s Francis & Martha M (Sides) Dinwiddie (DUN-RB33)
Jesse A. b 9 Jan 1862 GC, PROB Bellbrook, s Samuel G & Amanda (Berryhill) Dinwiddie (OB)
Jessie A. b 1863 PROB GC, s Francis & Martha M (Sides) Dinwiddie (DUN)
John A. b 1839 Bellbrook, GC, s John R & Jane (Gowdy) Dinwiddie (DUN)
Mary Jane b 1828 GC, dau John R & Jane (Gowdy) Dinwiddie (DUN)
Samuel G. b 1829 GC, s John R & Jane (Gowdy) Dinwiddie

DINWIDDIE (continued) (DUN)
Susanna E. b 4 Sep 1849 GC, dau John R & Jane (Gowdy) Dinwiddie (DUN)
DISPENNETT, Delilah b 2 Nov 1818 Bath TP, GC (GDR)
DIXON, David S. b 1842 GC, s Nathaniel & Hester (Sutton) Dixon (SUT)
Hester Louisa b 17 Dec 1840 GC, dau Nathaniel & Hester (Sutton) Dixon (SUT)
Joseph Autobridge b 17 Jul/Aug 1849 Xenia, GC, s Nathaniel & Hester (Sutton) Dixon (GDR-SUT)
Lois Ann b ca 1830/31 GC, dau Nathaniel & Hester (Sutton) Dixon (SUT)
Margaret Emaline b 25 Sep 1846 GC, dau Nathaniel & Hester (Sutton) Dixon (SUT)
Martha Elizabeth b prior 1869 GC, dau Nathaniel & Hester (Sutton) Dixon (SUT)
Mary Jane b prior 1869 GC, dau Nathaniel & Hester (Sutton) Dixon (SUT)
Sarah Elizabeth b prior 1869 GC, dau Nathaniel & Hester (Sutton) Dixon (SUT)
William McKendry b 1834 GC, s Nathaniel & Hester (Sutton) Dixon (SUT)
DOCY, Morris b 1810 POSS Xenia, GC (GDR)
DODDS, Carrie Brown b 3 Aug 1867 Xenia, GC, dau George & Mary E (Brown) Dodds (BH-GEY)
DONALDSON, D. F. b 11 Jun 1851 GC (GDR)
Fudge b prior 1869 New Jasper TP, GC, s William & Lucinda Jane (Tresslar) Donaldson (FUD)
DONNELY, Mary Ellen b 1866 GC (GDR)
DONOVAN, John b 26 Feb 1860 Xenia, GC, s Daniel & Marie (McInerny) Donovan (RB33-SBC)
DONOVAN (continued) SBC)
Timothy b 1856 GC, s Daniel & Marie (McInerny) Donovan (SBC)
DORMAN, Elmore b ca 1865 Xenia, GC (RB88)
DORSEY, Mary Ellen b ca 1864 Ross TP, GC (RB88)
DOWNEY, Abigail b 1807 GC (SLGC3A)
Dianah b 1833 GC (SLGC3A)
Edward b ca 1857 Yellow Springs area, PROB GC (OB)
Elizabeth b 1839 GC (SLGC3A)
Ellen/Nancy b 1843 POSS GC (SLGC3A)
Freely b 23 Mar 1867 near Byron, GC (OB-SLGC3A)
Jacob Lewis b 1865 GC (SLGC3A)
John b 1805 GC (SLGC3A)
Joseph b 20 Sep 1865 Yellow Springs, GC (GDR)
Lewis b 1834 GC (LG76-SLGC3A)
Martha Alice b 15 Oct 1854 GC, dau Thomas J & Sarah (Eckman) Downey (HAH)
Mary Ann b 1836 GC (SLGC3A)
Mary Jane b 3 Oct 1842 Ross TP, GC (BH)
Mary Jane b 1827 GC (SLGC3A)
Sarah York b 1817 GC (SLGC3A)
William Albrado b 14 Dec 1861, GC, s Lewis & Mary Elizabeth (Dale) Downey (LG76-SLGC3A)
DOYLE, Bartholemew b 1866 Yellow Springs, GC (GDR)
DRAKE, William F. b 14 Dec 1848 S. of Xenia, GC (BH)
DREES, Charles William b 13 Sep 1851 Xenia, GC (OA)
Frank B. b 17 Aug 1860 Xenia, GC, s Tobias & Maria H (Hypes) Drees (PGC)
Jennie b 6 Dec 1854 Xenia, GC, dau Tobias & Maria Drees (OB)
DUDLEY, Lydia Catherine b ca 1858 Clarks Run, GC (RB33)

DUGAN, John b ca 1863 Xenia, GC, s Patrick & Hannah Dugan (OB)
DUKE, Edward b 1 Jul 1840 Xenia, GC (MR)
DUNCAN, Henry b 24 Jul 1841 Beavercreek TP, GC (GDR)
Henry b 24 Jun 1842 GC, s Aaron & Margarett Duncan (BRC)
James S. b 9 Jan 1855 near Oldtown, GC, s Andrew & Eliza (Files) Duncan (OB)
John b 21 Jul 1847 Beavercreek TP, GC (GDR)
Simon b 7 Apr 1843 GC, s Aaron & Margaret Duncan (BRC)
DUNEVANT, Alice b ca 1861 Spring Valley, GC (RB22)
Emma Agnes b ca 1867 Spring Valley, GC (RB33)
DUNNEVANT, Jodae b 9 Jun 1827 Cedarville TP, GC (GDR)
John W. b 4 Jun 1862 Yellow Springs, GC (GDR)
DUNLAP, Anna b ca 1841 Cedarville, GC (RB66)
William M. b 17 Feb 1862 Cedarville, GC, s William M & Maggie J (Frazier) Dunlap (CUC-JAC)
DUNWIDDIE, Brooks b 22 Jan 1818 Sugarcreek TP, GC, s John & Ruth (Betts) Dunwiddie (DUN)
Daniel b 6 Jan 1822 GC, s John & Ruth (Betts) Dunwiddie (DUN)
David b 17 Sep 1823 GC, s John & Ruth (Betts) Dunwiddie (DUN)
Hiram b Mar 1820 GC, s John & Ruth (Betts) Dunwiddie (DUN)
James b ca 1815 GC, s John & Ruth (Betts) Dunwiddie (DUN)
James R. b 1817 GC, s Samuel & Mary (Reed) Dunwiddie (DUN)
John b ca 1812 GC, s John & Ruth (Betts) Dunwiddie (DUN)
Isaac b 10 Oct 1804 GC, s John & Ruth (Betts) Dunwiddie (DUN)
Peter b 5 Apr 1816 GC, s John &

DUNWIDDIE (continued) Ruth (Betts) Dunwiddie (DUN)
Samuel b 27 May 1806 Sugarcreek TP, GC, s John & Ruth (Betts) Dunwiddie (DUN-WCH)
Susan b 6 May 1810 GC, dau John & Ruth (Betts) Dunwiddie (DUN)
William b ca 1811 GC, s John & Ruth (Betts) Dunwiddie (DUN)
William H. b 8 Sep 1863 Sugarcreek TP, GC, s Samuel & Mary Jane (Dinwiddie) Dunwiddie (DUN)
DURNBAUGH, Abram b 23 Nov 1827/28 GC, s Samuel & Margaret (Holverstot) Durnbaugh (FFDU-LG97-SLGC3A)
Andrew b 23 May 1854 Beavercreek TP, GC (GDR)
Catherine b 1808 GC, cau John & Catherine Durnbaugh (DH)
David Edward b 19 Jul 1865 GC, s Abram & Susanah Matilda (Boltz) Durnbaugh (FFDU-LG97-RB11-RB55-SLGC3A)
DUYES/DWYES ?, Timothy b 1861 Silvercreek TP, GC (GDR)
EARLEY, Andesire b 18 May 1850 Jamestown area, GC (OB/Binegar-SCU)
Daniel b 11 Mar 1830 Bowersville, GC (GDR)
Daniel Benjamin b ca 1856 Bowersville, GC (OB)
Louisa b 5 Jun 1852 GC, dau George W & Shrelda Earley (OB/Weller)
Sophia J. b prior 1869 GC (DH)
EASTMAN, Thomas W. b ca 1851 Bowersville, GC (OB)
EAVEY, Joseph E. b 20 Sep 1848 SE of Xenia, Xenia TP, GC, s John S & Margaret Christina (Kanode) Eavey (BH)
ECKERLE, Bertha b 1868 Xenia, GC (GDR)
ECKMAN, Abraham b 6 Sep 1821 Beavercreek TP, GC (GDR)
Daniel M. b 22 Mar 1824

ECKMAN (continued)
Beavercreek TP, GC, s Jacob & Mary Ann (Harshman) Eckman (HAH)
Jonathon b 19 Mar 1830 Beavercreek TP, GC, s Jacob & Mary Ann (Harshman) Eckman (HAH)
Sarah b 9 Dec 1826 Beavercreek TP, GC, dau Jacob & Mary Ann (Harshman) Eckman (HAH)
Suzanne b ca 1825 Beavercreek TP, GC, dau Jacob & Mary Ann (Harshman) Eckman (HAH)
EDDINS, James Wesley b 3 May 1833 Cedarville TP, GC (GDR)
EDGE, George D. Sr. b 12 May 1813 GC (OB)
EDGEWORTH, M. b 1868 Xenia, GC (GDR)
EDWARDS, Henry Douglas b ca 1862 Xenia, GC (RB33)
Milton b 8 Aug 1860 GC (GDR)
Samuel b 21 Jun 1857 GC (OB)
Thomas b 7 Sep 1849 near Cedarville, GC (OB)
Thomas b ca 1856 GC (RB88)
EILER, Benjamin Andrew Jackson b 20 Jan 1830 GC, s Benjamin & Barbara Eiler (BRC)
Elizabeth b 8 Jul 1827 GC, dau Benjamin Eiler (BRC)
ELAM, Ambrose, b 7 Feb 1817 Spring Valley TP, GC, s Josiah & Sarah (Porter) Elam (ELM)
Cynthia Ann b 15 Mar 1808 Spring Valley TP, GC, dau Josiah & Sarah (Porter) Elam (ELM)
Emma b 6 May 1860 Spring Valley TP, GC, dau Ambrose & Susan R (Babb) Elam (ELM)
Isaac B. b 18 Feb 1806 E. of Spring Valley, GC, s Josiah & Sarah (Porter) Elam (ELM)
James b 26 Nov 1839 GC, s Isaac B & Mary (McKnight) Elam (ELM)
James b 7 Jul 1848 Spring Valley TP, GC, s Ambrose & Susan R (Babb) Elam (ELM-PGC)
James b May 1802 (NWT) area that became Spring Valley TP, GC, s Josiah & Sarah (Porter) Elam (ELM)
Jane b 3 Apr 1810 Spring Valley TP, GC, dau Josiah & Sarah (Porter) Elam (ECI-ELM-PGC)
Jane b 7 Jul 1838 GC, dau Isaac B & Mary (McKnight) Elam (ELM-PGC)
Joel Carman b ca 1813 Spring Valley TP, GC, s Josiah & Sarah (Porter) Elam (ELM)
John Babb b 16 Dec 1845 Spring Valley TP, GC, s Ambrose & Susan R (Babb) Elam (ELM)
Josiah b 30 Dec 1843 GC, s Isaac B & Mary (McKnight) Elam (ELM-SVC)
Louisa J. b 27 Sep 1840 Spring Valley TP, GC, dau Ambrose & Susan R (Babb) Elam (ELM-PGC)
Maria L. b 6/7 Nov 1842 Spring Valley TP, GC, dau Ambrose & Susan R (Babb) Elam (ELM-GDR)
Mary Elizabeth b 13 Mar 1854 Spring Valley TP, GC, dau Ambrose & Susan R (Babb) Elam (ELM)
Minnie b prior 1869 GC, dau William & Cornelia (Adams) Elam (ELM)
Sarah Ann b 30 Dec 1850 Spring Valley TP, GC, dau Ambrose & Susan R (Babb) Elam (ELM)
William b 17 Feb 1842 GC, s Isaac B & Mary (McKnight) Elam (ELM-FFEL-OB-SVC)
ELGIN, Ella M. b 6 Sep 1857 New Burlington, GC, dau M B & Margaret (Craft) Elgin (OB-RH)
ELLINGER, Lewis Henry b 21 Nov 1865 Osborn, Bath TP, GC (OB)
ELLIOTT, Alice b 1 Dec 1861

ELLIOTT (continued)
near Alpha, GC, (OB/Conklin)
Charles b 10 Sep 1851 Sugarcreek TP, GC (OB)
Frances b 3 Nov 1848 Sugarcreek TP, GC (GDR)
Julia Ann b 3 Dec 1859 PROB GC, dau Alexander Elliott (OB/Beal)
ELLIS, Abraham b 22 Apr 1815 Caesarscreek TP, GC, s Henry & Charity Ellis (ELM-FFEL)
Alice b ca 1867 Paintersville, GC, dau Samuel & Mason Ellis (OB/Mitchener)
Anna b 1814 E. of New Burlington, Spring Valley TP, GC, dau Joel & Elizabeth (Schillinger) Ellis (BH)
Benjamin Franklin b 21 Feb 1835 GC, s Henry & Charity (Harper) Ellis (ELM)
Carrie May b 31 Jul 1868 Yellow Springs, GC, dau Charles R & Eliza (Miller) Ellis (MLR)
Charles Albert b 1865 Bowersville, GC (GRB)
Christopher K. b 24 Dec 1856 Caesarscreek TP (later Jefferson), GC, s Silas & Mary Belle (Kinsey) Ellis (BH-BWC-OB)
Clara Belle b 14 Apr 1868 near Clifton, GC, dau Aaron & Mary (Mendenhall) Ellis (OB/Dean)
Eli b 19 Dec 1841 Jefferson TP, GC, s Samuel & Keziah (Woolman) Ellis (RH)
Elizabeth b Feb 1833 PROB GC, dau Henry & Charity (Harper) Ellis (FFEL)
John Harbeson b Aug 1817 GC, s Henry & Charity (Harper) Ellis (ELM-FFEL)
Joshua b 28 Sep 1847 Jefferson TP, GC, s Samuel & Keziah (Woolman) Ellis (RH)
Lydia C. b 6 Mar 1826 Xenia TP, GC (GDR/Jobe)
Margararet J. b 9 Apr 1824 Caesarscreek TP, GC, dau Henry & Charity (Harper) Ellis

ELLIS (continued) (ELM-FFEL)
Maria b 6 Jul 1831 PROB GC, dau Henry & Charity (Harper) Ellis (FFEL)
Martha b 1846/55 Jefferson TP, GC, dau Samuel & Keziah (Woolman) Ellis (RH)
Mary Ann b 7 Nov 1819 Caesarscreek TP, GC, dau Henry & Charity (Harper) Ellis (ELM-FFEL)
Milton b 1822 Caesarscreek TP, GC, s Henry & Charity (Harper) Ellis (ELM-FFEL)
Nancy b 25 Aug 1811 Caesarscreek TP, GC, dau Henry & Charity (Harper) Ellis (ELM-FFEL)
Samuel N. b 15 Mar 1840/45 Jefferson TP, GC, s Samuel & Keziah (Woolman) Ellis (RB33-RH)
Sarah Catherine b 9 Apr 1829 Caesarscreek TP near Lumberton, GC, dau Henry & Charity (Harper) Ellis (FFEL-PET)
Sarah Jane b 19 Jan 1843 Jefferson TP, GC, dau Samuel & Keziah (Woolman) Ellis (RH)
Simon Peter b 15/18 Mar 1845 Jefferson TP, GC, s Samuel & Keziah (Woolman) Ellis (GDR-RH)
Susan b 1 Sep 1838 Jefferson TP, GC, dau Samuel & Keziah (Woolman) Ellis (RH)
Viola b ca 1868 Jefferson TP, GC (RB33)
William Harper b 10 Jun 1813 Caesarscreek TP, GC, s Henry & Charity Ellis (ELA-FFEL)
ELLISON, Sarah Jane b 1845 GC (SLGC)
ELMORE, Lou Amy b ca 1864 New Burlington, GC (OB)
ELWELL, Samuel B. b 29 Aug 1831 near Yellow Springs, GC, s Israel Elwell (FFEW)
EMMICK, Leroy b ca 1860 Fairfield, GC (RB22)

ENGLE, David b ca 1859 Sugarcreek TP, GC (RB33)
John b 1812 Beavercreek TP, GC, s Isaac & Susana (Swigart) Engle (DH)
Orion T. b 20 Jun 1852 GC, s William Henry & Elizabeth (Dutrow) Engle (HAH)
Rebecca b prior 1869 Beavercreek TP, GC, dau Henry Engle (BH)
Rebecca b 12 Feb 1828 GC, dau Isaac & Susannah Engle (BRC)
Sarah b 4 Jul 1830 GC, dau Isaac & Susannah Engle (BRC)
Sheridan S. b ca 1864 GC (OB)
Mick b 30 Apr 1823 GC (GDR)
Mitchell J. b 30 Apr 1818 Sugarcreek TP, GC, s Thompson & Sarah (Mitchell) Ennis (DH)
Thompson b 9 Dec 1820 GC (GDR)
EPPLEY, Adam L. b 18 Apr 1858 Yellow Springs, GC, s John D & Elizabeth (Sayre) Eppley (PGC)
ERNEST, Margarett Elizabeth b 7 Sep 1843 GC, dau Jacob & Esther Ernest/Ernst-? (BRC)
ERNST, Mary Ann b 28 Jan 1842 GC, dau Jacob & Ester/Esther Elizabeth Ernst/Ernest-? (BRC)
ERVIN, Mary Ella b 10 May 1868 PROB GC, dau William Ervin (OB)
William b 24 Sep 1826 Jefferson TP, GC (GDR)
ESPEY, Edwin L. b 1860 GC, s Harvey A & Mary Ann (Winter) Espey (WIN)
James A. b 1857 GC, s Harvey A & Mary Ann (Winter) Espey (WIN)
John W. b 1862 GC, s Harvey A & Mary Ann (Winter) Espey (WIN)
Mary N. b 1867 GC, dau Harvey A & Mary Ann (Winter) Espey (WIN)
ESTLE, Lydia Elizabeth b 30 Jan

ESTLE (continued) 1822 POSS GC (BH)
EVANS, Andrew Sampson b 1823 GC, s George & Mary (Bryan) Evans (FFEV)
Daniel John b 1820 GC, s George & Mary (Bryan) Evans (FFEV)
Edna b 1810/15 GC, dau George & Mary (Bryan) Evans (FFEV)
Eli b 6 Apr 1853 PROB GC, s Isaac Evans (OB)
Elizabeth b 1826/30 GC, dau George & Mary (Bryan) Evans (FFEV)
Frank S. b 21 Jan 1861 Spring Valley TP, GC, s Isaac & Kate (Stump) Evans (RB66-RH-SVC)
Hannah b 1850 Spring Valley, GC (GDR)
Isaac b 8 Dec 1835 Spring Valley TP, GC, s Robert & Sarah (Coppock) Evans (BH-DH-PGC-RH-SVC)
Jonah b ca 1855 Xenia, GC, s Wilce & Lucy (Pearson) Evans (OB)
Joseph C. b 1845 Spring Valley TP, GC, s Moses & Sarah S (Huston) Evans (RH)
Lou b 25 Mar 1866 Spring Valley, GC (OB/Lacy)
M. Edmond b 18 Dec 1866 Spring Valley TP, GC, s Moses & Sarah (Huston) Evans (RH-SVC)
Malinda b 1815/20 GC, dau George & Mary (Bryan) Evans (FFEV)
Mamie b ca 1868 Cedarville, GC (RB88)
Margaret E. b 19 Mar 1839 Spring Valley TP, GC, dau Robert & Sarah (Coppic) Evans (PGC)
Mary Elizabeth b ca 1856 GC (RB44)
Morrison Gabriel b 20 Aug 1845 Xenia, GC (FFEV)
Nancy J. b prior 1869 Spring Valley TP, GC, dau Robert & Sarah (Coppock) Evans (RH)
Samuel F. b 23 Jul 1852 Sil-

EVANS (continued)
vercreek TP, GC, s William H & Rebecca (Fosbett) Evans (DH-SCI)
Sophia A. b 25 Jul 1854 Spring Valley TP, GC, dau Moses & Sarah (Huston) Evans (GDR/Berryhill)
Thomas b ca 1810/20 Jamestown, GC, POSS s Moses Evans (FFEV)
EVERHART, Clinton Burrell b ca 1856 GC (RB22)
Willis b 23 Dec 1861 GC, s Letis & Malinda (Apsey-?) Everhart (GDR)
EWING, Samuel b 22 Sep 1833 Xenia, GC, s John & Prudence W (Roberts) Ewing (BH)
EYLER, Altise M. b 30 Sep 1852 Xenia, GC, dau John Eyler (GDR)
Daisy Louella b 16 Nov 1867 Xenia, GC, dau John & Matilda (Hughes) Eyler (OB/Rader)
Elizabeth Maude b ca 1862 Xenia, GC (RB11)
Elmer E. b 10 Sep 1865 Xenia, GC, s Samuel & Mary Ann (Ryan) Eyler (FFEY)
John F. b 20 May 1820 Xenia, GC (GDR)
Josephine E. b 31 Aug 1849/50 Xenia, GC, dau John F & Leah (Gaugh) Eyler (HPC-LG35-OB/Hamilton)
Samuel Nathaniel b 19 Mar 1823 Xenia, GC, s Samuel & Mary Eyler (OB-RB33)
FAIRCHILD, Chauncey Newton b 8 Oct 1856 GC, s William B & Elizabeth P (Williams) Fairchild (WMF)
Frank C. b 10/18 Mar/Jun 1854/55 GC, s William B & Elizabeth P (Williams) Fairchild (GDR-WMF)
John H. b ca 1841 Xenia, GC, s W B & Eliz Fairchild (OB)
John W. b 1843 GC, s Wm B & Eliz P (Williams) Fairchild (WMF)

FAIRCHILD (continued)
Mary Perry Elizabeth Hooven ca 1847 GC, dau William B & Elizabeth P (Williams) Fairchild (WMF)
FALEY/FOLEY, Patrick b 1864 Cedarville, GC (GDR)
FARMER, Isaac b 1804 GC (GHS7)
Isaac Dudley b 14 Jan 1833 Jamestown, GC, s Isaac & Nancy Farmer (B&J-FFFA)
FARQUER, Harriet A. b prior 1869 GC, dau John & Sarah (Finney) Farquer (RH)
FARRELL, Abbie b 27 Jan 1865 Xenia, GC, dau John & Abbie (McCarty) Farrell (OB/Gorham)
B. b 20 Sep 1856 Xenia, GC (GDR)
Michael A. (?) b 25 Dec 1858 Xenia, GC (GDR)
Richard b 1855 Xenia, GC (GDR)
Richard b ca 1858 Xenia, GC (RB22)
Thomas J. b 18 Apr 1862 Xenia, GC (GDR)
FASTER, Len b Oct 1866 Xenia, GC (GDR)
FAUBER, Lettie b 1 Dec 1861 Bellbrook, GC, dau George Fauber (GDR)
FAUL, Andrew b 22 Jun 1856 POSS Xenia, GC (FFFU)
FAULKNER, Allen b 29 Jul 1824 Caesarscreek TP, GC, s Thomas & Mary (McGuire) Faulkner (DH-EZC-RH)
Anna b ca 1853 GC, dau David & Emily Faulkner (OB/Linkhart)
Caroline b prior 1869 near Paintersville, GC, dau David & Emily Jane (Musetter) Faulkner (BH-FFDE-RH)
Clara B. b 22 Nov 1862 Xenia, GC, dau Warren & Eliz Ann (Middleton) Faulkner (MUS)
David b 7 Oct 1816/19 near Paintersville, GC, s Thomas & Mary (McGuire) Faulkner (BH-FFDE-MUS-RH-SCI)

FAULKNER (continued)
David b 26 Oct 1819 Caesarscreek TP, GC (GDR)
David Henry b 2 Feb 1862/63 Caesarscreek TP, GC, s Jonathan & Elizabeth Faulkner (FFFL)
Elijah Burgess b 14 May 1850 GC, s David & Emily Jane (Mussetter) Faulkner (MUS)
Franklin K. b 27 Mar 1854 PROB GC, s Allen & Elizabeth A Faulkner (EZC)
Harvey C. b 1843 GC, s David & Emily Jane (Mussetter) Faulkner (HSC-MUS)
Henry Ellsworth b 16 Jan 1865 GC, s Warren & Elizabeth Ann (Middleton) Faulkner (MUS)
James W. b 18 Sep 1864 Paintersville, GC, s Allen & Elizabeth (Hartsock) Faulkner (OB)
Jonathan b 5 Dec 1858 Xenia, GC, s Warren & Elizabeth Ann (Middleton) Faulkner (MUS)
Louise Alma b ca 1863 Caesarscreek TP, GC, dau Allen & Elizabeth A Faulkner (OB/Haines)
Lucian/Lucien E. b 29 Sep 1867 Paintersville, GC, s Harvey C & Sarah E Faulkner (OB-SCC)
Lucinda Jane b 18 Nov 1860 Xenia, GC, dau Warren & Elizabeth Ann (Middleton) Faulkner (MUS)
Rosella b 14 Aug 1867 Xenia, GC, dau Warren & Elizabeth Ann (Middleton) Faulkner (MUS)
Samuel P. b 12 Jan 1846/47 Paintersville, GC, s David & Emily Jane (Mussetter) Faulkner (BH-MUS-OB-SCI)
Silas B. b 27 Mar 1854 PROB GC, s Allen & Elizabeth A Faulkner (EZC)
Thomas H. b 23 Aug 1864 near Paintersville, GC, s Allen & Elizabeth (Hartsock) Faulkner (OB)

FAULKNER (continued)
Warren b 15 May 1835 Caesarscreek TP, GC, s Jonathan & Elizabeth (Stevens) Faulkner (MUS)
William M. b 8 Oct 1837/38 GC (FFFL-LG95)
FAWBER, David b 25 Jun 1833 GC, s A & E Fawber (BRC)
Elizabeth b 24 Apr 1828 GC, dau Abraham Fawber (BRC)
George b 4 Mar/25 May 1831 GC, s Abraham & Elizabeth Fawber (BRC)
Sarah Jane b 4 Jan 1835 GC, dau Abraham & Elizabeth Fawber (BRC)
William H. Harrison b 20 May 1839 GC, s Abraham Fawber (BRC)
FAWCETT, Elijah b 1863 PROB GC (ELC)
Foster Lewis b ca 1861 GC (RB11)
Harvey b 1851-1868 GC, s Mahlon & Emily (Howell) Fawcett (BH)
Hiram H. b 15 Dec 1850 Caesarscreek TP, GC, s Mahlon & Emily (Howell) Fawcett (BH)
John Lewis b ca 20 Jun 1861/62/63 Xenia TP, or near Paintersville, GC, s Addison & Martha Jane (Stephens) Fawcett (OB-RB11-RB22)
John Sherman b ca 1865 Paintersville, GC (RB77-RB88)
Joshua b 18 Oct 1840 PROB GC, s Joshua & Mary Fawcett (NHC)
Mahlon b 1825 Caesarscreek TP, GC, s John & Phoebe Fawcett (BH)
Mary F. b Jan 1853 PROB GC, dau Robert & Mary Fawcett (HSC)
Nancy b 1851-1868 GC, dau Mahlon & Emily (Howell) Fawcett (BH)
Sherman b 1865 GC, s Lewis & Louisa (Ary) Fawcett (GRB)

FAWCETT (continued)
Tamar Ann b 13 May 1861 PROB GC (ELC)
FERGUSON, Albert b 1863 Beavercreek TP, GC (GDR)
Albert Lee b prior 1869 GC, s William & Nancy (Lackey) Ferguson (OCH)
Alfred D. b 10 Jul 1866 POSS GC, s W. Henry & Jane (Rumbaugh) Ferguson (FFFS)
Charles Franklin b 23 Apr 1867 GC, s George W & F (Orndorff) Ferguson (OB)
David Walter b prior 1869 Xenia,TP, GC, s Isaac Alexander & Lydia M (Kyle) Ferguson (BH)
Edward C. b Feb 1862 PROB GC, s A-? & M Ferguson (ELC)
Eliza Elvira b prior 1869 GC, dau William & Nancy (Lackey) Ferguson (OCH)
George A. b 22 Mar/18 Jul 1848 GC, PROB s Alfred & Didena/Sidnia (Peterson) Ferguson (FFFS-MCC)
George Feirstine b 7 Mar 1850 Beavercreek TP, GC, s John W & Anna (Feirstine) Ferguson (BH-MZS-OB)
Isaac Alexander b 4 Jun 1841 Xenia TP, GC, s William & Nancy (Lackey) Ferguson (BH-LAC-OCH)
Jacob E. b 31 Jan 1841 GC, PROB s Alfred & Sidena/Sidnia (Peterson) Ferguson (FFFS)
Jacob S. b 2 Jan 1842 PROB GC, s Edward & Ann Ferguson (MCC)
John Harvey b 3 Sep 1847 GC, s William & Nancy (Lackey) Ferguson (LAC-OCH-STI)
John L. b 16 Jun 1850 Spring Valley TP, GC, s Robert H & Mary J (Cooper) Ferguson (RH)
Jonas T. b 31 Jul 1835 GC, PROB s Alfred & Sidena/Sidnia (Peterson) Ferguson (FFFS)

FERGUSON (continued)
Lydia Jane b 12 Sep 1844 GC, dau William & Nancy (Lackey) Ferguson (LAC-OCH-STI)
Maria L. b 7 Jul 1846 PROB GC, dau Ed & Ann Ferguson (MCC)
Martha J. b 28 Jan 1846 GC, PROB dau Alfred & Sidena/Sidnia (Peterson) Ferguson (FFFS)
Mary E. b 22 Mar 1848 GC, PROB dau Alfred & Sidena/Sidnia (Peterson) Ferguson (FFFS)
Mary Isabella b Prior 1869 GC, dau William & Nancy (Lackey) Ferguson (OCH)
Mildred A./S. b 1 Aug 1850 GC, dau Alfred & Sidena/Sidnia (Peterson) Ferguson (FFFS-MCC)
Phillip A. b 18 Jul 1843 GC, PROB s Alfred & Sidena/Sidnia (Peterson) Ferguson (FFFS)
Robert Henry b ca 1860 Beavercreek TP, GC, s John & Anna (Fierstine) Ferguson (OB)
S. Franklin b 6 Jun 1838 GC, PROB s Alfred & Sidena/Sidnia (Peterson) Ferguson (FFFS)
William D. b ca 1862/63 Spring Valley, GC (OB-RB55)
William E. b 9 Apr 1858 GC, s Robert H & Mary J (Cirfer/Confer-?) Ferguson (GDR-SVC)
William H. b 22 Apr 1854 Miami TP, GC (BH)
William Henry b prior 1869 GC, s William & Nancy (Lackey) Ferguson (OCH)
W. Henry b 2 Sep 1839 GC, PROB s Alfred & Sidena/Sidnia (Peterson) Ferguson (FFFS)
FERRELL, Henry J. b ca 1868 Xenia, GC (OB)
FESSENDEN, Herbert L. b ca 1860 Yellow Springs, GC (OB)

FETZ, Katherine b 18 Nov 1857 W. of Xenia, GC, dau Paul & Elizabeth (Leppert) Fetz (OB)

Louisa b ca 1866 Xenia, GC (RB33)

Mary b 15 Oct 1864 Xenia, GC, dau George & Kate (Rinck) Fetz (OB/Myers)

FEURL, Rosa Cecilia b ca 1857 Xenia, GC (RB22)

FICHTHORNE, Isabel b prior 1869 New Jasper TP, GC, dau Isaac & Elizabeth (Hardie) Fichthorne (BH)

FICHTHORNE/FICHTHORN, Susan/Susanna b 4 Jul 1820 GC (BH-SCV/Clemens)

FIELDS, David French b 2 Jun/20 Jul 1827 GC, s William & Elizabeth/Susannah Fields (BRC-FIE)

Elizabeth b 3 Jul 1829, GC, dau William & Elizabeth Fields (BRC)

James Allison b 14 May 1832 near Jamestown, GC, s John & Mary (Hite) Fields (DH-FFFE-OB)

James Allison b 14 Aug 1859 Xenia, GC, s Jesse Lawrence & Wilmuth Fowler (Browder) Fields (FFFE-FIE)

Jesse (Law-?) b 19 Sep 1832 GC, s William R & Elizabeth Fields (BRC)

John Adams b 1834 Xenia, GC, s William & Susannah Elizabeth (Rader/Roeder) Fields (FIE)

John H. b 15 Mar 1827 SW of Jamestown, GC, s John & Mary Ann (Hite) Fields (DH-FFFE-FIE)

Mary Ann b 3 Jul 1829 GC, dau William & Elizabeth Fields (BRC)

Mary Emma b 1 Jun 1861 GC, dau Thomas & Margaret Ann (Brickel) Fields (OB/Simmons)

Samuel I. b 22 Dec 1858 near Paintersville, GC, foster s John Fields (OB)

FIELDS (continued)
William Addison b 14 Aug 1859. Xenia, GC, s Jesse Lawrence & Wilmuth Fowler (Browder) Fields (FFFE-FIE)

FIFER, Davis b Oct 1815 in or NW of Xenia, GC, s John & Deborah (Kasar-?) Fields (FFFI-GDR)

Mary Eliza b 13 Jun 1852 Xenia, GC (GDR)

FIGGINS, Charles Edward b 17 Feb 1858 near Grinnel's Mill, Miami TP, GC, s Sylvester & Lydia Margaret (Whittington) Figgins (FFFG-RB22)

Joseph Asel b ca 1867 Clifton, GC (RB33)

Silas Henry b 6/11 May 1856 near Yellow Springs, Miami TP, GC, s Sylvester & Marguerite Figgins (FFFG-GDR)

FILES, Isaac M. b 25 Jan 1859 Jamestown, GC (GDR)

FILSON, James Harvey b ca 1859/60 Xenia, GC (RB22-RB66)

FINAFROCK, Henry b ca 1840 S. of Fairfield, Bath TP, GC (OB)

FINFROCK, Eliza Ann b 1844 Bath TP, GC (RB66)

FINLAW, John William b ca 1850 near Mt Tabor, New Jasper TP, GC (OB)

FINLEY, David Absolem b ca 1863 Clifton, GC (OB)

Luvina b 26 Feb 1862 Bellbrook, GC (GDR)

William H. b 2 Feb 1857 Sugarcreek TP, GC, s Robert & Emma (Channon) Finley (BH-RB66)

FINNEY, Clarence L. b 13 Feb 1864 near Clifton, GC, s J M & Call Finney (CUC-OB)

E. S. b ca 1848 E. of Clifton, GC, s James & Eleanor Finney (OB)

James T. b 7 May 1860 GC, s J & E Finney (CUC)

John Alexander b 22 Apr 1821 PROB near Xenia, GC, s ? &

FINNEY (continued)
Isabel (McDowell) Finney (MCD)
John Crain b 2 Sep 1859 Clifton, GC, s Jeremiah & Charlotte (Cleelan) Finney (OB)
Joseph F. b 23 Apr 1866 GC, s J M & C M Finney (CUC)
Julia Anna b 19 May 1824 near Xenia, GC, dau ? & Isabel (McDowell) Finney (MCD)
Laura b ca 1857 near Clifton, GC, dau Jeremiah & Charlotte (Cleelan) Finney (OB)
Sarabell b 19 Dec 1861 GC, dau J & C Finney (CUC)
FISHBURN, Mary E. b 1832 GC, dau David & Catherine (Graves) Fishburn (LG96)
FISHER, Anna b 24 Aug 1864 Yellow Springs, GC, dau George Fisher (OB/Oster)
Dora b ca 4 Jun 1865/66 near Trebein GC, dau John & Catherine (Slate) Fisher (OB/Heeg-RB22)
Frank b 24 Apr 1866/68 Beavercreek TP, GC, s George & Mary (Slate) Fisher (BH-OB)
George b 5 Jun 1862 Trebeins, Beavercreek TP, GC, s George Fisher Sr. (OB)
May b ca 1866 GC, dau Sanford Fisher (OB/Earley)
Samuel P. b 29 Dec 1857 near Xenia, GC (OB)
FISTE, Irving b 1 Dec 1831 Bath TP, GC (GDR)
Samuel b 1 Apr 1842 Beavercreek TP, GC (GDR)
FLATTER, Barbara b ca 1859 near Yellow Springs, GC, dau Samuel Flatter (OB)
Barbara A. b 15 Jan 1833 Xenia, TP, GC (BH)
Charlie L. b 21 Jun 1860 Xenia TP, GC (GDR)
Clinton Dewitt b 1861 GC (BCI-RB11)
Hester A. b 1859 PROB GC (GFC-OB/Beatty)

FLATTER (continued)
Leroy Howard b 29 Apr 1865 Bath TP, GC (GDR)
Samuel b 14 Dec 1828 Xenia TP, GC (GDR)
FLAX, Lucy M. b 9 Apr 1863 near Jamestown, GC (OB/Glass)
FLEMING, Matthew Corry b ca 1865 Xenia, GC, s E C & Rachel (Corry) Fleming (OB)
FLEMMING, Cordelia b 1849 New Burlington, GC (BH)
FLESHER, William B. b 10 Jul 1843 GC, s Daniel & Elizabeth Flesher (SCHD)
FLETCHER, Elizabeth b ca 1861 GC (RB22)
Joseph F. b 1860 Jamestown, GC (GDR)
Mary Ann b 10 Oct 1844 GC, dau George & Margaret (Kinney) Fletcher (FFKK)
FLOOD, Nancy b 27 Jan 1802 (NWT) Bath TP, GC, dau Jonathan & Mary (Lowe) Flood (PGC)
FOGG, Elizabeth b 1850 Grape Grove, GC, dau Andrew & Naomi (Little) Fogg (BH)
Guy H. b 3 Aug 1854 Grape Grove, GC, s Andrew & Naomi (Little) Fogg (BH-OB)
FOGWELL, Albert James b 1847/48 Beavercreek TP, GC (GDR-RB55)
FOGLE, Laura Belle b 30 Sep 1858 near Byron, Bath TP, GC, dau Lewis & Matilda (Burrous) Fogle (OB/Cyphers)
FOLCK, Joseph M. b 8/9 Jul 1824 near Byron, Bath TP, GC, s Daniel & Mary (Muirheide/Morehead) Folck (DH-GDR-PGC)
FOLEY, James E. b ca 1866 Xenia, GC (RB22)
FOLKERTH, Mary Ellen b 15 Aug 1852 GC, dau Michael & Kath (Routzahn) Folkerth (OB)
FOODY, Ellen V. b 1850 Xenia, GC (GDR)

FOODY (continued)
Sarah b ca 1854 Xenia, GC, dau John Foody (OB)
FORBES, Author b 1833 Clifton, GC, s Alexander & Elizabeth (Trelan) Forbes (GDR)
Florence b ca 1868 near Clifton, GC, dau Arthur & Anna (Huntington) Forbes (OB/Hanna)
John H. b ca 1842 GC, s James & Martha (Ledbetter) Forbes (ELA-FFFO-MRCW)
Lavina/Levina b 10 Nov 1834/35 Xenia TP, GC, dau James & Martha (Ledbetter) Forbes (ELA-FFCR-WCQP)
Theresa b prior 1869 GC, dau James & Martha (Ledbetter) Forbes (ELA)
FORD, Alice b 1857 Cedarville, GC (OB/McLean)
Amy E. b 17 Sep 1859 Caesarscreek TP, GC, dau James & Mary (Peterson) Ford (OB/McDonald)
Chauncey E. b ca 1866 GC (RB33)
Cornelius b 30 Jul 1861 GC (GDR)
Hattie Ann b 6 Jun 1866 Maple Corner, S. of Xenia, GC, dau James & Mary (Peterson) Ford (OB/Shambaugh)
John Wallace b 6 Mar 1839 Xenia, GC, s James G & Elizabeth Hannah Ford (FFEB)
FOREMAN, Moses S. b ca 1861 Xenia, GC (OB)
FORESMAN, Rachel Ankeney b 24 Jan 1828 Xenia, GC (GOW)
FORSYTHE, Francenia b 8 Oct 1851 Bellbrook, GC, dau Jacob & Elizabeth (Dickershoof) Forsythe (FFFR)
Joseph b 1853 Bellbrook, GC, s Jacob & Elizabeth (Dickershoof) Forsythe (FFFR)
Samuel b 1859 Bellbrook, GC, s Jacob & Elizabeth (Dickershoof) Forsythe (FFFR)

FORSYTHE (continued)
Sarah b 1857 Bellbrook, GC, dau Jacob & Eliz (Dickershoof) Forsythe (FFFR)
FORTNEY, James Herbert b prior 1869 Osborn, GC, s David & Alta (Fuller) Fortney (BH)
FOSTER, Adda b 4 Oct 1855 GC, dau Samuel & Rachel Joanna (Kyle) Foster (JAC)
Findley M. b 1 Dec 1853 GC, s Sam & R J (Kyle) Foster (JAC)
Finley Milligan b ca 1854 Cedarville, GC (OA)
Henry G. b 7 Jun 1859 near Cedarville, GC, s Samuel & Rachel Joanna (Kyle) Foster (JAC-OB)
James M. b 22 Sep 1850 GC, s Samuel & Rachel Joanna (Kyle) Foster (JAC)
Laura C. b 20 Mar 1852 GC, dau Samuel & Rachel Joanna (Kyle) Foster (JAC)
Mary Ella b 21 Jul 1857 GC, dau Samuel & Rachel Joanna (Kyle) Foster (JAC)
FOUST, Edwin S. b 7 Jan 1868 Xenia TP, GC, s Solomon & Mary Jane (Bickett) Foust (BH-OB)
FOWLER, Mary E. b 11 Jul 1860 GC, dau R J & Martha (Silvey) Fowler (OB)
FOX, Damon Quincy b ca 1846 GC (RB22)
FRANKLIN, Catherine A. b 11 May 1844 Clifton, GC, dau Hiram & Ann (McCoy) Franklin (PGC)
Joseph L. b 23 Jul 1862 GC, s John & Mary (McDorman) Franklin (OB)
FRAZIER, Nettie b 21 Jan 1855 Cedarville, GC, dau John F Frazier (OB/Nash)
FREEMAN, Charles T. b 31 Jul 1844 GC (OB)
Samuel b 29 Aug 1803 Beavercreek TP, GC, s John & Mary (McKinney) Freeman (DH)

FRIES, David A. b 8 Nov 1829 Beavercreek TP, GC (GDR)

Laura B. b ca 1868 Xenia, GC, dau David & Martha (Owen) Fries (OB/Harlan)

FROST, Catharine b 1778 (NWT) Beavercreek TP, GC, dau George Frost (GDR)

Jacob b 1806 GC (PGC)

FRYE, John Henry b 27 Nov 1856 near Byron, Bath TP, GC (OB)

FUDGE, Ada/Adah Ellen b 1 Apr 1864 New Jasper TP, GC, dau David Harrison & Sarah Catherine (Dean) Fudge (FUD)

Alice Luella b 23 Jan 1864 Caesarscreek TP, GC, dau Henry Christian & Emeline (Saville) Fudge (FUD)

Anna Charlotte b 23 Nov 1856 Caesarscreek TP, GC, dau John Sellers & Martha Jane (Boots) Fudge (FUD)

Anna Luetta b 24 Jan 1855 near Jamestown, Silvercreek TP, GC, dau Jacob Milton & Mary Ann/Polly (Mahan) Fudge (FUD)

Catherine b 25 Aug 1839 New Jasper TP, GC, dau Henry Christian & Emeline (Saville) Fudge (FUD)

Catherine b 14/17 Dec 1848 New Jasper TP, GC, dau John Sellers & Martha Jane (Boots) Fudge (FUD)

Charles Brough b 24 Sep 1863 New Jasper TP, GC, s John Sellers & Martha Jane (Boots) Fudge (FUD)

Charles Elmer b 16 Mar 1861 New Jasper TP, GC, s Henry Christian & Mary Jane (Eyman/Iman) Fudge (FUD)

Clarissa b 6 Mar/13 Jun 1841 New Jasper TP, GC, dau Henry Christian & Emeline (Saville) Fudge (FUD)

Daniel Raper b 30 Mar 1848 New Jasper TP, GC, s Joseph Henry & Cinderella (Sutton) Fudge (FUD)

FUDGE (continued)

David Harrison b 19 Oct 1834 Caesarscreek TP, GC, s John K & Catherine (Sellers) Fudge (FUD)

Elizabeth Ann b 29 May 1827 New Jasper TP, GC, dau George & Sarah Scott (Campbell) Fudge (FUD)

Elmer Levi b 29 Sep 1861 Ross TP, GC, s David Laws & Catherine (Spahr) Fudge (FUD)

Flora M. b 30 May 1864 SE of Xenia, GC, dau Simeon M. & Catherine (Peterson) Fudge (OB/Maxey)

George b 18 Mar 1830 New Jasper TP, GC, s Jacob & Delilah (Mallow) Fudge (FUD)

George Addison b 22 Oct 1836/39 New Jasper TP, GC, s John K & Catherine (Sellers) Fudge (FUD)

George Addison b 18 Jan 1843 New Jasper TP, GC, s Henry Christian & Emeline (Saville) Fudge (FUD)

George Oscar b 17 Sep 1862 Caesarscreek/New Jasper TP, GC, s Henry Christian & Emeline (Saville) Fudge (FUD-GDR)

George William b ca 1861/62 near Xenia, GC, s Simeon Matthew & Catherine J (Peterson) Fudge (FUD-OB)

Henry Christian b 30/31 Dec 1824/1 Jan 1825 New Jasper TP, GC, s Jacob & Delilah (Mallow) Fudge (FUD-GDR)

Henry Christian b 23 Jul 1835 New Jasper TP, GC, s George & Sarah Scott (Campbell) Fudge (FUD)

Jacob Camaralza b 24 May 1857/58 New Jasper TP, GC, s Henry Christian & Mary Jane (Eyman/Iman) Fudge (FUD)

Jacob Milton b 1/6 Dec 1830 Caesarscreek TP, GC, s John K & Catherine (Sellers) Fudge (FUD)

FUDGE (continued)
Jacob Morgan b 7 May 1856 Bridgeport, New Jasper TP, GC, s Henry & Cinderella (Sutton) Fudge (FUD-OB-SUT)
James Oscar b 22 Mar 1858 Caesarscreek TP, GC, s David Harrison & Sarah Catherine (Dean) Fudge (FUD)
Jane b 21 Sep 1828 New Jasper TP, GC, dau George & Sarah Scott (Campbell) Fudge (FUD)
John b ca 1857 GC (OB)
John Alpheus/Olpheus b 16 Feb 1850 New Jasper TP, GC, s Henry Christian & Mary Jane (Eyman/Iman) Fudge (FUD-MID-OB)
John Carlin b 13 Sep 1857/58 New Jasper TP, GC, s Jacob Milton & Mary Ann/Polly (Mahan) Fudge (FUD)
John Milton b 16 Jan 1850 Caesarscreek TP, GC, s John Sellers & Martha Jane (Boots) Fudge (FUD)
John Nicholas b 25 Dec 1829/31 GC, s Peter & Mary (Shook) Fudge (FUD)
John Peterson b 19 Nov 1865 near Xenia, GC, s Matthew & Catherine (Peterson) Fudge (OB)
John Sellers b 7 Mar 1827/32 Caesarscreek TP, GC, s John K & Catherine (Sellers) Fudge (FUD-LG96)
John William b 23 Mar 1846 Caesarscreek TP, GC, s Joseph Henry & Cinderella (Sutton) Fudge (BH-FUD-RB55-RH-SUT)
Joseph b 21 Nov 1858 New Jasper TP, GC, s John Sellers & Martha Jane (Boots) Fudge (FUD)
Joseph Granville b 3 Mar 1865 Caesarscreek TP, GC, s Henry Christian & Emeline (Saville) Fudge (FUD)
Joseph Henry b 15 Feb 1824 New Jasper, GC, s John K &

FUDGE (continued)
Catherine (Sellers) Fudge (BH-FUD-GDR-RH)
Laura Cornelia b 2 Aug 1861 New Jasper TP, GC, dau John Sellers & Martha Jane (Boots) Fudge (FUD)
Laura Jane b 2 May 1854 New Jasper TP, GC, dau Henry Christian & Mary Jane (Eyman/Iman) Fudge (FUD)
Lewis Ellsworth b 26 Apr 1862/63 New Jasper TP, GC, s Henry & Cinderella (Sutton) Fudge (FUD-SUT)
Lewis Morgan b 12/13 Aug 1851 New Jasper TP, GC, s John Sellers & Martha Jane (Boots) Fudge (FUD)
Marietta/Mary Etta b 14 Mar 1853 New Jasper TP, GC, dau John Sellers & Martha Jane (Boots) Fudge (FUD)
Martha b 22 Nov 1833 New Jasper TP, GC, dau George & Sarah Scott (Campbell) Fudge (FUD)
Martha Elizabeth b 2 Feb 1848 New Jasper TP, GC, dau Henry Christian & Mary Jane (Eyman/Iman) Fudge (FUD)
Martha Jane b 1828 New Jasper TP, GC, dau Jacob & Delilah (Mallow) Fudge (FUD)
Mary b 15 Jan 1830 New Jasper TP, GC, dau George & Sarah Scott (Campbell) Fudge (FUD)
Mizella Ann b 9 May 1847 New Jasper TP, GC, dau Henry Christian & Emeline (Saville) Fudge (FUD)
Morgan b 5 Dec 1845 E. of Xenia, GC, s John & Temperance (Spahr) Fudge (PGC)
Nancy Agness b 18/28 Jan 1832 New Jasper TP, GC, dau George & Sarah Scott (Campbell) Fudge (BH-FUD)
Philip Morgan b 5 Dec 1841/44 near Xenia, GC, s John & Temperance (Spahr) Fudge (FUD-RB22)

FUDGE (continued)
Rosa May b 17 Feb 1868 near Xenia, Caesarscreek TP, GC, dau Henry Christian & Emeline (Saville) Fudge (FUD-OB/Stingley)
Sarah E. b 1850 New Jasper TP, GC, dau Henry & Cinderella (Sutton) Fudge (FUD)
Sarah Jane b 6 May 1835/37 New Jasper TP, GC, dau H C & Emeline (Saville) Fudge (FUD)
Simeon Matthew b 12/22 Oct 1839 Caesarscreek TP, GC, s John K & Catherine (Sellers) Fudge (FUD)
Susan Serepta b 23 Nov 1854 New Jasper TP, GC, dau John Sellers & Martha Jane (Boots) Fudge (FUD)
William Joseph b ca 1868 Xenia, GC (RB22-RB55-RB66)
William John b 10 Mar 1868 GC, s John William & Amanda J (Smith) Fudge (SUT)
FUERLE, John b 27 Dec 1854 Xenia, GC, s John George Fuerle (OB)
Matilda b 11 Feb 1860 Xenia, GC, dau John & Rosina Fuerle (OB/Fetz)
FULKERSON, Clarence M. b 14 Jul 1862 Spring Valley TP, GC, s Amos & Susan (Beck) Fulkerson (ELM)
FULLER, Amos Samuel/Samuel Amos b 27 Jan 1823 GC (FFFF)
FULTON, Frank b 22 Apr 1853 Bath TP, GC, s James & Elizabeth (Leahow) Fulton (PGC)
James b 1815 Bath TP, GC, s William & Martha (Grimes) Fulton (CCO)
James Franklin b 6 Apr 1843 Bath TP, GC (GDR)
FUNDERBURG, Carrie b ca 1865 GC (OB/Wolfe)
FUNDERBURG/FUNDERBURGH, George b 9 Apr 1826 Bath TP, GC (BCI-GDR)
FUNDERBURG, Lincoln b 6 Jul 1865 Bath TP, GC, s George & Caroline (Parsons) Funderburg (BCI-OB)
Martha b ca 1859 Fairfield, GC (RB22)
Simon b 2 Jun 1831 Bath TP, GC (FDC-GDR)
FUNDERBURGH/FUNDERBURG, Carrie b ca 1868 GC (RB11-RB55)
FUNDERBURGH, Daniel b 7 Nov 1811 GC, s Jacob & Eve (Boone) Funderburgh (CC02)
FUNDERBURGH/FUNDEBURGH, Daniel S. b 12 Nov 1818 Bath TP, GC, s John & Anna Funderburgh/Fundeburgh (DH-GDR)
FUNK, Isac Kaufman b 10 Sep 1839 Clifton, GC, s John & Martha (Kauffman) Funk (OA)
John b 1836 Xenia, GC (GDR)
FURGESON, Mary b 8 Jan 1830 GC (GDR) Marital status not shown
FURAY, G. L. b 1855 Byron, GC, s John & M A (Shoup) Furay (GDR)
FURRY, John Adam b 16 May 1832 GC, s Michael & Elizabeth Furry (BRC)
Susannah b 14 Sep 1828 GC, dau Michael & Elizabeth Furry (BRC)
GAGE, Susan Mary b 23 Sep 1847 Spring Valley, GC (GDR)
GAINES, Mack b 1849 Cedarville, GC (GDR)
GALBREATH, Samuel Alexander b ca 1837 Cedarville TP, GC (GDR-RB33)
GALIMORE, Etta b 21 Feb 1867 S. of Bowersville, GC, dau Elisha & Maria Galimore (OB/Murrell)
GALLIGHER, Mary Ann b ca 1867 Yellow Springs, GC (RB33)
GALLIMORE, Mark b 5 Jan 1824 GC, s Samuel & Elizabeth (Bragg) Gallimore (SCHD)
GALLOWAY, Agnes Nancy b 12

GALLOWAY (continued)
Jan 1799 (NWT) GC, dau Joseph & Agnes (Cross) Galloway (FFGA)
Albert b 18 Dec 1811 near Xenia, GC (WCE)
Albert b prior 1869 GC, s Anthony & Catherine/Katherine (Junkin) Galloway (SCO)
Alethia Ellen b 27 Mar 1846 Xenia TP, GC, dau James Collins & Mary Ann (Kendall) Galloway (BH-RH-SCO)
Alice b 27 Dec 1851 near Xenia, GC, dau James C & Mary Ann (Kendall) Galloway (OB/Eavey)
Andrew b prior 1869 GC, s Anthony & Catherine/Katherine (Junkin) Galloway (SCO)
Ann b 9 Apr 1799 (NWT) GC, dau James & Rebecca (Junkin) Galloway (DH-SCO)
Ann b 17 Sep 1813 near Xenia, GC, dau George & Rebecca (Galloway) Galloway (BH-SCO)
Anthony b 23 Jul 1804 GC, s James & Rebecca (Junkin) Galloway (DH-FFGA-SCO)
Calvin b prior 1869 GC, s Anthony & Catherine/Katherine (Junkin) Galloway (SCO)
Casper b 29 Feb 1844 near Xenia, GC, s Anthony & Catherine/Katherine (Junkin) Galloway (OB-SCO)
Catherine b 9 Jul 1811 GC, dau George & Catherine (Barton) Galloway (SCO)
Charles Andrew b 28 Jul 1860 GC, s Washington & Mary Jane (Anderson) Galloway (SCO)
Clark Madison b 20 Apr 1843 Xenia TP, GC, s James Collins & Mary Ann (Kendall) Galloway (BH-JAC-RH-SCO-WCPQ)
Edwin b 11 Jan 1865 Xenia, GC, s Washington & Mary Jane (Anderson) Galloway (OB-RB66-SCO-WCS)

GALLOWAY (continued)
Eleanor b 31 Aug 1824 near Xenia, GC, dau George & Rebecca (Galloway) Galloway (BH-SCO)
Eliza Ann b 9 Aug 1826 GC, dau Andrew & Mary (Collins) Galloway (SCO)
Ella Belle b 9 Nov 1853/57 Xenia, GC, dau Washington & Mary Jane (Anderson) Galloway (BH-OB/Ferguson-SCO)
Ellen b 4 Mar 1828 GC, dau Andrew & Mary (Collins) Galloway (SCO)
George b 24 Sep 1859 Xenia, GC, s John & Mary (Chapman) Galloway (OB)
George b ca 1862 Xenia GC (RB22)
Harrison Andrew b 19 Jul 1842 GC, s Andrew & Mary (Collins) Galloway (SCO)
Henry b prior 1869 near Xenia, GC, s Anthony & Catherine/Katherine (Junkin) Galloway (SCO)
Henry P. b 29 Jan 1810 near Xenia, GC (WCE)
Holliday b prior 1869 near Xenia, GC, s Anthony & Catherine/Katherine (Junkin) Galloway (SCO)
Isabelle b 15 Oct 1835 GC, dau Andrew & Mary (Collins) Galloway (SCO)
James b prior 1869 near Xenia, GC, s Anthony & Catherine/Katherine (Junkin) Galloway (SCO)
James Collins b 30 Jun 1817 in or near Xenia, GC, s George & Rebecca (Galloway) Galloway (BH-GDR-RH-WCPQ)
James E. b 3/8 Jan 1825 Xenia/Xenia TP, GC, s James & Martha (Townsley) Galloway (RH-WCE)
John Hemphill b 5 Jan 1863 Xenia, GC, s Washington & Mary Jane (Anderson) Galloway (OB-SCO-WCS)

GALLOWAY (continued)
John Stewart b ca 1865 Xenia, GC (RB11)
Julia b 26 Jul 1808 near Xenia, GC, dau Mames & Martha Galloway (WCE)
Julia Ann b 16 Dec 1838 GC, dau Andrew & Mary (Collins) Galloway (SCO)
Lydia b 23 Jul 1824 GC, dau Andrew & Mary (Collins) Galloway (SCO)
Madison b 7 Dec 1822 near Xenia, GC, s George & Rebecca (Galloway) Galloway (BH-SCO)
Margaret Jane b 1852 GC (OB/Ledbetter-WCQP)
Martha b 17 Oct 1801 (NWT) GC, dau George & Catherine (Barton) Galloway (SCO)
Martha b 28 Sep 1820 near Xenia, GC, dau George & Rebecca (Galloway) Galloway (BH-SCO)
Mary b 20 Jan 1803 (NWT) GC, dau George & Catherine (Barton) Galloway (SCO)
Mary A. b 30 Nov 1855 PROB GC, dau J W A & Jane Galloway (CCI)
Rebecca b 17 Feb 1814 Xenia, GC, dau J. & Martha Galloway (WCE)
Rebecca b 9 Oct 1822 GC, dau Andrew & Mary (Collins) Galloway (SCO)
Rebecca Alice b 27/28 Dec 1851/52 Xenia TP, GC, dau James Collins & Mary Ann (Kendall) Galloway (BH-JAC-RH-SCO)
Rebecca Thompson b 25 Feb 1814 GC, dau George & Catherine (Barton) Galloway (SCO)
Richard S. b 7 May/Jun 1830 Xenia TP, GC, s Sam & Eliz (Collins) Galloway (RH-WCE)
Richard T. b 16 Nov 1806 near Xenia, GC (WCE)
Robert A. b 29 Apr 1822 Xenia, GC (WCE)

GALLOWAY (continued)
Samuel b 18 Oct 1833 GC, s Andrew & Mary (Collins) Galloway (SCO-WCJI)
Thomas Barton b 28 Jan 1808 GC, s George & Catherine (Barton) Galloway (SCO)
Washington b 21/25 Feb 1821 GC, s Andrew & Martha/Mary (Collins) Galloway (GDR-SCO-WCE)
William b 18 Aug 1805 GC, s George & Catherine (Barton) Galloway (SCO)
William b 17 Jan 1827 near Xenia, GC, s Geo & Rebecca Galloway (BH-SCO-WCE)
William b prior 1869 GC, s Anthony & Catherine/Katherine (Junkin) Galloway (SCO)
William b 4 Apr 1861 GC, s James C & Mary Ann (Kendall) Galloway (JAC)
William Albert b 8 Apr 1860 Xenia/Xenia TP, GC, s James Collins & Mary Ann (Kendall) Galloway (BH-OA-OB-OLC-RH-SCO-WCPQ)
William Collins b 11 Sep 1831 GC, s Andrew & Mary (Collins) Galloway (SCO-WCE)
William Harry b 17 Sep 1867 GC, s Washington & Mary Jane (Anderson) Galloway (SCO-WCE)
GAMBLE, James N. b 8/10 Oct 1810 Xenia, GC (FFGM-UPC)
GANO, Joseph R. b 4 Feb 1865 Cedarville, GC, s John & Sarah (Darlington) Gano (OB)
GARDENSHIRE, Elizabeth Ann b 7 Dec 1825 GC, dau Walter M & Mary (McConnell) Gardenshire (FFGD-HOU)
GARDNER, Fenelon b 20 Jun 1837 GC, dau Richard W & Ruth (Ailson) Gardner (FFGR)
GARLAUGH/GERLAUGH, David b 2 Apr 1808 Beavercreek TP, GC, s Adam & Catherine (Haines/Hanes) Garlaugh/Gerlaugh (BH-DH-RH)

GARLAUGH, Henry A. b 7 Feb 1830 Beavercreek TP, GC, s Henry & Mary (Harmison) Garlaugh (PMC)
GARLAUGH/GERLAUGH, Jacob b 1810 Beavercreek TP, GC, s Adam & Catherine (Haines) Garlaugh/Gerlaugh (BH-DH-RH)
GARRINGER, Simeon M. b ca 1860 near Jamestown, Silvercreek TP, GC (OB)
GARST, Samantha A. b 28 Oct 1855 GC, dau Simon & Mary A (Harshman) Garst (HAH)
GARTRELL, Harriet Belle b 1854 Alpha, GC, dau Charles & ? (Brewer) Gartrell (GRB)
Hattie b 5 Apr 1863 GC (GDR) Marital status not shown
Hattie Belle b 28 Feb 1855 Sugarcreek TP, GC, dau Charles Gartrell (OB/Spahr)
GASTIGER, Mary b ca 1868 Xenia, GC (RB33)
Mary Ann b 7 Jul 1860 Xenia, GC, dau Jacob & Mary Ann Gastiger (OB/Hilliard)
GATCH, M. D. b 1818 GC, POSS Cedarville TP (GDR)
GATES, Katurah b 1856 New Jasper TP, GC, dau Bailey & Temperance (Spahr) Gates (BH)
GATRELL, William Rutledge b ca 1840 Oldtown, GC (RB22)
GEIS, Louise Margaret b ca 1866 Fairfield, GC (RB33)
Mary Ann b ca 1858 Fairfield, GC (OB/Graham)
GENIER, Charles L. b ca 1867 Xenia, GC (OB)
GEORGE, Andrew McIntyre b 1857 Cedarville, GC (OA)
GERARD, David Lewis b 6 Feb 1868 Jefferson TP, GC, s N W & Eliz (Cline) Gerard (OB)
Isaac b 23 Apr 1846 near Jamestown, GC (OB)
Jacob b 30 Dec 1847 Jefferson TP, GC, s John & Jane Gerard (DH)

GERARD (continued)
Lewis b 28 Apr 1864 near Bowersville, GC, s George & Susan Gerard (OB)
Mary Ellen b 28 Mar 1848 Caesarscreek TP, GC, dau George & Elizabeth Gerard (OB/Cline)
Simon L. b 5 Aug 1832 GC, s John & Jane Gerard (DH)
GERLAUGH, Adam b 6 Aug 1814 Beavercreek TP, GC, s Adam & Catherine (Haines/Haynes) Gerlaugh (RH)
Adam b Sep 1818 Beavercreek TP, GC (GDR)
Arthur b 16 Feb 1819 Beavercreek TP, GC, s Adam & Catherine (Haines) Gerlaugh (GDR-PGC-RH)
Charles L. b 6 Mar 1855 Beavercreek TP, GC, s Arthur & Catherine (Rockafield) Gerlaugh (PGC)
Jacob b 7 Jul 1810 Beavercreek TP, GC (GDR)
Jennie A. b 25 Nov 1851 N. of Alpha, GC, dau David & Rebecca Gerlaugh (OB/Tobias)
Jonathan H. b 10 Mar 1823 Beavercreek TP, GC, s John Adam & Catherine (Hanes) Gerlaugh (PMC)
GEST, Birdie b 1868 Spring Valley, GC (GDR)
William B. b 28 Oct 1825 GC, s Jeremiah & Pamelia Gest (HCH)
GHEEN, Thomas b 9 Apr 1865 Bath TP, GC, s Nathan R & Harriet (Dipple) Gheen (BH-OB)
GIBBONS, Anna B. b prior 1869 GC, dau Thomas Gibbons (RH)
GIBNEY, James Gilbert b 2 Jul 1862 Cedarville, GC, s John & Catharine Gibney (GDR)
John b prior 1869 Cedarville, GC (GRB)
GIBSON, Albert b 12 Sep 1829 GC, s Samuel & Elizabeth (Pierce) Gibson (GIB)

GIBSON (continued)
Amelia J. b 1846 POSS GC, dau James & Mary Elizabeth (Stevenson) Gibson (SCO)
Andrew b 6 Jan 1811 GC, s Thomas & Martha (Hogg) Gibson (GIB)
Emma Zetta b 21 Jan 1850/59 PROB GC, dau Joseph B & Martha M (Stevenson) Gibson (SCO)
George b 4 Jan 1813 GC, s Thomas & Martha (Hogg) Gibson (GIB)
James b 24 Nov 1824 GC, s John & Martha Ann (Campbell) Gibson (GIB)
Jane b 23 Jan 1818 GC, dau Thomas & Martha (Hogg) Gibson (GIB)
Jane b 1830/32 GC, dau James & Sarah (Kendall) Gibson (GIB)
John b 8 Apr 1827 GC, s John & Martha Ann (Campbell) Gibson (GIB)
John Kendall b 17 Jan 1827 GC, s James & Sarah (Kendall) Gibson (GIB)
Margaret A. b Jul 1844 POSS GC, dau James & Mary Elizabeth (Stevenson) Gibson (SCO)
Martha b 8 May 1809 GC, dau Thomas & Martha (Hogg) Gibson (GIB)
Martha R. b Oct 1848 POSS GC, dau James & Mary Elizabeth (Stevenson) Gibson (SCO)
Mary b 27 Aug 1819 GC, dau Thomas & Martha (Hogg) Gibson (GIB)
Mary Agnes b 5 Oct 1844 GC (MCCL)
Preston Stevenson b 18 Aug 1849 Yellow Springs, GC, s James Reed & Catherine (Sparrow) Smith Gibson (GIB)
Rachel C. b 28 Feb 1838 GC, dau John & Mary (Taylor) Gibson (GDR)
Robert Armstrong b 6 Nov 1815 GC, s Thomas & Martha (Hogg) Gibson (GIB)

GIBSON (continued)
Samuel b 31 Jan 1819 GC, s John & Martha Ann (Campbell) Gibson (GIB)
Sarah Campbell b 9 Sep 1822 GC, dau John & Martha Ann (Campbell) Gibson (GIB)
Sarah L. b 9 Nov 1866 PROB GC, dau Joseph B & Martha M (Stevenson) Gibson (SCO)
Thos b 30 May 1817 GC, s J & M A (Campbell) Gibson (GIB)
Thomas Hogue b 7 Apr 1829 GC, s James & Sarah (Kendall) Gibson (GIB)
William b 27 Mar 1821 GC, s John & Martha Ann (Campbell) Gibson (GIB)
William H. b 30 Sep 1859 PROB GC, s Joseph B. & Martha M. (Stevenson) Gibson (SCO)
GIFFORD, Alfred b 1861 Jamestown, GC (GDR)
GILBRETH, Magdalena b 18 Nov 1835 GC, dau Adam & Dortha Gilbreth (BRC)
GILLAUGH, Jennie b 8 Feb 1860 near Fairfield, GC (OB/Fraver)
William Alexander b 28 Jan 1867 Cedarville/near Osborn, GC (OB-RB88)
GILLESPIE, Cecelia b ca 1865 Xenia, GC (RB11)
John b ca 1868 Xenia, GC, s Michael & Bridgett (McDermott) Gillespie (OB)
Mary A. b 2 Mar 1864 Xenia, GC (GDR)
GINN, Blanch b ca 1859 Jamestown, GC (RB88)
Effie b ca 1849 Yellow Springs, GC (RB33)
James Long b 22 Oct 1836 Silvercreek TP, GC, s John & Rachel (Long) Ginn (RH)
Jesse R. b ca 1868 Jamestown, GC (RB44)
John b 24 Feb 1815 Beavercreek TP, GC, s Thomas & Rachel (Neal) Ginn (DH-GDR)
Lizzie Luella b 5 Dec 1862 Cedarville, GC (GDR)

GINN (continued)
Mary Francis b ca 1848/49 Yellow Springs, GC, dau Moses R & Mary J Ginn (OB/Gatrell-RB22)

GLASS, Albert Clinton b ca 5 Aug 1855 E. of Jamestown, GC, s James & Mary Glass (OB)
Charles b 6 Jan 1857 Silvercreek TP, GC (GDR)
Emily b 1843 near Jamestown, GC, dau James & Mary (Moorman) Glass (OB/Sheley)
Francis M. b 1 Jun 1844 Silvercreek TP, GC, s William & Lucinda (Stanley) Glass (BH)
Katharine Victoria b 9 Nov 1861 Jamestown, GC, dau James Henry & Hannah (Turner) Glass (FUD)
Lewis Harrison b ca 1868 Jamestown, GC (RB22)
Louisa b 7 Mar 1867 Silvercreek TP, GC, dau Francis M & Anna (Thornburg) Glass (BH)
Lucinda b 16 Oct 1865 Silvercreek TP, GC, dau Francis M & Anna (Thornburg) Glass (BH)
Mary Lucy b 12 Dec 1861 Jamestown, GC, dau James Glass (OB/Morris)
Pauline A. b ca 1850 Jamestown, GC (RB33)

GLEN, Nathan b 19 Aug 1827 Bath TP, GC (GDR)

GLEVIS, George b ca 1858 Xenia, GC (RB22)

GLODFELTER, George Adam b 30 Jul 1832 GC, s Sol & Sarah Glodfelter (BRC)

GLODFETER, Margaret Caroline b 20 Sep 1835 GC, dau George Glodfeter (BRC)

GLODFETTER, Adaline b 18 Apr/Aug 1828 GC, dau Solomon & Sarah Glodfetter (BRC)
Elijah b 21 Apr 1828 GC, s John & Mary Glodfetter (BRC)
Ephraim b 15 Jul 1830 GC, s John & Mary Glodfetter (BRC)

GLODFETTER (continued)
John b 9 Apr 1837 GC, s Solomon George Glodfetter (BRC)
John Adam b 13 Aug 1840 GC, s George & Harriett Glodfetter (BRC)
Martha Jane/Janet b 19 Sep 1838 GC, dau George Glodfetter (BRC)
Mary Jane b 11 Oct 1834 GC, dau John & Mary Glodfetter (BRC)
Nancy Elener b 29 Jun 1840 GC, dau John & Mary Glodfetter (BRC)
Sarah Elizabeth b 12 Dec 1832 GC, dau George & Harriet Glodfetter (BRC)
William Harrison b 21 Apr 1837 GC, s George Solomon Glodfetter (BRC)

GLOSSINGER, John b 10 Aug 1868 GC, s John & Lena/Magdalena (Spanier) Glossinger (FFGL-GHB8)

GLOTFETTER, Clarissa b 14 Jan 1825 GC, dau John & Mary Glotfetter (BRC)
William Alexander b 19 Jul 1826 GC, s Sol & Sarah Glotfetter (BRC)

GLOTFELTER, Benjamin Franklin b 5 Jul 1832 GC, s John & Mary (Judy) Glotfelter (JUD)
Clarissa b 14 Jan 1826 GC, dau John & Mary (Judy) Glotfelter (JUD)
Elijah b 15 Jul 1828 GC, s John & Mary (Judy) Glotfelter (JUD)
Elizabeth b 8 Apr 1822 GC, dau J & Mary (Judy) Glotfelter (JUD)
Ephriam b 15 Jul 1830 GC, s John & Mary (Judy) Glotfelter (JUD)
Henrietta b 28 Jun 1823 GC, dau John & Mary (Judy) Glotfelter (JUD)
Henry Clay b 22 Aug 1844 near Bellbrook, Beavercreek TP, GC s Solomon & Lydia (Gerhard) Glotfelter (BH-OB-RH)

GLOTFELTER (continued)
Jessie M. b 1 Dec 1867 N. of Trebeins, GC, dau William H Glotfelter (OB/Gowdy)
John Adam b 15 Sep 1824 GC, s John & Mary (Judy) Glotfelter (JUD)
John David b 15 Sep 1837 GC, s John & Mary (Judy) Glotfelter (JUD)
Margaret C. b 23 Sep 1835 Beavercreek TP, GC, dau George A & Harriet (Smith) Glotfelter (DUR-PGC-RH)
Mary Jane b 11 Oct 1834 GC, dau John & Mary (Judy) Glotfelter (JUD)
Nancy Ellen b 29 Jun 1840 GC, dau John & Mary (Judy) Glotfelter (JUD)
Warren Hamilton b 1 Aug 1855 Beavercreek TP, GC, s Solomon & Lydia (Gerhard) Glotfelter (BH-RH)
William F. b ca 1866 GC (OB)
William H. b 21 Apr 1837 Beavercreek TP, GC, s George A & Harriet (Smith) Glotfelter (DUR-PGC-RH)
GLYNN, Robert b 1864 Bellbrook, GC, s Thomas & Mary (Canning) Glynn (BC)
Robert William b ca 1863 GC (RB77)
GODDEN, Jenny b 1845 N. Fairfield, GC (GDR)
GOE, Jane b prior 1869 Goes Station, Xenia TP, GC, dau Samuel Goe (BH)
GOLLIER, Zoah Ann b 1823 GC (FFGO)
GOODE, Katie B. b 17 Jun 1867 Spring Valley, GC (GDR)
GORDAN, Jeanette b ca 1863 Cedarville, GC (RB33)
GORDEN/GORDON, Andrew b ca 1836 Xenia, GC (OB)
GORDEN, John T. b 10 Oct 1820 GC (GDR)
GORDON, Albert b ca 1868 Jamestown, GC (RB33)

GORDON (continued)
Andrew J. b 12 Sep 1868 Cedarville, GC, s William & Mary (Edwards) Gordon (OB)
C. H. b 8 Oct 1865 Grape Grove, GC, s Kemp & Sarah (Towell) Gordon (OB)
Chester Wilson b ca 1862 GC (RB22)
Clara Alwilda b 8 Feb 1865 Grape Grove, GC, dau Enos N & Mary Jane (Downey) Gordon (FUD-MLR-OB/Spahr)
Dora May b 4 Oct 1865 Pleasant View area near Bowersville, GC, dau Eli & Sarah (Smith) Gordon (OB/McDonald)
Eleanor Viola b 18 Oct 1868 Grape Grove/Jamestown, GC, dau Enos N & Mary J (Downey) Gordon (MLR-RB88)
Elizabeth Ann b 21 Sep 1867 GC, dau Wm & Elizabeth Margaret (DeVoe) Gordon (FFDE-FFGN)
Emma Armada b 3 Jun 1866 Grape Grove, GC, dau Enos N & Mary J (Downey) Gordon (MLR)
Gabriella b 11 Aug 1865 Xenia, GC, dau William & Elizabeth Margaret (DeVoe) Gordon (FFDE-FFGN)
George R. b 11 Oct 1815 Sugarcreek TP, GC, s George & Agnes (McDonald) Gordon (RH)
James Burney b 1843 GC, s John Gordon (GRB)
John McDaniel b 8 Dec 1813 near Xenia, GC (UPC)
Margaret b prior 1869 GC, dau James Burney & Sarah Prudence (Evans) Gordon (GRB)
Mazie b ca 1868 GC (RB66)
Rose Ann b ca 1850 GC (RB66)
Xarissa b 6 Aug 1852 Grape Grove, GC, dau George & Louisa Gordon (OB/Miller)
GORHAM, Charles H. b 1 Aug 1863 near Jamestown, GC (OB)

GORHAM (continued)
George W. b 31 Aug 1839 Jefferson TP, GC (MR)
Joseph Harley/Harvey b ca 1852 Jamestown/Jefferson TP, GC (RB33-RB66)
GOSSARD, Catherine b 7 Jan 1833 POSS GC (RH)
GOUDY, Susannah b 1810 GC (SLGC)
GOWDY, Abigail b 1812 Xenia, GC, dau Samuel & Isabella (Conneley) Gowdy (GOW)
Abigail Joanna b 1 Oct 1824 Xenia, GC, dau James & Sarah (Brown) Gowdy (GOW)
Adam M. C. b 1809 near Bellbrook, Sugarcreek TP, GC, s Andrew & Mary (McConnell) Gowdy (FFNA-GOW)
Albert b 12 Dec 1845 Xenia, GC, s John & Prudence (Foglesong) Gowdy (GOW-OB)
Alexander b 8 Apr 1812 Sugarcreek TP, GC, s Andrew & Mary (McConnell) Gowdy (FFNA-GOW)
Catherine Snarley b 9 Apr 1832 Xenia, GC, dau John & Prudence (Foglesong) Gowdy (GOW)
Charles B. b 30 Oct 1858 Xenia, GC, s Robert & Emily (Manor) Gowdy (GDR-GOW)
Charles Franklin b 7/9 Mav 1841 Xenia, GC, s John & Prudence (Foglesong) Gowdy (ELA-GOW)
Eliza b 8 Dec 1814 PROB Sugarcreek TP, GC, dau Andrew & Mary (McConnell) Gowdy (FFNA-GOW)
Eliza b 8 Jul 1815 Xenia, GC, dau Robert & Eliza Gowdy (GDR)
Elizabeth Emerline b 2 Oct 1839 Clifton, GC, dau William & Elsie (Brown) Gowdy (GOW)
Elizabeth S. b 25 Mar 1860 Xenia, GC, dau George & Ellen (Graham) Gowdy (GOW)

GOWDY (continued)
Ella b ca 1861 W. of Xenia, GC, dau Robert & Emily (Manor) Gowdy (OB/Williamson)
Emily b 1809 Xenia, GC, dau Samuel & Isabella (Conneley) Gowdy (GOW)
Francis Isabelle b 6 Dec 1849 Clifton, GC, dau William & Elsie (Brown) Gowdy (GOW)
Frank H. b prior 1869 Xenia, GC, s Samuel & Isabella (Conneley) Gowdy (GOW)
George Edwin b 27 Dec 1848 near Xenia, GC, s Robert & Emily (Manor) Gowdy (GOW)
George Foglesong b 6 Nov 1829 near Xenia, GC, s John & Prudence (Foglesong) Gowdy (GOW)
George Washington b 23/29 Jun 1823 Xenia, GC, s James & Sarah (Brown) Gowdy (GOW-UPC)
Isabella Ann b 1825 Xenia, GC, dau Samuel & Isabella (Conneley) Gowdy (GOW)
James b 1820 Xenia, GC, s Samuel & Isabella (Conneley) Gowdy (GOW)
James A. b 25 Mar 1852 W. of Xenia, GC, s Robert & Emily (Manor) Gowdy (GOW-RH)
James Henry b 21 Jan 1839 Xenia, GC, s John & Prudence (Foglesong) Gowdy (GOW-OB)
James Martin b 7 Jan 1842 Clifton, GC, s William & Elsie (Brown) Gowdy (GOW)
James Ryan b 1 May 1822 Xenia, GC, s James & Sarah (Brown) Gowdy (GOW)
Jane b 23 Jun 1810 Xenia, GC, dau Samuel & Isabella (Conneley) Gowdy (ARC-GOW)
Josella F. b 4 Sep 1857 Xenia, GC, dau George & Ellen (Graham) Gowdy (GOW)
John Brown b 2 Sep 1820 Xenia, GC, s James & Sarah (Brown) Gowdy (GOW-MR)

GOWDY (continued)
John Fleming b 13 Aug 1837 Clifton, GC, s William & Elsie (Brown) Gowdy (GOW)
John Melvin b 15 Jan 1867 Xenia TP, GC, s James Henry & Mary (Harner) Jacoby Gowdy (BH)
John Ryan b 1807 Xenia, GC, s Samuel & Isabella (Conneley) Gowdy (GOW)
John Ryan b 1 Jun 1836 Xenia, GC, s John & Prudence (Foglesong) Gowdy (GOW)
Louella b 30/31 Jun 1861 Xenia, GC, dau Robert & Emily (Manor) Gowdy (GOW)
Margaret Amelia b 15 Jul 1848 Xenia, GC, dau John & Prudence (Foglesong) Gowdy (GOW)
Martha b 1814 Xenia, GC, dau Samuel & Isabella (Conneley) Gowdy (GOW)
Mary Ann b 7 Aug 1834 Clifton, GC, dau William & Elsie (Brown) Gowdy (GOW)
Mary Florence b prior 1869 Cedarville, GC, dau James H Gowdy (OB/Keyes)
Mary Matilda b 9 Feb 1830 GC, dau Alexander & Eleanor (Fitzgerald) Gowdy/Goudy (GOW-PGC)
Melvina Diana b 1830 Xenia, GC, dau Samuel & Isabella (Conneley) Gowdy (GOW)
Nancy b 14 Aug 1817 Sugarcreek TP, GC, dau John & Ann Gowdy (FFNA-GOW)
Nancy Elizabeth b 28 Aug 1850 Xenia, GC, dau Robert & Emily (Manor) Gowdy (GOW)
Philander b 4 Feb 1822/29 Xenia, GC, s James & Sarah (Brown) Gowdy (ARC-GOW)
Robert b 21 Oct 1819 in or near Xenia, GC, s Robert & Nancy (Mackey/McKay) Gowdy (FFCW-GDR-GOW-RH)
Robert L. b 24/25/26 Oct 1865 Xenia/Xenia TP, GC, s Robert

GOWDY (continued)
& Emily (Manor) Gowdy (BVI-FFGW-GCB-GOW-OB)
Robert Scott b 10 Dec 1844 Clifton, GC, s William & Elsie (Brown) Gowdy (GOW)
Sally G. b 17 Jun 1855 Xenia, GC, dau George & Ellen (Graham) Gowdy (GOW)
Samuel b 1816 Xenia, GC, s Samuel & Isabella (Conneley) Gowdy (GOW)
Samuel b 14 Jul 1826 Xenia, GC, s James & Sarah (Brown) Gowdy (GOW)
Sarah Ellen b 29 Dec 1843 Xenia, GC, dau John & Prudence (Foglesong) Gowdy (GOW)
Sarah W. b 1808 Xenia, GC, dau Samuel & Isabella (Conneley) Gowdy (GOW)
Susanna b 15 Dec 1856 Xenia, GC, dau Alexander & Mary (Dodds) Gowdy (FFNA-GOW)
Theresa b 10 Jan 1855 Xenia, GC, dau George Foglesong & Rachel (Townsley) Gowdy (GOW)
Thomas Morris b 27 Dec 1849 Xenia, GC, s John & Prudence (Foglesong) Gowdy (GOW)
William Fishell b 4 Dec 1853 Xenia, GC, s Robert & Emily (Manor) Gowdy (GOW)
William Harvey b 6 Jul 1847 Clifton, GC, s William & Elsie (Brown) Gowdy (GOW)
GRAHAM, Abigail Jane b 18 Jan 1806/09 Yellow Springs, GC, dau John & Mary (Ryan) Graham (BAK-FFGH)
Amanda Mary b ca 1857 GC (RB33)
Anna b 1804/05 Yellow Springs, GC, dau James/John & Mary (Ryan) Graham (BAK-GDR)
Charles Westly b 15 Jan 1859 Bellbrook, GC, s John & Mary (Ryan) or Forgus & Hannah Elizabeth (Baldwin) Graham (BAK-FFGH-OB)
Diana b 26 Oct 1823 Yellow

GRAHAM (continued)
Springs, GC, dau John & Mary (Ryan) Graham (BAK-FFGH)
Eliza b 27 Sep 1806/09 Yellow Springs, GC, dau John & Mary (Ryan) Graham (BAK-BH-FFGH-LG57)
Forgus b 12 Jan 1825 Yellow Springs, GC, s John & Mary (Ryan) Graham (BAK-FFGH)
Franklin Joseph b 29 Oct 1855 Yellow Springs, GC, s Forgus & Hannah Elizabeth (Baldwin) Graham (FFGH)
John b ca 1780 (doubtful date) (NWT) Yellow Springs, Miami TP, GC (WAL)
John Ryan b 30/31 Jan 1817 Yellow Springs, GC, s John & Mary (Ryan) Graham (BAK-FFGH)
John Ryan b 14 Mar 1847 Yellow Springs, GC, s Forgus & Hannah Elizabeth (Baldwin) Graham (FFGH)
Margaret A. b 9 May 1807/10 Yellow Springs, GC, dau John & Mary (Ryan) Graham (BAK-FFGH)
Margaret Teresa b 15 Oct 1860 Xenia, GC, dau Patrick & Honora (Garbey) Graham (OB)
Mary Amanda b ca 1857 GC (RB44)
Michael E. b 17 Sep 1866 Xenia, GC, s Patrick & Honora (Garbey) Graham (OB)
Patrick A. b 11 Aug 1864 Xenia, GC, s Patrick & Honora (Garbey) Graham (OB)
Rebecca b 30/31 Jul 1804/05/07 Xenia TP/Yellow Springs, GC, dau John & Mary (Ryan) Graham (BAK-FFGH-GDR)
Sarah b 27 Jul 1812 Yellow Springs, GC, dau John & Mary (Ryan) Graham (BAK-FFGH)
Sarah Eliza b 13 Jan 1857 Yellow Springs, GC, dau Forgus & Hannah Elizabeth (Baldwin) Graham (FFGH)

GRAHAM (continued)
Virgil Cicero b ca 1853 Fairfield area, GC (OB)
William b 1849 Yellow Springs, GC, s John & Mary (Ryan) Graham or Forgus & Hannah Elizabeth (Baldwin) Graham (BAK-FFGH)
GRAM, William H. b 1859 Xenia, GC, s Harvey & Ann Gram (DH)
GRAY, Abraham b 12 Aug 1841 GC, s P & Rosana Gray (BRC)
Fannie E. b 14 May 1864/65 Xenia, GC (GDR)
Matthias b 11 Mar 1811 GC (SCHG)
Rose Rebecca b 28 May 1868 near Jamestown, GC, dau Geo W. & Sarah Gray (OB/ O'Day)
Urban Joel b ca 1863/64 Jamestown, GC (RB77)
GREEN, William P. b ca 1850 GC (RB55)
GREENE, Basil b ca 1867 GC (OB)
John W. b 14/24 Feb 1825 Fairfield, GC, s Randolph R & Priscilla (Derth) Greene (GDR-PGC)
John W. b ca 1862 GC (OB)
Rose b prior 1869 Beavercreek TP, GC (BH)
GREENBERG, Ann Margaret b 28 Aug 1840 GC (BRC)
GREENWOOD, Catherine Elizabeth b 25 May 1846 GC, dau Robert & Elizabeth (Layman) Greenwood (BH)
GREGG, Albert Milton b 5 Jan 1850 Ferry, Sugarcreek TP, GC, s Aaron & Rebecca (Kelsey) Gregg (LG63-0B-RH-SAC)
James B. b 26 Mar 1838 Cedarville TP, GC, s John & Mary Isabelle (Brown) Gregg (RH)
John b prior 1869 Cedarville TP, GC, s John Gregg (RH)
Mary J. b 1839 Miami TP, GC, dau John & Mary J (Brown) Gregg (GDR)

GREINER, De Etta b 29 Feb 1860 Fairfield, GC, dau George & Patience (Folkerth) Greiner (OB/Wilson)
Russell F. b 17 Oct 1868 Fairfield, GC (FFGL-GHB8-OB)
GRIEVE, Archibald C. b 25 Dec 1854 New Jasper TP, GC, s Robert & Elizabeth (Crawford) Grieve (BH)
Margaret b 6 Jan 1842 Xenia, GC, dau Parker B & Mary Grieve (OB/Howk)
Rankin R. b 14 Nov 1858 New Jasper TP, GC, s Robert S. & Eliz (Crawford) Grieve (BH)
Robert S. b 27 Jul 1829/31 New Jasper TP, GC, s Archibald & Agnes (Stephenson) Grieve (BH-PGC-RH)
GRIFFITH, Anna b ca 1866 Spring Valley, GC (OB)
GRIFFY, William Ellsberry b ca 1835 Spring Valley, GC (RB33)
GRIMES, Jesse Anne b ca 1860 Beavercreek TP, GC (RB22)
John Thomas b 28 May 1836 GC, s William H Grimes (BRC)
Mary Ellen b 8 Jan 1838 GC, dau Wm H & Susan Grimes (BRC)
GRINDLE, Amanda Clarissa b ca 1861 Clifton, GC (RB22)
Henry b 12 Jan 1826 Bath TP, GC (GDR)
John C. b ca 1850 Yellow Springs, GC (RB55)
Samuel b 4 Jul 1820 Miami TP, GC (GDR)
GRINNELL, Cornelia b 6 Apr 1861 Miami TP, GC, dau Francis & Marion (Johnson) Grinnell (OB)
Morton Russell b 28 Feb 1867 Miami TP, GC, s Francis & Mary Gales (Johnson) Grinnell (OB)
GRISEL, Josephine b Apr 1851 Xenia TP, GC (BH)
GRISWOLD, Josephine b 17 Apr 1851 Mt Holly, GC, dau David & Rohama Griswold (OB/Laurens)

GRISWOLD (continued)
Josephine b ca 1854 Spring Valley, GC (RB22)
GROVER, James Liggett b 12 Dec 1806 Xenia, GC, s Josiah & Martha (McClure) Grover (RH)
Sarah Paul b 1810 Xenia, GC, dau Josiah & Martha (McClure) Grover (RH)
GULTICE, Anna C. b Dec 1867 PROB GC, dau Jacob & Nancy (Ary) Gultice (CUL-RB88)
Granville L. b 29 Jan 1862 New Jasper TP, GC, s Jacob & Nancy (Ary) Gultice (CUL-OB)
Jemima Cathaern b 18 Nov 1847 GC, dau Jacob & Nancy (Ary) Gultice (CUL)
Margaret E. b 1860 PROB GC, dau Jacob & Nancy (Ary) Gultice (CUL)
Nancy Jane b Dec 1865 PROB GC, dau Jacob & Nancy (Ary) Gultice (CUL)
Nellie Mae b 1864 PROB GC, dau Jacob & Nancy (Ary) Gultice (CUL)
Susan M. b 1859 PROB GC, dau Jacob & Nancy (Ary) Gultice (CUL)
HAGENBUCK, Stephen b 1847 Bath TP, GC (GDR)
HAGERTY, Mary b ca 1864 Xenia, GC (OB/Quinn)
HAGLER, Anna Samantha b 1 Feb 1842 Silvercreek TP, GC, dau Samuel & Anna (Fudge) Hagler (FUD-OB/Peterson)
Benjamin Franklin b 26/30 Jun 1830 New Jasper/near Xenia, GC, s Eli & Catharine Charlotta/Charlotte Catherine (Fudge) Hagler (FUD-GDR)
Catherine b ca 1854 New Jasper TP, GC (RB22)
Charles Frank b 24/27 Jul 1856 New Jasper TP/Xenia/Xenia TP, GC, s William Leonard & Mary Ann/Lyon (Scroggs) Hagler (FUD-RH)
Charlotta Jane b 8 Nov 1852 New

HAGLER (continued)
Jasper TP, GC, dau William Leonard & Mary Ann/Lyon (Scroggs) Hagler (FUD)

Clarissa Rebecca b 27 Sep 1835 New Jasper/Silvercreek TP, GC, s Samuel & Anna (Fudge) Hagler (FUD)

David Addison b 23/24 Feb 1833 New Jasper TP near Xenia, GC, s Eli & Catharine Charlotta/Charlotte Catherine (Fudge) Hagler (FUD-GDR-OB)

E. Lawson b 12 Dec 1856 E. of Xenia, GC, s David & Margaret E (Bootes) Hagler (OB)

Eli Raper b 21 Nov 1844 Xenia TP, GC, s Eli & Charlotte (Fudge) Hagler (OB)

Elizabeth Ann b 2 Nov 1823 New Jasper TP, GC, dau Samuel & Anna (Fudge) Hagler (FUD)

Elizabeth Lucretia b ca 1866 GC (RB33)

Emily b 28 May 1861 New Jasper TP, GC, dau William Leonard & Mary Ann/Lyon (Scroggs) Hagler (FUD-WCS)

Emily Louisa b 31 Dec 1838 Beavercreek/New Jasper TP, GC, dau Samuel & Anna/Jane (Fudge) Hagler (BH-DCI-FUD)

George Mallow b 9 Aug 1858 New Jasper TP, GC, s William Leonard & Mary Ann/Lyon (Scroggs) Hagler (FUD)

Hannah/Helen Minerva b 17/23 Aug 1837 Caesarscreek/New Jasper TP, GC, dau Samuel & Anna (Fudge) Hagler (FUD-GDR/Dean)

Henry Christian/Christopher b 28 Aug 1828 New Jasper TP, GC, s Samuel & Anna (Fudge) Hagler (BH-FUD)

Jacob Harrison b 15 Feb 1839 New Jasper TP, GC, s Eli & Catharine Charlotta (Fudge) Hagler (FUD)

Jesse Raper b 3 Mar 1856 New Jasper TP, GC, s John Milton

HAGLER (continued)
& Marietta (Boots/Bootes) Hagler (FUD-MID)

John Milton b 13 Dec 1832 New Jasper TP, GC, s Samuel & Anna (Fudge) Hagler (FUD)

John Milton b 31 May 1863 New Jasper TP, GC, s John Milton & Marietta (Boots/Bootes) Hagler (FUD-MID)

Katharine Charlotta/Catherine Charlotte b 31 May 1831 New Jasper TP, GC, dau Samuel & Anna (Fudge) Hagler (FUD)

Martha Eldy b 25 Apr 1830 New Jasper TP, GC, dau Samuel & Anna (Fudge) Hagler (FUD-PGC)

Mary Amanda b 17 Jan 1825 New Jasper TP, GC, dau Samuel & Anna (Fudge) Hagler (BH-FUD-GRB)

Mary Elizabeth b 13 Jun 1836 near Xenia, GC, dau Eli & Catharine Charlotta/Charlotte Catherine (Fudge) Hagler (FUD)

Moses Allen b 30 Apr 1834 New Jasper TP, GC, s Samuel & Anna (Fudge) Hagler (FUD)

Moses Allen b 6/9 Oct 1854 New Jasper TP, GC, s William Leonard & Mary Ann/Lyon (Scroggs) Hagler (FUD)

Samuel b ca 1853 New Jasper TP, GC (OB)

Samuel Aaron b 19 Sep 1852 New Jasper TP, GC, s Henry Christian & Julia Ann (Shook) Hagler (FUD)

Samuel Harrison b 28 Aug 1840 New Jasper TP, GC, s Samuel & Anna (Fudge) Hagler (FUD)

Samuel Lewis b 15 Mar/Apr 1858 New Jasper TP, GC, s John Milton & Marietta (Bootes/Boots) Hagler (FUD-MID)

Sarah Jane b 4 Mar 1826 New Jasper TP, GC, dau Samuel & Anna (Fudge) Hagler (FUD)

Sarah Jane b 23 Feb 1863 New

HAGLER (continued)

Jasper TP, GC, dau Henry Christian & Julia Ann (Shook) Hagler (FUD)

Sarah Rosaltha b 2 Sep 1860 New Jasper TP, GC, dau John Milton & Marietta (Bootes/Boots), Hagler (FUD-MID)

William b 8 Nov 1867 Xenia TP, GC (GDR)

William Leonard b 8/9 Apr/May 1827 New Jasper TP, GC, s Samuel & Anna (Fudge) Hagler (FUD-PGC-RH)

HAINES, Aaron b 17 Oct 1859 Caesarscreek TP, GC, s Samuel & Mary (Bales) Haines (HAI)

Alfred b 31 Dec 1864 Caesarscreek TP near Lumberton, GC, s Samuel & Mary (Bales) Haines (HAI-RBll-RB55)

Ann Isabel b 3 Sep 1850 POSS GC, s Elwood & Euphrasia Moorman) Haines (HAI)

Asaph b 3 Aug 1841 Caesarscreek TP, GC, s Zimri & Elizabeth (Compton) Haines (BH-HAI)

Caroline b 21 Apr 1838 Cedarville TP, GC, (BH)

Catherine b 10 Sep 1848 PROB GC, dau Ezra & Susan (Dunwiddie) Haines (PGC)

Clayton b 10 Jan 1832 Caesarscreek TP, GC, s Zimri & Elizabeth (Compton) Haines (BH-HAI)

David T. b 1818 GC, s Stacy & Judith (Terrell) Haines (LG96)

Eber b 20 Jan 1825 Caesarscreek TP, GC, s Zimri & Elizabeth (Compton) Haines (BH-DH-HAI)

Eli b 12 Aug 1827 Caesarscreek TP, GC, s Zimri & Elizabeth (Compton) Haines (BH-HAI)

Eli b 9 Aug 1857 Caesarscreek TP, GC, s Samuel & Mary (Bales) Haines (CCHB-HAI-OB)

HAINES (continued)

Elisha b Nov 1854 GC, s Samuel & Mary (Bales) Haines (GDR-HAI)

Eliza/Elizabeth b 1/13 Feb 1837 Caesarscreek TP, GC, dau Zimri & Elizabeth (Compton) Haines (BH-HAI)

Elwood b 24 Aug 1822 Caesarscreek TP, GC, s Zimri & Elizabeth (Compton) Haines (BH-HAI)

Emma b 2 May 1867 Caesarscreek TP, GC, dau Samuel & Mary (Bales) Haines (HAI)

Emma H. b 17 Dec 1853 near Cedarville, GC, dau Levi Haines (OB/Tonkinson)

Eunice b 4 Jan 1843 GC, dau Samuel & Mary (Bales) Haines (HAI)

Hannah Marie b 6 Dec 1861 Caesarscreek TP, GC, dau Samuel & Mary (Bales) Haines (HAI-RH)

Israel Thomas b 28 Nov 1848 GC, s Elwood & Euphrasia (Moorman) Haines (HAI)

Jessie b 10 May 1829 GC, s Nathan & Elizabeth (Woolman) Haines (FFHJ)

John b 29 Jan 1843 Spring Valley, GC (GDR)

Jonathan Allen b ca 1849 near Cedarville, GC (RB55)

Julia b ca Sep 1865/Aug 1866 Caesarscreek TP, GC, dau Samuel & Mary (Bales) Haines (HAI)

Laura B. b 5 Oct 1867 near Alpha, GC (OB/Marshall)

Laura K. b 8 May 1860 Xenia, GC, dau Eli & Sarah Haines (OB)

Lydia Emily b 13 Dec 1846 POSS GC, dau Elwood & Euphrasia (Moorman) Haines (HAI)

Margaret E. b 22 Dec 1848 GC, dau Eber & Mary (Mendenhall) Haines (HAI)

Mary Mariah/Mary Marie b 27

HAINES (continued)
Jul 1844 Caesarscreek TP, GC, dau Zimri & Elizabeth (Compton) Haines (BH-HAI)

Phoebe b 14 Nov 1829 Caesarscreek TP, GC, dau Zimri & Elizabeth (Compton) Haines (BH-HAI)

Priscilla b 6 Dec 1861 Caesarscreek TP, GC, dau Samuel & Mary (Bales) Haines (HAI)

Rebecca b 27 Aug 1827 GC, dau Nathan & Elizabeth (Woolman) Haines (FFHJ)

Rebecca Ann b 30 Jul 1834 Caesarscreek TP, GC, dau Zimri & Elizabeth (Compton) Haines (BH-HAI)

Samuel b 24 Oct 1818 Caesarscreek TP, GC, s Zimri & Elizabeth (Compton) Haines (BH-CCH-HAI-PGC)

Sarah b 11 Feb 1821 Caesarscreek TP, GC, dau Zimri & Elizabeth (Compton) Haines (BH-HAI)

Sarah Elizabeth b 14 Apr 1847 GC, dau Samuel & Mary (Bales) Haines (HAI)

Susan D. b 10 Mar 1810 Sugarcreek TP, GC, dau John & Ruth (Betts) Haines (GDR)

Zimri b 7 May 1839 Caesarscreek TP, GC, s Zimri & Elizabeth (Compton) Haines (BH-HAI)

Zimri b 1848 GC, s Samuel & Mary (Bales) Haines (HAI)

Zimri Denison b 5 Jun 1855 GC, s Eber & Mary (Mendenhall) Haines (HAI-RB33)

Zimri Samuel b 20 Feb 1853 near Xenia, GC, s Elwood & Euphrasia (Moorman) Haines (HAI)

HALE, Francis Granger b ca 1836 Bellbrook, GC (RB11)

Henry H. b 13 Nov 1836 Bellbrook, GC (MR-PGC)

James R. b 13 Jun 1847 Bellbrook, GC, s Silas &

HALE (continued)
Miriam (Opdyke) Hale (OB-PGC)

Mary J. b prior 1869 Bellbrook, GC, dau Silas & Miriam (Opdyke) Hale (BH)

Mary Jane b 1 Aug 1839/41 Bellbrook, GC (OB/Hartsook-RB55)

Silas b 26 Aug 1803 area later established as Bellbrook, Sugarcreek TP, GC, s John & Sarah (Bowen) Hale (BH-DH-GDR-PGC-RH)

Silas Opdyke b 9 Mar 1858 Bellbrook, GC, s Silas & Miriam (Opdyke) Hale (BH-RH)

HALEY, Ella b Mar 1862 Cedarville, GC (GDR)

Mary b 5 Mar 1864 Cedarville, GC, dau Daniel/Dennis & Elizabeth Haley (OB)

HELEY, William b ca 1858 Cedarville, GC, s Daniel & Elizabeth Haley (OB)

HALL, Charlotte b 1847 GC (SLGC)

HALL, George Coy b 21/23 Jun 1830 Beavercreek TP, GC, s Jacob & Susanna (Coy) Hall (BRC-COY)

Henry b 27 Jun 1839 GC, s Isaac & Sarah Hall (BRC)

Mary Rose/Ross b 2 Sep 1842 GC, s Isaac Hall (BRC)

Rebecca b 11 Jan 1823 Beavercreek TP, GC, dau Jacob & Susanna (Coy) Hall (COY)

Sarah Ann b 1828 Beavercreek TP, GC, dau Jacob & Susanna (Coy) Hall (COY)

HAMILL, Elizabeth Bickett b 15 May 1861 Xenia, GC, dau Joseph Randall & Mary Evelyn (Bratton) Hamill (FFHA)

Evelyn b 1810 GC, PROB Xenia, GC, dau Joseph & Margaret (Small) Hamill (FFHA)

George b 1854 Xenia, GC, s Joseph Jr & Leah (Crighton)

HAMILL (continued)
Hamill (FFHA)
George R. b ca 1858 N. of Xenia, GC (OB)
George Renwick b 27 Sep 1857 Xenia, GC, s Joseph R & Mary Evelyn (Bratton) Hamill (FFHA)
Hattie b 1858 Xenia, GC, dau Joseph Jr & Leah (Crighton) Hamill (FFHA)
John C. b 1828 Xenia, GC, s Joseph Hamill Sr (FFHA)
Joseph III b 1856/57 Xenia, GC, s Joseph Jr & Leah (Crighton) Hamill (FFHA)
Joseph Jr. b 1830 Xenia, GC, s Joseph & Margaret (Small) Hamill (FFHA)
Joseph Randless b 15 Mar 1823 Xenia, GC, s Robert Jr & Elizabeth (Bickett) Hamill (FFHA)
Juliet b 1860 Xenia, GC, dau Joseph Jr & Leah (Crighton) Hamill (FFHA)
Margaret Morris b 1857 Xenia, GC, dau John C & Phoebe Elizabeth (Platter) Hamill (FFHA)
Martha McDaniel b 10 Feb 1827 Xenia, GC, dau Robert Jr & Elizabeth (Bickett) Hamill (FFHA)
Robert C. b 26 Nov 1808 Xenia, GC, s Joseph & Margaret (Small) Hamill (FFHA)
William b 1855 Xenia, GC, s Joseph Jr. & Leah (Crighton) Hamill (FFHA)

HAMILTON, George b 6 Aug 1821 Fairfield, GC, s George Hamilton (FFHM)
George Edgar b 19 Dec 1865 Xenia, GC, s Edgar Calvin & Mary Amanda (Wright) Hamilton (HAM)
Henry Walter b 18 Jun 1847 near Xenia, GC, s Henry A & Sarah Ann (Philpot) Hamilton (HAM)
John William b ca 1865 Yellow Springs, GC (RB22)

HAMILTON (continued)
Mary Catherine b 4 Dec 1846 New Burlington, GC, dau Henry A. & Sarah Ann (Philpot) Hamilton (HAM)
Nancy b 1813 Spring Valley, GC (GDR)
Sarah Ann b 7 Jun 1852 Xenia, GC, dau Henry A. & Sarah Ann (Philpot) Hamilton (HAM)

HAMMA, Elmer A. b 30 Oct 1862 Miami TP, GC, s Andrew & Matilda (Carter) Hamma (BH-OB)
Fannie b 17 Jan 1845 GC, dau Adam & Catharine (Barton) Hamma (RH)

HAMMOND, James Alexander Speers b 27 May 1833 GC (HGD)

HAMPTON, Andrew b 25 Jan 1861 GC (GDR)
Augusta b 1 Oct 1865 GC (GDR)
Flora B. b prior 1869 Jefferson TP, GC, dau Ezekiel & Martha (Birt) Hampton (RH)

HAND, Ella b 1850 Yellow Springs, GC poss dau Samuel R Hand (GFC-OB)
Margaret J. b prior 1869 near Yellow Springs, GC, dau John & Sarah (Johnson) Hand (BH)

HANES, Jacob b 18 Sep 1810 Beavercreek TP, GC, s Jacob Hanes (BH-GDR)
Jacob b 2 Apr 1832 Beavercreek TP, GC, s Jonathan & Mary (Smeltzer) Hanes (BH-DH)
John N. b 10 Feb 1834 near Alpha, Beavercreek TP, GC, s Jacob & Susan (Coy) Hanes (BH)
John W. b 1816 Beavercreek TP, GC (GDR)
Mary b 9 Apr 1813 Beavercreek TP, GC, dau Jacob & Mary Hanes (HTPC-LG95)
Sarah Elizabeth b 24 Jun 1842 GC, dau Samuel & Susanna Hanes (BRC)

HANEY, William b 3 Jun 1827 GC, s Stephen & N/M Haney

HANEY (continued) (BRC)

HANLEY, John Collen b Aug 1861 Xenia, GC (GDR)

HANSEL, Florence May b ca 1856 Xenia, GC (RB22)

HARBEIN, Daniel Rudolf b 21 Jun 1830 GC, s John & Hetty Harbein (BRC)

Hetty M. b prior 1869 Alpha, GC, dau John & Hetty (Herr) Harbein (BH)

HARBINE, Hetty Maria b 2 Jun 1836 GC, dau John Harbine (BRC)

Jacob H. b 3 Dec 1832 Beavercreek TP, GC, s John & Hetty (Kauffman) Harbine (OB-PGC-RH)

John Thomas Sr. b 24 Jun 1843 Alpha, GC, s John & Hester (Herr) Harbine (OB)

Mary Elizabeth b 8 Jun 1834 Alpha, GC, dau John & Hester (Herr) Harbine (ANK)

HARBISON, Daniel L. b 10 Aug 1868 Xenia, GC, s William M. & Caroline (Reid) Harbison (OB)

Elizabeth b 27 Jan 1854 GC, dau Robert Bigham & Jeanette (McMillan) Harbison (MCM-TOW)

James Albert b 30 Jan 1857 GC, s Robert Bigham & Jeanette (McMillan) Harbison (MCM-TOW)

John b 25 Jun 1866/67 GC, s Robert Bigham & Jeanette (McMillan) Harbison (MCM-TOW)

John Alexander b 31 Mar 1857 Clarks Run, GC, s James & Margaret (King) Harbison (BH-OB)

Lida E. b 20 Mar 1862 Miami TP, GC, dau A. B & Jennett (McMillan) Harbison (GDR)

Lydia Ellen b 17 Mar 1858/59 GC, dau Robert Bigham & Jeanette (McMillan) Harbison (MCM-TOW)

HARBISON (continued)
Martha Jane b 1 Nov 1851 GC, dau Robert Bigham & Jeanette (McMillan) Harbison (MCM-TOW)

Mary Ann b 12 May 1862 near Clifton/Cedarville, GC, dau Robert Bigham & Jeanette (McMillan) Harbison (FFTN-MCM-OB/Tarbox-TOW)

Susan b 1828 GC, dau John & Jane (Bigham) Harbison (TOW)

HARDACRE, Mary Catherine b ca 1855/59 Alpha, GC (RB33-RB44)

HARDIE, James b 14 Sep 1823 Xenia TP, GC, s William & Isabel/Isabella (Buick) Hardie (CCI-RH)

William B. b 2 Apr/17 Mar 1825 Xenia TP, GC, s William & Isabella (Buick) Hardie (GDR-PGC-RH)

HARDMAN, Charles L. b 1858 near Osborn, GC (OB)

Peter E. b 1 Apr 1824 Bath TP, GC, s Peter & Sarah (Edge) Hardman (DH)

William Miller b 22 Jun 1861 Bath TP, GC, s William R & Rebecca/Harriet (Miller) Hardman (BH-OB)

William R. b 20 Apr 1833 Fairfield, GC. s Peter Hardman (BH-GDR)

HARGRAVE, James b 1 Jul 1853 GC, s Herbert & Millie Hargrave (DH)

James Albert b ca 1851 GC (RB22)

John b 16 Sep 1844 GC, s Herbert & Millie Hargrave (DH)

William b 5 Oct 1847 GC, s Herbert H & Millie Hargrave (DH)

HARLEY, Mary b 1832 Xenia, GC (GDR)

HARMEN, George Malev b 5 Dec 1826/27 GC, s Henry & Mary/Polly (Clark) Harmen (BM-DH)

HARMON, Calista B. b ca 1844

HARMON (continued)
Bellbrook, GC (RB11)
Lavina J. b ca 1830 Bellbrook, GC, dau Henry & Mary Harmon (PGC)
HARNER, Alice A. b 1851 N. of Xenia, Xenia TP, GC, dau Jacob & Araminto (White) Harner (BCI-BH)
Amos b 13 Mar 1848 Beavercreek TP, GC, s Simon & Sarah (Wolff) Harner (FFHR-KER-OB-SLGC)
Araminta b 8 Jan 1830 Bellbrook, GC (GDR)
Casper Bernard b ca 1867 Xenia TP, GC (RB22)
Cassius b Jun 1857 Beavercreek TP, GC, s Simon & Sarah (Wolff) Harner (KER)
C. B. b 24 Nov 1866 Xenia TP, GC, s David E & Lavena (Walls) Harner (OB)
Charles b 5 Oct 1816/19 Feb 1817 Beavercreek TP, GC, s Jacob & Anna Maria/Mary (Heffley/Hefly) Harner (BH-GDR-PGC-SCH)
Charles A. b 28 Aug 1857 Beavercreek TP, GC, s Charles & Mary Ann (Morgan) Harner (BH-OB-SCH)
Charles T. b 4 Mar 1860 near Oldtown, Xenia TP, GC, s Martin & Martha Jane (Beal) Harner (OB)
Christina b 6 May 1841 Beavercreek TP, GC, dau Simon & Sarah (Wolff) Harner (KER)
Daisy b 23 Sep 1866 Xenia, GC, dau Solomon K. & Mary (Owens) Harner (OB)
Daniel b 22 Nov 1811 Beavercreek TP, GC (GDR)
Daniel b 1825 near Byron, Beavercreek TP, GC, s George & Sarah (Koogler) Harner (BH-DH)
David J. b 1845 Beavercreek TP, GC, s Charles & Mary Ann (Morgan) Harner (SCH)

HARNER (continued)
David S. b 1838 GC, s David & Anne E Harner (DH)
David S. b 27 Jun 1838 Beavercreek TP, GC, s Daniel & Elizabeth (Snyder) Harner (BH)
David S. b 27 Jun 1840 Beavercreek TP, GC, s Daniel & Anna (Snyder) Harner (PGC)
Emma b prior 1869 Xenia TP, GC, dau David S & Lavina (Wall) Harner (BH)
Franklin Jason b 27 Nov 1859 Beavercreek TP, GC, s Charles & Mary Ann (Morgan) Harner (OB)
George b 15 May 1844 Trebeins, GC (OB)
Isabella b 16 May 1848 Xenia TP, GC, dau Charles & Mary Ann (Morgan) Harner (BH-OB/Hutchison-SCH)
Jacob b 26 Oct 1811 Beavercreek TP, GC (GDR)
Jacob b 21 Sep 1841 Beavercreek TP, GC, s Samuel & Nancy (Watts) Harner (BCI-BH)
James Halleck b 30 Dec 1861 near Oldtown, GC (OB)
John b 1805 GC, s George & Sarah (Koogler) Harner (RH)
John A. b 31 Aug 1836 near Bellbrook, Sugarcreek TP, GC, s John & Magdalena (Haines) Harner (BVI-RH)
Katherine b ca 1845 Bellbrook, GC (OB)
Lenora b 1852 Beavercreek TP, GC, dau Simon & Sarah (Wolff) Harner (KER)
Lincoln b 21 May 1860 Beavercreek TP, GC, s Simon & Sarah (Wolff) Harner (KER)
Lincoln Bimbadella b 1858/60 GC (BCI-RB33)
Marsellus b 14 Jul 1850 Beavercreek TP, GC, s Simon & Sarah (Wolff) Harner (BCI-KER)
Martha b 1854 Beavercreek TP, GC, dau Charles & Mary Ann

HARNER (continued)
(Morgan) Harner (SCH)

Martin b 1841 Beavercreek TP, GC, s Charles & Mary Ann (Morgan) Harner (SCH)

Mary Elizabeth b 1843 Beavercreek TP, GC, dau Charles & Mary Ann (Morgan) Harner (SCH)

Mary Levinia b ca 1868 Xenia TP, GC (RB22)

Mathias/Mattias b 5 Sep 1845 Beavercreek TP, GC, s Simon & Sarah (Wolff) Harner (FCR-KER)

Morgan b 1850 Beavercreek TP, GC, s Charles & Mary Ann (Morgan) Harner (SCH)

Nancy Ann b 12 Oct 1834 Beavercreek TP, GC, dau John & Magdaline/Magdalene (Haines) Harner (BH-RH)

Rebecca b 1843 Beavercreek TP, GC, dau Simon & Sarah (Wolff) Harner (KER)

Rebecca b 9 May 1845 PROB GC, dau Abraham & Nancy Harner (BCI)

Rose Ann/Rosannah b 17 Apr 1852 Beavercreek TP, GC, dau Charles & Mary Ann (Morgan) Harner (OB/Clark-SCH)

Sarah E. b 23 May 1838 PROB GC (BVI)

Sarah Elizabeth b 2 May 1851 Beavercreek TP, GC, dau Daniel & Anna (Snyder) Harner (OB/Steele)

Samuel b 15 Jan 1809 GC, s Jacob & Anna Maria/Mary (Heffley) Harner (BCI-BH-FFOKC)

Samuel b 1818 Beavercreek TP, GC, s Jacob & Anna Maria/Mary (Heffley) Harner (BH-FFHR-RH-SCH)

Samuel b 7 Mar 1838 Beavercreek TP, GC, s Samuel & Nancy (Watts) Harner (FFHR-FFOKC-RH)

Samuel B. b 6/16 Nov 1865 Oldtown, Xenia,TP, GC, s

HARNER (continued)
Charles & Mary Ann/Margaret (Morgan) Harner (BH-OB-SCH)

Sarah b 17 Dec 1802 (NWT) Beavercreek TP, GC (PGC)

Sarah b prior 1869 Beavercreek TP, GC, dau John Harner (DH)

Sarah Elizabeth b prior 1869 Beavercreek TP, GC, dau Daniel & Anna (Snider) Harner (BH)

Sarah J. b 1803 GC (SLGC)

Siemon/Simon b 29 Jul 1810 Beavercreek TP, GC, s John & Sarah (Koogler) Harner (BCI-DH-GDR-KER-SLGC2)

Simon K. b 21 Aug 1829 GC, s John & Magdalene/Magdelena Harner (BRC-BVI)

S. Kershner b 30 Dec 1839 GC (GDR)

Thomas K. b 9 Dec 1848 PROB GC (BVI)

William b 6/12 Jun 1839 Byron/Beavercreek TP, GC, s Simon & Sarah (Wolf/Wolff) Harner (GDR-KER)

William b ca 1840 GC (RB88)

HARNESS, Asa b 26 Oct 1825 New Jasper, GC (GDR)

Charles V. b 26 Nov 1867 near New Jasper, New Jasper TP, GC, s Creighton & Dorothy (Bales) Harness (OB)

David b 1828 New Jasper, GC (GDR)

Elias b 5 Feb 1826 GC, s Peter & Susannah Harness (FFHS)

Elizabeth b 18 Jan 1829 New Jasper TP, GC, dau John & Eliz (Peterson) Harness (PGC)

Gideon b 10 Dec 1827 GC, s Peter & Susannah (Shook) Harness (DH-GDR)

John b 1835 Jefferson TP, GC (GDR)

Lawrence Large b ca 1868 GC (RB88)

Lola Emily b 2 Nov 1864 New Jasper TP, GC, dau Creighton & Dorothy (Bales) Harness (OB/Smith-RB22)

HARNESS (continued)
Marion b ca 1861 near Jamestown, GC, s Gideon Harness (OB)
Mary Elizabeth b 14 Feb 1858 GC, dau John & Martha (Thomas) Harness (OB/Snodgrass)
Samantha b ca 1854 near Jamestown, GC (OB)
Sarah Etta b 21 Jun 1862 S. of Jamestown, GC, dau Levy & Nancy (Borden) Harness (OB/Hollingsworth)
Savillah b 16 Jul 1829, New Jasper TP, GC, dau Phillip & Delilah (Kyle) Harness (FFAN-FFHS-FFOKT-SLGC)
Thomas D. b 21 Oct 1858 near Jamestown, GC, s James C. & Dorothy (Bales) Harness (OB)
HARPER, Andrew Erskine b 29 Sep/2 Oct 1840 Silvercreek TP, GC, s George & Mary (Morrow) Harper (GDR-HAR)
Catherine Lavenia b 15 Aug 1843 GC, dau George & Mary (Morrow) Harper (HAR)
Clarissa b 1821/24 Cedarville TP, GC, dau Elijah Harper (BH-FFTN-TOW)
Eliza b 1833 GC, dau George & Mary (Morrow) Harper (HAR)
George W. b 30 May 1825 Ross TP, GC, s Thomas & Mary (Sirlotte) Harper (DH-GDR-PGC-RH)
G. W. b 5 Dec 1843 GC (GDR)
James A. b 23 Apr 1824 Xenia, GC (GDR)
John William b ca 1861 near Xenia, GC, s Thomas S & Mary E Harper (OB)
Margaret b 1842 GC, dau George & Mary (Morrow) Harper (HAR)
Martha Ellen b 22 Sep 1852 near Cedarville, GC (OB)
Nancy b prior 1869 GC, dau Elijah Harper RH)
Thomas Henry b 17 Mar 1834 Ross TP, GC, s Thomas & Mary (Sirlott/Sirlotte) Harper

HARPER (continued) (BH-DH)
HARPOLE, John b 15 Aug 1819 GC, s William & Elizabeth (Peterson) Harpole (HARP-HCC)
Mary Ann b 21 Jun 1816 GC, dau William & Elizabeth (Peterson) Harpole (HARP-HCC)
Peterson b 4 Jun 1837 GC, s William & Elizabeth (Peterson) Harpole (HARP)
HARRINGTON, Leon W. b 28 May 1850 Xenia, GC (OB)
Nellie H. b 18 Jun 1864 Xenia, GC, dau Nathaniel & Nancy (Collins) Harrington (OB/North)
HARRIS, Ann b ca 1867 Xenia, GC (RB33)
Arthur W. b 5 Sep 1861 POSS Xenia, GC (GDR)
George W. b 17 Mar 1866 Xenia, GC, s John & Martha Harris (OB)
J. Frank b 25 Dec 1865 near Alpha, Beavercreek TP, GC, s Frank & Teresa (Moody) Haines Harris (OB)
John Andrew b ca 1867 GC (RB55)
John F. b 1838 GC (LAC)
Oscar b 12 Feb 1864 Xenia, GC (OB)
William F. b 21 Nov 1859 New Jasper, GC (GDR)
HARRISON, Anna Paist b 1852 near Cedarville, GC, dau James Harrison (PGC-SLGC)
James G. b 29 Sep 1834 Xenia, GC, s George H. & Sarah Paul (Grover) Harrison (RH)
W. B. b 1850 Xenia, GC (GDR)
HARRY, William H. b 14 Mar 1835 Xenia, GC, s Samuel & Mary (Manor) Harry (PGC)
HARSHMAN, Abraham Lincoln b 4 Jan 1861 N. of Zimmerman, Beavercreek TP, GC, s John Cassius & Ann Maria (Miller) Harshman (BH-HAH-RH)

HARSHMAN (continued)
Adeline Maria b 14 May 1848 GC, dau Jacob & Catherine (Kingery) Harshman (HAH)
Ann Maria b 22/28 Dec 1847 N. of Zimmerman, Beavercreek TP, GC dau John Cassius & Ann Maria (Miller) Harshman (BH-HAH-RH)
Anne M. b 25 Mar 1819 Beavercreek TP, GC (GDR)
Davis Franklin b 14 Mar 1850 GC, s Jacob & Catherine (Kingery) Harshman (HAH)
Elizabeth b 24 Apr 1831 GC, dau John & Susanna (Ritter) Harshman (HAH)
Elizabeth b 28 Sep/Dec 1813 GC, dau Philip & Frances (Durnbaugh) Harshman (HAH-RH)
Elizabeth Margaret b 11 Aug 1843 GC, dau Jacob & Cath (Kingery) Harshman (HAH)
Emanuel Wilson b 26 Mar 1852 GC, s Jacob & Catherine (Kingery) Harshman (HAH)
Emma Catherine b 14 Nov 1854 GC, dau Jacob & Catherine (Kingery) Harshman (HAH)
Ephraim Franklin b 11 Nov 1849 N. of Zimmerman, GC, s John Cassius & Ann Maria (Miller) Harshman (BH-HAH-RH)
George b 18 Jan/Jun 1804/05 Beavercreek TP, GC, s Philip & Frances (Durnbaugh) Harshman (HAH-RH)
Jacob b 21 Aug 1817 GC, s Philip & Frances (Durnbaugh) Harshman (HAH-RH)
J. C. Edward b 15 Mar 1860 GC, s Jacob & Catherine (Kingery) Harshman (HAH)
John Cassius b 7 Jan/Feb 1807 Beavercreek TP, GC, s Philip & Frances (Durnbaugh) Harshman (BH-DH-GDR-HAH-RH)
John Fremont b 22 Sep 1856 N. of Zimmerman, GC, s John Cassius & Ann Maria (Miller)

HARSHAMN (continued)
Harshman (BH-HAH-RH)
Katharine/Catherine b 3 Aug 1808 GC, dau Philip & Frances (Dumbaugh/Durnbaugh) Harshman (HAH-RH)
Martha Ellen b 25 Dec 1851 N. of Zimmerman, Beavercreek TP, GC, dau John Cassius & Ann Maria (Miller) Harshman (BH-HAH-RH)
Mary A. b 6 Jun 1836 GC, dau John & Susannah (Ritter) Harshman (HAH)
Mary Catherine b 13 Mar 1846 N. of Zimmerman, Beavercreek TP, GC, dau John Cassius & Ann Maria (Miller) Harshman (BH-HAH-RH)
Montgomery John b 5 Nov 1845 GC, s Jacob & Catherine (Kingery) Harshman (HAH)
Philip b 8 Mar 1826 Beavercreek TP, GC (GDR)
Philip b 1832 Beavercreek TP, GC. s George & Catherine (Brown) Harshman (HAH)
Philip b 22 Feb 1839 GC, s Philip & Frances (Durnbaugh) or Evanna (Hull) Fielden Harshman (HAH-RH)
Phillip b ca 1850 GC (RB11)
Polly b 23 Jan 1810 Beavercreek TP, GC, dau Philip & Frances (Durnbaugh) Harshman (HAH-RH)
Reuben Miller b 29 Jan 1845/52/53 N. of Zimmerman, Beavercreek TP, GC, s John Cassius & Ann Maria (Miller) Harshman (BH-HAH-RH)
Samuel Henry b 10 Oct 1842 N. of Zimmerman, Beavercreek TP, GC, s John Cassius & Ann Maria (Miller) Harshman (BH-HAH-RH)
Sarah Elizabeth b 10 Oct 1844 N. of Zimmerman, Beavercreek TP, GC, dau John Cassius & Ann Maria (Miller) Harshman (BH-HAH-RH)
William Adam b 6 Aug 1844 GC,

HARSHMAN (continued)
s Philip & Frances (Durnbaugh or Evanna (Hull) Fielden Harshman (HAH-RH)

HART, Theresa b ca 1860 POSS GC (OB/Karch)

HARTSOCK, Amos b 19 Jan 1821 GC, s William & Elizabeth (Phinkbone) Hartsock (WCH)

George II b 1 Jan 1829 Sugarcreek TP, GC, s George & Emily (James) Hartsock (HART)

John W. b 6 Oct 1852 Sugarcreeek TP, GC, s Samuel & Mary (Weller) Hartsock (BH)

Laura b 1849 Sugarcreek TP, GC, dau Samuel & Mary (Weller) Hartsock (BH)

Lola b prior 1869 Sugarcreek TP, GC, dau George & Emily (James) Hartsock (HART)

Mabel b prior 1869 Sugarcreek TP, GC, dau George & Emily (James) Hartsock (HART)

Maude b prior 1869 Sugarcreek TP, GC, dau George & Emily (James) Hartsock (HART)

Samuel b 19 Dec 1823 Sugarcreek TP, GC, s George & Emily (James) Hartsock (BH-BKI-HART)

Sylvanus V. b 5 Mar 1847 Claysville, Spring Valley TP, GC, s David & Sarah Jane (Cornell) Hartsock (PGC-SVC)

William Anthurm b prior 1869 Sugarcreek TP, GC, s George & Emily (James) Hartsock (HART)

HARTSOOK, James Frederick b 3 Feb 1831 E. of Xenia, GC, s Elijah B & Elizabeth (Stidley) Hartsook (BH-DH)

HARWOOD, Peter b 1810 Xenia TP, GC (GDR)

HATCH, D. Alonzo b 24 Dec 1848 GC (FFHT)

Emma Orange b 23 Dec 1857 near Jamestown, GC, dau Orange & Clara (Thomas) Hatch (FUD-OB/Sutton)

HATCH (continued)
James b 1829 GC, s Ebenezer & Cynthia (Greene) Hatch (FFHT)

Martha E. b Sep 1841 GC, dau Stephen B & Phebe Elizabeth (LeValley) Hatch (FFHT)

Milo L. b 14 Jul 1839 GC, s Barnabas & Margaret (Smith) Hatch (FFHT)

Orange Star b 18 Aug 1826, SW Jamestown, Silvercreek TP, GC, s Ebenezer & Cynthia (Greene) Hatch (BH-FFHT-PGC-XGO)

William C. b 22 Dec 1843 Xenia, GC, s Stephen B & Phebe Elizabeth (LeValley) Hatch (FFHT)

HATHAWAY, E. J. b 1843 GC, dau George & C (Adams) Hathaway (GDR)

HATSEL, John David b ca 1857 Alpha, GC (RB88)

HAUGHEY, Allen B. b 1843 GC, s Joseph & Esther/Hester (White) Haughey (HAU)

Allen Gilbert b 1864 GC, s John Andrew & Ann (Bentley) Haughey (HAU)

Almeda b 1836 Bowersville, GC, dau Barnett & Margaret (Barber) Haughey (HAU)

Alonza b prior 1869 GC, s John Q A & Louvina (Paullin) Haughey (HAU)

Calvin A. b prior 1869 GC, s John & Patience (Stadivan) Haughey (DH)

David P. b 19 Jan 1856 GC, s John Q A & Louvina (Paullin) Haughey (BH-DH-HAU-HUC)

David P. b 20 Jan 1858 Jefferson TP, GC (GDR)

Edmund Barnett b 5 Aug 1851 GC, s John Andrew & Christina E (Thorp) Haughey (HAU)

Elizabeth b 16 Aug 1818 PROB GC, dau Barnette & Margaret (Barber) Haughey (TUR)

Elizabeth b 7 Aug 1831 GC, dau Joseph & Esther/Hester

HAUGHEY (continued)
(White) Haughey (HAU)
Esther Mary b 1845 GC, dau Joseph & Esther/Hester (White) Haughey (HAU)
Evelyn b ca 1834 GC, dau Joseph & Esther/Hester (White) Haughey (HAU)
Henry C. b 1833 GC, s Joseph & Esther/Hester (White) Haughey (HAU)
James R. b 25 Jun 1858 GC, s John Q A & Louvina (Paullin) Haughey (HAU)
John C. b ca 1837 GC, s Joseph & Esther/Hester (White) Haughey (HAU)
John Q. A. b 1829 GC, s John & Patience (Sturdyven/Sturdevan) Haughey (HAU)
Joseph b 1853 GC, s John Andrew & Christina E (Thorp) Haughey (HAU)
Joseph H. b 5 Aug 1857 GC, s John Q A & Louvina (Paullin) Haughey (HAU)
Laura Emma b 17 Dec 1851 near Bowersville, GC, dau Thomas Jefferson & Mary Jane (Jones) Haughey (DAK)
Lorenzo Dow b 1835 GC, s Joseph & Esther/Hester (White) Haughey (HAU)
M. Thomas b 1832 Bowersville, GC, s Barnett & Margaret (Barber) Haughey (HAU)
Margaret b 1843 Bowersville, GC, dau Barnett & Margaret (Barber) Haughey (HAU)
Mary b prior 1869 Jefferson TP, GC (RH)
Mathew G. b 1840 GC, s Joseph & Esther/Hester (White) Haughey (HAU)
Russell Lewis b 18 Feb 1858 Bowersville, GC, s Churchill & Susan (Ketterman) Haughey (OB)
Sarah Margaret b 1867 GC. dau John Andrew & Ann (Bentley) Haughey (HAU)

HAUGHEY (continued)
Susan b 1834 Bowersville, GC, dau Barnett & Margaret (Barber) Haughey (HAU)
Virginia b 1 Feb 1829 Jefferson TP, GC, dau Andrew M & Ann (January) Haughey (HAU-MUS-RH)
William b ca 1861 POSS Bowersville, GC, s Churchill & Susan (Ketterman) Haughey (OB)
HAVERSTICK/HOVERSTICK, Edna b 1867 Xenia, GC (GDR) Marital status not shown
HAVERSTICK, Frank/Franklin M b 14 Jan 1843 Beavercreek/Xenia TP, GC, s John & Elizabeth (Holly) Haverstick (BH-GDR-RH)
Frank b ca 1861 Xenia, GC (OB)
Franklin b ca 1843 Zimmerman, Beavercreek TP, GC (RB33)
John F. b prior 1869 Xenia, GC, s Frederick & Leah (Zellers) Haverstick (RH)
Mathias b 19 Oct 1849 Beavercreek TP, GC (GDR)
Thomas b 2 Dec 1835 GC, s John & Elizabeth (Holley) Haverstick (RH)
Thomas b 9 Sep 1841 Xenia, GC (GDR)
HAWKE, Alice Amelia b ca 1868 GC (RB11)
HAWKER, Abraham/Abram b 30 Jun/Jul 1818 Beavercreek TP, GC, s Andrew & Susanna (Coy) Hawker (FFHW-HKI-HRHC)
Adam b 30 Oct 1812 Beavercreek TP, GC (GDR)
Adam b 1 Nov 1813 Beavercreek TP, GC, s Andrew & Susan/Susanna (Coy) Hawker (COY-DH-FFHW-HKI-HRHC-MGC-PGC)
Adam Frederick b 27 Nov 1855 Beavercreek TP, GC, s Adam & Hannah (Westfall) Hawker (DH-FFHW-HRHC)
Andrew b 1 Jan 1840 Beavercreek TP, GC, s Frederick & Sarah

HAWKER (continued)
(Ritter) Hawker (BRC-FFHW-HKI-HRHC-RH)
Barbara b prior 1869 Beavercreek TP, GC, dau Andrew & Susanna (Coy) Hawker (PGC)
Catherine b 8 Nov 1806 Beavercreek TP, GC, dau Andrew & Susanna (Coy) Hawker (COY)
Charles Edward b ca 1868 GC (RB88)
Charlotte b 15 Oct 1864 Beavercreek TP, GC, dau John Thompson & Sarah Elizabeth (Watkins) Hawker (BH-MZP)
David b 21 Sep 1839 GC (MZP-RB66)
David Winters b 7 Jan 1846 Beavercreek TP, GC, s Adam & Hannah (Westfall) Hawker (DH-FFHW-HKI-HRHC)
Elizabeth b prior 1869 Beavercreek TP, GC, dau Andrew & Susanna (Coy) Hawker (PGC)
Emanuel b 25/28 Jan 1833 Beavercreek TP, GC, s Frederick & Sarah (Ritter) Hawker (BRC-FFHW-HRHC-RH)
Frederick b 27 Oct 1804/1805 Beavercreek TP, GC, s Andrew & Susanna (Coy) Hawker (FFHW-HKI-PGC)
Harriet J. b 18 Sep 1841 Beavercreek TP, GC, dau Adam & Hannah (Westfall) Hawker (DH-FFHW-HRHC)
Jacob L. b 9 Jun 1850 Beavercreek TP, GC, s Adam & Hannah (Westfall) Hawker (DH-FFHW-HRHC)
John Andrew b 7 Nov 1847 Beavercreek TP, GC, s Adam & Hannah (Westfall) Hawker (DH-FFHW-GDR-HKI-HRHC)
John Thompson b 16 Nov 1828 Beavercreek TP, GC, s David & Sarah E (Odaffer) Hawker (BH)

HAWKER (continued)
Martha b 25 Jan 1847 Beavercreek TP, GC, dau Frederick & Sarah (Ritter) Hawker (FFHW-HRHC-RH)
Mary Ann b 6 Dec 1830 Beavercreek TP, GC, dau Frederick & Sarah (Ritter) Hawker (BRC-FFHW-HRHC-RH)
Mary Catherine b 25 May 1839 Beavercreek TP, GC, dau Adam & Hannah (Westfall) Hawker (BRC-DH-FFHW-HRHC)
Mary Jennie b 3 Feb 1849 Beavercreek TP, GC, dau Andrew & Susanna (Coy) Hawker (FFHW-HKI-PGC)
Pamelia/Permelia b Mar 1844 Beavercreek TP, GC, dau Adam & Hannah (Westfall) Hawker (DH-FFHW-HRHC)
Perry b 4 Aug 1844/45 Beavercreek TP, GC, s Frederick & Sarah (Ritter) Hawker (FFHW-HKI-HRHC-OB-RB33-RH)
Rebecca b 15 Dec 1834 Beavercreek TP, GC, dau Fred & Sarah (Ritter) Hawker (BRC-FFHW-HRHC-RH)
Sarah Ann b 1 Oct 1837 Beavercreek TP, GC, dau Fred & Sarah (Ritter) Hawker (BRC-FFHW-HRHC-RH)
Simon b 26 Mar 1829 Beavercreek TP, GC, s Frederick & Sarah (Ritter) Hawker (BRC-FFHW-HRHC-RH)
Susannah b 8 Nov 1837 GC, dau Adam & Hannah (Westfall) Hawker (FFHW-HKI-HRHC)
Susannah b 1842 Beavercreek TP, GC, dau Andrew & Susanna (Coy) Hawker (FFHW-PGC)
William A. b 1841 Beavercreek TP, GC, s Andrew & Susanna (Coy) Hawker (FFHW-HKI)

HAWKINS, B. Frank b 12 Dec 1841 Beavercreek/Xenia TP, GC, s Reuben & Lydia (Fallis) Hawkins (AFF-BH-RH)

Diana b 15 Aug 1823 PROB GC, dau Mounce & Mary (Allen) Hawkins (AFF)

Frances Catherine b Jul 1859 PROB GC, dau James & Catherine (Cromwell) Hawkins (FFA)

Hannah Louisa b 1848 GC, dau Reuben & Lydia (Fallis) Hawkins (AFF-RH)

Henrietta Caroline b 10 Sep 1849 GC, dau James & Catherine (Cromwell) Hawkins (FFA)

J. Homer b 20 Nov 1864 Xenia TP, GC, s James & Catherine (Cromwell) Hawkins (FFA-RH)

James b ca 1820 Xenia TP, GC, s Mounts/Mounce & Mary (Allen) Hawkins (AFF-RH)

James/Jesse F. b 1852 GC, s Reuben & Lydia (Fallis) Hawkins (AFF-RH)

Joseph G. b 1844 GC, s Reuben & Lydia (Fallis) Hawkins (AFF-RH)

Lydia b ca 1831 GC, dau Mounce & Mary (Allen) Hawkins (AFF)

Mary b 31 Dec 1824 PROB GC, dau Mounce & Mary (Allen) Hawkins (AFF)

Mary E. b Sep 1845 GC, dau Reuben & Lydia (Fallis) Hawkins (AFF-RH)

Samuel b 2 Jan 1819 GC, s John & Mary (Penyweigh) Hawkins (MCH)

Sarah E. b 1853 GC, dau Reuben & Lydia (Fallis) Hawkins (AFF-RH)

William b 8 Sep 1821 Xenia TP, GC, s Mounce & Mary (Allen) Hawkins (AFF-GDR)

HAWL/HALL, Eliza Ann b 22 May/Jun 1835 GC, dau Michael & Martha Hawl/Hall (BRC)

John b 8 Jan 1825 GC, s Jacob & Susannah Hawl/Hall (BRC)

HAYDOCK, Deidamia b ca 1849 New Burlington, GC, dau James Henry & Elizabeth Haydock (OB/Harlan)

HAYNES, Mary Jane b 15 Jul 1823 GC (FFWT)

HAZEN, Franklin Mills b ca 1867 Xenia, GC, s William Hazen (OB)

HEATH, Addison b prior 1869 Union area, SE of Xenia, GC, dau Tinsley & Ann (Loyd) Heath (ELA)

Anna M. b 1839 near Xenia, GC, dau Uriah Heath (ELA)

Catharine b prior 1869 SE of Xenia, GC, dau Tinsley & Ann (Loyd) Heath (ELA)

John Fletcher b 16 Jul 1822 SE of Xenia, GC, s Tinsley & Ann (Loyd) Heath (ELA)

Joseph Benson b 4 Jul 1830 PROB GC, s Thomas & Anna Heath (HCI)

Louisa M. b 14 Sep 1832 Xenia, GC, dau Uriah & Mary L. Heath (ELA)

Mary F. b 24 Aug 1814 GC, dau Tinsley & Ann (Loyd) Heath (HCI)

Nancy b prior 1869 SE of Xenia, GC, dau Tinsley & Ann (Loyd) Heath (ELA)

Nelson F. b 30 May 1832 PROB GC, s T M & A Heath (HCI)

Thomas Tinsley b 14 Mar 1848 GC, s Uriah & Mary L Heath (ELA)

Uriah b 11 Apr 1809 SE Xenia, GC, s Tinsley & Ann (Loyd) Heath (ELA)

HEATHNER, John b 1 Oct 1832 GC (GDR)

HEATON, Charity Lorena b ca 1848 Xenia, GC (FFGV-RB22)

Mattie H. b 30 Nov 1845 Xenia TP, GC, dau S. & Margaret (Dunlap) Heaton (GDR)

Toliver P. b 17 Mar 1842 Xenia, GC (MR)

HEBBLE, Eliza Catherine b ca 1861 Jamestown, GC (OB/

HEBBLE (continued)
Swadener)
Joseph Wesley b 5 Nov/Dec 1843 Fairfield, GC, s Henry E & ? (Kramer) Hebble (GDR-PGC-RH)
HEDDLESON, Jacob b 18 Aug 1831 GC, s John & Eve Heddleson (BRC)
John F. b 18 Jan 1829 GC, s John & Eve Heddleson (BRC)
William b 21 Dec 1835 GC, s John & Eve Heddleson (BRC)
HEDELSON, Margaret b 13 Sep 1834 Beavercreek TP, GC (RH)
HEDGES, John W. b 19 Oct 1842 SW of Xenia, GC, (ELA-ELAM)
Samuel Benjamin b 12 Sep 1843 Xenia, GC, s Joseph Plotner & Harriet Hedges (FFHE)
HEDLESON, Barbary b 28 Mar 1838 GC, dau John Hedleson (BRC)
HEDTLESON, Margaret b 24 Sep 1824 GC, dau John & Eva (Smeltzer) Hedtleson (PGC)
HEGLER, Jacob D. b 28 Jul 1835 E. of Xenia, GC, s Jacob & Malinda (Paullin) Hegler (FFHG)
HEIDER, Frank b ca 1860 Alpha, GC (OB)
HEIFNER, Samuel b 25 Oct 1851 Silvercreek TP, GC, s George & Marg (Sheley) Heifner (OB)
Samuel b 1855 E. of Jamestown, GC (BH)
HELMAN, Ida Bella b ca 1866 GC (RB22)
HELMER, David B. b 27 Apr 1846 Fairfield, GC, s D B & Rhoda (Stiles) Helmer (GDR)
Edward M. b ca 1866 Zimmerman, GC (OB)
Henry b 17 Nov 1838 Fairfield, GC (GDR)
Ida b ca 1868 GC (RB22)
Mary Ann b ca 1862 Zimmerman, GC (OB/Moore)
Mary Ellen b ca 1855 Zimmerman, GC (RB55)

HELMER (continued)
Sarah Catherine b ca 1860 Zimmerman, GC (RB22)
Sarah Katherine b ca 1862 GC (RB33)
Stephen Holland b 10 Jan 1834 GC, s William & Catherine (Greiner) Helmer (FFHY)
Warren b ca 1865 GC (OB)
HELVEY, Charles G. b 1864 GC (OB)
HEMBRICKSON, Ada Belle b ca 1860 Trebein Station, GC (RB22)
HENDERSON, Caldonia b 4 Aug 1862 Xenia, GC (GDR)
HENDRICKSON, Ada Belle b ca 1859 GC (RB33)
HENY-?, Sarah Ankeny b 26 Nov 1840 GC, dau John Heny-? (BRC)
HEPFORD, James b ca 1837 Spring Valley, GC (OB)
HERBEIN, Sarah Jane b 7 Jul 1838 GC, dau John Herbein (BRC)
HERING, Albert F. b 16 Dec 1845 Beavercreek TP, GC, s Jacob & Mary (Steele) Hering (BH-BVI-RH)
Henry Harrison b 1840 Beavercreek TP, GC, s Jacob & Mary (Steele) Hering (RH)
Jacob b 21 May 1808 GC (GDR)
Jacob Jr. b 9 Jun 1808 Beavercreek TP, GC, s Jacob & Barbara (Richenbaugh/Richenback) Hering (BH-DH-PGC-RH)
John Halleck b ca 1861 Beavercreek TP, GC (RB33)
John William b 10 Mar 1834 PROB GC, s Jacob & Mary Hering (HHC)
Madora b Oct 1863 PROB GC, dau E & M Hering (BVI)
HERN, Johanna b prior 1869 GC, dau John A & Julia (Day) Hern (BH)
HERRING, David Irvine b 10 Oct/Dec 1838 GC, s Jacob Herring (BRC-HHC)

HERRING/HERING, Ebenezer b 2 Dec 1832 Beavercreek TP, GC (BVI-GDR)
HERRING, Edward E. b ca 1865 Beavercreek TP, GC, s Ebenezer Herring (OB)
HERRING/HERING, Nancy Ann b 16 Jul 1835 GC, dau Jacob & Mary Herring/Hering (BRC-HHC)
HERRITT, Ella M. b ca 1853 Xenia, GC, dau Andrew & Martha Herritt (BH)
HERRON, Martha b 23 Oct 1813 Cedarville, GC (GDR)
HESS, John b 5 Sep 1810 GC (FFHH)
HETSEL, Thomas Greene b ca 1854 GC (OB-RB55)
William Henry b ca 1849 GC (OB-RB22)
HEUL-?, Maria Elizabeth b 30 Mar 1839 GC, dau Benedict Heul-? (BRC)
HICKMAN, John Allen b 10 Jan 1843 Caesarscreek TP, GC, s Riley & Sarah (Ford) Hickman (BH)
HIDECKER, Mary C. b ca 1854 GC (RB11)
HIGGINBOTHAM, Mary E. b 15 Feb 1846 GC, dau John W & Jane E Higginbotham (FFHI)
HIGGINS, Anna Gertrude b 12 Feb 1862 Bellbrook, GC, dau Anthony Higgins (OB/Stutsman)
HIGHT, Elizabeth b prior 1869 Jefferson TP, GC, dau Andrew & Sarah Hight (BH)
HIGHTOWER, Angeline b 1835 GC (GDR)
HILL, Martha b 22 Jun 1837 Xenia, GC, dau Peter & Polly Hill (GDR/Wiggins)
Samuel b 1812 Xenia, GC (GDR)
HINTON, David b 8 Feb 1818 Xenia, GC (GDR)
HITCHCOCK, Calvin b 8 Mar 1841 GC, s Lucas S & Sarah (Marquell) Hitchcock (COP)
Mary Florence b 22 Sep 1859 GC, dau Josiah & Frances E

HITCHCOCK (continued) (Sayers) Hitchcock (COP)
HITE, Alpheus b 1866 S. of Jamestown, GC, s William Hite (OB-SCA)
Andrew D. b 11/12 Dec 1814 GC (DH-SCA)
Catherine M. b prior 1869 Caesarscreek TP, GC, dau Andrew D & Mary (Meyers) Hite (BH)
Charles D. b 7 Apr 1868 near Jamestown, GC, s William & Sarah (Dalby) Hite (OB)
Daniel L. b 18 Oct 1857 GC, s Adam S & Mary Jane (Sutton) Hite (SHC-SUT)
John b prior 1869 GC, s Adam S & Mary Jane (Sutton) Hite (SUT)
Mary b ca 1863 near Xenia, GC, dau Adam Hite (OB/Peterson)
Sallie b 30 Dec 1838 New Jasper, GC, dau George & B Hite (GDR/Funk)
William M. b 14 Feb 1839 near Xenia, GC, s Andrew & Mary (Meyers) Hite (DH)
William Raper b 1853 GC, s Adam S & Mary Jane (Sutton) Hite (SCE-SUT)
HIVLING, Abigail b 27 Jan 1813 GC, dau John & Sally (Ankney) Hivling (HAH-PGC)
F. C. b 1857 Xenia, GC (GDR)
Harriet b prior 1869 GC, dau John & Salley (Ankeney) Hivling (ANK)
Joanna Gowdy b 22 Jul 1815 GC, dau John Hivling (RH)
Mary Liza b ca 1860 Xenia, GC (RB33)
Sarah A. b 2 Dec 1817 Xenia, GC (GDR)
HIXSON, Margaret b prior 1869 POSS GC, dau Enoch & Phoebe (Edwards) Hixson (HIX)
Mary Alice b 24 Dec 1852 S. of Jamestown, GC, dau Eldridge & Eleanor (Lippincott) Hixson (OB)
Minnie b 12 Nov 1858 S. of

HIXSON (continued)
Jamestown, GC, dau Eldridge & Eleanor (Lippincott) Hixson (OB/Irwin)
HOAGLAND, Charles Lameal/Lemuel b ca 1867/68 Fairfield, GC (RB22)
HOBLET, Benjamin b ca 1813 GC, s Boston & Sarah (Middleton) Hoblet (HOB)
Joshua b ca 1810 GC, s Boston & Sarah (Middleton) Hoblet (HOB)
Rebecca b 1804 GC, dau Boston & Sarah (Middleton) Hoblet (HOB)
William b 1803 GC, s Boston & Sarah (Middleton) Hoblet (HOB)
HOBLIT/HOBLET, Nancy b 18 Jul 1821 GC, dau John & Mellicent Hoblit/Hoblet (FFHO)
HOBLIT, William H. b 13 Feb 1834 GC, s Meritt & Anna (Sackett) Hoblit (WCH)
HODGE, Gilb Cooper b 1854 GC, s Robert E & Sarah Ann (Cultice) Hodge (CUL)
Ida May b Aug 1856 GC, s Robert E & Sarah Ann (Cultice) Hodge (CUL)
Lincoln H. b May 1860 GC, s Robert E & Sarah Ann (Cultice) Hodge (CUL)
HODGES, Rebecca b 1832 Jamestown, GC, dau Nathaniel & Malinda (Campbell) Hodges (PGC)
HOLLAND, Cora J. b 15 Nov 1865 Roxanna, Spring Valley TP, GC, dau Thomas & Hannah (Smith) Holland (OB/Compton)
James b ca 1852 New Burlington, GC (OB)
Joshua S. b 24 Dec 1866 near Spring Valley, GC (OB)
Milton b 12 Mar 1861/62 New Burlington/Spring Valley, GC (GDR-RB33)
Thomas Shin b ca 1839 Mt Holly, GC (RB22)

HOLLENCAMP, Bernard Jr. b ca 1848 Xenia, GC, s Bernard Sr & Marie Elizabeth (Grueter) Hollencamp (FFHP)
Daniel J. b 24 Dec 1863 Xenia, GC, s Bernard/Barnhard & Marie M. (Grueter) Hollencamp (FFHP-OB)
Frank b ca 1852 Xenia, GC, s Bernard Sr & Marie Elizabeth (Grueter) Hollencamp (FFHP)
Helena b prior 1869 Xenia, GC, dau Bernard Sr & Marie Elizabeth (Grueter) Hollencamp (FFHP)
HOLLINGSHEAD, Carrie b prior 1869 Xenia, GC, (BH)
J. F. b 25 Nov 1859 near Spring Valley, GC, s Eli Thomas & Leanah (Blessing) Hollingshead (OB)
Sarah b 1824 GC, dau James & Mary (Scarff) Hollingshead (LG96)
HOLLINGSWORTH, Christina/Cristena Elizabeth b 29 Jan 1864 Jefferson TP, GC, dau Levi & Frances (Gerard) Hollingsworth (OB/McColough-OB/McCullough)
Israel b ca 1835 GC (OB)
Joseph P. b 20 May 1833 Jefferson TP, GC, s Jarius & Emeline (Gorham) Hollingsworth (DH-PGC)
HOLMES, Alice H. b 25 Jun 1865 Bellbrook, GC, dau John & Mahala (Denwiddie) Holmes (OB/Ferguson-RB55)
Andrew J. b 10 Nov 1827 Sugarcreek TP, GC (GDR)
Frank W. b 8 May 1868 GC, s John Jr. & Mahala (Dinwiddie) Holmes (OB)
Joseph b 1839 GC, s Samuel & Mary (Steward) Holmes (DH)
Lura E. b 1860 GC, child of James & Elizabeth Jenny (Hopping) Holmes (HOP)
Mary b prior 1869 Sugarcreek TP, GC, dau William & Nancy

HOLMES (continued)
(Finney) Holmes (RH)
Netta C. b 1866 GC, dau James & Elizabeth Jenny (Hopping) Holmes (HOP)
Nettie b 1859 near Bellbrook, GC, dau Andrew & Sarah Holmes (BKI-OB/Shank)
Thomas B. b 27 Dec 1827 GC, s John & Hannah (Bigger) Holmes (MCH)
HOLVERSTOTT, Benton Frank b ca 1855 Beavercreek TP, GC (RB22)
Caroline b 10 Jan 1826 GC, dau J & Elizabeth Holverstott (BRC)
Francis L. b 2 Oct 1858 Beavercreek TP, GC, s George Holverstot (BVI-OB)
Ohma b 1863 Xenia TP, GC (GDR)
HOMES, Anna Fitton b ca 1861 Sugarcreek TP, GC (RB33)
HONAKER, Jerry Taylor b ca 1851 Osborne, GC (RB33)
HOOK, Clinton b prior 1869 GC (RH)
HOOK/HOOKE, H. Clinton b 1847 Xenia TP, GC, s Charles & Clarinda (Johnson) Hook/Hooke (FFHK-HOO)
Maria Sophia b 18 Jul 1839 E. of Xenia, GC, dau Lewis & Minerva Ann (Lloyd) Hook/Hooke (ELA-HOO-XG)
Mary Ellen b 26 Apr 1843 Xenia, GC, dau Lewis/Louis & Minerva (Lloyd) Hook/Hooke (HOO-RH)
Mary Jane b 6 Dec 1848 Xenia TP, GC, dau Charles & Clarinda (Johnson) Hook/Hooke (FFHK-HOO-PGC)
Sarah b 1853 Xenia TP, GC, dau Charles & Clarinda (Johnson) Hook/Hooke (FFHK-HOO)
Thomas C. b prior 1869 Xenia TP, GC, s Charles & Clarinda (Johnson) Hook/Hooke (H00)
HOOK, Zachary Taylor b ca 1847 S. of Xenia, GC, s James & Ann Maria (Bell) Hook (ELA-

HOOK (continued)
OB-XG)
HOOKE/HOOK, Charles b 27 Aug 1814 Xenia TP, GC, s James & Mary Jane (Lewis) Hooke/Hook (FFHK-HOO-PGC)
HOOPMAN, Barbara b ca 1857 GC (RB33)
HOOVEN, Bertha b ca 1868 GC (RB66)
HOOVER, Amanda Gray b 1866 GC, dau David M & Frances A (Hall) Hoover (RPC)
Samuel Lewis b 5 Jan 1866 POSS Bowersville, GC, s Silas D & Catherine Hoover (OB)
Susanna b ca 1866 near New Jasper, GC, dau Jacob & Susanna Hoover (OB/Clark)
Thomas b 1833 Xenia, GC (GDR)
HOPKINS, James A. b 9/14 Apr 1838 Bellbrook, GC, s Alexander & Rachel Hopkins (BM-GDR)
John F. b 11 Jan 1842 Bellbrook, GC, s Samuel H & Mary A (Shorts) Hopkins (BH-RB55)
HOPPING, Adaline b 1852 Miami TP, GC, dau William & Phoebe (Snediker) Hopping (HOP)
Albert b 1832 New Jasper TP, GC, s William & Sarah (Galloway) Hopping (BH)
Anna M. b 28 Feb 1831 GC, dau David R & Matilda (Mallow) Hopping (HOP)
Anna Rebecca, b 24 Feb 1847 Xenia TP, GC, dau James & Mary Ann Eckles (Stewart) Hopping (HOP)
Arnetta B. b 12 Nov 1863 near Xenia, GC, dau Jerry & Emma (Wagner) Hopping (OB/Hopping)
Boyd Gowdy b 1843 Xenia TP, GC, s David Jr & Abigail (Gowdy) Hopping (HOP)
Clara b ca 1857 GC (RB33)
Clara A. b 1862 Miami TP, GC, s William & Phoebe (Snediker) Hopping (HOP)

HOPPING (continued)
Colwell Margaret b 12 Sep 1852 GC, dau James & Margaret Winter (Bull) Hopping (DCI-HOP)
David b 11 Feb 1814 near Xenia, GC, s David R & Elizabeth (Guffy) Hopping (HOP)
David b 16 Jan 1814 Sugarcreek TP, GC (GDR)
David b 17 May 1846 PROB GC, s M & S Hopping (GFC)
David R. b 4 Oct 1867 W. of Xenia, GC, s Boyd Hopping (OB)
David Ryan b 14 Sep 1842 Xenia TP, GC, s James & Julia Ann (Dean) Hopping (DCI-HOP)
Elis Jennie b 7 Aug 1838 Xenia TP, GC, dau James & Julia Ann (Dean) Hopping (HOP)
Eliza J. b 27 Jan 1841 POSS GC (STE)
Elizabeth b 1 Sep 1824 GC, dau David R & Matilda (Mallow) Hopping (HOP)
Elizabeth/Elis b 14 May 1841 Xenia TP, GC, dau David Jr & Abigail (Gowdy) Hopping (HOP)
Elizabeth D. b 1843 GC, in section later established as New Jasper TP, dau William & Sarah Kirkpatrick (Galloway) Hopping (HOP)
Ellen Mary b 5 Oct 1841 GC, dau David R & Matilda (Mallow) Hopping (HOP)
Emma b 1859 Miami TP, GC, dau William & Phoebe (Snediker) Hopping (HOP)
Evaline b 5 May 1827 GC, dau David R & Matilda (Mallow) Hopping (HOP)
Ezekiel R. b 8 Nov 1822 GC, s David R & Matilda (Mallow) Hopping (HOP)
Frances M. b 2 Dec 1843 GC, dau David R & Matilda (Mallow) Hopping (HOP)
Grant S. b 1867 Yellow Springs, GC (GFC-RB33)

HOPPING (continued)
Harriet b 8 Mar 1829 GC, dau David R & Matilda (Mallow) Hopping (HOP)
Henry Bell b 1844 Miami TP, GC, s William & Phoebe (Snediker) Hopping (HOP)
Isabell Dean b 30 Aug 1834 GC, dau David R & Matilda (Mallow) Hopping (HOP)
James b 2/13 Jun 1809 New Jasper TP near Xenia, GC, s David R & Eliz (Guffy) Hopping (DCI-GDR-HOP-OB-RH)
James Albert b 2 Feb/Mar 1833 GC, section later called New Jasper TP, s William & Sarah Kirkpatrick (Galloway) Hopping (GDR-HOP-STE)
James Anderson/Andrew b 1848 Xenia TP, GC, s James & Mary Ann Eckles (Stewart) Hopping (HOP)
Jane b 2 Apr 1812 near Xenia, GC, dau David R & Elizabeth (Guffy) Hopping (HOP)
Jeremiah/Jerry b 1830/31 Miami TP, GC (GDR-GFC)
John Edwin b 29 Sep 1866 Xenia, GC (OB)
John Leamon b 21 Oct 1838 GC, s David R & Matilda (Mallow) Hopping (HOP)
John T. b Sep 1841 Miami TP, GC, s William & Phoebe (Snediker) Hopping (HOP)
Julia Anna L. b 7 Dec 1817 near Xenia, GC, dau David R & Elizabeth (Guffy) Hopping (HOP)
Julia Flora b 30 Jun 1854 Xenia TP, GC, dau James & Margaret Winter (Bull) Hopping (DCI-HOP)
Laura Ann b 1854 Miami TP, GC, dau William & Phoebe (Snediker) Hopping (HOP)
Lelia May b ca 1858 Yellow Springs, GC (RB66)
Luanza M. b 15 Oct 1836 GC, dau David R & Matilda (Mallow) Hopping (HOP)

HOPPING (continued)
Mary b 12 Feb 1816 near Xenia, GC, dau David R & Elizabeth (Guffy) Hopping (HOP)
Mary b 1850 Miami TP, GC, dau William & Phoebe (Snediker) Hopping (HOP)
Mary Ann b 13 Aug 1840 Xenia TP, GC, dau James & Julia Ann (Dean) Hopping (DCI-HOP)
Moses Jr. b 19 Jun 1843 Miami TP, GC (GDR)
Nancy b 1849 Miami TP, GC, dau William & Phoebe (Snediker) Hopping (HOP)
Priscilla b 13 Aug 1825 GC, dau John & Patsy Hopping (BH)
Rebecca Ann b 8 Oct 1819 near Xenia, GC, dau David R & Elizabeth (Guffy) Hopping (HOP)
Ryan b 13 Apr 1833 GC, s David R & Matilda (Mallow) Hopping (HOP)
Sarah A. b 1846 Miami TP, GC, dau William & Phoebe (Snediker) Hopping (HOP)
Sarah Cooper b 10 May 1806 near Xenia, GC, dau David R & Elizabeth (Guffy) Hopping (HOP)
Thomas Finus b 22 Dec 1846 GC, s David R & Matilda (Mallow) Hopping (HOP)
William b 28 Oct 1807 near Xenia, GC, s David R & Elizabeth (Guffy) Hopping (HOP)
William Charles b 1860 Miami TP, GC, s William & Phoebe (Snediker) Hopping (HOP)
William Henry b 5 Oct 1836 Xenia TP, GC, s James & Julia Ann (Dean) Hopping (HOP-MKC-RH)
William Stevenson b 11 Jan 1868 near Cedarville, GC, s James Albert & Eliza Jane (Stevenson) Hopping (HOP-OB-STE)

HORNER, Charles T. b ca 1867 near Xenia, GC (OB)
Elizabeth b 9 Feb 1831 Beavercreek TP, GC, dau George & Julia (Gentis) Horner (PGC)
HORNEY, Anderson b 1806/07 GC, s Parris & Lydia (Anderson) Horney (HOW-HRPC)
David A. b 28 Nov 1849 Yellow Springs, GC (GDR)
Jefferson b 1811 GC, s Daniel & Margaret (Galloway) Horney (HOW)
John C. b 1813 GC, s Daniel & Margaret (Galloway) Horney (HOW)
Mary b 1816 GC, dau Daniel & Margaret (Galloway) Horney (HOW)
HORNICK, Catherine b Mar 1855 E. of Xenia, GC, dau John & Elizabeth (Oster) Hornick (OB/Lampert)
Fannie b 24 Mar 1868 Xenia, GC, dau Adam & Agnes (Fisher) Hornick (OB/Graham)
John N. b 30 Apr 1857 Xenia, GC (GDR)
HORTON, Anna b 10 May 1822 GC, dau James & Sarah (Haworth) Horton (LG15)
HOSIER, Cassius C. b ca 1856 Jamestown, GC (OB)
Harrison b prior 1869 Bellbrook area, GC (BM)
Marcellus M. b 10 Apr 1868 Sugarcreek TP, GC (GDR)
HOSTETTER, Samuel b 10 Jul 1824 Silvercreek TP, GC (GDR-SCS)
HOUGH, Dora b Nov 1862 GC, dau David & Emily (McDisman-?) Hough (GDR)
John b 22 Apr 1822/28 Silvercreek TP, GC (DH-PGC)
HOUSTON, David b 8 Feb 1842 GC, s William & Elizabeth Houston (BRC)
HOVERSTICK, John C. b 5 Jan 1861 Xenia, GC, s William &

HOVERSTICK (continued)
Josephine (Clevelle) Hoverstick (RH)

HOWARD, Catherine b 1858 Xenia TP, GC, dau John & Sarah Howard (BH-RH-SBCI)

Charles Fenton b 12 Jul 1859 Xenia, GC, s Roswell Fenton & Margaret Mitchell (Steele) Howard (PGC-RH)

Emma b ca 1853 GC, dau Minor & Maria (Haverstick) Howard (CH-OB/Shane)

Henry b Apr 1858 Xenia TP, GC (GDR)

John b 1826 Yellow Springs, GC (GDR)

Margaret Alice b 29 Aug 1856 Xenia, GC, dau Minor & Maria (Haverstick) Howard (PGC)

William b 1862 Xenia TP, GC (GDR)

William S. b 20 Feb 1865 Xenia, GC, s Roswell Fenton & Margaret Mitchell (Steele) Howard (OB-RH)

HOWER, Amanda b ca 1854 GC (OB/Ellis)

David Newton b ca 1855/56 Alpha, GC, s David & Elizabeth (Schooley) Hower (OB-RB33)

Eli b prior 1869 GC (BH)

George W. b 30 Nov 1858/59 Beavercreek TP, GC (BKI-GDR)

Gretta E. b Aug 1862 Beavercreek TP, GC (GDR)

Mary b 26 Mar 1837 Beavercreek TP, GC, dau Eli & Catherine (Baumgartner) Hower (BH-GDR)

HOWETT, Joseph R. b 23 Jun 1845 Bath TP, GC, s Daniel & Ann Eliza (Hastings) Howett (PGC)

HOYLE, Jennie b 3 Apr 1861 Xenia, GC, dau James Hoyle (OB/Neiswanger)

HUBBARD, William b 19 Sep 1863 near Cedarville, GC, s Jeul & Mary Hubbard (OB)

HUDDLESTON, Margaret b 1825 Beavercreek TP, GC, dau John & Eva Huddleston (DH)

HUDSON, Jessie B. b 9 Sep 1863 GC (OB/Laurance)

HUFFMAN, James M. b ca 1847 New Burlington, GC (OB)

Lettier b 12 Mar 1861 near New Burlington, GC, dau Caleb & Lydia (Lemar) Huffman (OB/Elam)

Silas b ca 1842 GC (RB22)

Steven A/Steven Douglas b ca 1858 GC (RB55)

HUFFORD, Martha Catharine b 16 Jun 1842 GC, dau George J & Ann Elizabeth Hufford (BRC)

HUGHES, Matilda b 10 Aug 1844 Cedarville, GC, dau Benjamin & Abigal Hughes (GDR/Eyler)

HULL, Fredrich b 1863 Xenia, GC (GDR)

HUMPHREY, John b 8 Apr 1851 New Jasper, GC (GDR)

HUMPHREYS, Mary Catherine b prior 1869 Xenia TP, GC, dau Joseph & Martha (Ferguson) Humphreys (BH)

HUMPSTON, Mandy J. b 11 Feb 1852 Caesarscreek TP, GC, dau G T Humpston (GDR/Weaver)

HUMSTON, Hal P. b 22 May 1868 Caesarscreek TP, GC, s Harvey & Ellen (Powers) Humston (BH-RH)

HUPMAN, Charles S. b 10 Feb 1858 Spring Valley TP, GC, s J & J (Peterson) Hupman (BH)

Frank b 26 Dec 1852 Spring Valley TP, GC, s John & Jane (Peterson) Hupman (BH)

Harvey Cooper b 28 Aug 1864 Xenia, GC, s John & Jane (Peterson) Hupman (OB-RB88)

J. S. b ca 1862 W. of Xenia, GC, s John Hupman (OB)

Susan Allasinda b 15 Nov 1851 GC (GDR)

HURLEY, Arthur Weldon b ca 1867 GC (RB88)

HURLEY (continued)
Isaac b 6 Jul 1826 GC (GDR)
Jeremma D. b 1 Jun 1864 PROB GC, near New Burlington, s John H & Elizabeth (Linton) Hurley (OB)
Nettie b 19 May 1862 New Burlington, PROB GC, dau Creighton & Margaretta (Holland) Hurley (OB/Miars)
Nora H. b ca 1859 near New Burlington, GC, dau John H & Elizabeth Hurley (OB/Paxson)
S. H. b 28 May 1854 near New Burlington, GC, s Isaac & Margaret (Graham) Hurley (OB)
HUSSEY, Christopher b 29 Oct 1820 GC, s Christopher Jr. or II & Margaret (Haughey) Hussey (HAU-HUS)
Christopher b 1862 Bowersville, GC, s Christopher & Jane/Jennie (Wical) Hussey (WEK)
Elijah/Nathan b 29 Mar 1828 GC, s Christopher Jr. or II & Margaret (Haughey) Hussey (FFHB-HAU-HUS)
Evelyn b 1838-1868 GC, dau Christopher & Catherine (Lockhart) Hussey (DH-RH)
Flora Boetler/Bootler b ca 1855 Jefferson TP, GC (RB44)
George Arthur b Apr 1862/63 Bowersville, GC, s Christopher & Jane/Jennie (Wical) Hussey (RB33-RB88-WEK)
Hester b 1853 Bowersville, GC, dau Christopher & Jane/Jennie (Wical) Hussey (WEK)
John b 20 Apr 1826 Bowersville, GC, s Christopher Jr. or II & Margaret (Haughey) Hussey (GDR-HAU-HUS)
John b 9 Feb 1842 Jefferson TP, GC, s Christopher & Mary (Haughey) Hussey (DH-RH)
John b 1843 Bowersville, GC, s Christopher & Jane/Jennie (Wical) Hussey (WEK)
Joseph b 1867 PROB GC, s John M & Mary Hussey (HUC)

HUSSEY (continued)
Joseph H. b 31 Aug 1856 Jefferson TP, GC, s Chris & Cath (Lockhart) Hussey (DH-RH)
Margaret J. b 1851 PROB GC, dau John M & Dinah Hussey (HUC)
Martha J. b 1859/60 Bowersville, GC, dau Christopher & Jane/Jennie (Wical) Hussey (OB/Reeves-WEK)
Mary b 24 Apr 1830 GC, dau Christopher Jr. or II & Margaret (Haughey) Hussey (HAU-HUC-HUS)
Mary Evaline b 18 Jan 1845 PROB GC, dau S J & S Hussey (HUC)
Matthew b 11 Sep 1855 PROB GC s N & D Hussey (HUC)
Nancy Jane b prior 1869 GC, dau Christopher Jr. or II & Margaret (Haughey) Hussey (HAU-HUS)
Sarah Catherine b 21 May 1851 Bowersville, GC, dau Elijah & Dorcas (Furnas/Furnace) Hussey (FFHB)
Sophia b prior 1869 Jefferson TP, GC, dau Christopher Hussey (DH)
Stephen b 1857 Bowersville, GC, s Christopher & Jane/Jennie (Wical) Hussey (WEK)
Stephen Christopher b ca 1821 GC. s Chris Jr. or II & Marg (Haughey) Hussey (HAU-HUS)
Synthia b 5 Jun 1861 PROB GC, dau P-? & L or D Hussey (HUC)
Thomas b prior 1869 GC, s Christopher Jr. or II & Margaret (Haughey) Hussey (HAU-HUS)
William b 28 Jan 1822 GC, s Christopher Jr. or II & Margaret (Haughey) Hussey (HAU-HUS)
William b 1847 Bowersville, GC, s Christopher & Jane/Jennie (Wical) Hussey (WEK)

HUSTON, Abraham b 17 Jan 1804 Beavercreek TP, GC, s David & Mary (Barnett) Huston (DUR-FFHN)

Abraham Barnett b 6 Sep 1837 GC, s David & Susannah (Darst) Huston (DUR)

Addison J. b 8 Sep 1859 near New Jasper, GC, s William S. Huston (OB)

Cornelius Wycoff b 5 May 1826 GC, PROB Beavercreek TP, s David & Sarah (Hall/ McCormick) Huston (DUR-FFHN)

David Darst b 17 May 1848 GC, s David & Susannah (Darst) Huston (DUR)

David Jr. b 21 Oct 1810 GC, PROB Beavercreek TP, s David & Mary (Barnett) Huston (DUR-FFHN)

Eliza b 1845 New Jasper TP, GC, dau William Smith & Sarah (Smith) Huston (BH)

Ella M. b prior 1869 Bath TP, GC, dau James & Mary (Baker) Huston (BH)

George Harris b 1808 POSS Beavercreek TP, GC, s David & Mary (Barnett) Huston (FFHN)

Ida M. b prior 1869 POSS GC, dau David & Elizabeth (Hagenbuch) Huston (OB)

Israel b 24 Sep 1805 Beavercreek TP, GC, s David & Mary (Barnett) Huston (DUR-FFHN-PGC)

Jacob b 1859 New Jasper, GC (GDR)

James b 1812 Beavercreek TP, GC, s David & Mary (Barnett) Huston (FFHN)

James b 26 Feb 1824 New Jasper, GC (DCI-GDR)

James William b 16 Oct 1866 New Jasper/Xenia, GC, s James & Mary Eliz (Baker) Huston (BH-FFHN-OB)

Jennie Maude b 23 Jul 1867 GC, dau William & Eliz (Ridenour) Huston (MCCL-OB/McClellan)

HUSTON (continued)
John Harris b 8 Sep 1840 GC, s David & Susannah (Darst) Huston (DUR)

Joseph W. b 28 Sep 1858 PROB GC, s G L & M Huston (DCI)

Luther Barnett b 19 Jan 1820 PROB Beavercreek TP, GC, s David & Mary (Barnett) Huston (DUR-FFHN)

Margaret b 1839 Caesarscreek TP, GC, dau Robert & Anna (Lyon) Huston (DUR)

Martha Ellen b 2 Dec 1844 GC, dau David & Susannah (Darst) Huston (DUR)

Martha Marie b 1818 PROB Beavercreek TP, GC, dau David & Mary (Barnett) Huston (FFHN)

Mary b 1807 PROB Beavercreek TP, GC, dau David & Mary (Barnett) Huston (FFHN)

Mary A. b 22 Dec 1835 GC, dau David & Susannah (Darst) Huston (DUR)

Mary Ella b 2 Jan 1857 near Byron, GC (OB/Hagler)

Michael b 24 Apr 1837 GC, s William & Elizabeth (Swigart) Huston (MZS-PMC)

Milton J. b 1855 New Jasper TP, GC (DCI-GDR)

Nelson b ca 1849 GC, s George Huston (OB)

Paul b 30 May 1815 Beavercreek TP, GC, s David & Mary (Barnett) Huston (DUR-FFHN)

Rachel Mary b 1824 POSS Beavercreek TP, GC, dau David & Mary (Barnett) Huston (FFHN)

Robert Frankie B. b 7 Aug 1854 PROB GC, s James & Mary E Huston (DCI)

Robert Harvey b 4 Nov/15 Oct 1842 Caesarscreek TP, GC, s Robert & Ann/Anna (Lyon) Huston (DCI-DUR)

Samuel J. b ca 1859/60 Alpha, GC (BVI-OB)

Sarah Hane b 1828 POSS

HUSTON (continued)
  Beavercreek TP, GC, dau David & Sarah (McCormick) Huston (FFHN)
Susannah b 1814 Beavercreek TP, GC, dau David & Mary (Barnett) Huston (FFHN)
W. C. b 1862 New Jasper TP, GC (GDR)
William b 1857 New Jasper, GC (GDR)
William Franklin b 1 May 1858 Sugarcreek TP, GC, s William & Caroline (Mayhew) Huston (BH-MZS-OB-RB11)
William H. b 1845 Sugarcreek TP, GC (GDR)
William Perry b 1830 POSS Beavercreek TP, GC, s David & Sarah (McCormick) Huston (FFHN)
HUTCHINSON, Elizabeth b 1833 Xenia TP, GC, dau Joseph B & Ann (Tenbrook) Hutchinson (BH)
Sarah Ann b 1835 GC (GDR)
HUTCHISON, Amanda b prior 1869 PROB GC, dau John & Ellen (Clancey) Hutchison (SH)
Caroline b 1822 PROB GC, dau George & Martha (Clancey) Hutchison (SH)
Charles H. b 29 Dec 1868 Xenia TP, GC, s Joseph Andrew & Isabella (Harner) Hutchison (BH)
Eleanor C. b 22 Jul 1829 GC, dau J B & A (Tenbrook/Tenbroeck) Hutchison (COR)
Elizabeth M. b 7 Nov 1833 GC, dau Joseph B & Ann (Tenbrook/Tenbroeck) Hutchison (COR-TB)
Emma b 7 Feb 1842 Xenia, GC, dau Andrew & Adelia Hutchison (OB)
George Andrew b 5 Nov 1837 Xenia, GC, (UPC)
Hannah Marie b 15 Sep 1850 GC, dau Joseph B & Ann (Tenbrook/Tenbroeck) Hutchison (COR-TB)

HUTCHISON (continued)
Harvey b 7 Apr 1827 PROB GC, s George & Martha (Clancey) Hutchison (SH)
Henry b 27 Feb 1856 GC (GDR)
James Clancey b 5 Oct 1820 PROB GC, s John & Ellen (Clancey) Hutchison (SH)
James Elder b 13 Mar/May 1846 GC, s Joseph B & Ann (Tenbrook/Tenbroeck) Hutchison (COR-GDR-TB)
Jane b 27 Jun 1807 GC, dau John & Margaret (Finley) Hutchison (SH)
John Calvin b 5 Oct 1832 Xenia, GC (UPC)
John Findley/Finley b 10 Nov 1826 near Bellbrook, GC, s John & Ellen (Clancey) Hutchison (SH-UPC)
John Q. b 7 Dec 1830 GC, s Joseph B & Ann (Tenbrook/Tenbroeck) Hutchison (COR)
Joseph Andrew b 12 Mar 1837 Trebeins/Miami TP, GC, s Joseph B & Ann/Anna (Tenbrook/Tenbroeck) Hutchison (BH-COR-GDR-TB)
Knox b ca 1867 Xenia, GC (OB)
Margaret b 1 Feb 1839 GC, dau Joseph B & Ann (Tenbrook/Tenbroeck) Hutchison (COR-TB)
Margaret Finley b 5 Jun 1819 near Bellbrook, GC, dau George & Martha (Clancey) Hutchison (SH)
Martha b 19 Jul 1809 GC, dau John & Margaret (Finley) Hutchison (SH)
Mary Jane b 28 Nov 1840 GC, dau Joseph B & Ann (Tenbrook/Tenbroeck) Hutchison (COR-TB)
Matthew b 16 Sep 1842 GC, s J B & Ann (Tenbrook/Tenbroeck) Hutchison (COR-TB)
Nancy T. b 13 Apr 1832 GC, dau J B & A (Tenbrook/Tenbroeck) Hutchison (COR)

HUTCHISON (continued)
Robert S. Bryson b 20 Nov 1847 GC, s Joseph B & Ann (Tenbrook/Tenbroeck) Hutchison (CFI-COR-TB)
Sarah Ann b 15 Oct 1835 GC, dau Joseph B & Ann (Tenbrook/Tenbroeck) Hutchison (COR-TB)
Sarah Jane b 26 Sep 1834 GC, dau George & Martha (Clancey) Hutchison (SH)
William b 19 Jul 1809 GC, s John & Margaret (Finley) Hutchison (SH)
William Henry b 14 Jul 1844 Xenia TP, GC, s Joseph B & Ann (Tenbrook/Tenbroeck) Hutchison (COR-FFBIR-FFHD-FFII-GDR-TB)
HUTSLAR, Matilda J. b 1856 GC (SLGC)
Tilla Jane b ca 1856 Ross TP, GC, dau John & Ruth Hutslar (OB/Ritenour)
HUTSLER, Rebecca Ann b ca 1858 GC (OB/Leffel)
HUTSON, Ella b 1866 Cedarville, GC (CNC-OB)
HYLAND, Ann Elizabeth b 1 Feb 1840 GC, dau H H Hyland (BRC)
Anna b prior 1869 Beavercreek TP, GC, dau Thomas & Julia (Rader) Hyland (RH)
Anna b prior 1869 Beavercreek TP, GC, dau Hugh H & Margaret (Snyder) Hyland (RH)
Laura Belle b 13 Aug 1850 Spring Valley, GC, dau Thomas & Julia Ann Hyland (OB/Davis)
HYPES, Maria b 25 Apr 1825 Xenia, GC, dau Henry & Sarah (Wright) Hypes (ELAM-PGC-RH)
Oran F. b 18 Dec 1862 Xenia, GC, s Samuel Henry & Hannah (Van Brocklin) Hypes (CCB-OB-OPS)
Samuel Henry b 1826 GC, s Henry Hypes (CCB)

HYPES (continued)
William Findley b 11 Feb 1861 Xenia, GC, s Samuel Henry & Hannah (Van Brocklin) Hypes (FFHF-OB-XG)
HYSLOP, Anna Laura b May 1861 GC, dau Robert H & Martha Ann (Bogle) Hyslop (FFHL)
Charles b ca 1860 GC, s Robert H & Martha Ann (Bogle) Hyslop (FFHL)
Eliza Ann b 16 Jul 1834 PROB GC, dau George & Margaret (Greenwood) Hyslop (FFHL-MCCL)
Eliza Jane b 25 Jan 1858 GC, dau Robert H & Martha Ann (Bogle) Hyslop (FFHL-MCCL)
James Hervey b 18 Aug 1854 near Xenia, GC, s Robert H & Martha Ann (Bogle/Boyle) Hyslop (FFHL-HOR-OA)
Mary Amanda b 3 Dec 1823 GC, dau George & Margaret (Greenwood) Hyslop (MCCL)
Nancy Jane b 15 Dec 1828 GC, dau George & Margaret (Greenwood) Hyslop (FFHL-MCCL)
Robert b 9 May 1821 E. of Xenia, GC, s George & Margaret (Greenwood) Hyslop (FFFG-FFHL-MCCL)
William W. b 1 Oct 1862 GC, E. of Xenia, GC, s Robert & Martha (Bogle) Hyslop (OB)
ILIFF, Allan W. b 17 Dec 1850 Cedarville, GC, s James Q & Jennie (Hall) Iliff (OB)
Charles Edgar b 1863 Cedarville, GC, s Wesley & Sarah (Ballard) Iliff (FFTN-RB22)
David L. b 1812 GC, s James & Sarah (Hill) Iliff (FFTN)
Eva b 1852 Cedarville, GC, dau Wesley & Sarah (Ballard) Iliff (FFTN)
Evangeline b 1853 GC (RB33)
Flora b 1861 Cedarville, GC, dau Wesley & Sarah (Ballard) Iliff (FFTN)

ILIFF (continued)
Harriet Rebecca b 11 Jun 1855 Cedarville, GC, dau Wesley & Sarah (Ballard) Iliff (OB/Owens)
Hattie b 1854 Cedarville, GC, dau Wesley & Sarah (Ballard) Iliff (FFTN)
James Q. b 1808 GC, s James & Sarah (Hill) Iliff (FFTN)
Jesse S. b 1806 GC, s James & Sarah (Hill) Iliff (FFTN)
John W. b 1846 Cedarville, GC, s Wesley & Sarah (Ballard) Iliff (FFTN)
Mary b 1838 Cedarville, GC, dau Wesley & Sarah (Ballard) Iliff (FFTN)
Mattie b 1850 Cedarville, GC, dau Wesley & Sarah (Ballard) Iliff (FFTN)
Sarah E. b 1810 GC, dau James & Sarah (Hill) Iliff (FFTN)
Thomas C. b 1818 Jamestown, GC, s James & Sarah (Hill) Iliff (FFTN)
Thomas Vincent b 24 Aug 1842 Cedarville, GC, s Wesley & Sarah (Ballard) Iliff (BH-FFTN)
Wesley b 1816 Jamestown, GC, s James & Sarah (Hill) Iliff (FFTN)
Wesley b 1818 Cedarville, GC, s James & Betsy (Hill) Iliff (BH-FFTN-PGC)
William H. b 18 Jul 1840 Cedarville, GC, s Wesley & Sarah (Ballard) Iliff (FFTN-PGC)
William T. b 1814 Jamestown, GC, s James & Sarah (Hill) Iliff (FFTN)

ILIFFE, Edith b 15 Jul 1868 Clifton, GC, dau David & Clara Iliffe (OB/Randall)
William W. b 30 Sep 1857 Cedarville, GC (GDR)

IMAN/EYMAN, Mary Jane b 2 Jun 1825/35 Xenia TP, GC, dau Jacob & Hannah (Peterson) Iman (FUD)

INGRAHAM, William H. b ca 1841 GC (OB)

INSLEY, William Zera b ca 1847 Cedarville, GC (RB33)

IRELAND, James W. b 4 Dec 1849 near Jamestown, GC (OB)

IRELAND/IRELAN, William b 25 Jul 1837 Cedarville, GC, s James & Eliza (Miller) Ireland (GLAN)

IRELAND, William Franklin b 9 Sep 1847 Caesarscreek TP, GC (OB)

IRVIN, Lizzie b ca 1864 GC (RB22)
Samuel W. b 1840 Huffersville, GC (GDR)

IRWIN, Anna b ca 1862 near Jamestown, GC (OB/Carpenter)
Elizabeth b 1823 GC (GDR)
James H. b 1837 New Jasper, GC (GDR)
Jennie b ca 1867 Xenia, GC (OB/Nichols)
Nancy Milton b 1806 GC, dau John & Anna Irwin (WGE)

JACKSON, Amy Elizabeth b ca 1859 New Burlington, GC (OB/Wolters)
Andrew b 25 Dec 1843/45 W. of Cedarville, GC, s Robert & Minerva J (Eddy) Jackson (BH-JAC-OPS-RH)
Ben E. b ca 1864 GC, near Bowersville (OB)
Charles Conditt b 2 Feb 1857 Xenia TP, GC, s Joshua M & Mary Matilda (Gowdy) Jackson (JAC-PGC)
David b 25 Dec 1853 New Burlington, GC (OB)
Dona Martha b 3 May 1836 W. of Cedarville, GC, dau Robert & Minerva (Eddy) Jackson (BH-JAC)
Eliza Ann b 24 Dec 1819 W. of Cedarville, GC, dau David & Nancy (Nichol) Jackson (BH-JAC)
Elizabeth b 8 Sep 1827 W. of Cedarville, GC, dau Robert &

JACKSON (continued)
Minerva (Eddy) Jackson (BH-JAC)
Frances Ladora b 12 Mar 1856 Cedarville TP, GC, dau George & Minerva (Townsley) Jackson (BH)
George b 19 Mar 1823 W. of Cedarville, GC, s David & Nancy (Nichol) Jackson (BH-JAC)
Hugh Park/Parks b 16/18 Apr 1836 W. of Cedarville, GC, s David & Nancy (Nichol) Jackson (BH-JAC-UPC)
James Harvey b 27 Jul 1847 W. of Cedarville, GC, s Robert & Minerva (Eddy) Jackson (BH-JAC)
John Ross b 3 Feb 1828 GC, s David & Nancy (Nichol) Jackson (BH-JAC)
Joseph Addison b 6 Jan 1825 W. of Cedarville, GC, s Robert & Minerva (Eddy) Jackson (BH-JAC)
Joseph Eddy b 1 Jan 1861 GC, s Joshua M & Mary Matilda (Gowdy) Jackson (GOW-JAC)
Joshua Cyrus b 3 Mar 1859 GC, s Joshua M & Mary Matilda (Gowdy) Jackson (GOW-JAC)
Joshua M. b 13/17 Nov 1829 W. of Cedarville, GC, s Robert & Minerva J (Eddy) Jackson (BH-GOW-JAC-PGC)
Martha b 11 Dec 1820 W. of Cedarville, GC, dau David & Nancy (Nichol) Jackson (BH-JAC)
Mary b 22 Oct 1830 near Cedarville, GC, dau David & Nancy (Nichol) Jackson (BH-JAC)
Mary b 28 Jan 1832 W. of Cedarville, GC, dau Robert & Minerva (Eddy) Jackson (BH-JAC-NAS-RH)
Mary b 17 Nov 1866 GC, dau Joshua M & Mary Matilda (Gowdy) Jackson (JAC)
Nancy/Nannie Jane b 3 Jun 1834 W. of Cedarville, GC, dau

JACKSON (continued)
Robert & Minerva J (Eddy) Jackson (BH-HOOD-JAC-OB)
Phoebe Ann b 24 Nov 1822 W. of Cedarville, GC, dau Robert & Minerva (Eddy) Jackson (BH-JAC)
Robert A. b 23 Sep 1854 GC, s Joshua M & Mary Matilda (Gowdy) Jackson (JAC)
Robert Eddy b 23 Dec 1840 W. of Cedarville, GC, s Rob & M (Eddy) Jackson (BH-JAC)
Robert McCorkle b 11 Jun 1834 near Cedarville, GC, s David & Nancy (Nichol) Jackson (BH-JAC-WIL)
Ruth L. b 3 Jan 1826 Clarks Run, GC, dau David & Nancy (Nichol) Jackson (BH-JAC)
William C. b 21 Dec 1827 Cedarville, GC (UPC)
JACOBS, Julius Cicero b 1851 W. of Yellow Springs, Miami TP, GC, s Ahimaaz & Emily (Trollinger) Jacobs (BH-GFC)
Jacob Thomas b 30 Jul 1856 W. of Yellow Springs, Miami TP, GC, s Ahimaaz & Emily (Trollinger) Jacobs (BH-RB88)
Mary L. b prior 1869 W. of Yellow Springs, Miami TP, GC, dau Ahimaaz & Emily (Trollinger) Jacobs (BH)
William Austin b prior 1869 W. of Yellow Springs, Miami TP, GC, s Ahimaaz & Emily (Trollinger) Jacobs (BH)
JACOBY, Abigail Ryan b 27 Jan 1827 N. of Xenia, GC, dau Peter & Sarah (Gowdy) Jacoby (GOW)
Emma b prior 1869 N. of Xenia, GC, dau Peter & Sarah (Gowdy) Jacoby (GOW)
Henry B. b 1826 Xenia TP, GC, s Henry & Rebecca (Corry) Jacoby (COR)
Henry Martin b 2 Sep 1844 Xenia TP, GC, s Matthew Corry & Phoebe A (Jackson) Jacoby (JAC)

JACOBY (continued)
James b 5 Aug 1820 GC, s John & Ann (Galloway) Jacoby (SCO)
James Henry b 10 Jun 1837/39 Xenia TP, GC, s Peter & Sarah (Gowdy) Jacoby (BH-GDR)
John Melvin b 15 Jan 1867 near Oldtown, GC, s Henry & Elizabeth (Harner) Jacoby (OB)
Martha b 9 Jun 1829 GC, dau John & Ann (Galloway) Jacoby (SCO)
Mary Jane b prior 1869 N. of Xenia, GC, dau Peter & Sara (Gowdy) Jacoby (GOW)
Matthew Corry b 9 Jun 1816 Xenia TP, GC, s Henry & Rebecca (Corry) Jacoby (COR-JAC-RH)
Nancy J. b 1820 Xenia TP, GC, dau Henry & Rebecca (Corry) Jacoby (COR)
Peter b 3 Sep 1801 (NWT) GC, s John & Mary Jacoby (BH)
Peter b 1818 GC, s Henry & Rebecca (Corry) Jacoby (COR)
Rachael b 20 Mar 1823 Xenia TP, GC, dau Henry & Rebecca (Corry) Jacoby (COR)
Rebecca b prior 1869 N. of Xenia, GC, dau Peter & Sarah (Gowdy) Jacoby (GOW)
Rebecca b 19 Nov 1824 GC, dau John & Ann (Galloway) Jacoby (SCO)
Rebecca Corry b 30 Nov 1833 Xenia TP, GC, dau Henry & Rebecca (Corry) Jacoby (COR)
Rebecca Jane b 10 Nov 1846 Xenia TP, GC, dau Matthew Corry & Phoebe A. (Jackson) Jacoby (JAC)
Robert Scott b 22 Nov 1842 Xenia TP, GC, s Mathew/Matthew Corry & Phoebe A. (Jackson) Jacoby (BH-GCB-JAC-RH)
Sarah b 6 June 1820 GC, dau John & Ann (Galloway) Jacoby (SCO)
Sarah b 1824 GC, dau Henry & Rebecca (Corry) Jacoby (COR)

JACOBY (continued)
William b 6 Jun 1820 GC, s John & Ann (Galloway) Jacoby (SCO)
JAMES, Angeline b 1838 Sugarcreek TP, GC, dau David Whiteford & Rebecca (Austin) James (HART)
Benjamin A. b 6 Jun 1843 GC, s John C. & Susan (Brown) James (PGC)
Benjamin Franklin b 25 Jun 1848 E. of Bellbrook, Sugarcreek TP GC, s David Whiteford & Rebecca (Austin) James (BH-HART)
Benjamin Franklin b 12 Sep 1837 POSS GC, s Joshua Collett & Maria (Burr) James (JAS)
Catherine b 9 Mar 1816 Sugarcreek TP, GC, dau John & Nancy (Whiteford) James (JAS-PGC)
Catherine b 5 Oct 1849 GC, dau John C. & Susan (Brown) James (PGC)
Elizabeth Ann b 19 Jan 1845 PROB GC dau Joshua Collett & Maria (Burr) James (JAS)
Emily b 25 Jul 1834 Sugarcreek TP, GC, dau David Whiteford & Rebecca (Austin) James (HART)
Enoch Pilcher b 29 Jan 1848 PROB GC, s Joshua Collett & Maria (Burr) James (JAS)
Evan b 4 Feb 1839 GC, s John C. & Susan (Brown) James (PGC)
Frank E. b 27 Aug 1860 GC, s William James (PMC)
Harriet b 9 Nov 1844 GC, dau John C & Susan (Brown) James (PGC)
Irene b 16 May 1858 PROB GC, dau Joshua Collett & Maria (Burr) James (JAS)
Isaac Newton b 8 Jul 1835 PROB GC, s Joshua Collett & Maria (Burr) James (JAS)
Isaac b 6 Sep 1852 GC, s John C & Susan (Brown) James (PGC)
Jane b 1845 Sugarcreek TP, GC,

JAMES (continued)
dau David Whiteford & Rebecca (Austin) James (HART)
Jane Carmen b 14 Nov 1862 PROB GC, dau Joshua Collett & Maria (Burr) James (JAS)
John Critchfield b 9 Mar 1816 Sugarcreek TP, GC, s John & Nancy (Whiteford) James (GDR-JAS-PGC)
John b 1843 Sugarcreek TP, GC, s David Whiteford & Rebecca (Austin) James (HART)
Joseph Nelson b 29 Jul 1850 GC, s Joshua Collett & Maria (Burr) James (JAS)
Joshua Collett b 11 Mar 1810 Sugarcreek TP, GC, s John & Nancy (Whiteford) James (JAS-PGC)
Joshua Morris b 25 Nov 1854 GC, s Joshua Collett & Maria (Burr) James (JAS)
Julia b ca 1844 GC, dau David James (OB/Seward)
Julia b 1841 Sugarcreek TP, GC, dau David Whiteford & Rebecca (Austin) James (HART)
Laurania b 16 May 1858 GC, dau Joshua Collett & Maria (Burr) James (JAS)
Lydia b 1841 Sugarcreek TP, GC, dau David Whiteford & Rebecca (Austin) James (HART)
Lydia J. b 8 Jan 1813 Sugarcreek TP, GC, dau John & Nancy (Whiteford) James (FFJM-JAS-PGC-SMPC)
Mary b 2 Oct 1840 GC, dau Joshua Collett & Maria (Burr) James (JAS)
Mary b 22 Sep 1858 GC, dau John C & Susan (Brown) James (PGC)
Nathan b 1833 Sugarcreek TP, GC, s David Whiteford & Rebecca (Austin) James (HART)

JAMES (continued)
Permelia b 11 Nov 1840 GC, dau John C & Susan (Brown) James (PGC)
Rebecca b 6 Jan 1847 GC, dau John C & Susan (Brown) James (OB/Seward-PGC)
Sarah b 15 Apr 1808 POSS GC, Sugarcreek TP, dau John & Nancy (Whiteford) James (JAS-PGC)
Susan b 21 Jul 1842 PROB GC, dau Joshua Collett & Maria (Burr) James (JAS)
Thomas Collett b 29 Jan 1853 PROB GC, s Joshua Collett & Maria (Burr) James (JAS)
William b 1836 Sugarcreek TP, GC, s David Whiteford & Rebecca (Austin) James (HART)
William b 2 Nov 1854 GC, s John C & Susan (Brown) James (PGC)
JAMESON, Adda b ca 1858 Cedarville, GC, dau John & Hadassah Jameson (OB/Elrick)
John b 8 Aug 1815 GC, s John & Elizabeth (McCoy) Jameson (PGC)
Joseph b 13 Feb 1812 near Xenia, GC, s John & Elizabeth (McCoy) Jameson (DAC-WCH)
Margaret Elizabeth b prior 1869 Miami TP, GC, dau George W & Sarah (McClellan) Jamison (BH)
JEFFERIES, Scott W. b ca 1865 Cedarville, GC (OB)
JEFFREYS, Daniel b 1861 Cedarville, GC (GDR)
Mason b 8 Sep 1835 Cedarville, GC, s Uriah & Caroline Jeffreys (DH)
JEFFRIES, Levi Roscoe b ca 1863 Cedarville, GC (RB33)
Lincoln b ca 1865 Cedarville, GC (RB22)
Mason b 1843 Xenia, GC (GDR)
JENKINS, Dilia Jane b 1864 Xenia TP, GC, dau William R

JENKINS (continued)
& Margaret Ann (B-?) Jenkins (GDR)
Jonathan b May 1806 Jamestown, GC (GDR)
Lillie b ca 1864 Jamestown, GC (RB88)
Lillie Paullin b ca 1856 Jamestown, GC (RB11-RB33)
JENKS, Smith b 1 Jan 1845 GC, s Levi & Elizabeth (Sanders) Jenks (DH)
JEROME, Mary Ann b 14 Jan 1818 GC (GIB)
JOB, Eugenia b 1859 Yellow Springs, GC (OB)
JOBE, Charles Leigh b 27 Mar 1863/65 E. of Xenia, Xenia TP, GC, s John Hutchison & Nancy Ellen (Collins) Jobe (BH-GCB-KC-MCCL-OB)
George Edgar b 20 May 1860 Xenia TP, GC, s John Hutchison & Nancy Ellen (Collins) Jobe (BH-KC-MCCL)
George Franklin b 26 Feb 1853 E. of Xenia, GC, s George & Mary Ann (Hutchinson) Jobe (BH)
Hannah Louise b ca 1860/68 Yellow Springs, GC, dau Albert & Lydia Jobe (OB)
John Hutchison b 31 Oct 1825/26 Xenia, GC, s George & Mary Ann (Hutchison/Hutchinson) Jobe (BH-MCCL-PGC)
John Riley b 16 Aug 1864/67 Xenia, GC, s John Hutchison & Nancy Ellen (Collins) Jobe (BH-KC-MCCL)
Lida b prior 1869 Xenia TP, GC, dau George & Mary Ann (Hutchinson) Jobe (BH)
Martha C. b 16 Nov 1850 GC (OB/Weakley)
Rachel b 28 Oct 1850 PROB GC, dau A & A-? Jobe (ELC)
Samuel Collins b 4 Jan 1862 Xenia, GC, s John Hutchison & Nancy Ellen (Collins) Jobe (KC-MCCL)

JOHANNES, Charles E. b ca 1868 near Alpha, GC (OB)
JOHN, Laura K. b ca 1860 GC (OB)
William b 1822 Beavercreek TP, GC (GDR)
JOHNS, Lemuel b 1830 Xenia TP, GC (GDR)
JOHNSON, Abigail Little b 1 Feb 1847 Clifton, GC, dau Joseph R & Lydia Elizabeth (Estle) Johnson (BH-CFI)
Alfred b 13 Jan/Sep 1838 Bell Center, Ross TP, GC, s James C & Jane (Greenwood) Johnson (BH-GDR-SCV)
Alice May b 6 May 1857 PROB GC, dau Jesse F & Amy F Johnson (SCV)
Alonzo b ca 1859 near Bowersville, GC (OB)
Ann M. b 15 Apr 1841 Miami TP, GC, dau James M & Catherine (Ehrler) Johnson (BH-PGC-RH)
Ann Maria b 30 Jun 1859 Clifton, GC, dau Joseph R & Lydia Elizabeth (Estle) Johnson (BH)
Armanda Jane b 23 Nov 1849 GC, dau Thomas Mitchell & Sarah Ann (Hunt) Johnson (FFJJ)
Asahel b 23 Apr 1849 Clifton, GC, s Joseph R & Lydia Elizabeth (Estle) Johnson (BH)
Charles A. b 15 Sep 1855 PROB GC, s Jesse F & Amy F Johnson (SCV)
Charles M. b 23 Mar 1861 Bell Center, Ross TP, GC, s Al & Mary (McClain) Johnson (BH)
Charles Morgan b 1861 Jamestown, GC (RB22-SCV)
Charles Shaw b ca 1864/65 Yellow Springs, GC (GFC-OB)
Clara Elizabeth b ca 1868 Jamestown, GC (RB77)
Clarinda b 1826 PROB Jamestown, GC, dau James Johnson (FFHK)
Clemency b 9 Oct 1842 Clifton, GC, s Joseph R & Lydia Elizabeth (Estle) Johnson (BH)

JOHNSON (continued)
Edwin G. b 18/27 Feb 1863 Silvercreek TP, GC, s James B & Jane Johnson (GDR-SCV)
Elijah b ca 1853 Bowersville, GC (OB)
Eliza J. b 4 Dec 1831 near Jamestown, GC, dau John D & Martha (Johnson) Johnson (PGC)
Emma L. b prior 1869 GC, dau Asahel B & Mary A (Gillmore) Johnson (BH)
E. O. b 7 Oct 1811 Silvercreek TP, GC (GDR-SCV)
Flora b 27 Jan 1856 Jefferson TP, GC, dau Robert & Eliza Jane Johnson (GDR-STC)
Frank b ca 1864 GC (RB88)
Frank b Jan 1867 near Jamestown, GC, s J L & Jane (Cunningham) Johnson (OB-SCA)
Frank W. b 1860 N. of Yellow Springs, GC (GFC-OB)
Frank W. b prior 1869 GC, s Asahel B & Mary A (Gillmore) Johnson (BH)
Hannah Miriam b 30 Jun 1857 Clifton, GC, dau Joseph R & Lydia (Estle) Johnson (BH)
Jacob N. b ca 1866 Yellow Springs area, GC (OB)
Jesse F. b 6 Jun 1827 S. of Jamestown, GC, s John D & Martha (Blain) Johnson (BH-SCV)
John Alex b 16 Dec 1838 GC (GDR)
John Estle b 1 Apr 1845 Clifton, GC, s Joseph & Lydia Elizabeth (Estle) Johnson (BH-CCB-CFI)
Lorenzo Don b 4 Feb 1841/42 GC, s Virgil Harow & Mary V (Wilson) Johnson (B&J)
Lydia Elizabeth b 29 May 1851 Clifton, GC, dau Joseph R & Lydia Elizabeth (Estle) Johnson (BH)
Malissa b 23 May 1849 Bowersville, GC (OB)

JOHNSON (continued)
Margaret Jane b 25 Aug 1862 Clifton, GC, dau Joseph R & Lydia Elizabeth (Estle) Johnson (BH)
Robert b prior 1869 Jefferson TP, GC, s Thomas & Margaret (Stewart) Johnson (DH)
Russell b ca 1861 Yellow Springs, GC (OB)
Sarah Elizabeth b ca 1856/58 Xenia, GC (RB44)
JOHNSTON, Amanda b 12 Apr 1851 GC, dau Charles S & Rebecca Ann (Stevenson) Johnston (SCO)
C. A. b 15 Dec 1852 Bath TP, GC, s T P & E (Shellabarger) Johnston (GDR)
Catherine/Katherine b 1845 GC, dau Charles S & Rebecca Ann (Stevenson) Johnston (JOH-SCO)
Cora I. b 14 Aug 1864 Jefferson TP, GC, dau Robert & Eliza (Ogan) Johnston (OB/Brakefield/Breakfield)
Fred b ca 1858 GC, W. of Yellow Springs (OB)
Howard Agnew b 29 Jun 1860 GC (OA)
Ida May b 3 Mar 1864 near Jamestown, GC, dau John W & Susan (Glass) Johnston (OB/Latham)
James b 15 Nov 1828 GC, s Joseph & Martha (Opdyke) Johnston (FFJN)
James Stevenson b 4 May 1834 Xenia, GC, s Charles & Rebecca Ann (Stevenson) Johnston (JOH-JON-SCO)
John b 1 Dec 1838 GC, s Charles S & Rebecca Ann (Stevenson) Johnston (SCO)
Joseph Henry b 3 Jun 1843 Xenia, GC, s Charles & Rebecca Ann (Stevenson) Johnston (JOH-JON-SCO)
Lillian J. b 9 Jan 1861 POSS GR CO (JOH)
Martha Jane b 21/27/28 Feb

JOHNSTON (continued) 1841 GC, dau Charles & Rebecca Ann (Stevenson) Johnston (JOH-JON-SCO)
Mary Ann b 22 Aug 1836 Xenia, GC, dau Charles S & Rebecca Ann (Stevenson) Johnston (JOH-SCO)
Rebecca Isabelle b 14 Jan 1849 near Yellow Springs, GC, dau Charles & Rebecca Ann (Stevenson) Johnston (JOH-JON-SCO)
Sarah b 22 Aug 1853 GC, dau Charles S & Rebecca Ann (Stevenson) Johnston (SCO)
Sarah E. H. b 1852 GC, dau Arthur Johnston Sr (FFPR)
Sarah Nevada b 2 Nov 1851 POSS GC (JOH)
Sidney I. b prior 1869 PROB GC, dau Arthur Johnston (FFPR)
Thomas P. b 1813 Bath TP, GC (GDR)
William H. b 2 Sep 1852 POSS GC (JOH)
JONES, Andrew b ca 1847 GC (RB22)
Anise Luella b 8 Oct 1864 near Maple Corner, GC, dau Samuel F & Mary (Humston) Jones (OB/Lewis)
Anna b 1866 GC, dau Samuel & Mary (Humston) Jones (GRB-RB77-RB88)
Augustus H. b 12 Dec 1832 Miami TP, GC, s Stephen & Elizabeth (Ball) Jones (GDR-PGC)
Benjamin Deluna b 9 Oct 1821 Ross TP, GC, s Erasmus & Mary (Sellers) Jones (JS)
C. B. b 1849 POSS Xenia, GC, s George W Jones (DH)
Charles H. b 1851 GC, s Eber & Laura Emma (Dakin) Jones (DAK)
Christina b 22 Jan 1815 Bath TP, GC (GDR)
Eli b 1867 Cedarville TP, GC (GDR)

JONES (continued) Emily b 1 Apr 1845 New Jasper TP, GC (GDR)
Erasmus Jackson b prior 1869 Ross TP, GC, s Erasmus & Mary (Sellers) Jones (JS)
Frank Harper b ca 1854 Xenia, GC (RB22)
Frankie b 22/23 Sep 1867 GC, s James A & Carie/Carolyn A (Waln) Jones (COP-ZMI)
Franklin Pierce b ca 1854/55 Xenia, GC (OB-RB22-RB66)
George W. b 18 Nov 1866 Jamestown area, GC, s Tamm & Amanda Jones (OB)
George Washington b 12 Feb 1814 POSS Ross TP, GC, s Erasmus & Mary (Sellers) Jones (JS)
Granville, b 1853 GC, s Eber & Laura Emma (Dakin) Jones (DAK)
Hugh M. b 1839 POSS GC, s Lewis & Sarah (Peterson) Jones (COP)
Jacob B. b 16 Jul 1862 Caesarscreek TP, GC (OB)
Jacob M. b 1840/41 POSS GC, s L & S (Peterson) Jones (COP)
Jacob R. b 11 Jul 1858 near Mt. Tabor, GC, s John & Sarah (Bales) Jones (OB)
James A. b 6 Sep 1842/43 GC, s Lewis & Sarah (Peterson) Jones (COP-GDR)
James E. b ca 1849 Jamestown, GC (OB)
James H. b 1806 GC (GDR)
James Harvey b 1847 GC, s Eber & Laura Emma (Dakin) Jones (DAK)
Jane b 14 Feb 1845 Silvercreek TP, GC (GDR)
John b 3 Apr 1818 Caesarscreek TP, GC (GDR)
John Howard b 14 Aug 1857 Clifton, GC, s Benjamin & Cynthia Jones (OB)
Keturah Ann b 9 Oct 1821 Ross TP, GC, dau Erasmus & Mary (Sellers) Jones (JS)

JONES (continued)
Leonard b ca 1868 Xenia, GC (RB33)
Lewis R. b 23 Aug 1856 Caesarscreek TP, GC, s John & Sarah (Bales) Jones (BH)
Maggie b 1856 Cedarville TP, GC (GDR)
Maria/Mariah C. b 11 Jun 1841/42 GC, s Lewis & Sarah (Peterson) Jones (COP-ZMI)
Matilda b prior 1869 GC (PGC)
Matthew Alexander b Dec 1848 GC, s Eber & Laura Emma (Dakin) Jones (DAK)
Sally Jeffries b ca 1861 Cedarville, GC, dau James & Mary Jones (OB/Lewis)
Samuel F. b 12 Oct 1836 GC, s Lewis & Sarah (Peterson) Jones (COP-MCC)
Sarah Alice b 5 Nov 1866 New Jasper TP, GC, dau Lewis & Jane (Thomas) Jones (FUD)
Silas Devore b 19 Feb 1842 GC, s Eber & Laura Emma (Dakin) Jones (DAK)
Sylvester b 3 Jun 1845 GC, s Eber & Laura Emma (Dakin) Jones (DAK)
William Dakin b 21 Apr 1833 GC, s Eber & Laura Emma (Dakin) Jones (DAK)
Zebulon Francis b 7 Jun 1836 GC, s Eber & Laura Emma (Dakin) Jones (DAK)
JUDY, Daniel Hatfield b 8 Jan 1808 Beavercreek TP, GC, s Jacob Sr & Nancy (Hatfield) Judy (JUD)
Frances b ca 1800 PROB (NWT) GC, PROB dau John Sr & Phoebe (LeMaster) Judy (JUD)
Jacob Jr b 9 Jan 1804 GC, s Jacob Sr & Nancy (Hatfield) Judy (JUD)
Jacob Hittle b 8 Sep 1821 GC, s John Wheatley & Christina (Hittle) Judy (JUD)
James b 1813 Beavercreek TP, GC, s Jacob Sr & Nancy (Hatfield) Judy (JUD)

JUDY (continued)
Jesse b ca 1797 (NWT) GC, s John Sr & Phoebe (LeMaster) Judy (JUD)
Joshua b ca 1803 GC (near what is now Plattsburg, Clark Co.) s John Sr & Phoebe (LeMaster) Judy (JUD)
Martin b 1809 Beavercreek TP, GC, s Jacob Sr & Nancy (Hatfield) Judy (JUD)
Mary b 19 Apr 1819 GC, dau John Wheatley & Christina (Hittle) Judy (JUD)
Nancy b ca 1795 (NWT) GC, dau John Sr & Phoebe (LeMaster) Judy (JUD)
Nancy b 26 Jan 1824 GC, dau John Wheatley & Christina (Hittle) Judy (JUD)
Phoebe/Phebe b 1808 GC, dau John Sr & Phoebe (LeMaster) Judy (JUD)
Richard LeMaster Sr. b 16 Jun 1805 GC, s John Sr & Phoebe (LeMaster) Judy (JUD)
Samuel b 1806 GC, s Jacob Sr & Nancy (Hatfield) Judy (JUD)
Samuel b 25 Nov 1810 GC, near what is now Plattsburg, Clark County, s John Sr & Phoebe (LeMaster) Judy (JUD)
Sarah b 1811 Beavercreek TP, GC, dau Jacob Sr & Nancy (Hatfield) Judy (JUD)
JUNKIN, Anthony Cannon b 28 Jan 1829 GC (UPC)
George b 17 Aug 1859 near Jamestown, GC (OB)
Mary Ann b 3 Feb 1820 GC, dau George & Martha (Irwin) Junkin (BIC)
Rosa/Rose Belle b ca 1863 near Jamestown, New Jasper TP, GC (RB11-RB22-RB66)
William b 3 Aug 1818 GC (GDR)
JUNKINS, Margaret J. b 11 Jan 1822 Cedarville TP, GC, dau George & Martha (Erwin) Junkins (PGC)
KABLE, Ann/Anna R b 21 Apr 1837 Osborn, Bath TP, GC,

KABLE (continued)
dau Samuel & Catherine (Garver) Kable (BH-PGC)
Isaac N. b 5 Apr 1855 Beavercreek TP, GC, s Samuel & Catherine (Garver) Kable (BH)
KARCH, Edward b 7 Dec 1861 Xenia, GC (GDR)
Harry L. b 28 Feb 1861 Xenia, GC (OB)
KARSELL, James Anderson b 27 Jan 1842 Xenia, GC, s Thomas Barton & Mary Jane (Wilkinson) Galloway (SCO) Surname conflict
KATON, Laura Ella b 16 Sep 1861 Cedarville, GC, dau Jonathan Pettengale & Mary Espy (McKee) Katon (CUC-GK)
Marianne Gust b 28 Apr 1859 Cedarville, GC, dau Jonathan Pettengale & Mary Espy (McKee) Katon (GK)
Samuel McKee b 26 Jun 1849 Cedarville, GC, s Jonathan Pettengale & Mary Espy (McKee) Katon (GK)
KAUFFMAN, J. W. b 1867 Osborn, GC (GDR)
O. B. b ca 1863 GC (RB33)
KAY, John b 19 Jan 1852 Spring Valley TP, GC, s Samuel & Millie (Peterson) Key (PGC)
KEARNEY, Mary b 15 Jan 1868 Xenia, GC, dau Robert & Catherine (Gilroy) Kearney (OB/Tuhey)
KEBLER, David b 1845 Xenia, GC (GDR)
KEITER, Anna Mary b ca 1857 GC (RB88)
David H. b 16 Nov 1855 near Blaintown, GC, s John & Sarah (Rudduck) Keiter (OB)
Ella b ca 1861 GC (RB88)
Esther Jane b prior 1869 Caesarscreek TP, GC, dau Frederick & Mary (Weaver) Keiter (BH)
George Abram b 17 Mar 1838 Caesarscreek TP, GC, s Fred

KEITER (continued)
& Mary (Weaver) Keiter (BH)
Mary b ca 1857 POSS Miami TP, GC (OB)
Samantha Jane b 17 Jun 1854 S. of Xenia, GC, dau Harrison & Elizabeth (Scott) Keiter (OB/Oglesbee)
Sarah Catherine b 22 Jun 1844 Caesarscreek TP, GC, dau Frederick & Mary (Weaver) Keiter (BH-HAI)
Sarah R. b 7 Sep 1866 GC, dau John A-? & Sarah (Rudduck) Keiter (GDR)
Susan Mariah/Ann b 9 Jan 1836 Caesarscreek TP, GC, dau Frederick & Mary (Weaver) Keiter (BH-B&K-RH)
KELBLE, Amon E. b 29 May 1865 Xenia, GC (OB)
Charles A. b 20 Jul 1867 Xenia, GC, s Charles & Madeline (Reich) Kelble (OB)
Katherine b ca 1867 Xenia, GC, dau Ansolen & Katherine Kelble (OB/Schleicher)
KELLY, David T. b 18 Sep 1844 Xenia, GC (MR)
James Jr. b 20 Oct 1816 GC, in what is now part of Clark County, s Joseph & Mary Kelly (KEL)
Nina K. b 13 Nov 1866 Xenia, GC, dau David T & Mary (Clark) Kelly (OB/Davis)
KELSEY, William H. b 14 Apr 1835 Jamestown, GC (GDR)
KEMP, George F. b 21 Jul 1868 New Germany area, Beavercreek TP, GC, s Jacob & Elizabeth (Lafong) Kemp (BH)
KENDALL, B. H. b 25 Apr 1852 Xenia, GC (GDR)
Caroline Eleanor b 19 Jul 1838 E. of Xenia, Xenia TP, GC, dau Wm & Eleanor (Jackson) Kendall (JAC-PGC-RH)
Clark b 14 Jan 1825 E. of Xenia, Xenia TP, GC, s William & Eleanor (Jackson) Kendall (JAC-RH-UPC)

KENDALL (continued)
Eliza Jane b 24 Jan 1827 E. of Xenia, Xenia TP, GC, dau William & Eleanor (Jackson) Kendall (JAC-RH)
George Wilson b 5 Apr 1847/48 GC, s Robert & Ellen/Eleanor (Galloway) Kendall (JAC-SCO)
Henry b 27 Nov 1828 GC, E. of Xenia, Xenia TP, GC, s William & Eleanor (Jackson) Kendall (JAC-RH)
Jane b 30 Dec 1820 near Xenia, GC, dau John & Elizabeth (Gibson) Kendall (GIB)
John b prior 1869 near Xenia, GC (UPC)
Mary Ann b 12 May 1822/23 Xenia TP, GC, dau William & Eleanor (Jackson) Kendall (BH-JAC-RH-WCPQ)
Rebecca Martha b 28 Nov 1845 near Wilberforce, GC, dau Robert & Ellen/Eleanor (Galloway) Kendall (JAC-OB/Vickery-SCO)
Robert b 24/25 May 1821 E. of or in Xenia, GC, s William & Eleanor (Jackson) Kendall (GDR-JAC-RH)
Thomas Simpson b 14 Apr 1809 near Xenia, GC (OTW-UPC)
KENDRICK, Mary Emma b 26 Oct 1868 Xenia, GC (GDR)
KENNEDY, Anna b ca 1867 Xenia, GC (RB22)
Thomas J. b 16 Nov 1865 Xenia, GC, s William & Elizabeth (McMahon) Kennedy (OB)
KENNON, Robert W. b ca 1860 Cedarville, GC (OB)
KENT, F. M. b 31 Aug 1864 Bellbrook, GC, s George W & Mary (Snodgrass) Kent (OB-RH)
Ida b 18 Jun 1863 Bellbrook, GC, dau George & Mary Kent (BH-OB/Finley-RB66)
KEPLER, William Edward b Jul 1849 Xenia TP, GC, s P & Sarah Ann Kepler (GDR)

KERSHNER, Andrew b Jul 1816 GC, s Solomon & Margaret Kershner (BCI-KER)
Daniel Hicks/Hix b 17 Oct 1844/45 Bath TP, GC, s Henry & Julia Ann (Wolf) Kershner (GDR-GFC-KER)
Emma b 28 Apr 1862 Alpha, GC, dau Eli & Elizabeth Ann Kershner (OB)
Henry b 8 Jan 1817 GC (GDR)
Isaac N. b 8 May 1851 PROB GC, s S W & S Kershner (GFC)
Jonathan C. b 3 Jul 1823 Yellow Springs, GC, (GDR)
Lydia b prior 1869 GC, dau Solomon & Margaret Kershner (KER)
Mahlon b 20 Feb 1832 W. of Yellow Springs, GC, s Thos & Magdalene (Kershner) Kershner (KER-PGC)
Margaret b prior 1869 W. of Yellow Springs, GC, dau Thos & Magdalene (Kershner) Kershner (KER)
Maria b prior 1869 W. of Yellow Springs, GC, dau Thomas & Magdalene (Kershner) Kershner (KER)
Upton C. b 30 Aug 1850 PROB GC, s D & E Kershner (BCI)
KETTEMAN, Jonathan Jackson b 14 Dec 1830 GC, s Jonathan & Maria Ketteman (BRC)
KEY, Martha A. b 19 Mar 1851 Xenia, GC, dau Samuel A & Emily (Peterson) Key (GAC)
KILER, William b 19 Aug 1829 GC, s Bazil & Eliza Kiler (BRC)
KILIAN, Minnie b ca 1865 Bellbrook, GC (OB/Mills)
KILLEEN, Catherine b ca 1852 Yellow Springs, GC (OB)
Jennie b ca 1867 Xenia, GC, dau Charles Killeen (OB/Spillan)
Katherine b ca 1864 Xenia, GC (OB/Hopkins)
Michael S. b Nov 1860 Yellow Springs, GC (GDR)

KILLIAN, John M. b Nov 1861 Sugarcreek TP, GC (GDR)

KING, Amos b 30 Jun 1820 Caesarscreek TP, GC (GDR)

Ann b 28 Nov 1846 W. of Xenia, GC, dau Vincent & Jane Gay (Stevenson) King (SCO)

Catherine b 5 Jan 1825 GC (BOW)

George G. b 1868 Goes Station, Xenia TP, GC, s Ahimaaz King (EIA)

George W. b 7 Sep 1864 S. of Xenia, GC (HUC-OB)

James Basil b 13 Nov 1844 Xenia, GC, s Vincent & Jane Gay (Stevenson) King (SCO)

James M. b 28 May 1841 New Jasper, GC (GDR)

James M. b ca 1858 GC (OB)

Jane b 19 Nov 1824 Miami TP, GC, dau John & Helen (Aird) King (KIN)

John Walter b 10 Nov 1837 Xenia, GC, s Vincent & Jane Gay (Stevenson) King (KIN-SCO)

Joseph b 2 Jul 1867 GC, s John Walter & Elizabeth (Kirkpatrick) King (SCO)

Joseph Vincent b 5 Apr 1851 W. of Xenia, GC, s Vincent & Jane Gay (Stevenson) King (SCO)

Margaret b Jul 1806/26 GC, dau John & Helen (Aird) King (BH-KIN)

Mary b prior 1869 POSS GC, dau John & Helen (Aird) King (KIN)

Mary b prior 1869 Xenia, GC, dau J M King (OB/Peters)

Minnie Genevieve b 6 Nov 1866 POSS GC, dau William Harrison & Bertha Louise (Ritter) King (SCO)

Olive Rebecca b 21 Jan 1849 Xenia, GC, dau Vincent & Jane Gay (Stevenson) King (SCO)

Sarah Jane b 21 Nov 1842 W. of Xenia, GC, dau Vincent & Jane Gay (Stevenson) King (SCO)

KING (continued)

Vina May b 1859 GC, dau John Walter & Elizabeth (Kirkpatrick) King (SCO)

Walter b 21 Jan 1865 GC, s John Walter & Elizabeth (Kirkpatrick) King (SCO)

William Harrison b 29 Aug 1840 W. of Xenia, GC, s Vincent & Jane Gay (Stevenson) King (MR-SCO)

KINGSBURY, Jennie b 8 Aug 1864 Xenia, GC, dau Robert Jr & Sarah (Mills) Kingsbury (FFKI)

KINNEY, Alpheu A. b ca 1854 Yellow Springs, GC (OB)

Deborah A. b 10 Feb 1830 Bath TP, GC, dau John Kinney (PGC)

Mathias b 17/18 Jul 1817 Miami TP, GC, s Peter & Jane (Quinn) Kinney (BH-GDR)

Myra b ca 1865 Xenia, GC, dau Coates & Mary (Allen) Kinney (OB/Carpe)

KINSELLA, Fannie b ca 1865 Xenia, GC (OB/Myers)

KINSEY, Ada Jessie b 1863 Spring Valley TP, GC, dau Christopher B Kinsey (GDR)

Anna Belle b 15 Feb 1859 Spring Valley TP, GC, dau Christopher & Soubellany (Beall) Kinsey (GDR)

Mellie b 1811 Spring Valley, GC (GDR)

KIRBY, Matilda b 6 Feb 1832 Xenia, GC, dau Amos & Amy (Griffith) Kirby (FFKR)

KIRK, Mollie b 13 Feb 1867 Jamestown, GC (GDR)

KIRKENDALL, Catherine b 3 Nov 1813 near Xenia, GC, dau George & Elizabeth (Briggs) Kirkendall (FFKL-KIR)

George Washington b 16 Jul 1811 near Xenia, GC, s George & Elizabeth (Briggs) Kirkendall (FFKL-KIR)

KISER, Mary Jane b ca 1854 GC (OB/Cummings)

KISER (continued)
Sara b 24 Aug 1848 Yellow Springs, GC, dau John Kiser (OB/Cox)
KLEIN, Bernard A. b 15 Dec 1866 Xenia, GC, s Jacob & Mary (Reinhardt) Klein (OB)
John E. b 1864 Xenia, GC, s Jacob Klein (OB)
KLEMPER, Katie b Jan 1864 Alpha, GC, dau Joseph Klemper (GDR)
KLINE, Asa Clarence b ca 1868 Jefferson TP, GC (RB66)
Elmer E. b ca 1864 Osborn, GC (OB)
Lulu H. b prior 1869 GC, dau Emanuel Kline (RH)
Mary Margaret b 22 Oct 1834 GC, dau Adam & Barbara Kline (BRC)
KLONTZ, Elizabeth b 11 Sep 1866 Ross TP, GC, dau William & Ann Klontz (OB/Taylor)
John b ca 1861 GC (RB55)
KNEISLY, Edwin b 20 Jun 1859 Bath TP, GC, s Daniel & Eliza (Dice) Kneisly (BH)
John A. b 17 Dec 1851 Kneisly Station, Bath TP, GC, s Benjamin & Mary (Kauffman) Kneisly (PGC)
KNIGHT, Nancy b 8 May 1808 GC, dau Samuel & Hannah (Caine) Knight (BH-RH-SPC)
KNOX, Charles b ca 1865 GC (RB55)
Jane b 1807 Clifton area, GC, dau Robert & Jane Knox (BH)
KOCKENAUR, Hester Ann b 1838 Xenia, GC, dau Henry Whitestick & Joanna (Good) Kockenaur (FFKO)
KOOGER, Abraham Lincoln b ca 1865 GC (RB33)
Simon b 29 Dec 1817 Beavercreek TP, GC (GDR)
KOOGLER, Aaron Lewis b 31 Dec 1868 Beavercreek TP, GC, s George & Mary (Cox) Koogler (OB)

KOOGLER (continued)
Elizabeth Allen b ca 1855 Byron, GC (RB55)
Franklin Warren b 1868 GC (MZS-RB33-RB77)
George b 11 Aug 1806 near Union, Xenia TP, GC, s Jacob & Kinley (Harner) Koogler/Kugler (DH-FFKG-GDR)
George W. b ca 1867 GC (OB)
George W. b 1843 Bath TP, GC (GDR)
George Washington b ca 1844 GC (RB55)
Jacob N. b 24 Sep 1847 Beavercreek TP, GC, s Solomon & Catherine (Jones) Koogler (BCI-RH)
John H. b 1/16 May/Jul 1841/42 Beavercreek TP, GC, s Solomon K & Catherine (Jones) Koogler (GDR-MZS-RH)
Julia b 22 Feb 1855 GC, dau Thomas J Koogler (OB)
Martin V. b 30 Oct 1834 Beavercreek TP, GC (GDR)
Mary b ca 1835/40 Beavercreek TP, GC (RH)
Samuel b 6 Aug 1810 GC (GDR)
Samuel G. b prior 1869 GC, s Samuel & Elizabeth (Synip/Snypp/Snyipp-Iliff?) Koogler (OB)
Simon b 30 Sep 1817 Beavercreek TP, GC, s Jacob & Kindla (Harner) Koogler (BCI-DH)
Solomon b 18/26 Feb 1812 Beavercreek TP, GC (BH-HKI)
Solomon K. b 18 Feb 1813 Beavercreek TP, GC (RH)
Thomas J. b 11 Jun 1845 Beavercreek TP, GC, s Solomon & Catherine (Jones) Koogler (BH-HKI-RH)
KOSTENBORDER, Jacob b 22 Mar 1828 GC, s Mathias & Sarah Kostenborder (BRC)
KRAMER, Delilah b 1820 Xenia, GC, dau Solomon Kramer (FFKM)
KREIDER, Elizabeth b 1847 GC, dau Henry & Susan (Kirkwood)

KREIDER (continued)
Kreider (BH-FCR-HAH)
KREIS/KREISOR-?, William b 1 Feb-? 1827 GC, s Henry & Martha Kreise/Kreisor-? (BRC)
KREPPS, Ann/Anna Rebecca b 16/17 Sep 1838 GC, dau George & Nancy (Baughman) Krepps (BH-GDR)
Eliza Ann b 24 Aug 1846 GC, dau George & Nancy (Baughman) Krepps (BH)
Henrietta b 29 Aug 1836 GC, dau George & Nancy (Baughman) Krepps (BH)
Magdalena b 17 Feb 1841 GC, dau George & Nancy (Baughman) Krepps (BH)
Sarah Elizabeth b 30 Jul 1843 GC, dau George & Nancy (Baughman) Krepps (BH)
KUMP, Edward H. b ca 1 Jan 1847 Xenia, GC, s George & Mary Ann (Brown) Kump (FFKU)
Matt/Madison b ca 1859 Xenia, GC, s George & Mary Ann (Brown) Kump (FFKU)
Warren b ca 1851 Xenia, GC, s George & Mary Ann (Brown) Kump (FFKU)
William b ca 1854 Xenia, GC, s George & Mary Ann (Brown) Kump (FFKU)
KYLE, Abigail Ryan b 16/17 Jun 1816 GC, dau Joseph & Jane (Gowdy) Kyle (FFBG-FFHD-GOW)
Agnes J. b 21 May 1862 near Cedarville, GC, dau Roland C & Anna J (Dunlap) Kyle (JAC-OB)
Alexander C. b 7 Aug 1839 Cedarville TP, GC, s Joseph & Ann (Cassel) Kyle (RH)
Anna Margaret b ca 1861 Xenia TP, GC (RB66)
Anna Martha b 15 Mar 1859 near Cedarville, GC, dau William & Rachel Wortman (Cherry) Kyle (JAC-KC-OB/Barnett)

KYLE (continued)
Catherine C. b 25 Dec 1817 GC, dau Joseph & Jane (Gowdy) Kyle (GOW)
Catharine Mary b 17 Mar 1863 near Cedarville, GC, dau William & Rachel Wortman (Cherry) Kyle (JAC-KC)
Charles Colver b 27 Jun 1859 near Cedarville, GC, s Henry & Harriet D (Colver) Kyle (JAC)
Charles Henry b 30 Apr 1858 Cedarville, GC, s James & Maria J (Tarbox) Kyle (JAC-RH)
David Mitchell b 10 May 1811 GC, s Samuel & Ruth (Mitchell) Kyle (BH-FFKY)
Don Alphonso b 11 May 1868 near Cedarville, GC, s Henry & Harriet (Colver) Kyle (JAC-OB)
Elizabeth b 16 Feb 1807 GC, dau Samuel Kyle (BH)
Elizabeth b 17 Jan 1812 Cedarville TP, GC, dau Samuel & Nancy (Smith) Kyle (SPA)
Elizabeth b 30 Dec 1842 Cedarville TP, GC, dau David M & Eleanor (Collins) Kyle (OB/Raney)
Elizabeth Rachel b 11 May 1852 near Cedarville GC, dau William & Rachel Wortman (Cherry) Kyle (JAC-KC)
Ellen b 2 Aug 1834 near Cedarville, Cedarville TP, GC, dau Samuel & Rachel (Jackson) Kyle (JAC)
Francis E. b 7 Mar 1860 Cedarville TP, GC, s Thomas B & Marg J (Henderson) Kyle (JAC)
Foster J. b 6 Feb 1864 near Cedarville/Yellow Springs, GC, s Roland C & Anna J (Dunlap) Kyle (CCB-JAC)
Grace D. b 20 Jan 1866 near Cedarville, GC, dau Roland C Anna J (Dunlap) Kyle (JAC)
Henry b 20 Feb 1832 near Oedarville, GC, s Samuel & Rachel (Jackson) Kyle (JAC-OB-RH)

KYLE (continued)
Henry b ca 1861 Osborn area, GC (OB)
Henry Jero b 17 May 1861 near Cedarville, GC, s Henry & Harriet (Colver) Kyle (JAC-RB44)
Hugh b 6 Sep 1839 near Cedarville, GC, s Samuel & Rachel (Jackson) Kyle (JAC)
James b 3 Aug 1824 GC, s Joseph & Jane (Gowdy) Kyle (GOW)
James b 1820 Cedarville, GC (GDR)
James b 8 Nov 1819 near Cedarville, GC, s Samuel & Rachel (Jackson) Kyle (DH-JAC)
James H. b 12 Feb 1838/39 N. of Xenia, GC, s James & Delilah (Gartrell) Kyle (PGC-RH)
James Harvey b 20 Mar 1848 near Cedarville, GC, s William & Rachel Wortman (Cherry) Kyle (JAC-KC)
James Henderson b 24 Feb 1854 Cedarville TP, GC, s Thomas B & Margaret J (Henderson) Kyle (JAC)
Jane b 18 Dec 1815/16 Cedarville area, GC, dau Samuel & Rachel (Jackson) Kyle (BH-JAC-WIL)
Joanna Jane b 24 Apr 1846 near Cedarville, GC, dau William & Rachel Wortman (Cherry) Kyle (JAC-KC)
John b 29 Nov 1824 Cedarville, GC (GDR)
John b 5 Dec 1825 near Cedarville, GC, s Samuel & Rachel (Jackson) Kyle (BH-JAC)
John Gowdy b 2 Sep 1819 GC, s Joseph & Jane (Gowdy) Kyle (GOW)
John Gowdy b 1 Aug 1849 Xenia, GC, s John G. & Carolyn (Bulford/Bullard) Kyle (FFKY)
John McCall b 16 Apr 1863 near Cedarville, GC, s Henry & Harriet (Colver) Kyle (JAC)

KYLE (continued)
John Merrill b 19 May 1856 near Cedarville, GC, s James & Maria Jane (Tarbox) Kyle (FFKY-JAC)
John Riley b 10 Mar 1866 GC, s John & Martha Jane (Orr) Kyle (JAC-OB)
Joseph b 20 Nov 1849 GC, s Joseph Sr. & Hadassah (Kennedy) Hunter Kyle (FFKY-RH-UPC-XG)
Joseph A. b 1812 GC (GDR)
Joseph R. b 10/20 Jun 1809 Cedarville TP, GC, s Samel & Ruth (Mitchell) Kyle (CTI-RH)
Joseph b 1787 (NWT) Xenia, GC (GOW) 'Questionable date'
Joseph Addison b 18 Sep 1812 GC, s Joseph & Jane (Gowdy) Kyle (DH-GOW)
Joseph Depew b 2 Oct 1852 Xenia, GC, s James & Rachel Ankeney (Foresman) Kyle (GOW)
Joseph H. b 1 Jan 1857 Cedarville TP, GC, s Thomas B & Marg J (Henderson) Kyle (JAC)
Josephine A. prior 1869 Cedarville TP, GC, dau Samuel Kyle (DH)
Joshua R. b 2 Aug 1834 near Cedarville, GC, s Samuel & Rachel (Jackson) Kyle (JAC-UPC)
Leah Martin b 23 Jul 1853 GC, dau Joseph Sr & Hadassah (Kennedy) Hunter Kyle (FFKY)
Lydia M. b prior 1869 Xenia TP, GC, dau David Mitchell & Eleanor (Collins) Kyle (BH)
Margaret b 26 Oct 1802 (NWT) Cedarville TP, GC, dau Samuel & Ruth (Mitchell) Kyle (BH-FFKY)
Martha b 21 May 1837 near Cedarville, GC, dau Samuel & Rachel (Jackson) Kyle (JAC)
Martha Jane b 27 Jul 1827 GC, dau Joseph & Jane (Gowdy) Kyle (GOW)

113

KYLE (continued)
Martha Jane b 5 Dec 1862 Cedarville TP, GC, dau Thomas B & Margaret (Henderson) Kyle (JAC)
Martha Rosanna b 9 Sep 1854 GC, dau John & Martha Jane (Orr) Kyle (JAC)
Mary b 18 Dec 1841 near Cedarville, GC, dau Samuel & Rachel (Jackson) Kyle (JAC)
Mary Catherine b 17 Mar 1863 Cedarville, GC (FFHA)
Mary Ellen b 30 Apr 1858 near Cedarville, GC, dau James & Maria J (Tarbox) Kyle (JAC)
Mary Jeanette b 1 Mar 1863 S. of Cedarville, GC, dau John & Martha Jane (Orr) Kyle (BH-JAC-OB/Cooley-OB/Kyle)
Ora Ella b 29 May 1856 near Cedarville, GC, dau William & Rachel Wortman (Cherry) Kyle (JAC-KC)
Polly Gowdy b 14 Feb 1814 GC, dau Joseph & Jane (Gowdy) Kyle (GOW)
Rachel b 18 Feb 1855 Cedarville TP, GC, dau Joseph & Hadassah (Kennedy) Kyle (MCI-OB/Creswell)
Rachel Joanna b 19 May 1830 near Cedarville, GC, dau Samuel & Rachel (Jackson) Kyle (JAC)
Robert Jackson b 28 Jan 1817 near Cedarville, GC, s Samuel & Rachel (Jackson) Kyle (JAC)
Robert Jackson b 2 May 1854 near Cedarville, GC, s William & Rachel Wortman (Cherry) Kyle (JAC-KC)
Roland C. b 21 May 1837 near Cedarville, GC, s Samuel & Rachel (Jackson) Kyle (CCB-JAC)
Roland C. b ca 1839 Cedarville, GC (RB66)
Ruth Ann b 19 Jun 1818 near Cedarvile, GC, dau Samuel & Rachel (Jackson) Kyle (JAC)

KYLE (continued)
Samuel b 7 Mar 1849 Cedarville TP, GC, s David & Eleanor (Collins) Kyle (OB)
Samuel b 9 Jan 1823 GC, s Joseph & Jane (Gowdy) Kyle (GOW)
Samuel Jackson b 8 Mar 1851 GC, s John & Martha Jane (Orr) Kyle (JAC)
Samuel John b 27 Sep 1850 near Cedarville, GC, s William & Rachel Wortman (Cherry) Kyle (JAC-KC-UPC)
Samuel Ralph b 21 Feb 1852 Cedarville TP, GC, s Thomas B & Margaret J (Henderson) Kyle (JAC)
Samuel Victor b 25 Sep 1865 near Cedarville, GC, s Henry & Harriett (Colver) Kyle (JAC)
Sarah G. b 1 Jun 1821 GC, dau Joseph & Jane (Gowdy) Kyle (GOW)
Thomas B. b 8 Jan 1824 near Cedarville, GC, s Samuel & Rachel (Jackson) Kyle (JAC-OB)
Thomas Dales b 5 Dec 1867 near Cedarville, GC, s Roland Chambers & Anna J. (Dunlap) Kyle (JAC-MCCL)
William b 27 Aug 1821 near Cedarville, GC, s Samuel & Rachel (Jackson) Kyle (DH-JAC-KC)
William b 12 Jun 1831 GC, s Joseph & Jane (Gowdy) Kyle (GOW)
William J. b 7 Mar 1849 Cedarville TP, GC, s David & Eleanor (Collins) Kyle (OB)
William P. b 29 Nov 1864 Cedarville, GC (GDR)
William Patterson b 1 Nov 1864 near Cedarville, GC, s William & Rachel Wortman (Cherry) Kyle (JAC-KC-RB33)
KYLER, Mary Jane b 27 Sep 1840 GC, dau Sappington Kyler (BRC)

KYNE, Frank b 22 Dec 1867 Spring Valley, GC, s John & Elizabeth Kyne (OB)
Thomas b 31 May 1854 Spring Valley TP, GC, s John & Elizabeth (Byron) Kyne (RH)

LACKEY, Adaline b 2 Apr 1843 Cherry Grove near Jamestown, GC, dau James & Mary (Boots) Lackey (LAC-OCH)
America A. b 1838 GC, dau James & Mary Ann (Boots) Lackey (LAC)
Elvira b 9 May 1830 GC, dau Isaac & Isabella (Cunningham) Lackey (FFOMM-LAC)
Frank Currie b ca 1868 Cedarville TP, GC, s Nathan & Elizabeth (Chalmers) Lackey (OB)
Isaac Newton b 6 Oct 1847 Ross TP, GC, (GDR)
James Harvey b 17 May 1857 Ross TP, GC, s Givens & Margaret Ann (Turnbull) Lackey (BH-OB)
Naomi J. b 1840 GC, dau James & Mary Ann (Boots) Lackey (LAC)

LAFONG/LEFONG, Alethea/Letha Ann b 10 Jun 1861 Beavercreek TP, GC dau Orlando Burnett & Rebecca (Black) LaFong/LeFong (BH-HAH OB/Harshman-RH)

LAFONG, Elizabeth b 1834 Beavercreek TP, GC (BH)
Orland Burnett b ca 1817 Beavercreek TP GC (RB11)
Oscar b ca 1858 Beavercreek TP, GC (RB88)
Sarah b prior 1869 Beavercreek TP, GC, dau Orlander/Orlando B. & Rebecca (Black) LaFong (BH)

LAMAR, Ella S. b 7 Apr 1861 near New Burlington, GC, dau Samuel & Julia (Stingley) Lamar (OB/Hurley)

LAMB, James Harry b 18 Dec 1864 GC (GDR)

LAMBERT, Mary T. b 4 Oct 1848 NE of Jamestown, GC, dau Fletcher Browder Lambert (FFLM-OTW)

LAMME, Emmet b prior 1869 Beavercreek TP, GC, s Jesse & Marg (Spieler) Lamme (DH)
Ida Alice b prior 1869 Beavercreek TP, GC, dau J & Marg (Spieler) Lamme (DH)
James b ca 1814 GC, s Josiah & Nancy Lamme (BM)
Jesse b 1821 Beavercreek TP, GC, s Samuel & Elizabeth (Martin) Lamme (DH)
Nancy b 18 Jan 1813 POSS GC (SCHF)
Nancy A. b 1831/32 GC, dau David & Margaret F (Fagies-?) Lamme (GDR)
Samuel b 26 Feb 1812 Sugarcreek TP, GC (GDR)
William b 2 Aug 1825 Sugarcreek TP, GC (GDR)

LANE, Daniel b 1867 Xenia, GC (GDR)
John Joseph b ca 1864 Xenia, GC (RB22)
Michael b ca 1855 Xenia, GC (OB)

LANSINGER, Calvin Richard b ca 1857 Bellbrook, GC (RB22)

LANTZ, Catherine Jane b prior 1869 PROB GC, dau John & Catherine Lantz (PMC)
Eliza b 8 Aug 1844 near Harbine Mills, Beavercreek TP, GC, dau John & Catherine (Rhoades) Lantz (RH)
Harry M. b 22 Jun 1864/65 Beavercreek TP/Fairfield, GC, s Jacob L & Mary M (Mercer) Lantz (BH-MZS-OB)
Hertha b ca 1865 Xenia, GC, dau James L. Lantz (OB/Henry-RB33)
Jacob L. b 1840 Beavercreek TP, GC, s John & Cath Lantz (DH)
Jacob Lewis b 19 Sep 1836 Beavercreek TP, GC, s John & Cath (Rhoades) Lantz (BH-BVI)

LANTZ (continued)
John C. b 5 Aug 1862 Beavercreek TP, GC (BVI-GDR)
John Lewis b 11 Jun 1866 Beavercreek TP, GC, s Jacob L & Mary M (Mercer) Lantz (BH-BVI)
Julia A. b 1859/61 GC (BVI-OB)
LARKIN, O. Maurice b prior 1869 GC (DH)
LASHLEY, Isadora Belle b 12 Mar 1857 near Spring Valley, GC, dau Job & Angelina Lashley (ELM)
LATHAM, Elia B. b 11 Nov 1828 Silvercreek TP, GC (GDR)
LAUER, Mary b 15 Jul 1858 Oldtown/Xenia, GC, dau John Lauer (OB/Schwab-RB55)
Michael b 9 Mar 1863 Oldtown, GC (OB)
LAUGHEAD, Charles H. b 21 Nov 1860 Xenia TP, GC (GDR)
David b 12 Nov 1813 Cedarville/Xenia TP, GC, s David Mitchell & Elizabeth (Kyle) Laughead (FFKY-GDR)
Isaac Newton b 12 Nov 1810 Massies Creek, GC (UPC)
Joseph K. b 1815 GC, s David M Laughead (OB)
LAUGHRIDGE, Eliza b 13 Sep 1818 GC, dau Abraham & Susan (Nelson) Laughridge (FFLR)
LAUMAN, Edmund B. b 24 Jan 1860 Xenia, GC, s Philip S & Elizabeth Lauman (OB)
John F. b 2 Feb 1852 Xenia, GC (GDR)
Maude b 26 Mar 1854 Xenia, GC, dau Phillip S & Elizabeth (Neville) Lauman (OB/Johnston)
Philip Amon b ca 1861 Xenia, GC, s Philip S & Elizabeth (Neville) Lauman (OB)
LAURENCE, John b 1855 Xenia, GC (GDR)
LAURENS, Gus b 1846 Ross TP, GC (GDR)

LAURENS (continued)
John B. b 17 Feb 1854 Xenia, GC (GDR)
LAVIN, James William b 5 Apr 1868 Xenia, GC (OB)
LAWRENCE, Adam McConnell b 4 Nov 1825 GC (FBL)
Margaret b 4 Jan 1823 GC, dau John B & Armillia (Vickers) Lawrence (FFLW)
William Vicars b 8 Nov 1834 GC (OA)
LAWSON, Lizzie b 28 Sep 1865 Xenia TP, GC (GDR)
LAYMAN, Josiah b 25 Jun 1849 near Jamestown, GC, s Christian B. & Susanna (Spahr) Layman (BH)
LEDBETTER, Alice b 28 Jul 1852 S. of Xenia, GC (OB/Peterson)
Charles b 2 Nov 1844 SW of Xenia, GC, s John H & Jane (Richardson) Ledbetter (PGC)
George Edwin b 2 Jan 1865 Xenia TP, GC (GDR)
Jennie b ca 1860 POSS Union Area. GC, dau Warren Ledbetter (OB/Watkins)
John S. b 23 Sep 1849 SW of Xenia, GC, s Warren & Laner (Adams) Ledbetter (PGC)
Joseph b 30 Mar 1856 Union neighborhood, GC, s Warren & Laner Ledbetter (OB)
Katherine Ellen b 17 Nov 1857 Union neighborhood, GC, dau Warren & Lena (Adams) Ledbetter (OB)
Nina Percelia b ca 1849 GC (RB66)
Thomas H. b 2 May 1863 Xenia TP, GC, s Warren & Laner (Adams) Ledbetter (OB)
LEVALLEY, Clara A. b 11 Nov 1860 near New Jasper, GC (OB/Shirk)
Jacob b 1 May 1856 New Jasper TP, GC (OB)
John E. A. b ca 1868 New Jasper, GC (RB88)
John J. Jr. b 1826 POSS GC, s

LEVALLEY (continued)
John J & Elizabeth (Smith) LeValley (FFLV)
Phebe Eliza b 22 Nov 1820 near New Jasper, GC, dau John J & Elizabeth (Smith) LeValley (FFHT-FFLV)
Phillip Raper b ca 1858 New Jasper, GC (RB44)
Stephen B. b 29 Aug 1863 New Jasper TP, GC, s William Harrison & Savillah (Harness) LeValley (AAC-FFAN-FFHS-FFOKT-LIN-SLGC)
W. L. b 12 Aug 1858 near New Jasper, GC, s Jacob J & Mary (Steen) LeValley (OB)
William H. b 23 Dec 1825/27 GC, s John & Elizabeth (Smith) LeValley (AAC-FFLV)
LEVAN, Samuel b ca 1857 Zimmerman, GC (RB22)
Samuel R. b ca 1864 GC (RB22)
LEWIS, Addison Storrs b 13 Mar 1846 Clifton, Miami TP, GC, s Bennet & Eliza (Baughton/Boughton) Lewis (OB-PGC)
Albert b 6 Nov 1863 S. of Xenia, GC, s James H & Lucinda (Faulkner) Lewis (OB)
Albert Buell b 1867 Clifton, GC (OB)
Anna L. b 5 Dec 1863 Xenia, GC, dau Daniel & Julia (Rader) Lewis (OB)
Charity b 15 Mar 1868 Xenia, GC (GDR)
Daniel b 9 Sep 1836 GC , POSS s Daniel & Nancy (Robinson) Lewis (FFLS)
Daniel M. b 23 Oct 1860 near Jamestown, GC, s Nimrod & Phoebe (Weese) Lewis (OB)
David R. b 25 Nov 1865 Xenia, GC s Daniel & Julia (Rader) Lewis (OB)
Elizabeth b 6 Feb 1823 GC (FFLS)
Ella Lucinda b 1 Aug 1859 Xenia, GC, dau Daniel & Julia (Rader) Lewis (OB/Spellman-RB22)

LEWIS (continued)
Frank b 3 Aug 1856 New Burlington, GC (OB)
Harriette b ca 1834 Clifton, GC, dau Bennett Lewis (OB)
Henry Harrison b 29 Oct 1839 GC (FFLS)
Ida Kate b ca 1859 Xenia, GC (RB22)
John b 5 Feb 1843 GC (FFLS)
Joseph b 22 Nov 1820 GC (FFLS)
Lucinda b 5 Dec 1825 GC (FFLS)
Mary Jane b 20 Feb 1853 near Paintersville, GC, dau Jacob & Mary Jane (Linkhart) Lewis (OB/Thomas)
Matilda b 24 Dec 1830 GC, (FFLS)
Minnie b 22/29 Jan 1866 Cedarville TP, GC, dau John & Pleasant (Sanford) Lewis (OB/Hamilton)
Nancy b 13 Mar 1828 Xenia, GC (FFLS-GRB)
Phillip b ca 1861 Xenia, GC (RB55)
R. D. b 30 May 1842 Caesarscreek TP, GC (GDR)
Rebecca b 21 Sep 1818 GC (FFLS)
Ruth Ellen b 7 Aug 1854 near Paintersville, GC, dau Jacob & Mary Lewis (OB/DeVoe)
William b 15 Nov 1833 Xenia, GC, s Daniel Lewis (FFLS-GDR-OB)
William T. b 13 Dec 1863 Paintersville, GC, s John W. & Hannah (Painter) Lewis (OB)
LIGGETT, Elmer E. b ca 1861 Xenia, GC, s James D Liggett (OB)
Jeanette M. b prior 1869 Xenia, GC, dau James D Liggett (OB)
Mary Isabelle b 11 Nov 1854 near Bellbrook, GC, dau Alexander & Juliana/Julia Anna (Finney) Liggett (MCD)
Susan Emma b 19 Dec 1862 Bellbrook, GC, dau Alexander & Juliana/Julia Anna (Finney) Liggett (MCD)

LILE, Joseph L. b 1812 GC (ELA-XG)
Narcissa b prior 1869 S. of Xenia, GC, dau Joseph L. & Elizabeth P (Goode) Lile/Lyle (ELA-XG)
William G. b 1838 S. of Xenia, GC, s Joseph L. & Elizabeth P (Goode) Lyle (ELA-XG)
LIGHT, Frank B. b ca 1865 Osborn, GC (RB11)
LINDAMOOD, Sarah Francis b ca 1868 New Germany, GC (RB22)
LINDAMOOT, Maria Magdelena Long b 21 Mar 1830 GC, dau Lewis Lindamoot (BRC)
LINDEMUTH, Milo b 5 Oct 1841 GC, s Abraham & Frances Lindemuth (BRC)
LINEBAUGH, David b 14 Apr 1859 GC, s Timothy & Catherine (Varner) Linebaugh (LIN)
Elijah b 19 Mar 1855 Bellbrook, GC, s Timothy & Catherine (Varner) Linebaugh (LIN)
James Edward b 2 Sep 1868 Bath TP, GC, s Timothy & Catherine (Varner) Linebaugh (LIN)
Oley b 21 Jun 1862 GC, s Timothy & Catherine (Varner) Linebaugh (LIN)
William C. b 25 Oct 1853 GC, s Timothy & Catherine (Varner) Linebaugh (LIN)
LINKHART, Annette/Nettie b 30 Nov 1852/53 GC, dau Joseph & Clariss/Claera (Collier) Linkhart (LG15-SAC-SC)
Clement W. b 20 Oct 1847 Xenia TP, GC, s Joseph & Clara/Clarissa (Collier) Linkhart (RH-SC)
David M. b 5 Jun 1865 Xenia TP, GC, s F. M. & Mary (Faulkner) Linkhart (GDR)
Louise b ca 1864 GC (RB33)
Mary E. b ca 1851 PROB GC, dau Joseph & Clara/Clarissa (Collier) Linkhart (SC)

LINKHART (continued)
Orlando W. b ca 1858 GC, near Lumberton, s William & Mary Linkhart (OB)
Sarah Jane b 5 Sep 1845 GC, near Lumberton, dau William & Mary Ann (Watson) Linkhart (OB/Harner)
LISE, Loretta b 4 Jun 1841 GC, dau John & Julianna Lise (BRC)
Lucretia b 4 Jun 1841 GC, dau John & Julianna Lise (BRC)
LITTLE, Auther W. b 25 Jun 1868 Ross TP, GC (GDR)
Asa b 18 Jun 1843/45 Ross TP, GC, s Robert & Elizabeth (Hiatt/Hiett) Little (BH-RH)
Charley b 17 Aug 1864 Grape Grove, GC, s Daniel P & Armada (Gordon) Little (MLR)
Daniel P. b 14 Sep 1840 GC (MLR)
Elizabeth b ca 1848 Cedarville TP, GC (RB33)
Emma L. b 3 Jan 1843 Ross TP, GC, dau Robert & Hattie (Nagly/Nagrly) Little (GDR/Birch)
George b prior 1869 GC, s John & Barbara Jane (Sheets) Little (FFLI-RH)
J. Harlan b 20/26 Jul 1849 Ross TP, GC (GDR-SCK)
John b 20/25 Apr 1837 Grape Grove, Ross TP, GC, s Robert Little (FFLI-GDR-RH-XG)
John W. b 1 Oct 1843 POSS GC, near Jamestown (OB-SCS)
Lida b ca 1862 Grape Grove, GC, dau George W & Eliza (Gordon) Little (OB/Lever)
Lola Annie/Annis b 7 May 1867 GC, dau John & Mollie (Walker) Little (GDR-SCS)
Mary b prior 1869 GC, dau John & Barbara Jane (Sheets) Little (FFLI-RH)
Mary Jennette b 1864 Cedarville, GC (GDR)
Rosa May b 25 Oct 1862 Grape Grove, GC, dau Daniel P &

LITTLE (continued)
Armada (Gordon) Little (MLR)

LITTLER, Henry Clay b ca 1843 GC, s Nathan & Belinda/Brenda (Sellars) Littler (FFLT)
James b ca 1852 Xenia, GC (OB)
James R. b 9 Sep 1837 Clifton, GC, s Nathan & Belinda (Sellers) Littler (CCB)
Nathan C. b 2 Nov 1844 Clifton, GC, s Stephen & Malinda (Sellers) Littler (OB)

LITTLETON, Joel B. b 22 Nov 1857 Clifton, GC, s Joel & Martha Littleton (OB)
John C. b ca 1853 Clifton, GC, s Joel & Martha Littleton (OB)

LLOYD, Emma b prior 1869 GC, dau William E. & Amanda (McDaniel) Lloyd (RH)

LOE, David B. b 4 Nov 1839 Yellow Springs, GC, s John & Asenath/Senith (Searles) Loe (FFLO)
Elizabeth b 1844 Yellow Springs, GC, dau John & Asenath/Senith (Searles) Loe (FFLO)
Isaac b 1843 Yellow Springs, GC, s John & Asenath/Senith (Searles) Loe (FFLO)
Isaac Ralph b 24 Sep 1862 Yellow Springs, GC, s David B. & Sarah C. (Stratton) Loe (FFLO)
Howard b 15 Feb 1856 Yellow Springs, GC, s John & Asenath/Senith (Searles) Loe (FFLO)
John b 1816 Yellow Springs, GC, s John & Elizabeth Loe (FFLO)
John L. b 29 Jan 1840 Yellow Springs, GC, s John & Asenath/Senith (Searles) Loe (FFLO)
John William b ca 1868 Miami TP, GC (RB22)
Martha b 2 Sep 1847 Yellow Springs, GC, dau John & Asenath/Senith (Searles) Loe (FFLO-OB/Sutton)

LOE (continued)
Mary b 1852 Yellow Springs, GC, dau John & Asenath/Senith (Searles) Loe (FFLO)
William b Sep 1854 Yellow Springs, GC, s John & Asenath/Senith (Searles) Loe (FFLO)

LONG, A. H. b 14 Apr 1831 New Jasper TP, GC (GDR)
Alice b 24 Nov 1855/65 New Jasper TP, GC, dau William Durbin & Clarissa Rebecca (Hagler) Long (FUD-MID)
Andrew H. b 22 Oct 1830 Silvercreek TP, GC (GDR)
Andrew H. b 1 May 1831 Silvercreek TP, GC, s James & Alice (Boggs} Long (DH)
Austin Hagler b 14 Apr 1831 New Jasper TP, GC, s Samuel & Anna (Fudge) Hagler Long [Wm & Mary (Hagler) Long per FUD] (FUD-HAG-MID)
David b 9 Sep 1836 GC, s Michael & Sarah Ann Long (BRC)
Edward E. b ca 1865 Xenia, GC (RB77)
Frank b 17 Sep 1866 New Jasper TP, GC, s William Durbin & Clarissa Rebecca (Hagler) Long (FUD-MID)
Hattie Mary b 1 Sep 1866 New Jasper TP, GC, dau Austin Hagler & Katharine Charlotta (Hagler) Long (FUD)
Henry C. b 27 Apr 1848 New Jasper TP, GC, s William & Mary Ann (Hagler) Long (RH)
James Charles b 10 Mar 1843 Xenia, GC, s Adam & Margaret (Fuggie) Long (FFLG)
Lucinda Jane b 28 Jun 1839 GC, dau George & Sarah Ann Long (BRC)
Samantha b 14 Nov 1847 New Jasper TP, GC, dau Adam & Margaret (McGuffy) Long (BH)
Samuel Lewis b 13 Sep 1859 New Jasper TP, GC, s Austin Hagler & Katharine Charlotta

LONG (continued)
(Hagler) Long (FUD)
Susan/Susanna b 12 May 1827 New Jasper TP, GC, dau James & Alice (Boggs) Long (BRY-PGC-SCU)
William Durbin b 14 Jul 1834 New Jasper TP, GC, s William & Mary (Hagler) Long (FUD)
William M. b 1830 New Jasper, GC (GDR)
LONGSTRATH, Mary J. b 18 Oct 1847 Bath TP, GC, dau Saul & Lydia (Peters) Longstrath (GDR)
LONGSTRETH, Bartholomew b 30 Jul 1823 GC (GDR)
Charles b 1851 GC (GDR)
LOPER, Sally b 1825 New Jasper, GC (GDR)
LOSEY, Eugene b ca 1858 Xenia, GC, dau Lawrence Losey (OB/Tiffany)
LOVETT, Edward Rufus b ca 1867 Cedarville, GC (RB66)
Mary Ann b 22 Sep 1844 Cedarville, GC, dau George Lovett (OB/Phillips)
LOY, Elmer Elsworth b 20 May 1863 PROB Spring Valley TP, GC, s Alfred & Mary J (Debarr) Loy (BH)
Omar Weston b 10 Oct 1866 PROB Spring Valley TP, GC, s Alfred & Mary J (Debarr) Loy (BH)
Susan Philena b ca 1846 GC (RB66)
LOYD, Adda M. b 1860 Jefferson TP, GC (GDR)
Addie b 1860 GC (GDR)
Charles A. b ca 1862 GC (OB)
Eleanor/Ellen b 25 Oct 1819 near Xenia, GC, dau John & Sophia Loyd (ELA-FFSR)
John F. b 31 Mar 1825 near Xenia, GC, s John & Sophia Loyd (ELA)
Laura Ann b 4 Oct 1850 GC, dau William & Amanda (McDonald) Loyd (OB)

LOYD (continued)
Sophia Elizabeth b ca 1856 S. of Xenia, GC, dau William E & Amanda Loyd (OB)
Thomas L. b 9 Nov 1822 GC, s John & Sophia Loyd (ELA)
William B. b 1815 GC (GDR)
William E. b 28 Apr 1816 near Xenia, GC (ELA)
LUCAS, Abraham b 1828 GC, s Jabez & Elizabeth (Airy) Lucas (LUC)
E. E. b 1817 New Burlington, GC (GDR)
Charles A. b 1834 GC, s Jabez & Eliz (Airy) Lucas (LUC)
Flora b ca 1861 Xenia, GC (OB/Reaser)
F. M. b 28 Oct 1851 New Burlington, GC (GDR)
I. Madison b 1840 GC, s Jabez & Eliz (Airy) Lucas (LUC)
Jabez b 1800 (NWT) GC, s Abraham & Mary (Kelsey) Lucas (LUC)
Jane b 2 Jan 1810 GC, dau Abraham & March (Kelsey) Lucas (LUC)
Jesse K. b 18 Nov 1807 GC, s Abraham & Marcy (Kelsey) Lucas (LUC)
John b 1833 Caesarscreek TP, GC (GDR)
John Bassett b 22 Jul 1841/15 Jun 1842 Xenia TP, GC, s Thornton & Mary (Blessing) Lucas (BH-RH)
John M. b 4 Mar 1825 GC, s Peter P. & Mary (Michle) Lucas (LUC)
John T. b 31 Jul 1801 (NWT) GC, s Abraham & Marcy (Kelsey) Lucas (LUC)
LaFayette b ca 1847 GC (RB22)
Lewis Morton b 1844 GC, s Thornton & Mary (Blessing) Lucas (BH-RH)
Martha J. b prior 1869 Jefferson TP, GC, dau John & Nancy (Harness) Lucas (BH)
Mary b 26 May 1824 GC, dau John T & Sarah (Bowman)

LUCAS (continued)
Lucas (LUC)
Mary Elizabeth b 2 May 1850 GC, dau John & Nancy Lucas (OB/Hite)
Perry b 1861 Mt. Holly, Spring Valley TP, GC, s Garlem-? & Martha (Copsey) Lucas (GDR)
Silas b 18 Dec 1830 Caesarscreek TP, GC (GDR)
Thomas J. b 1838 GC, s Jabez & Eliz (Airy) Lucas (LUC)
Thornton b 1864 Xenia TP, GC, s John Bassett & Alice (Quinn) Lucas (RH)
William b 1829 GC, s Jabez & Eliz (Airy) Lucas (LUC)
LUCE, Sarah Sopha b ca 1843 GC (RB66)
Thomas Jefferson b 5 Apr 1832 Transylvania, Spring Valley TP, GC, s Abner G & Avisa Luce (OB)
William V. b ca 1824 Bellbrook, GC (RB22)
William V. b 12 Aug 1843 Bellbrook, GC, s Abner G/G A & Avaria (Buckles) Luce (DH-OB)
LUTZ, Cora E. b 20 Jan 1862 Xenia, GC, dau John E. & Savilla (Wolford) Lutz (OB)
Ida L. b 29 Jul 1863 Xenia, GC, dau John & Sylvia (Wolford) Lutz (OB/Sinz)
Jacob Henry b 22 Jan 1856 Xenia, GC, s John & Savilla (Wolford) Lutz (OB)
J. E. b ca 1860 Xenia, GC, s John Lutz (OB)
Laura b ca 1861 Xenia, GC, dau John E & Savilla (Wolford) Lutz (OB/Sanders)
LYNN, James E. b 1861 Yellow Springs, GC (OB)
LYON, Elizabeth/Lizzie Janet b 18 Mar 1841 Spring Valley TP, GC, dau James & Mary (McKnight) Lyon (BH-MKC)
Charles David b 21 Feb 1843 POSS GC, s David & Jane (Ashley) Lyon (MCD)

LYON (continued)
Martha C. b 10 Oct 1832 E. of Spring Valley, GC, dau James & Mary (McKnight) Lyon (OB/Hopping-RH)
LYTLE, B, L. b 1832 GC (GDR)
MACLEAN, John Patterson b 1848 POSS GC (OA)
MCBRIDE, William b 22 Mar 1807 Sugarcreek TP, GC, s James & Margaret Jennie (Andrew) McBride (FFMC)
MCCABE, Mary b ca 1856 near Xenia, GC, dau Brian & Bridget McCabe (OB)
Thomas b Apr 1855 Xenia TP, GC (GDR)
MCCAINE, Charles b Feb 1867 Yellow Springs, GC (GDR)
MCCAINON-?, George b 1845 Xenia, GC (GDR)
MCCALL, William A. b ca 1867 Jamestown, GC (OB)
MCCALLON, Andrew Jackson b 19 Jan 1829 GC, s James & Marg (Gibson) McCallon (GIB)
David Carson b Nov 1825 GC, s James & Margaret (Gibson) McCallon (GIB)
Elizabeth b 9 Sep 1830 GC, dau James & Margaret (Gibson) McCallon (GIB)
James Adams b Mar 1823 GC, s James & Margaret (Gibson) McCallon (GIB)
Margaret b 2 Jun 1833 GC, dau James & Margaret (Gibson) McCallon (GIB)
Martha b 11 Oct 1827 GC, dau James & Margaret (Gibson) McCallon (GIB)
MCCANDLESS, Rolla Henry Bolivar b 1856 Grape Grove, GC, s Silas & Polly (Henry) McCandless (FFMD)
MCCANN, Agnes b ca 1861 Yellow Springs, GC (RB33)
James M. b 29 Aug 1841 Xenia, GC, s Wilson B & Catharine (Williams) McCann (DH)
MCCLAIN, Alice May Belle b 29 Oct 1868 Xenia, GC, dau Phil-

MCCLAIN (continued)
lip & Angeline McClain (OB/Eyler)
John Andrew b 11 Mar 1857 near Jamestown, GC, s James & Emily Elizabeth (Clemmans) McClain (OB-RB11)
Mary b 3 Feb 1842 GC (BH)
Nannie b ca 1863 GC, dau James & Emily McClain (OB/Shigley)
Phillip b ca 1845 near Jamestown, GC (OB)
Susan Jane b 1867 New Jasper TP, GC (GDR)
William b 30 Jul 1861 Jamestown, GC (GDR)

MCCLELLAN, Amanda Rebecca b 22 Oct 1856 near Xenia, GC, dau William Ezra Irvin & Susannah/Susanna (Torrence) McClellan (MCCL)
Anna Alida/Lida b 5 Nov 1859 near Xenia, GC, dau William Ezra Irvin & Susanah/Susanna (Torrence) McClellan (MCCL-OB/Williamson)
Antoinette Jane b 18 Dec 1862 (MCCL)
Benjamin Rush b 20 Feb 1860 Xenia, GC, s Harvey Robert & Ruth Sheppard (Nieukirk/ Newkirk) McClellan (GRB-MCCL-OB-RB66-RB77)
Charles Lee b 12 Jun 1857 Xenia, GC, s Harvey Robert & Ruth Sheppard (Nieukirk/ Newkirk) McClellan (MCCL)
David Vincent b 6 Jul 1853 Sugarcreek TP GC, s William Simpson & Mary Catherine (Bagford) McClellan (BH-SIM)
D. E. b 25 Dec 1862 Sugarcreek TP, GC (GDR)
Edwin Torrence b 14 Oct 1851 GC, s William Ezra Irvin & Susanah/Susanne (Torrence) McClellan (MCCL)
Ella b prior 1869 Sugarcreek TP, GC, dau Isaiah & Ann (Hamilton) McClellan (BH)
Frank Wylie b 4 Apr 1866/67 Xenia, GC, s Harvey Robert &

MCCLELLAN (continued)
Ruth Sheppard (Nieukirk/ Newkirk) McClellan (MCCL)
Isaiah b 1 Nov 1805 Sugarcreek TP, GC, s Robert & Betsy (Job) McClellan (DH)
James Clark b 8 Aug 1866 near Xenia, GC, s William Ezra Irvin & Susanah (Torrence) McClellan (MCCL-OB)
Jessie Georgianna b 6 Sep 1856 Sycamore Grove, GC, dau James & Mary Amanda (Hyslop) McClellan (MCCL)
John C. F. b ca 1863 GC (RB88)
John O. b ca 1855 GC (OB)
Kathryn Alice b 21 Jan 1861 Cedarville, GC, dau Martin & Sarah Frances (Pickerel) McClellan (OB/Townsley)
Laura B. b prior 1869 Spring Valley TP, GC, dau William E. & Susan (Torrence) McClellan (BH)
Margaret b Oct 1804 GC, dau Robert & Elizabeth (Jobe) McClellan (GDR)
Margaret Dodds b 22 Aug 1835 POSS GC, dau Harvey Robert & Ruth Sheppard (Nieukirk/ Newkirk) McClellan (MCCL)
Marietta b 19 Dec 1852 GC, dau William Ezra Irvin & Susanah (Torrence) McClellan (MCCL)
Martin b 1829 Cedarville, GC (GDR)
Mary Jane b 1828 GC, dau John & Nancy (Simpson) McClellan (SIM)
May b 15 Apr 1863 Xenia, GC, dau Harvey Robert & Ruth Sheppard (Nieukirk/Newkirk) McClellan (MBR-MCCL)
Nancy Laura Bell b 8 Dec 1854 near Xenia, GC, dau William Ezra Irvin & Susanah (Torrence) McClellan (MCCL)
Nannie b prior 1869 Sugarcreek TP, GC, dau Isaiah & Ann (Hamilton) McClellan (BH)
Nettie b ca 1863 near Xenia, GC, dau William & Susannah

MCCLELLAN (continued)
(Torrence) McClellan (OB)
Nettie Jane b 18 Dec 1862 near Xenia, GC, dau Harvey Robert & Ruth Sheppard (Nieukirk/Newkirk) McClellan (MCCL)
Robert Harvey b 28 Dec 1845 near Cedarville, GC, s James & Mary Amanda (Hyslop) McClellan (MCCL)
Robert Harvey b 30 Sep 1852 Sugarcreek TP, GC, s Isaiah & Ann (Hamilton) McClellan (BH)
Sadie b ca 1853 near Cedarville, GC, dau James & Margaret (Bogle) McClellan (OB/Kirkpatrick)
Sarah b prior 1869 Miami TP, GC (BH)
William H. b prior 1869 Sugarcreek TP, GC, s Isaiah & Ann (Hamilton) McClellan (BH)
William Simpson b 10/20 Mar 1825 Xenia, GC, s John & Nancy (Simpson) McClellan (BH-SIM)
MCCLELLAND, David b 18 May 1823 Sugarcreek TP, GC (GDR)
David Vincent b 1834 GC, s John & Nancy Agnes (Simpson) McClelland (MCCD)
Frank G. b 25 Apr 1868 W. of Xenia, GC, s David & Malvina (Cooper) McClelland (OB)
John O. b 20 Feb 1855 Beavercreek TP, GC (GDR)
Mary Jane b 1827 GC, dau John & Nancy Agnes (Simpson) McClelland (MCCD)
Robert b 1836 GC, s John & Nancy Agnes (Simpson) McClelland (MCCD)
Samuel b 1832 Xenia, GC (GDR)
Samuel W. b 1840 GC, s John & Nancy Agnes (Simpson) McClelland (MCCD)
William b 3 Jan 1825 Sugarcreek TP, GC, s Robert & Martha (McConnell) McClelland (BH-PGC-RH)

MCCLELLAND (continued)
William b 3 Jan 1825 Sugarcreek TP, GC, s Albert & Nancy (McConnell) McClelland (GDR)
William Simpson b 20 Mar 1825 GC, s John & Nancy Agnes (Simpson) McClelland (MCCD)
Zetta b 24 Mar 1865 W. of Xenia, GC, dau David & Malvina (Cooper) McClelland (OB)
MCCLELLEN, Nancy b 27 Jan 1826 GC (FBL)
MCCLUNG, Ada b prior 1869 Xenia TP, GC, dau John S McClung (BH)
Charlotte S. b 23 Aug 1855 POSS GC (FBM)
Horace L. b 9 Mar 1863 Xenia, GC (GDR)
Wilson b 11 Feb 1853 POSS GC (FBM)
MCCLURE, Andrew b 26 Mar 1829 GC, s Andrew & Jane McClure (SCHF)
Frank A. b 12 Jul 1836 Bellbrook, GC, s John & Mary (Cramer) McClure (RH)
James S. b 8 Jan 1846 Sugarcreek TP, GC, s Cyrus & Mary Jane (Dinwiddie) McClure (DUN-RH)
Jefferson b Dec 1841 Bellbrook, GC (GDR)
Jesse Augustus b ca 1854 near Bellbrook, GC, (OB)
John C. b 25 Apr 1842 GC (OB)
John F. b 15 Jul 1827 GC, s Andrew & Jane McClure (SCHF)
Martha A. b 1821 Sugarcreek TP, GC (GDR)
Walter b 16 Dec 1868 GC, s James S & Josephine (Murphy) McClure (RH)
MCCOLAUGH/MCCOLOUGH, William A. b 27 Jul 1858 Jefferson TP, GC (GDR)
MCCONNELL, David b 15 Apr 1842 Sugarcreek TP, GC, s James M & Nancy (Marshall) McConnell (BH)
John b 28 Nov 1845 Sugarcreek

MCCONNELL (continued)
TP, GC, s James M & Nancy (Marshall) McConnell (BH-OB)
Mary b 11 Nov 1809 GC (DH)
Sarah Frances b prior 1869 Sugarcreek TP, GC, dau James N. & Nancy (Marshall) McConnell (BH)
Sarah Jane b ca 1817 PROB near Cedarville, GC, dau Samuel McConnell (OB/Watt-PGC)
MCCORKELL, John Graham b 28 Jan 1864 Cedarville, GC, s John B & Mary Ann (Orr) McCorkell (OB)
MCCORMICK, James b ca 1866 Xenia, GC (RB22)
Stephen b ca 1863 Xenia, GC, s James & Mary (Mangan) McCormick (OB)
Velentine b 1819 GC, s James Jr McCormick (SCHS)
MCCOY, Sallie b 1803 Cedarville TP, GC, PROB dau Alexander McCoy (DH-TOW)
MCCRACKEN, Martha Jane b 17 Dec 1838 Xenia, GC, dau James Black & Hannah (Stewart) McCracken (MCCR)
Ralph Earsome b 5 Jul 1856 Xenia, GC, s James Black & Hannah (Stewart) McCracken (MCCR)
Sarah Emma b 17 Aug 1854 Xenia, GC, dau James Black & Hannah (Stewart) McCracken (MCCR)
Steele McGraw b 21 Feb 1853 Xenia, GC, s James Black & Hannah (Stewart) McCracken (MCCR)
MCCREARY, Ella b ca 1864 Xenia, GC, dau Robert & Anna McCreary (OB)
MCCREERY, Emma Belle b 9 Jun 1866 Xenia, GC, dau Robert & Anna (Stevenson) McCreery (OB/Ghorman)
Mary A. b ca 1863 Xenia, GC (OB/Calahan)
MCCULLEY, George b 15 Oct 1829 near Xenia, GC, s James

MCCULLEY (continued)
& Isabelle (Pomeroy) McCulley (MCC)
Hugh b 1813 Xenia TP, GC, s Solomon & Sarah McCulley (MCC)
James D. b 24 Jun 1840 GC, s David M & Ann (Willson) McCulley (MCC)
James P. b 22 Jun 1833 near Xenia, GC, s James & Isabelle (Pomeroy) McCulley (MCC)
Jane b ca 1811 Xenia TP, GC, dau Solomon & Sarah McCulley (MCC)
Jane b ca 1814 near Xenia, GC, dau James & Rebecca (Junkin) McCulley (MCC)
John b 28 Aug 1827 near Xenia, GC, s James & Isabelle (Pomeroy) McCulley (MCC)
Martha Ann b 15 May 1817 near Xenia, GC, dau James & Rebecca (Junkin) McCulley (MCC)
Mary b ca 1809 Xenia TP, GC, dau Solomon & Sarah McCulley (MCC)
Mary b ca 1825 near Xenia, GC, dau James & Isabelle (Pomeroy) McCulley (MCC)
Rebecca 17 Jul 1823 near Xenia, GC, dau James & Isabelle (Pomeroy) McCulley (MCC)
Sarah b ca 1810 near Xenia, GC, dau James & Rebecca (Junkin) McCulley (MCC)
Sarah Isabelle b 6 Sep 1841 GC, dau David M & Ann (Willson) McCulley (MCC)
Solomon b Oct/Dec 1820 GC, s James & Isabelle (Pomeroy) McCulley (MCC)
William b ca 1812 near Xenia, GC, s James & Rebecca (Junkin) McCulley (MCC)
William Saul b 28 Jul 1843 GC, s David M & Ann (Willson) McCulley (MCC)
MCCULLOUGH, John b 22 Feb 1820 Silvercreek TP, GC (GDR)

MCCURRAN, Michael b 3 May 1868 Xenia, GC, s Peter & Ellen (Cahill) McCurran (FFMN-RB44-SLGC)
MCCURREN, David b Jun 1862 Xenia, GC, s Peter & Ellen (Kahill) McCurren (GDR)
John b Nov 1863 Xenia, GC, s Peter & Ellen (Kahill) McCurren (GDR)
May b 12 Aug 1858 Xenia, GC (GDR)
MCDANIEL, Alfred T. b 1817 Caesarscreek TP, GC, s Wilson & Elizabeth McDaniel (DH-ELAM)
Elma Alzenia b ca 1859 Xenia, GC (RB77)
Harry H. b 12 May 1866 GC, s Alfred Trader & Mary Frances (Maxey) McDaniel (XGO)
James b 18 Nov 1833 PROB GC, s Wilson & Elizabeth McDaniel (ELAM)
Perry b 8 Oct 1835 GC, s John & Mary McDaniel (ACIB)
T. Logan b 15 Jan 1833 PROB GG, s Wilson & Elizabeth McDaniel (ELAM-XG)
William b ca 1843 GC, s Alfred Trader & Mary Frances (Maxey) McDaniel (FFMT-XGO)
MCDILL, Edgar A. b prior 1869 Xenia, GC, s David McDill (OB)
MCDONALD, Charles W. b 17 Mar 1851 S. of Xenia, GC, s John N. & Elizabeth (Saville) McDonald (OB)
Franklin Henry b 2/21 Sep 1839 SE of Xenia, Xenia TP, GC, s Wilford/Wilfred & Martha (Lyon) McDonald (BH-PGC)
James Andrew b 6 Aug 1856 Xenia TP GC, s John Nelson & Elizabeth (Saville) McDonald (BH-PGC)
John H. b 1832 Xenia, GC, s Wilford McDonald (GDR)
John N. b 13 Jan 1808/18 Xenia TP/Caesarscreek TP, GC, s

MCDONALD (continued)
Leavitt & Susan (Strong) McDonald (BH-PGC)
John Nelson b prior 1869 Xenia TP, GC, s Isaiah McDonald (BH)
Regina b ca 1868 Xenia, GC, dau George McDonnell (OB)
MCDOWELL, Austin Murray b 13 Oct 1846 Xenia, GC, s John & Jane Eckles (Barkley) McDowell (MCD)
Belle b ca 1845 Xenia, GC dau Austin & Susan (Finney) McDowell (FFMO)
Charlotte Isabella b 2 Sep 1845 Xenia, GC, dau Austin & Susan A (Finney) McDowell (BH-FFPT-MCD)
James b 11 Aug 1850 Xenia, GC, s John & Jane Eckles (Barkley) McDowell (MCD)
Julia b 9 Mar 1853 Xenia, GC, dau John & Jane Eckles (Barkley) McDowell (MCD)
Sallie b 1849 GC, POSS Xenia, dau Austin & Susan McDowell (FFMO)
Sarah Julia b 1 Nov 1849 Xenia, GC, dau Austin McDowell (MCD)
MCELROY, Alexander b 27 Oct 1836 GC, s Daniel & Grizella (Johnson) McElroy (FFMY)
Anna b 1853/56 GC, dau Melancthon & Matilda (Moudy/Mowdy) McElroy (FFMY)
Daniel W. b 20 Aug 1861 Cedarville, GC, s John R & ? (Morris) McElroy (RH)
James b 2 Apr 1830 GC, s Daniel & Grizella (Johnson) McElroy (FFMY)
James b 1840 Cedarville, GC (GDR)
Melancthon b 30 Sep 1833 Xenia, GC, s Daniel & Grizella (Johnson) McElroy (FFMY)
Roett b prior 1869 GC, dau M & Matilda (Moudy/Mowdy) McElroy (FFMY)

MCELWAIN, Andrew Asbury b ca 1853/55 Xenia, GC (OB-RB11)
Laverna b 13 Apr 1862 Xenia, GC, dau Andrew & Catherine (Bauer) McElwain (OB/Wolf)
MCFARLAND, Arthur H. b 10 Sep 1843 Cedarville TP, GC, s Green & Avelin/Evaline (Hicks) McFarland (CBC-DH)
David Henry b 16 Dec 1850 Cedarville, GC, s Robert Patterson & Emily (Booth) McFarland (BH-CNC)
George W. b 9 May 1852 Ross TP, GC, s Jesse & Nercy (Harper) McFarland (GDR)
James b 8 May 1822 POSS GC, s Isaac & Susana (Stephenson) McFarland (FFMF)
Jesse N. b 10 Nov 1819 GC (DH)
John White b 15 Jan 1846 Cedarville TP, GC, s G C & Evaline (Hicks) McFarland (DH-OB)
Laura A. b ca 1861 Jamestown, GC (RB33)
Rebecca b 2 Nov 1815 Cedarville, GC, dau Arthur & Jane (Junkin) McFarland (LG63-MAC-SLGC3)
Robert Patterson b prior 1869 E. of Cedarville, GC, s Robert & ? (White) McFarland (BH)
Sophronia b prior 1869 GC, dau Arthur & Martha (Claypool) McFarland (RH)
William b ca 1856 GC (RB33)
William E. b prior 1869 near Cedarville, GC (OB)
William W. b 28 May 1819 GC, s John & Katharine (McFarland) McFarland (EPC)
MCGERVEY, Frank E. b 21 Jan 1856 GC (GDR)
James L. b 1847 Xenia, GC (GDR)
Sara M. b ca 1845 Xenia, GC, dau James McGervey Sr (MCG)
William R. b ca 1850 Xenia, GC, s James McGervey (OB)
MCGINNIS, Mary b 31 Oct 1867 N. of Xenia, GC, dau Frank & Sara Jane (King) McGinnis (SCO)

MCGINNIS (continued) (SCO)
MCGREW, Alice b 14 Jun 1849 GC, dau Wilson & Martha (Galloway) McGrew (SCO)
Frances Maude b 5 Feb 1845 GC, dau Wilson & Martha (Galloway) McGrew (SCO)
George Galloway b 20 Jul 1842 GC, s Wilson & Martha (Galloway) McGrew (SCO)
Rebecca b 2 Sep 1837 GC, dau Wilson & Martha (Galloway) McGrew (SCO)
MCGUFFY, Margaret b prior 1869 GC, dau ? & ? (Kauffman) McGuffy (BH)
MCGURVEY, Frank E. b 21 Jan 1855/56 Xenia, GC, s James & Caroline (Brown) McGurvey (DH-FUD-RH)
MCHATTON, Eliza b 21 Feb 1865 Cedarville, GC (GDR)
Hugh b 19 Jan 1825 GC (UPC)
Joseph b ca 1830 GC (UPC)
MCINTOSH, William b 1 Aug 1798 (NWT) GC (PGC-XTL)
William R. b prior 1869 Xenia, GC, s William McIntosh (PGC)
MCINTYRE, Henry b ca 1855 New Burlington, GC (OB)
Mary Gray b Dec 1865 Cedarville, GC, dau Andrew & Margaret McIntyre (OB/Torrence)
MCKAY, Frank M. b ca 1864 near New Burlington, GC, s Jonathan & Elizabeth McKay (OB)
George A. b 25 Dec 1850 GC, s Samuel F & Angeline A McKay (DH-RH)
Newton S. b 30 Jul 1856 Caesarscreek TP, GC, s Moses & Rachel (Faulkner) McKay (RH)
Will S. b ca 1868 New Burlington, GC, s Moses McKay (OB)
MCKILLIP, Irene C. b 1865 near Jamestown, GC, dau John L & Mary (Webb) McKillip (OB)

MCKILLIP (continued)
Jacob C. b ca 1862 near Jamestown, GC (RB66)
Shula b Dec 1812 Silvercreek TP, GC (GDR)
MCKINNEY, Arthur Layton b 16 Sep 1819 GC, s James & Mary (Flinn) McKinney (FFMK)
Bingadell E. b 28 Dec 1857 Cedarville, GC (GDR)
John b ca 1858 near Jamestown, GC (OB)
MCKNIGHT, David b 3 Oct 1818 Spring Valley TP, GC, s William & Jane (Fulton) McKnight (GDR-PGC)
James b 7 Nov 1811 Spring Valley TP, GC, s Robert & Eliz (Fulton) McKnight (PGC)
John b 17 Apr 1811 Spring Valley area, GC, s Wm & J (Fulton) McKnight (DH-GDR-PGC)
Margaret, b 9 May 1808 near Spring Valley, GC, dau Robert & Elizabeth (Fulton) McKnight (DH-PGC)
Margaret b 13 Feb 1813 near Spring Valley, GC, dau William & Jane (Fulton) McKnight (PGC)
Mary b 16 Apr 1810 Spring Valley TP, GC, dau Robert & Elizabeth (Fulton) McKnight (BH-MKC-PGC)
Mary b 17 Jun 1814 GC, dau William & Jane (Fulton) McKnight (ELM)
Samuel b 10 Sep/Oct 1816 E. of Spring Valley, GC, s William & Jane (Fulton) McKnight (GDR-PGC)
MCLAUGHLIN, Charles J. b ca 1855 Jamestown, GC (OB)
John William b 17 Jul 1829 Xenia, GC, s William & Anna (Boggess) McLaughlin (FFMU)
William b 6 Jan 1841 GC (GDR)
MCLAUGHN, George Jr. b 20 Aug 1868 GC (GDR)
MCLEAN, Nannie b Mar 1865 Cedarville, GC, dau Robert & Mary McLean (OB/Funk)

MCMICHAEL, Thomas Hanna b 7 Jul 1863 Bellbrook, GC, s Jackson Birgess & Mary N (Hanna) McMichael (FFMM)
MCMILLAN, Ada Belle b 28 Jun 1856 Cedarville, GC, dau James McQuiston & Mary Isabella (Harbison) McMillan (MCM)
Adella b 3 Nov 1865 near Cedarville, GC, dau Hugh & Rachel (McMillan) McMillan (MCM)
Anna b 1858 GC, dau Daniel & Jane White (Jackson) McMillan (TOW)
Anna b ca 1859 Cedarville, GC (RB66)
Anna L. b 1856 GC, dau Hugh Harvey & Abigal/Abigail Joanna/Joanne (Winter) McMillan (OB-WIN)
Colin b ca 1858 Cedarville, GC (OB)
Daniel b ca Mar/6 May 1832 near Xenia, GC, s Daniel & Jeanette B (Chestnut) McMillan (MCM-OB-STO)
Effie b 16 Mar 1865 Cedarville, GC, dau Daniel & Jane White (Jackson) (McMillan (FFTN-TOW)
Emma b 8 Aug 1866 Xenia, GC, dau J C McMillan (OB/Kyle)
James b 16 Dec 1833 GC, s David & Nancy (Wright) McMillan (PGC)
James A. b ca 1847 New Jasper TP, GC, s Hugh & Rachel McMillan (OB)
James Clark b 28 Jun 1865 GC, s Hugh Harvey & Abigal/Abigail Joanna/Joanne (Winter) McMillan (WIN)
James Harvey b 1831 GC, s James & Matilda (Wallace) McMillan (MCM)
James Harvey b 19 Sep 1864 Cedarville GC, s James McQuiston & Mary lsabella (Harbison) McMillan (MCM)
Jane b 1808 POSS GC, dau Daniel & Jeanette B (Chestnut)

MCMILLAN (continued)
McMillan (STO)
Jane W. b 1824 Cedarville, GC (GDR) Marital status not shown
Jennie b 1863 GC, dau Daniel & Jane White (Jackson) McMillan (TOW)
John b ca 1843 PROB GC, s James & Matilda (Wallace) McMillan (MCM)
John C. b 1859 GC, s Hugh Harvey & Abigal/Abigail Joanna/Joanne (Winter) McMillan (WIN)
John Henry b 29 Oct 1851 Cedarville, GC, s James McQuiston & Mary Isabella (Harbison) McMillan (MCM)
Margaret Evely b 26 May 1853 POSS GC, dau James McQuiston & Mary Isabella (Harbison) McMillan (MCM)
Margaret Janette b prior 1869 GC, dau James & Matilda (Wallace) McMillan (MCM)
Martha b 8 Mar 1836 Cedarville, GC, dau David & Nancy McMillan (OB)
Martha b 1851 GC, dau Daniel & Jane White (Jackson) McMillan (TOW)
Martha Jeanette b 28 Dec 1860 E. of Cedarville, GC, dau Hugh & Rachael McMillan (OB/Stormont)
Martha Mary b ca 1836 PROB GC, dau James & Matilda (Wallace) McMillan (MCM)
Nancy b 1862 GC, dau Daniel & Jane White (Jackson) McMillan (TOW)
MCMILLAN/MCMILLEN, Nancy A. b 23 Jan 1856 near Cedarville, GC, dau Hugh T. & Rachel McMillan (BH-JAC-WIL)
MCMILLAN, Nannie Elizabeth b ca 1866 GC, dau James Harvey & Mary Jane (Aiken) McMillan (MCM)

MCMILLAN (continued)
Robert b 11 Apr 1833 Xenia, GC, s Hugh & Mary Ann (McClung) McMillan (MCM)
Sallie b 16 Apr 1854 NE of Cedarville, GC, dau Hugh & Rachel (McMillan) McMillan (FFMI-OB/McMillan-XGO)
Sarah Ann b ca 1839 PROB GC, dau James & Matilda (Wallace) McMillan (MCM)
William Melville b 1 Jul 1860 Cedarville, GC, s James McQuiston & Mary Isabella (Harbison) McMillan (MCM)
William Wallace b ca 1834 PROB GC, s James & Matilda (Wallace) McMillan (MCM)
MCMILLEN, F. O. b 8 Jan 1851 Jamestown, GC (GDR)
MCMILTON, Milton b 20 Aug 1817 Bath TP, GC, s J M McNabb & K (Read) McMilton (GDR)
MCNAIR, Irena b 25 Feb 1863 GC, dau Edward K. & Rebecca (Weaver) McNair (OB/Painter)
Juley Ann b Jul 1831 Caesarscreek TP, GC, dau Ward & Catherine (Haines) McNair (PGC)
Martha b prior 1869 Caesarscreek TP, GC, dau Ward & Margaret (Haines) McNair (PGC)
MCNAMEE, Robert b 23 Sep 1856 Xenia, GC, s John & Catherine (McCurran) McNamee (OB)
MCNEARNEY, Margaret b ca 1868 Xenia, GC (RB33)
MCNEIL, John W. b ca 1856 GC (OB)
Margaret Jane b 23 Dec 1856 Cedarville TP, GC, dau Dan & Jane (Laughridge) McNeil (OB)
MCNELLIS, John b 1868 Xenia, GC (GDR)
MCPHERSON, Anna E. b 22 May 1843 near Xenia, GC (OB)
Charles b 29 Apr 1855 SW Xenia, Spring Valley TP, GC, s William & Mary Ann (Rader) McPherson (BH-OB)

MCPHERSON (continued)
John G. b 12 Jun 1823 Xenia, GC (GDR)
John H. b 11 Jul 1840 GC, s William & Mary Ann (Rader) McPherson (BH-RH)
Mahlon D. b ca 1855 POSS Paintersville, GC (OB)
William b 16 Feb 1816 Xenia, GC, s John H & Margaret (Hivling) McPherson (BH-DH-FFMP-RH)
William b 21 Oct 1826 Spring Valley, GC (GDR)
William b 2 Jul 1864 Xenia, GC, s William & Mary (Rader) McPherson (OA-OB)
MCQUISTON, Asthus b 2 Jul 1867 Xenia, GC (GDR)
MACK, Henry b Oct 1860 Xenia, GC (GDR)
MADDEN, Mary Ann b 30 Jun 1816 near Clifton, GC, dau Thomas Madden (HOP)
MAFFITT, Hannah Louella b 23 Nov 1852 New Burlington, GC, dau Frank Maffitt (OB/Lloyd)
MAHAN, Mary Ann/Polly b 18 Mar 1834 Silvercreek TP, GC, dau John & Anna (Mahan) Mahan (FUD)
MAHIN, Matthew b 22 Aug 1819, GC (OB)
MAITLAND, Isaac b ca 1830/32 GC (FFMA)
MALLOW, Amanda Jane b 31 May 1825 GC, dau George & Elizabeth (Fudge) Mallow (FUD)
Augustine P. b 10 Jul 1826 Xenia TP, GC, s Peter & Barbara (Price) Mallow (FFMW)
Clarissa b 24 Feb 1822 GC, dau George & Elizabeth (Fudge) Mallow (FUD)
Elizabeth b 19 Jun 1817 GC, dau Peter & Barbara (Price) Mallow (FFMW)
Elma Frances b 23 Jul 1863 near Xenia, GC, dau Henry Miller Barbara Ann (Bootes) Mallow (FUD)

MALLOW (continued)
Elmira b 5 Jan 1828 GC, dau George & Elizabeth (Fudge) Mallow (FUD)
Emily Elthen/Elthena b 17 Aug 1860 near Xenia, GC, dau Henry Miller & Barbara Ann (Bootes) Mallow (FUD)
George Fudge b 21 Jun 1854 Caesarscreek TP, GC, s Samuel Moses & Amy (How-?) (Adsit/Adist) Mallow (FUD-OB)
George Jesse b 10 Jul 1857 GC, s Henry Miller & Barbara Ann (Bootes) Mallow (FUD)
Harriet b 29 Oct 1823 GC, dau Peter & Barbara (Price) Mallow (FFMW)
Henry Miller b 29 Jun 1833 GC, s George & Elizabeth (Fudge) Mallow (FUD)
John b 1 Dec 1820 Xenia TP, GC, s George & Elizabeth (Fudge) Mallow (FUD-GDR)
Martha J. b prior 1869, GC dau John & Hannah (Peterson) Mallow (FUD-RH)
Mary b June 1819 GC, dau Peter & Barbara (Price) Mallow (FFMW)
Samuel Moses b 5/6 May 1831 New Jasper TP, GC, s George & Elizabeth (Fudge) Mallow (FUD-PGC-RH)
Samuel Moses b 25 Jul 1861 near Xenia, GC, s Henry Miller & Barbara Ann (Bootes) Mallow (FUD)
Sarah Elizabeth 5 Jul 1850/3 Jun 1852 Caesarscreek TP, GC, dau John & Hannah (Peterson) Mallow (BH-FUD-RH)
Simeon Peterson b 17 Sep 1868 Caesarscreek TP, GC, s John & Hannah (Peterson) Mallow (FUD-OB-RB77-RH)
Susan Adsit b 12 Mar 1862 PROB GC, dau Samuel Moses & Amy H. (Adsit) Mallow (FUD-OB/McKay)
Susannah b 15 Sep 1821 GC, dau

MALLOW (continued)
Peter & Barbara (Price) Mallow (FFMW)
Tirzah Jane b 1 Sep 1856 GC, dau Henry Miller & Barbara Ann (Bootes) Mallow (FUD)

MANGAN, Hugh b 1866 GC, s William & Adaline (Lackey) Mangan (LAC)
James b 4 Apr 1865 GC, s William & Adaline (Lackey) Mangan (LAC)
John b 1862 GC, s William & Adaline (Lackey) Mangan (LAC)
Julia Marie b 1863 near Jamestown, GC, dau William & Adaline/Adeline (Lackey) Mangan (LAC-OB/Gardner)
Mary A. b 1861 GC, dau William & Adaline (Lackey) Mangan (LAC)
Mary Ann b 31 Jan 1861 near Jamestown, GC, (OB/McManus)
Timothy b ca 1868 GC (RB77)
William b 17 Feb 1868 GC, s William & Adaline (Lackey) Mangan (LAC)

MANN, Anna Elizabeth b 16 Apr 1858 near New Burlington, GC, dau George & Rachel (Kearns) Mann (OB/Oglesbee)
David b 1825 Spring Valley TP, GC, s David & Rachel (Ervin) Mann (GDR)
Emma b 22 Nov 1860 Spring Valley, GC (GDR)
George b 1823 Spring Valley TP, GC, s D & R (Irvin) Mann (BH)
John b 1 Sep 1826 Spring Valley, GC (GDR)
John b 9 Oct 1826 GC (COP)
Joseph Henry b 9 Oct 1859 GC, s John & Louisa J. (Hitchcock) Mann (COP)
Joseph M. b 12 Jun 1833 GC (GDR)
Mattie Drucilla b 5 Nov 1865 near New Burlington, GC, dau George & Rachel (Kearns) Mann (BH-OB/Smith)

MANN (continued)
Rachael b 26 May 1854 Spring Valley, GC (GDR)
Rachel Ann b 28 May 1851 New Burlington, GC (LG56)

MANOR, Catherine b prior 1869 Xenia, GC, dau John W & Margaret A (Scott) Manor (BH)
Emily b ca 1830 Xenia, GC (RH)
George Washington b ca 1859 GC (RB66)
James S. b ca 1862 W. of Xenia, GC, s John & Margaret (Scott) Manor (OB)
Mont b 2 Apr 1864 W. of Xenia, GC, s John H & Catherine (Bagford) Manor (BH)
Nettie b 27 May 1855 Xenia, GC, dau John & Margaret (Scott) Manor (OB)
Thomas Clinton b 28 Jun 1866 GC, s John & Catherine (Bagford) Manor (OB)

MARKLEY, Elizabeth b 3 Jul 1830 Osborn, GC (GDR) Marital status not shown

MARLATT, Jefferson D. b ca 1864 Mt Holly, GC (OB)
Joseph Tildon b ca 1860 Mt Holly, GC (RB77)

MARSHALL, Carrie b 13 May 1865 Xenia, GC, dau Eli & Sarah Marshall (OB)
Charles Finley b ca 1856 Cedarville, GC, s Daniel & Nancy Marshall (OB)
Daniel H. b 23 Apr 1828 near New Burlington, GC, s Robert & Sarah (Huffman) Marshall (FFMR)
Eleanor Wier b ca 1858 GC (RB33)
Elizabeth b ca 1857 Spring Valley, GC (OB/Bundy)
Ella b 15 Apr 1858 Xenia, GC (GDR)
Ella b 27 Oct 1858 GC (FFBG)
George C. b 1 Apr 1842 Xenia, GC, s Jesse & Jane Marshall (DH-OB)
Irene b prior 1869 Sugarcreek TP, GC, dau Jesse R & Ruth

MARSHALL (continued)
(Robinson) Marshall (BH)
James b 30 Sep 1812 Sugarcreek TP, GC (GDR)
James b 22 Oct 1812 Sugarcreek TP, GC, area that was Silvercreek TP, s John Marshall (BH)
James Harry b 8 Sep 1858 Sugarcreek TP, GC, s James & Ella (Ridenour) Marshall (BH)
Jesse R. b 7 Jun 1824 GC (GDR)
Jesse R. b ca 1830 Sugarcreek TP, GC, s John Marshall (BH-FFMR-OB)
Lester O. b 21 Jun 1867 Xenia, GC (GDR)
Margaret Jane b 17 Oct 1828 GC, dau Robert & Eleanor (Wier) Marshall (BH-WIL)
Margaret Jane b 21 May 1858 Cedarville, GC, dau John & Mary Jane (Murray) Marshall (OB/Barr)
Martha Ann b 10 Oct 1853 Cedarville, GC, dau Hugh & Mary Jane (Walker) Marshall (OB/McFarland)
Oscar W. b 27 Sep 1839 Xenia, GC, s Thornton & Mary (Walker) Marshall (PGC)
O. U. b 11 Mar 1837 GC (GDR)
Robert T. b 4 Sep 1804 Xenia, GC, s John Marshall (FFMR-LG52-RH)
Sarah Ellen b 27 Aug 1841 GC, dau James & Ellenana Marshall (BRC)
William B. b 14 Mar 1810 Xenia TP, GC (GDR)
William L. b 18 Aug 1831 Xenia, GC, s William & A M (Logan) Marshall (GDR)
William Lewis b ca 1863 Cedarville, GC (RB33)
Willis b prior 1869 Sugarcreek TP, GC, s Jesse Marshall (BH)
MARSHEL, G. H. b 12 Feb 1850 GC (GDR)
MARTIN, Charles Clayton b 4 Jan 1863 W. of Yellow Springs, GC

MARTIN (continued)
(OB-RB88)
C. M. b 26 Apr 1864 Cedarville, GC (GDR)
MASON, David O. b 16 Mar 1855 Paintersville, GC, s Gideon & Hannah (Mullen) Mason (OB)
Ella b 20 Aug 1864 Paintersville, GC, dau Gideon & Hannah Mason (OB/Powers)
Ella b 1 Jul 1868 Paintersville, GC, dau John B Mason (OB)
Fannie b 7 Jan 1863 near Paintersville, GC, dau John Mason (OB/McKee)
Isaiah b 7 Jul 1856 S. of Paintersville, GC, s Gideon & Hannah (Mullen) Mason (OB-RH)
John Bell b 13 Jun 1831 Bellbrook, GC, s Joseph & Mary (Bell) Mason (PGC)
John E. b prior 1869 Bellbrook, GC (OB)
Katherine b 30 Jun 1846 Bowersville area, GC, dau Stacy & Elizabeth Mason (OB/Wilson)
Marilla b ca 1858 Spring Valley, GC, dau John B & Mary Mason (OB)
Mary b 28 Sep 1865 Yellow Springs, GC (GDR)
Mary Rebecca b ca 1844 GC (RB33)
M. Burl b 18 Aug 1861 GC, s Gideon M. & Hanna (Mullen) Mason (OB)
Phoebe A. b 18 Oct 1859 near Paintersville, GC, dau George & Hannah (Mullen) Mason (MGC-OB)
Stacey E. b 5 Jun 1857 near Paintersville, GC, s Gideon & Hannah (Mullen) Mason (OB)
MASSEY, Charles Lee b 1862 GC (MAS)
Josephine Lee b 5 Dec 1863 Osborn, GC, dau Solon Wells & Mary North (Foster) Massey (MAS)
MATTHEWS, Frederick C. b 30 Jan 1867 Xenia, GC (GLAN)

MATTHEWS (continued)
James H. b 14 Mar 1834 Xenia, GC (MR)
MAXEY, Benjamin F. b 9 Apr 1823 GC (GDR)
Frank b 3 Nov 1866 S. of Xenia, GC, s Benjamin & Hannah Maxey (OB)
Jane b prior 1856 SE of Xenia, GC (OB/Marsh)
Malinda b Aug 1843 near Xenia, GC, dau Horatio & Elizabeth Maxey (ELAM)
William Nicholas b 12 Mar 1828 near Xenia, GC (ELAM)
MAXON, Alice Maud b ca 1861 GC (RB22)
Margaret b 25 Aug 1867 Jamestown, GC, dau William & Adaline (Anderson) Maxon (OB)
MAXTON, Margery C. b 4 Oct 1838 Bath TP, GC (OB/Titlow)
MAXWELL, Elias b prior 1809 Beavercreek TP, GC, s William & Nancy (Robins/Robbins/Robinson) Maxwell (FFMX)
George b prior 1809 Beavercreek TP, GC, s William & Nancy (Robins/Robbins/Robinson) Maxwell (FFMX)
John b ca 1799 (NWT) GC, s William & Nancy (Robins/Robbins/Robinson) Maxwell (FFMX)
Levina/Lucinda/Rachel b 1800-1808 NWT/GC dau William & Nancy (Robins/Robbins/Robinson) Maxwell (FFMX)
Ludlow b prior 1809 Beavercreek TP, GC, s William & Nancy (Robins/Robbins/Robinson) Maxwell (FFMX)
Martha Ann b ca 1858 Xenia, GC (RB66)
Nancy b prior 1809 Beavercreek TP, GC, dau William & Nancy (Robins/Robbins/Robinson) Maxwell (FFMX)
MAYS, Amanda b 1848 Bath TP, GC (GDR)

MAZE, Henry Peltz b ca 1864 Osborn, GC (RB77)
MEDE, Eber F. b 12 Apr 1822 GC, s Jonathan & Zilpah Mede (SCHD)
MEDENHALL, Nathan b 1806 Spring Valley TP, GC (GDR)
MELTON, Myrtle Belle b ca 1866 Roxeybell, GC (RB33)
MELVIN, Ida b 12 Jan 1862 Cedarville, GC, dau Thomas & Eliza Melvin (WLS)
MENDENHALL, Amanda V. b 24 Aug 1854 Clifton, GC (OB/Chambliss)
Amy B. b 1866 PROB Spring Valley TP, GC, dau John & Eunice (Compton) Mendenhall (RH-SVC)
Benjamin b 26 Apr 1804 S. of Xenia near Spring Valley, GC, s John & Ruth (Brown) Mendenhall (GDR-PGC)
Horace b 8 Aug 1868 near Spring Valley, GC (OB)
John b 4 Dec 1828 Spring Valley TP, GC, s William & Betty (Walton) Mendenhall (GDR-RH)
Joseph b 30 Mar 1820 GC, s Aaron & Lavinia (Westfall) Mendenhall (LAC-LG15)
Martin b 1828 GC, s William & Sarah (Peterson) Mendenhall (FFMH)
Mary Ann b 28 Feb 1860 near New Burlington, GC, dau Robert & Jane (Elam) Mendenhall (OB/Ferguson)
Robert b 12 Oct 1834 S. of Xenia, GC, s Benjamin & Ann (Simison) Mendenhall (PGC)
Sarah Frances b ca 1852 Clifton, GC (RB55)
Thomas b ca 1858 near Jamestown, GC (OB)
Thomas Andrew b ca 1859 New Jasper TP, GC (RB22)
William H. b ca 1859 POSS GC, NE of New Burlington (OB)
William M. b 22 Apr 1823 near Xenia, GC, s William & Sarah

MENDENHALL (continued) (Peterson) Mendenhall (FFMH)

MERCER, Emma Della b 30 Jul 1867 Ross TP, GC, dau William & Nancy (Skeen) Mercer (BH)

Eveline b 15 Aug 1830 Ross TP, GC, dau John & Rebecca (Dalby) Mercer (PGC)

Hattie Belle b 3 May 1865 Ross TP, GC, dau William & Nancy (Skeen) Mercer (BH)

James Albert b 21 Jun 1861 Ross TP, GC, s William & Nancy (Sheen/Skeen) Mercer (BH-OB)

William b 22 Sep 1835 Ross TP, GC, s John Mercer (BH-DH)

MEREDITH, L. P. b 18 Mar 1841 Xenia, GC (OA)

MERRETT, Horace b 29 Aug 1864 Spring Valley TP, GC (GDR)

MERRICK, David b 3 Oct 1820/30 Beavercreek TP, GC, s Joseph D & Susan/Susana (Boston) Merrick (BH-DH-GDR-PGC)

Ellen Catherine b ca 1867 GC, dau David & Rebecca (Kable) Merrick (OB)

Ernest H. b ca 1860 Xenia, GC (OB)

Joseph S. b ca 1864 Beavercreek TP, GC, (OB)

Sarah Elizabeth b 4 Jul 1860 Beavercreek TP, GC, dau David & Rebecca (Cable) Merrick (OB/Coy)

MERRIFIELD, John b 1818 Caesarscreek TP, GC, s James & Hannah (Haines) Merrifield (FFMB)

MERRILL, Isaac b ca 1854, GC (RB22-RB66)

MEYERS, John Franklin b 11 Mar 1864 S. of Jamestown, GC, s Joseph & Susan (Long) Meyers (OB)

MIDDLETON, Amelia Ann b 22 Nov 1849 GC, dau William & Virginia (Mussetter) Middleton (FFMT-XGO)

Amy b 1836 GC, dau John & Susan/Susanna (Mussetter/

MIDDLETON (continued) Musetter) Middleton (MUS)

Amy Ellen b 1842 Caesarscreek TP, GC, dau James & Angeline (Mussetter) Middleton (MUS)

Apharaba b 1838 Caesarscreek TP, GC, dau James & Angeline (Mussetter) Middleton (MUS)

Balinda/Malinda b 14 Jun 1831 GC, dau John & Susan/Susanna (Mussetter/Musetter) Middleton (MUS-PMC)

Bethuel Jackson b 27 Sep 1834 Caesarscreek TP, GC, s James & Angeline (Mussetter) Middleton (BH)

Caroline A. b 1844 Caesarscreek TP, GC, dau James & Angeline (Mussetter) Middleton (MUS)

Christopher b 4 Aug 1834 GC, s John & Susan/Susanna (Mussetter/Musetter) Middleton (DH-MUS)

Elizabeth Ann b 28 Jan 1829 GC, dau John & Susan/Susanna (Mussetter/Musetter) Middleton (MUS)

Emily b 1836 Caesarscreek TP, GC, dau James & Angeline (Mussetter) Middleton (MUS)

Ernest b 1837 GC, s John & Susan/Susanna (Mussetter/Musetter) Middleton (MUS)

Harriet Ann b 1833 Caesarscreek TP, GC, dau J & Angeline (Mussetter) Middleton (MUS)

James Wilson b 27 Apr 1849 Middleton's Corners, Caesarscreek TP, GC, s James & Angeline (Mussetter) Middleton (BH-MUS)

John b 14 Jan 1827 Caesarscreek TP, GC, s James & Angeline (Mussetter) Middleton (MUS-PGC)

Lewis b 6 Dec 1839 Caesarscreek TP, GC, s Thos & Sarah (Hartsook) Middleton (BH)

MIDDLETON (continued)
Martha Jane b 1 Aug 1839 Caesarscreek TP, GC, dau John & Susan/Susanna (Mussetter/Musetter) Middleton (MCCD-MUS)
Mary Z. b 7 Feb 1830 GC, dau John & Susan/Susanna (Mussetter/Musetter) Middleton (MUS-PGC)
Naomi Jane b 1831 Caesarscreek TP, GC, dau James & Angeline (Mussetter) Middleton (MUS)
Rebecca b 1841 GC, dau John & Susan/Susanna (Mussetter/Musetter) Middleton (MUS)
Sarah J. b 11 Jul 1842 Caesarscreek TP, GC, dau Thomas & Sarah (Hartsook) Middleton (PGC)
Thomas b 23 Sep 1827 GC, s John & Susan/Susanna (Mussetter/Musetter) Middleton (MUS)
William b 1829 Caesarscreek TP, GC, s James & Angeline (Mussetter) Middleton (MUS)
MILBURN, Celia b ca 1844 Xenia, GC (OB/Lauman)
Charles Rogers b prior 1869, Xenia, GC s Joseph & Martha Milburn (OB)
Giles W. b ca 1868 Xenia, GC (OB)
Helen B. b prior 1869 Xenia, GC dau J & Martha Milburn (OB)
Jeanette b ca 1864 Cedarville, GC, dau Greenberry & Nancy Milburn (OB/Hartsook)
Roszel B. b 4 Oct 1852 GC, s J W Milburn (OB)
MILES, George Washington b 10 Feb 1847 Dean Settlement, GC, s Michael & Cornelia (Pomfey) Miles (FFMS)
MILLEN, Margaret Emma b prior 1869 Xenia, GC, dau David & Mary Patterson (Stewart) Millen (BH)
MILLER, Albert McHenry b 1 Aug 1841 New Jasper TP, GC, s

MILLER (continued)
George & Caroline (Wilson) Miller (BH)
Anna M. b 1819 Beavercreek TP, GC, dau Samuel Miller (BH)
Ann Maria b 20/25 Apr 1819 S. of Fairfield, GC, dau Daniel/Samuel Miller (BH-HAH)
Benjamin Franklin b ca 1859/62 GC (OB-RB77)
Catharine Ann b 30 Mar 1838 GC, dau Robert & Mary Miller (BRC)
Charles b 1851 Bellbrook, GC, s Charles Miller (GDR)
Charles E. b 7 Jul 1860 Beavercreek TP, GC (GDR)
Charles S. b 1 Dec 1815 New Jasper, GC (GDR)
Clara K. b 13 Jul 1868 Osborn area, GC, dau Israel & Jane (Arthur) Miller (BH)
Daniel Martin b ca 1843 Bath TP, GC (RB66)
Elizabeth b 1852 Cedarville TP, GC (GDR)
Elizabeth Mary b 30 Jan 1855 Clarks Run area, Cedarville TP, GC, dau Arthur & Margaret (McMillan) Miller (OB/Lewis)
Fred J. b 3 Jan 1857 Yellow Springs, GC, s John & Elizabeth (Woodhurst) Miller (GLAN)
Frederick b 11 Aug 1820 Beavercreek TP, GC (GDR)
George Grant b 2 Dec 1868 GC, s Reuben & Mary Ann (Tobias) Miller (BH)
George W. b ca 1865 Bellbrook, GC (RB66)
Grant b Mar 1865 near Trebein, GC, s W J & Anna (Prugh) Miller (OB)
Henry N. b 30 Mar 1842 GC, s John Miller (BRC)
H. G. b 1827 Cedarville, GC (GDR)
Jacob b 1829 GC (GDR)
Jacob b 18 Apr 1842 GC, s Robert Miller (BRC)
James b 1815 GC (GDR)

MILLER (continued)
Jane b 25 Nov 1824 Bath TP, GC, dau James & Elizabeth (Wheeler) Miller (BH)
Jeff b 1860 Bath TP, GC, s Levisan-? & Frances (Bartes-?) Miller (GDR)
John b 1832 GC (GDR)
Joseph b 5 Aug 1856 Beavercreek TP, GC (GDR)
Laura M. b 12 Apr 1865 Cedarville TP, GC, dau Arthur R & Margaret Miller (OB/Robertson)
Mary Jane b 6 Dec 1830 GC, dau Robert & Mary Miller (BRC)
Mary Jane b 18 Dec 1832 PROB GC, dau George & Sarah Miller (FFSB)
Miranda Evaline b ca 1849 GC (RB66)
Nellie/Netice b 1868 Cedarville, GC (GDR)
Newton T. b 15 Apr 1863 Fairfield, GC, (OB)
Reuben b 2 Apr 1836 GC (BH)
Reuben Albert b ca 1855 GC (RB33)
Robert b 2 May 1826 Bath TP, GC, s Thomas & Sarah (Wolfe) Miller (PGC)
Robert b 4 Mar 1840 GC, s Robert & Mary Miller (BRC)
Sallie H. b ca 1858 Clarks Run area, NE of Xenia, GC, dau Arthur R & Margaret (McMillan) Miller (OB/Caldwell)
Sampson b ca 1833 near Osborn, GC (OB)
Samuel H. b ca 1866 GC (OB)
William b 17 May 1867 Xenia, GC, s John & Elizabeth Miller (OB)
William J. b 4 May 1834 Beavercreek TP, GC, s James & Sarah (Harner) Miller (PGC)
MILLS, Charles b ca 1854 Bellbrook, GC (OB)
Elizabeth b 7 Nov 1824 PROB GC, dau Dan & Janet (Westfall) Mills (MIL)

MILLS (continued)
Huldah b 7 Jun 1861 GC, dau Senaah & Rachel (Griffith) Mills (FFMG-MIL)
Jacob b 15 Oct 1822 GC, s Dan & Janet (Westfall) Mills (MIL)
Mary b 7 Nov 1824 GC, dau PROB Dan & Janet (Westfall) Mills (MIL)
Perry b 15 Mar 1844 Bellbrook, GC, s Henry & Elizabeth Mills (OB)
Samuel b 30 Aug 1858 GC, s Senaah & Rachel (Griffith) Mills (FFMG-MIL)
Senaah/Sennah b 9 Feb 1818 GC, s John & Elizabeth (Stevenson) Mills (FFMG-FFMJ-FFSK-MIL-STE)
Thomas B. b Jan 1817 GC, s John & Esther (Horney) Mills (DHF-FFMG)
MINTON, Dora b ca 1855 GC (RB22)
Simretta b 22 Jan 1857 Miami TP, GC (PGC)
MISSILDINE, John F. b 21 Sep 1839 GC, s Robert & Elizabeth (Kenton) Missildine (WCH)
MITCHELL, Alice J. b ca 1858 Xenia, GC, (RB22)
David b 12 Mar 1863 Cedarville, GC, s John & Maggie (Noodland/Woodland) Mitchell (GDR)
Eliza/Lida Davidson b 11 Jun 1862 GC, dau Robert Patterson & Eliza J (Reynolds) Mitchell (JNAC-LG35-LG47-RACT)
J. J. b 11 Jan 1844 Clarks Run area, Xenia TP, GC, N. of Xenia, GC, s S K & E A Mitchell (DH)
Lida b ca 1865 Xenia, GC (RB66)
Lizzie L. b prior 1869 Cedarville, GC, dau John Mitchell (BH)
Samuel K. b 20 Jun 1822 Xenia TP, GC, s James & Martha (Espy) Mitchell (DH)
T. Coke b 31 Dec 1822 GC (MCH)

MITCHELL (continued)
William R. b 1 Jan 1849 GC, s Patterson A & Sarah (Reynolds) Mitchell (CUL)
MITMAN, John Franklin b ca 1868 Osborn, GC (RB55-RB88)
Lewis C. b 15 Nov 1846 Bath TP, GC (GDR)
Sarah b ca 1830 Bath TP, GC, dau Peter & Lydia (Huffman) Mitman (PGC)
MOCK, Catherine b 29 Dec 1810 Spring Valley TP, GC, dau John & Mary (Horney) Mock (BH-PGC)
Daniel b 1814 GC, s John & Mary (Horney) Mock (HOW)
Hannah b 27 Aug 1805 GC, dau John & Mary (Horney) Mock (HOW)
Mary b 1814 GC, dau John & Mary (Horney) Mock (HOW)
Phebe b 1803 GC, dau John & Mary (Horney) Mock (HOW)
Synthia b 1820 GC, dau John & Mary (Horney) Mock (HOW)
MOLER, Adam b 24 Oct 1819 near Shakerstown, POSS GC, s Vandiver Banks & Elizabeth (Hull) Moler (FFNS)
David b 27 Apr 1823 POSS GC, s Vandiver Banks & Elizabeth (Hull) Moler (FFNS)
Elizabeth b 6 Dec 1830 POSS GC, dau Vandiver Banks & Elizabeth (Hull) Moler (FFNS)
John b 1 Dec 1827 POSS GC, s Vandiver Banks & Elizabeth (Hull) Moler (FFNS)
John b 10 Sep 1828 Beavercreek TP, GC (GDR)
Julia Ann b 18 Jul 1821 POSS GC, dau Vandiver Banks & Elizabeth (Hull) Moler (FFNS)
Oliver P. b Jan 1831 Beavercreek TP, GC (GDR)
Ruhama b 11 Nov 1825 POSS GC, dau Vandiver Banks & Elizabeth (Hull) Moler (FFNS)
Ruhamah b 20/22 Apr 1822 GC, dau John & Susan Moler (DUR)

MOLER (continued)
Sarah Elizabeth b 29 Jun 1829 POSS GC, dau Vandiver Banks & Elizabeth (Hull) Moler (FFNS)
MOLTER, Clarissa Ann b ca 1853 GC (RB77)
Newton B. b ca 1858 GC (RB33)
MONDAY, Catharine b 4 Sep 1841 GC, dau George & Margarett Monday (BRC)
Joanna b 10 May 1837 GC, dau George & Margarett Monday (BRC)
Margaret b 7 May 1837 GC, dau George & Margarett Monday (BRC)
MONROE, Elizabeth b prior 1869 GC, dau George & Martha Monroe (RH)
J. B. b 1825 Xenia, GC (GDR)
Mary Ann b 16 Nov 1820 Xenia, GC, dau David & Barbara (Mitchell) Monroe (GDR-PGC)
MOODIE, Alexander b 27 Feb 1823 PROB GC, s Robert & Jane Moodie (STI)
James b ca 1825 PROB GC, s Robert & Jane Moodie (STI)
John b 18 Jan 1819 PROB GC, s Robert & Jane Moodie (STI)
John b 28/31 Mar 1834 GC, s Robert Jr & Maria (Stothoff) Moodie (LG15-MIPC-PCAM-SCHJ-SLGC2)
Robert Jr. b 1811 GC, s Robert Sr. & Jane (Grant) Moodie (LG15-MIPC-PCAM-SLGC2)
MOON, Charles H. b 19 Jun 1868 Jefferson TP, GC (OB)
Evaline E. b 15 May 1814 GC, dau William & Elizabeth (Snipes) Moon (LG15-MEAC)
Jennie b 24 Oct 1863 Bowersville, GC, dau James & Clara (Vanniman) Moon (OB/Harness)
Rosa E. b ca 1866 Bowersville, GC (RB44)
Ruhamah C. b 22 Mar 1843 Jefferson TP, GC, dau Gideon & Jane (Turner) Moon (PGC)

MOON (continued)
Thomas b Dec 1834 Jefferson TP, GC (GDR)

MOORE, Daniel Dean b 13 Mar 1862 GC (OB)

Diana b prior 1869 Spring Valley, GC, dau John & Lana (Quick) Moore (RH)

George H/M b 1 May 1845 Xenia, GC, s John & Mary Ann (Monroe) Moore (FFMQ-OB-RH-XGO)

Hattie Louise/Louisa b 10 Dec 1864 GC, dau William H & Harriet (Wilkerson) Moore (OB/Short-RB11)

Henrietta b 1855 Xenia, GC (GDR)

James Presley b ca 1850 GC (OB)

Joseph V. b ca 1853 GC (OB)

Lizzie b prior 1869 New Jasper TP, GC, dau William & Harriet (Wilkinson) Moore (BH)

Margaret b ca 1866 Xenia, GC, dau John & Mary (Monroe) Moore (BH)

William H. b 26 Sep 1820 GC (GDR)

MOORMAN, Alice M. b 12 Sep 1862 Jamestown, GC, dau Matthew Moorman (OB/Peters)

Alva O. b 23 Apr 1853 Jamestown, GC, s Thomas & Martha (Hunnicutt) Moorman (OB)

Ann/Anna E. b 5 May 1843 near Jamestown, Silvercreek TP, GC, dau Reuben & Susan (Sharp) Moorman (BH-OB/Robinson-PGC-RB11)

C. E. b 3 Aug 1862 S. of Jamestown, GC, s Thomas & Martha (Wooten) Moorman (OB)

David b 29 Sep 1829 Silvercreek TP, GC, s Chiles & Elizabeth (Watson) Moorman (DH)

Edward Gaddis b 7 Mar 1864 near Jamestown, GC, s Henry Terrell & Minervia S (Carroll) Moorman (MOO)

Eleanora b 3 Oct 1863 at/near Jamestown, GC, dau Henry

MOORMAN (continued)
Terrell & Minervia S (Carroll) Moorman (MOO)

Eli W. b 1 Aug 1822 GC, s Pleasant & Molly Moorman (BAC-LG15-ORF7)

Elizabeth b 1816/38 Xenia, GC, dau James & Elizabeth (Johnson) Moorman (MOO)

Emily b 1816/38 GC, dau James & Elizabeth (Johnson) Moorman (MOO)

Euphrasia b 20 Nov 1822 Jamestown, GC, dau Thomas P. & Dosha Moorman (HAI)

Frank H. b 28 Mar 1857 near Jamestown, GC (OB)

James Christopher b 1816/38 Xenia, GC, s James & Elizabeth (Johnson) Moorman (MOO)

Harry Leroy b 15 Nov 1863 Jamestown, GC, s Matthew & Martha Moorman (OB-SCU)

Henry Terrell b 2 Feb 1824 Xenia, GC, s James & Elizabeth (Johnson) Moorman (MOO)

John C. b 1816/38 Xenia, GC, s James & Elizabeth (Johnson) Moorman (MOO)

John H. b 24 Jun 1844 near Jamestown, GC, s Thomas & Martha (Bingham) Moorman (CCB)

Manson b 18 Oct 1817 s James & Elizabeth (Johnson) Moorman (MOO-SGI)

Mary b 1816/38 GC, dau J & Eliz (Johnson) Moorman (MOO)

Mary Jane b 15 May 1859 at/near Jamestown, GC, dau Henry Terrell & Minervia S. (Carroll) Moorman (MOO)

Mildred b 1816/38 GC, dau James & Elizabeth (Johnson) Moorman (MOO -SGI)

P. L. b ca 1840 near Jamestown, GC (OB)

Reuben b Jan 1817 Silvercreek TP, GC s Micajah Moorman (BH-SCS)

MOORMAN (continued)
Reuben Chiles b 1816/38 Xenia, GC, s James & Elizabeth (Johnson) Moorman (MOO)
Thomas b 1818 GC (TUR)
William Carroll b 28 Jul 1868 at/near Jamestown, GC, s Henry Terrell & Minervia S. (Carroll) Moorman (MOO)
MORGAN, Albert G. b 22 Oct 1816 GC, s Evan & Nancy (Popenoe) Morgan (LG63-RAC)
Elizabeth b 9 Jan 1822 Bath TP, GC (GDR)
Emma Ellen b 28 Dec 1860 near Byron, GC (OB)
Harry M. b 16 Jun 1859 GC, s William & Lydia (Wolfe) Morgan (OB)
Joseph Randolph b ca 1853 Mt Holly, GC (OB-RB88)
Lucy b 1800 (NWT) near Xenia, GC, dau Evan & Nancy (Popenoe) Morgan (LG63)
Mary Ann b 11/14/17 Mar 1823 Beavercreek TP, GC, dau Morgan & Elizabeth (Reed/Reel) Morgan (BH-GDR/Harner-PGC)
Rose Ann b 17 Jun 1865 Byron Rd area, GC, dau David J & Rose Ann Morgan (OB/Swadener)
Samuel b 1832 GC (LG47)
William b 16/26 Nov 1816 GC, s Thomas & Ann (Ogan) Morgan (BH-WCH)
MORRIS, Clara b 12 Sep 1863 GC (BKI-FFTT)
James E. b 9 Jan 1855 Spring Valley, GC, s James E & T L Morris (GDR)
Jennie b 2 May 1858 GC, dau John Henry & Louisa Morris (OB/Compton)
Lucy b 1860 Sugarcreek TP, GC, dau William S & Mary (Pence) Morris (BKI-RH)
Matthew V. b 23 Mar 1832/36 Sugarcreek TP, GC, s William & Priscilla (LeCompt) Morris (BKI-RH)

MORRIS (continued)
T. A./F. A. b 1840 Xenia TP, GC (GDR)
William b 1826 Sugarcreek TP, GC (GDR)
William b 1828 Xenia TP, GC (GDR)
William W. b 27 Aug 1865 GC, s G M & A W Morris (CUC)
W. J. b 1842 GC, s George & Lila Morris (DH)
MORROW, Francis Adelaine b 1848 GC (FFAL)
Jeanette b 13 Feb 1867 Xenia, GC, dau Jeremiah & Sarah (Patterson) Morrow (OB)
Joseph b 21 Apr 1812 GC, s James & Anna K. Morrow (DH-GDR)
Mary b 10 Apr 1806 Silvercreek TP, GC (GDR)
Mary b 1800/1808 SW of Jamestown, GC, dau James & Anne Morrow (HAR)
MOSS, Andrew b 17 Nov 1831 Spring Valley, GC (GDR)
Junietta b ca 1860 near Spring Valley, GC, dau Elizabeth Moss (OB/Moore)
MOULDER, Clarissa b 1852 Bath TP, GC, dau Michael & Lydia (Coke) Moulder (PGC)
MOWDY, Ambrose b 7 Mar 1833 Xenia TP, GC, s Peter Mowdy (BH)
Belle b prior 1869 near Goes Station, Xenia TP, GC, dau Ambrose & Amanda (Whittington) Mowdy (BH)
Matilda b 1835 GC (FFMY)
MOWEN, Anna E. b 19 Jul 1866 GC (OB)
MOWER, Arthur W. b 18 Jan 1864 Xenia TP, GC, s George & Caroline (Miller) Mower (GDR)
MOZART, Donna Zerrella b 28 Feb 1857 Yellow Springs, GC dau Don Joaquin & Anna Maria (Huntington) Mozart (FFHU)
Estelle b 28 Nov 1858 Yellow Springs, GC, dau Don Joaquin

MOZART (continued)
& Anna Maria (Huntington) Mozart (FFHU)
Florence b 30 Jan 1860 Yellow Springs, GC, dau Don Joaquin & Anna Maria (Huntington) Mozart (FFHU)
MULLAHY, Patrick b 16 Sep 1868 New Jasper, GC (GDR)
MULLEN, James b 1811 Paintersville, GC (RH)
James b 26 Feb 1867 near Mt Tabor, GC (OB)
MULLIN, J. W. b ca 1846 Paintersville, GC, s James & Phoebe Mullin (OB)
MUNCH, Mercy b 9 Nov 1822 GC, dau John & Mary M. Munch (SCHD)
MUNGER, John Edmund b ca 1852 GC (RB22)
John b ca 1863 Xenia, GC, s E H Munger (OB)
MUNGER/MINGER, Matilda b 1851 Beaverceek TP, GC, (BVI-OB/Herring)
MURPHY, Anna b 17 Jun 1864 GC, dau Richard & Jane (Scully) Murphy (SBC)
Catherine b 16 Oct 1865 GC, dau Richard & Jane (Scully) Murphy (SBC)
Clara b ca 1865 Bellbrook, GC (OB)
Harvey C. b 18 Jul 1841 GC, s Jacob V & Elizabeth Murphy (RH)
Israel A. b 1845 GC, s Jacob V & Elizabeth Murphy (RH)
James L. b 3 Aug 1857 GC, s Jacob V & Elizabeth Murphy (OB-RH)
Jane b 30 Aug/1 Sep 1859 Xenia, GC, dau Richard & Jane (Scully) Murphy (FFER-OB/Evers-SBC)
Margaret b 5 Jan 1861 GC, dau Richard & Marian Jane (Scully) Murphy (SBC)
Rachel A. b 1848 GC, dau Jacob V & Elizabeth Murphy (RH)

MURPHY (continued)
Sarah Catherine b 8 (Jan?) 1859 GC, dau John & Anastasiae (McCabe) Murphy (SBC)
Thomas b 1 Feb/Sep 1858 GC, s Richard & Jane (Scully) Murphy (SBC)
William b 28 May]857 GC, s John & Marian (Walsh) Murphy (SBC)
William A. b 2 Feb 1840 GC, s Jacob V & Elizabeth Murphy (RH)
MURRAY, Robert b 5 Sep 1862 near Xenia, GC (OB)
MUSSETTER, Amelia Ann b 1849 Xenia TP, GC, dau William & Virginia (Haughey) Mussetter (MUS-RH)
Basil Lucas b 1855 Xenia TP, GC, s William & Virginia (Haughey) Mussetter (MUS-RH)
Clarrissa Ellen b 1851 Xenia TP, GC, dau William & Virginia (Haughey) Mussetter (MUS-RH)
Emily Jane b 1853 Xenia TP, GC, dau William & Virginia (Haughey) Mussetter (MUS-RB88-RH)
Ida May b 1865 GC, dau William & Virginia (Haughey) Mussetter (MUS-RH)
Joseph Andrew b 1860 GC, s William & Virginia (Haughey) Mussetter (MUS-RH)
William A/Eli b 6 Mar 1866 near Paintersville, Caesarscreek TP, GC, s William & Virginia (Haughey) Mussetter (MUS-OB-RH)
MYERS, Becca Ann b 17 Sep 1839 GC, dau Jacob F & Lydia Ann Myers (BRC)
Elijah b ca 1854 SE of Xenia, GC (OB)
George F. b 1847 GC, s Jacob & Fay (Wright) Myers (FFMV)
H. C. b 21 Nov 1847 Ross TP, GC (GDR)

MYERS (continued)
Henry C. b 1848 Ross TP, GC, s Joseph & Susan (Long) Myers (PGC-SCU)
Joseph b 1821 Ross TP, GC, s John & Lucy (Plummer) Myers (PGC-SCU)
Laura Belle b ca 1861 GC (RB77)
Lidia Jane b 20 Nov 1843 GC, dau Jacob F Myers (BRC)
Mary Elizabeth b 2 Jan 1838 GC, dau Jacob F Myers (BRC)
Retta b ca 1861 Mt Holly, GC (RB77)
William A. b 1845 Ross TP, GC, s Joseph & Susan (Long) Myers (PGC-SCU)
William Washington b 16 Oct 1835 GC, s Jacob F Myers (BRC)
NAGLEY, Mary b 1863 GC (OB)
NAILOR, Samuel b 1822 Xenia TP, GC (GDR)
NASH, Addison b 1 Aug 1826 GC, s William & Nancy (Galbreath/Hilbreath) Nash (NAS)
Albert b Jan 1823 Xenia, GC, s William & Nancy (Galbreath/Hilbreath) Nash (NAS)
Alfred b 1836 GC, s Thomas & Isabella (Booth) Nash (NAS)
Cyrus G. b 1838 GC, s Thomas & Isabella (Booth) Nash (NAS)
Elizabeth Hannah b 29 Aug 1840 PROB GC, dau John & Elizabeth (Peterson) Nash (FFNA)
Hugh b 5 Jun 1824 Xenia TP, GC, s William & Nancy (Galbreath/Hilbreath) Nash (FFNA-NAS)
Hugh Lee b 22 Dec 1852 Xenia TP, GC, s John R & Mary (Jackson) Nash (JAC)
John H. b 25 Feb 1820/30 Xenia/Xenia TP, GC s William & Nancy (Galbreath/Hilbreath) Nash (NAS-UPC)
John R. b 25 May 1828 S. of Cedarville, GC, s Hugh & Rebecca (Graham) Nash (BH-NAS-RH)

NASH (continued)
Louisa/Maria b 13 Jul 1846 PROB GC, dau John & Elizabeth (Peterson) Nash (FFNA)
Mary/Molly Jane b 27 Apr 1844 PROB GC, dau John & Elizabeth (Peterson) Nash (FFNA)
Robert Harvey b 20 Mar 1851 Xenia TP, GC, s John R & Mary (Jackson) Nash (BH-JAC-NAS-RH)
NAVE, Catharine b 1 Feb 1827 GC, dau John & Sophia Nave (BRC)
Elizabeth b 1 Jul 1825 GC, dau John & Sophia Nave (BRC)
Sarah b 15 May 1828 GC, dau John & Sophia Nave (BRC)
NEAL, Charlotte b 25 Jan 1819 POSS Silvercreek TP, GC, dau Edmund Jr & Sarah/Sallie (Davis) Neal (BUL)
Edmund III b 19 Apr 1821 POSS Silvercreek TP, GC, s Edmund Jr & Sarah/Sallie (Davis) Neal (BUL)
Julia b 7 May 1811 POSS Silvercreek TP, GC, dau Edmund Jr & Sarah/Sallie (Davis) Neal (BUL)
Kansas prior 1869 Xenia, GC (OB)
Narcissa b 6 Feb 1805 POSS Silvercreek TP, GC, dau Edmund Jr & Sarah/Sallie (Davis) Neal (BUL)
Patience b 17 Jan 1816 Bowersville, GC, dau Edmund Jr & Sarah/ Sallie (Davis) Neal (BUL)
Prudence b 6 Sep 1813 POSS Silvercreek TP, GC, dau Edmund Jr & Sarah/Sallie (Davis) Neal (BUL)
Reuben b 26 Jan 1824 POSS Silvercreek TP, GC, s Edmund Jr & Sarah/Sallie (Davis) Neal (BUL)
Sallie b 4 Feb 1807 POSS Silvercreek TP, GC, dau Edmund

NEAL (continued)
Jr & Sarah/Sallie (Davis) Neal (BUL)
S. L. b 14 Oct 1849 Jamestown, GC, s Silas Leonadous Neal (OB)
Timothy b 1 Jul 1809 POSS Silvercreek TP, GC, s Edmund Jr & Sarah/Sallie (Davis) Neal (BUL)
NEELD, William M. b 10 Aug 1849 Spring Valley, GC, s Jason M & Susanna (Allen) Neeld (BH-GRB-PGC-RH)
NELSON, Jacob b 4 Sep 1832 GC (FFNL-LG57)
John b Jan 1859 GC, s Jacob & Mary Katherine (Siezer/Syster) Nelson (FFNL)
Margaret b 1812 Bath TP, GC (GDR)
NEMEYER, Sarah b 23 Apr 1853 Bath TP, GC (GDR)
NESBIT, Robert B. b 21 Jun 1850 Cedarville, GC (OB-UPC)
NESBITT/NESBETT, Charles Jacob b 25 May 1844 Xenia, GC, s Benoni & Rachel B (Madden) Nesbitt (FFNS-GDR-NES)
NESBITT, Clara b 14 Feb 1848 Xenia TP, GC, dau Nathan Nesbitt (GDR)
Edward Clinton b 5 Mar 1848 Xenia, GC, s Benoni & Rachel B (Madden) Nesbitt (FFNS-GDR-NES)
Elizabeth b 22 Jan 1817 Xenia, GC, dau Jacob & Catharine (Tyler) Nesbitt (FFNS-NES)
Fanny Dora b 7 Jan 1853 Xenia, GC, dau Benoni & Rachel B (Madden) Nesbitt (FFNS-NES)
James Finley b 21 Mar 1840 Xenia, GC, s John & Julia Ann (Moler) Nesbitt (FFNS-NES)
Jinine/Jennie b 1845 Xenia TP, GC, dau Nathan & Clara C Nesbitt (GDR)
John b 1854 Xenia TP, GC (GDR)
John Albert b 6 Aug 1844 Xenia, GC, s Benoni & Rachel B

NESBITT (continued)
(Madden) Nesbitt (FFNS-NES)
Martha Ann b 27 Jan 1843 Xenia, GC, dau John & Julia Ann (Moler) Nesbitt (FFNS-NES)
Mary b 29 Dec 1814 Xenia, GC, dau Jacob & Catherine (Tyler) Nesbitt (FFNS-NES)
Walter Leigh b 13 Jul 1858/59 Xenia, GC, s Benoni & Rachel B (Madden) Nesbitt (FFNS-NES)
William Burke b 12 Nov 1839 Xenia, GC, s Benoni & Rachel B (Madden) Crosby Nesbitt (FFNS-GCMR-NES)
NEWCOMB, Ella/Ellen b 4 Mar 1828 Xenia, GC, dau Samuel Newcomb (FFPT-OB/Patterson)
NEWLAND, Thomas A. b 11 Mar 1864 Beavercreek TP, GC, s Mark & Matilda J Newland (GDR)
NEWPORT, William W. b ca 1837 Cedarville, GC (FFNW)
NICHOLS, Amos b 1832 GC (FFNI)
Clara b ca 1852 Xenia, GC (RB66)
Clarissa b 8 Nov 1859 Xenia, GC, dau Erastus Nichols (OB-WCS)
John W. b Nov 1846 Xenia, GC (GDR)
Joseph Clayton b 23 Jan 1855 Yellow Springs, GC, s James Henry & Mary (Palmer) Nichols (GLAN)
Martha M. b 1849 Xenia, GC (GDR)
NIEUKIRK/NEWKIRK, Ruth Sheppard b 10 Dec 1832 GC, dau Benjamin & Ruth P (Sheppard/Shepard) Nieukirk (GRB-MCCL)
NISBET, H. Catherine b 14 Sep 1836 Cedarville, GC, dau John Cooper & Mary (McMillan) Nisbet (MCM)
Hannah M. b prior 1869 Cedarville, GC, dau Samuel Nisbet

NISBET (continued) (BH)
Hugh McMillan b Dec 1839 Cedarville, GC, s John Cooper & Mary (McMillan) Nisbet (MCM)
James Chestnut b 22 Feb 1854 Cedarville, GC, s John Cooper & Mary (McMillan) Nisbet (MCM)
John A. b 14 Apr 1854 Cedarville, GC, s Samuel & Nancy Nisbet (OB)
NISBET/NESBITT, John Harvey b 5 Jun 1842 Cedarville, GC, s John Cooper & Mary (McMillan) Nisbet (BH-FFNS-MCI-MCM)
NISBET, Nannie b prior 1869 POSS Cedarville, GC, dau Samuel & Nancy Nisbet (OB)
William King b 25 Jun 1849 Cedarville, GC, s John Cooper & Mary (McMillan) Nisbet (MCM)
NISONGER, George b 14 Apr 1843 Xenia TP, GC, s Joseph & Eliz (Manor) Nisonger (PGC)
Joseph b 23 Jun 1820 Xenia TP, GC, s Jacob & Rebecca (Reed) Nisonger (PGC)
NISWANGER, Jonathan b 13 Jul 1832 GC, s William & Julia A (Snider) Niswanger (SCHG)
NISWONGER, Casper b 24 Jan 1831 GC, s William & Julian Niswonger (BRC)
Elizabeth b 25 May 1829 GC, dau William & Julian Niswonger (BRC)
John b 17 Feb 1828 GC, s William & Julian Niswonger (BRC)
NOONAN, Mary b ca 1868 Xenia, GC dau Thomas Noonan (OB)
NORRIS, Belle b 1855 Xenia, GC, dau William Samuel & Martha Jane Norris (OB)
NORTH, Simon Kenton b ca 1860 Oldtown, Xenia TP, GC, s William & Sarah (Snyder) North (OB)

NORTH (continued)
William M. b 1831 Oldtown, Xenia TP, GC, s Orin & Martha North (DH)
OAKLEY, Emma b 12 Dec 1854 Xenia, GC, dau Samuel J Oakley (OB/Price)
O'CONNEL, Daniel b 28 May 1860 GC, s Timothy & Margaret (McInerny) O'Connel (SBC)
Timothy b 28 Oct 1858 GC, s Timothy & Margaret (McInerny) O'Connel (SBC)
O'CONNELL, Austin b 1866 Xenia, GC (GDR)
Daniel b ca 1866 Xenia, GC, (OB)
O'CONNER, Rodger b 1864 Jefferson TP, GC (GDR)
OGDEN, Hattie b prior 1869 GC (CCH)
OGLESBEE, Charles F. b ca 1857 near Lumberton, POSS GC (OB)
Dennis M. b 25 Mar 1867 near Lumberton, POSS GC, s Manley & Phenia (Hiatt) Oglesbee (OB)
Horace b 11 May 1865 near Lumberton, POSS GC, s Joshua & Mary (McKay) Oglesbee (OB)
Sarah b ca 1846 near Lumberton, POSS GC, dau Manley & Phenia (Hiatt) Oglesbee (OB/Miars)
OHSNER, Ella b 18 Feb 1866 GC, dau John & Lucille (Blakely) Ohsner (OB)
OLHAUT, Caroline b Dec 1865 Xenia, GC, (OB/Graham)
OLIVER, William b 1825 Xenia TP, GC (CDR)
OLT, Caroline b ca 1868 Zimmerman, GC (OB)
OREN, Joseph b 27 Dec 1858 near Jamestown, GC, s Elijah & Mary Ann (Aldridge) Oren (OB)
ORMSBY, Helen b ca 1865 Xenia, GC, dau George S Ormsby (OB)
ORNDORF, Jesse b ca 1862 GC (RB77)

ORNDORF (continued)
Laura Mildred b 8 Jul 1860 S. of Xenia, GC, dau Josiah & Sarah (Reed) Orndorf (OB/Rudduck)
ORR, Anna Belle b 5 Mar 1864 Xenia, GC, dau James & Eleanor Stewart (Anderson) Orr (FFFN)
Annie b 23 Nov 1862 Cedarville, GC, dau John & Henrietta (Kiloh) Orr (OB/Hale)
Charles b 1862 Xenia, GC (OA)
Charles H. b 8 Jan 1858 Cedarville/Xenia, GC, s John & Henrietta Orr (DH-OA)
David P. b 1837 GC, s Joseph & Mary (Hoppings) Orr (LG96)
Elizabeth b 1833 GC, dau John Jr. & Jeanette (McMillen) Orr (FFBG)
OSBORN, Maria C. b 1845 Cedarville, GC, dau Adams Wesley Osborn (GOW)
OSBORNE/OSBURN, Rebecca Ann b 28 Aug 1840 GC, dau David M & Cynthia J (McKendree) Osborne/Osburn (DH-RB22-RH)
OSBURN, William L. b 18 Aug 1863 GC, s Conduce L & Marie Jane Osburn (OB)
OSTER, Adam b 1834 Byron, Bath TP, GC (BH)
John A. b ca 1866 near Yellow Springs, GC, s Adam Oster (OB)
Margaret b 3 Nov 1860 GC (GDR)
Martin A. b 23 Feb 1864 near Xenia/Yellow Springs, GC, s Adam & Emma (Fleckenstein) Oster (BH-OB)
OSTERLY, Mary b 25 Oct 1865 Xenia, GC, dau Leonard & Bridget (Kelly) Osterly (OB)
OVERHOLSER, Henry A. b 16 Feb 1859 Beavercreek TP, GC (GDR)
William A. b 30 May 1862 Alpha, GC (GDR)
OWEN, Wesley b 24 Apr 1842 Xenia, GC (GDR)

OWENS, Alexander Couden b ca 1848 Cedarville, GC (RB88)
Alfred H. b 31 May 1835 near Xenia, GC, s Thomas C Owens (ELA-RH)
Charles S. b 12 May 1861 Xenia TP, GC, s Alfred H & Mary Jane (Eichelberger) Owens (RH)
Harley W. b 1 Mar 1858 Xenia TP, GC, s Alfred H. & Mary J (Eichelberger) Owens (ELA-PGC-RH)
Henry b 10 Nov 1814 Cedarville TP, GC (GDR)
Ira S. b 1 Mar 1830 Union neighborhood, SE of Xenia, GC, s George B & Eleanor (Brewington) Owens (DH-ELA-OA-PMC)
James A. b 8 Sep 1858 Beavercreek TP, GC (GDR)
John F. b prior 1869 GC, s George B Owens (ELA)
Laura B. b 27 Feb 1867 Xenia TP, GC, dau Alfred H & Mary Jane (Eichelberger) Owens (OB/Nock-RH)
Martha Jane b ca 1830/31 GC, dau George Owens (OB/Fries)
Thomas C. b 24 Jul 1864 Xenia TP, GC, s Alfred H & Mary Jane (Eichelberger) Owens (OB-RH)
Wesley b 1844 Xenia, GC, s George & Malinda Owens (DH)
William Harvey b 7 Apr 1848 GC, s Henry & Eleanor Jane (Crawford) Owens (RH)
William Roper b prior 1869 GC, s George B Owens (ELA)
OXLEY, Elisha b 1825 GC, s John & Phoebe (M?) Oxley (GDR)
John William b 23 Dec 1851 Jefferson TP, GC (OB)
Julia A. b 22 Jan 1861 W. of Bowersville, GC, dau Elisha Oxley (OB/King)
Martha L. b 30 Oct 1857 Jefferson TP, GC (GDR)

OYLER, Eliza Ann b 15 May 1826 GC, dau Samuel & Maria Oyler (BRC)

PAINE, Elmer Ellsworth b ca 1863 Xenia, GC (OB)

PAINTER, Alvin C. b prior 1869 GC, s Samuel S & Mercy Ann (King) Painter (PAI)

Asenath b 1843 near Paintersville, GC, dau Thomas & Mary (Williams) Painter (PAI)

Bertha b prior 1869 GC, dau Jacob & Naomi (Curl) Painter (PAI)

David b 2 Sep 1818 Paintersville, GC, s Jesse & Elizabeth (Smith) Painter (BH-PAI-RH)

Dayton b 1853 Paintersville, GC, s Jesse & Susanna (Moorman) Painter (PAI)

Deborah Theresa Birchard b 9 Jan 1830 Paintersville, GC, dau Jesse & Elizabeth (Smith) Painter (BH-PAI)

Docia b ca 1848 Paintersville, GC, dau Jesse & Susanna (Moorman) Painter (PAI)

Elizabeth Ann b 1834 Paintersville, GC, dau Thomas & Mary (Williams) Painter (PAI)

Hannah A. b 1836 Paintersville, GC, dau James & Elizabeth (Smith) Painter (BH-PAI)

Henry W. b 20 Oct 1848 GC, s Samuel S & Mercy Ann (King) Painter (PAI)

Isaac b 22 Apr 1830 near Paintersville, GC, s Thomas & Mary (Williams) Painter (PAI)

Jesse b Jan 1823 near Paintersville, GC, s Thomas & Mary (Williams) Painter (FFPA-PAI)

Jesse S. b 11 Dec 1850 GC, s David & Mary (Frazier) Painter (RH)

John T. b 1844 Paintersville, GC, s Jesse & Susanna (Moorman) Painter (PAI)

Joseph C. b 1819 Paintersville, GC, s Jacob & Naomi (Curl) Painter (PAI)

PAINTER (continued)

Joseph S. b 8 May 1832 Caesarscreek TP, GC, s Jesse & Elizabeth (Smith) Painter (BH-PAI)

Louisa b 1841 near Paintersville, GC, dau Thomas & Mary (Williams) Painter (PAI)

Lydia S. b 1825 Paintersville, GC (PAI)

Martha b 1822 Paintersville, GC, dau Jesse & Elizabeth (Smith) Painter (BH-PAI)

Martha C. b 13 Aug 1857/58 Paintersville, GC, dau David & Mary (Frazer) Painter (BH-OB/Faulkner)

Mary b 1837 Paintersville, GC, dau Thomas & Mary (Williams) Painter (PAI)

Mary S. b 1850 GC, dau Samuel S & Mercy Ann (King) Painter (PAI)

Mordecai W. b 1824 Paintersville, GC, s Jesse & Eliz (Smith) Painter (BH-PAI)

Phoebe b 1826 Paintersville, GC, dau Thomas & Mary (Williams) Painter (PAI)

Rachel W. b 8 Jun 1817 Caesarscreek TP, GC, dau J & Eliz (Smith) Painter (BH-PAI)

Rebecca F. b 11 Jan 1828 Caesarscreek TP, GC, dau Jesse & Elizabeth (Smith) Painter (BH-PAI)

Rebecca b 1839 near Paintersville, GC, dau Thomas & Mary (Williams) Painter (PAI)

Rhoda b 1843 Paintersville, GC, dau Jesse & Susanna (Moorman) Painter (PAI)

Samuel S. b 31 May 1820 Paintersville, GC, s Jesse & Eliz (Smith) Painter (BH-PAI)

Thomas Ashley b 6 Dec 1852 Paintersville, GC, s Isaac & Joanna Painter (PAI)

Virginia b 15 Apr 1851 Paintersville, GC, dau Jesse & Susanna (Moorman) Painter (FFPA-PAI)

PAINTER (continued)
William b 28 Apr 1821 near Paintersville, GC, s Thomas & Mary (Williams) Painter (PAI)
William b 18 May 1856 Paintersville, GC, s Jesse & Susanna (Moorman) Painter (PAI)
PALMER, Henry Oliver b 6 Aug 1855 Xenia, GC, s Willis Otis Palmer (FFPL)
PARK, Anna E. b 8 Jun 1842 Bellbrook, GC, dau Joseph & Mary (Hanes) Park (HTPC-LG95-LGD7)
PARLETT, Lida b ca 1862 near Paintersville, GC (OB/Pershing)
PARMER, Katie b 21 Aug 1863 Osborn, GC (FFPR)
PARSELL, Sarah b 5 Jun 1862 Xenia, GC, dau Richard H C & Prudence (Robinson) Parsell OB/Harper)
PARSON, David S. b 5 Dec 1839 Bath TP, GC, s D & Jane (Peddicrew) Parson (GDR)
PARTINGTON, Edward D. b 31 Jul 1862 Xenia, GC, s Richard & Elizabeth M (Confer) Partington (BH-OB)
PARRY, Joan b ca 1846 New Jasper, GC, dau Walter & Anna (Dean) Parry (OB/Young)
PARSONS, Minnie May b ca 1865 Osborn, GC, (RB88)
PATTERSON, Ada b 11 Sep 1855 Xenia, GC, dau S W & Ellen (Newcomb) Patterson (GDR)
Frank b 13 Sep 1851 Silvercreek TP, GC (GDR)
Philip D. b 3 Mar 1848 POSS GC (MCD)
William Harvey b 25 Aug 1845 near Jamestown, GC, s John & Rosa Patterson (OB)
PATTON, Carrie b Oct 1866 Xenia, GC, dau J F Patton (OB)
David Atwell b ca 1868 Grape Grove, GC (RB22)

PATTON (continued)
Edna b 22 Jun 1866 Xenia, GC, dau John F & Matilda (Macready) Patton (FUPC)
George H. b ca 1867 Jamestown, GC (RB77)
PAUL, John Peter b 23 Dec 1800 (NWT) GC, s John & Sarah Thornberry (Grover) Paul (PAU-RH)
Sarah Grover b 21 Mar 1802 (NWT) GC, dau John & Sarah Thornberry (Grover) Paul (PAU-RH)
PAULDING, Elizabeth A. b prior 1869 Jamestown, GC, dau Joseph & Sarah (Cleaver) Paulding (FFPD)
Sarah Rachel b 3 Oct 1843 POSS Jamestown, GC, dau Joseph & Sarah (Cleaver) Paulding (FFPD)
PAULIN, James E. b 25 Aug 1848 GC (GDR)
PAULL, James Rubin b ca 1853 Xenia, GC (RB44)
PAULLIN, Charles Oscar b ca 1868 Jamestown, GC (OA)
David b ca 1804 GC (CCO)
David Elmer b 16 Jan 1864 Grape Grove, Ross TP, GC, s Thomas Jefferson & Ella (Van Gundy) Paullin (BH-OB-SCT)
David L. b 1860/61 Jamestown, GC (OB-SCA)
Edgar A. b ca 1858 Jamestown, GC (OB)
Enos b 1830/31 Ross TP, GC, s David & Susan (Smith) Paullin (BH-GDR-SCS)
James Elliott b 22/25 Dec 1846 Ross TP, GC, s David & Susan (Smith) Paullin (BH-PGC-SCU)
John W. b prior 1869 Jamestown, GC (OB)
Maria b 14 Feb 1815 GC, dau Jacob & Polly Ann/Maria (Furnace) Paullin (GDR-PGC)
Newcomb T. b 18 Jan 1811/12 GC, s Uriah & Rebecca/Rebeckah Paullin (BH-HCC)

PAULLIN (continued)
Ruth b 1808 GC, dau Uriah & Rebeckah Paullin (BH)
Theodore b 27 Nov 1864 near Jamestown, Ross TP, GC, s Enos & Sarah (Round) Paullin (BH-OB-SCS)
Thomas J. b 23 Dec 1827 GC, s David & Susan Paullin (DH)
Uriah b 14 Oct 1842 GC (DH-SCC)
William b 15 Sep 1828 GC, s David & Susan (Smith) Paullin (CC02-SCA)
PAXSON, Aaron b 17 Mar 1820 GC (GDR)
John b prior 1869 Beavercreek TP, GC, s Aaron & Susanna (Wall) Paxson (BH)
Julia Augusta b ca 1854 GC (RB11)
William Alpha/Alpheus b 6 Jul 1850 Beavercreek TP, GC, s John & Louisa (LeValley) Paxson (BH-OA-OB-SCS)
PAXTON, Alwilda Jane b ca 1851 GC (OB)
Anna M. b 10 Apr 1844 Miami TP, GC (OB)
PEACEMAKER, Sue b 1853 GC (MGC-OB/Holland)
PEARSON, Archie b 1812 Jefferson TP, GC (GDR) Entered as female
Hannah b 22 Nov 1838/39 Bowersville, GC, dau Jesse & Achsa (Turner) Pearson (TUR)
Jesse b 1856 PROB GC, s John William & Hannah (Cruzen) Pearson (TUR)
PELHAM, William L. b Jun 1818 GC, s ? & Martha (Bonner) Pelham (GDR)
PENCE, Carey b 1868 PROB Silvercreek TP, GC, s Martin & Sarah Pence (PEN)
Freelove b 1858 PROB Silvercreek TP, GC, dau Martin & Sarah Pence (PEN)
Jennie b 1864 PROB Silvercreek TP, GC, dau Martin & Sarah Pence (PEN)

PELHAM (continued)
John B. b 26 Apr 1863 Mt Holly, GC (OB)
Martin b 1820 PROB Silvercreek TP, GC (PEN)
PELTS/PELTZ, David b 1839 GC, s William & Sarah (Green) Pelts/Peltz (FFPP)
Mary Ellen b 14 Jul 1843 GC, dau William & Sarah (Green) Pelts/Peltz (FFPP)
William Henry b 1 Nov 1845 Osborn, GC, s William & Sarah (Green) Pelts/Peltz (FFPP)
PENEWIT, Adam Calvin b 20 Oct 1857 GC (OB)
Adam H. b 6 Jan 1857 near Bellbrook, GC (OB)
James Henry b ca 1861 GC (RB22)
Laura Elizabeth b 28 Aug 1858 near Spring Valley, GC (OB/Hurley)
William b ca 1863 Sugarcreek TP, GC (RB22)
PENIEWIT, John b 12 Mar 1812 Sugarcreek TP, GC (GDR)
PENNELL, John b 1838 GC (GDR)
PENNEWIT, Clara b ca 1859 Bellbrook, GC, dau Morris & Ellen (West) Pennewit (OB/Glasco)
Harrison b 15 Oct 1812 Sugarcreek TP, GC (GDR)
Ida J. b 20 Sep 1867 Beavercreek TP, GC, dau John Pennewit (GDR)
PENNEWITT, Frank B. b 30 Sep 1862 near Bellbrook, GC, s Morris & Ellen (West) Pennewitt (OB)
Lewis M b 20 Apr 1865 near Jamestown, GC (OB)
Lewis Mark b ca 1865 Bellbrook, GC (RB22-RB88)
PEPPER, Annie b 1868 PROB GC, dau Gorham & Jane (White) Pepper (FFPE)
Benjamin b 1849 PROB GC, s Gorham & Jane (White) Pepper (FFPE)

PEPPER (continued)
Elizabeth b 1861 PROB GC, dau Gorham & Jane (White) Pepper (FFPE)
Emma Jane b 1865 PROB GC, dau Gorham & Jane (White) Pepper (FFPE)
Garrett b 1856 PROB GC, s Gorham & Jane (White) Pepper (FFPE)
Henry b 1857 PROB GC, s Gorham & Jane (White) Pepper (FFPE)
Mary b 1860 PROB GC, dau Gorham & Jane (White) Pepper (FFPE)
Miles b 1847 PROB GC, s Gorham & Jane (White) Pepper (FFPE)
Sarah E. b 1865 PROB GC, dau Gorham & Jane (White) Pepper (FFPE)
Susana b 22 Dec 1844 Xenia, GC, dau Gorham & Jane (White) Pepper (FFPE)
PERKINS, C. S. b 12 Mar 1831 Xenia, GC (GDR)
Edna b 1862 Jefferson TP, GC, dau H M & Mary (King) Perkins (GDR)
John S. b 17 Sep 1841 Bowersville, GC (GDR)
Mary A. b 6 Jun 1806 Union area, near Xenia, GC, dau Thomas Perkins (ELA)
Milam Hartsel b ca 1858 Bowersville, GC (RB22)
William Thomas b 8 Dec 1834 Xenia, GC (OPS)
PERSINGER, Nancy b 9 Oct 1836 Xenia, GC (OB/Martin)
PETERSON, Abel Franklin b 25/27 Jul 1841 GC, s Jesee & Ellinor Ann (Weaver) Peterson (DH-FFPT)
Ada Irene b 23 Jul 1852 GC, dau Jacob Stuckey & Sarah Cath (Ellis) Peterson (PET)
Alice Maria b 16 Aug 1860 GC, dau Jacob Stuckey & Sarah Catherine (Ellis) Peterson (PET)

PETERSON (continued)
Amy Elmira b 10 Mar 1856 White Chapel area near Xenia, GC (FUD-OB-RB22)
Catherine J. b 24 Oct 1838 Xenia TP, GC, dau Felix & Mary (Weaver) Peterson (RH)
Charles A. b 5 Aug 1856 Spring Valley, GC (OB)
Charles L. b ca 1860 S. of Xenia, GC, s Jacob L. & Anna Peterson (OB/Spahr)
Christopher C. b 26 Aug 1840 Caesarscreek TP, GC, s Jonas & Susan (Coiner) Peterson (FFLG-XG)
Clarissa Estella b 14 Nov 1857 GC, dau Jesse & Eleanor Ann (Weaver) Peterson (OB/Tresslar)
Clarissa Florence b 3 Aug 1861 Xenia, GC (FUD)
Daniel N. b 1839 GC, s Jacob & Deborah (Mock) Peterson (LG96)
David Albert b ca 1848 GC, s John Peterson (OB)
D. F. b 15 May 1856 Caesarscreek TP, GC (GDR)
Emily b 1829 GC (GAC)
Emma Clara b 22 Dec 1849 GC, dau Jacob Stuckey & Sarah Catherine (Ellis) Peterson (PET)
Ezra M. b 26/28 Oct 1848 Xenia/Xenia TP, GC, s Felix & Mary (Weaver) Peterson (GDR-RH)
Felix Harper b 14 Feb 1845 Xenia TP, GC, s Felix & Mary (Weaver) Peterson (RH)
Flora Belle b 12 Feb 1867 GC, dau John & Martha (Sutton) Peterson (SUT)
Granville O. b 8 Aug 1854 Caesarscreek TP, GC, s Paris H & Amanda J (Tressler) Peterson (BH)
Hannah Maria b 20 Sep 1847 near Xenia, GC, dau Madison & Amanda Peterson (OB/Spahr)
Isaac C. b 23 Oct 1850 Xenia,

PETERSON (continued)
TP, GC, s Felix & Mary (Weaver) Peterson (RH)
Isaac Newton b 4 Jun 1861 GC, s Jesse & Eleanor Ann (Weaver) Peterson (OB)
Jacob Elmer b 20 Sep 1862 near New Burlington, Caesarscreek TP, GC, s Jacob & Sarah Catherine (Ellis) Peterson (OB-PET)
Jacob Lewis b 12 May 1836 Xenia TP, GC, s Felix & Mary (Weaver) Peterson (RH)
Jacob Stuckey b 19 Mar 1824 near Clinton Co. line, GC, s Jacob Jr. & Hanna (Stuckey) Peterson (FFPT-PET)
James S. b 30 Jan 1841 Xenia TP, GC, s Felix & Mary (Weaver) Peterson (RH))
John M. b 9 May 1845 Caesarscreek TP, GC, s Jacob J & Deborah (Mock) Peterson (BH)
John W. b 29 Apr 1817 GC, s Samuel & Hannah (Heaton) Peterson (FUD)
John W. b 22 Mar 1843 Xenia TP, GC, s Felix & Mary (Weaver) Peterson (RH)
Lawson b ca 1862 Maple Corner area, S. of Xenia, GC, s Jacob & Sarah Peterson (OB)
Leondro Hugh Alonzo Pike Watson b 1852, Xenia, GC, s Jesse & Lydia (Babb) Peterson (FFPT)
Lewis C. b 19 Aug 1853 Spring Valley TP, GC, s John & Elizabeth Peterson (BH)
Lydia A. b prior 1869 GC (RH)
Martha b 13 Sep 1834 Xenia TP, GC, dau Felix & Mary (Weaver) Peterson (RH)
Martha E. b ca 1835 GC (BH)
Martin b 9 May 1836 Spring Valley TP, GC, s Jonas & Susan (Coiner) Peterson (RH)
Orville Ellis b 1 Nov 1854 GC, s Jacob Stuckey & Sarah Cath (Ellis) Peterson (PET)

PETERSON (continued)
Paris H. b prior 1869 Spring Valley TP, GC, s Jonas & Susan Peterson (BH)
Samuel Franklin b 28 Oct 1859 GC, s John & Elizabeth Peterson (OB-SVC)
Sarah Elizabeth b 15 Jul 1845 near Xenia, GC, dau James Madison & Amanda Jane (Mallow) Peterson (FUD)
Sarah Jane b 5 Apr 1847 near Spring Valley, GC (OB/Funderburg)
Sidney Emily b 1 Dec 1845 Caesarscreek TP, GC, dau Jacob P. & Anna (Bobbett) Peterson (GDR)
PETRO, Paul b 25 Dec 1811 Bath TP, GC (GDR)
PETTIGREW, Carrie L. b ca 1867 Xenia, GC, dau W D & Pet (Medsker) Pettigrew (OB/Bebb)
Lizzie b prior 1869 Xenia, GC, dau William & Elizabeth (Medsker) Pettigrew (PMC)
Sarah b ca 1862 Xenia, GC (OB/Snyder)
PHILLIPS, James b ca 1865 Yellow Springs, GC (OB)
PICKERAL, Ida May b 2 Feb 1867 near Jamestown, GC, dau William & Deliah Pickeral (OB)
PICKERELL, Russel/Rausel b 1812 Cedarville, GC (GDR)
PIERCE, James P. b 1 Sep 1841 GC (CC02)
PLUNKETT, Michael b 5 Oct 1861 Xenia, GC (OB)
POAGUE, Maggie b prior 1869 GC, dau Davis Poague (OB/Paingle)
Robert D. b 2 Jan 1814 GC, s Thomas & Margaret (Boggs) Poague (RH)
William T. b 31 Jul 1849, near Xenia, GC, s Robert D & Mary E (Goode) Poague (RH)
POLAND, S. C. b ca 1859 Xenia, GC, s Samuel Poland (OB)

POLAND (continued)
William b 1861 Xenia, GC, s S M Poland (OB)

POLLOCK, Caroline Ellen b 5 Mar 1834 near Cedarville, GC, dau John & Mary (Jackson) Caldwell Pollock (JAC)

David b 14 Aug 1829 near Cedarville, GC, s John & Mary (Jackson) Caldwell Pollock (JAC)

George Robison b 29 May 1838 near Cedarville, GC, s John & Mary (Jackson) Caldwell Pollock (JAC)

John Samuel b 8 Aug 1827 near Cedarville, GC, s John & Mary (Jackson) Caldwell Pollock (JAC)

Margery Ann b 15 Nov 1836 Cedarville, GC, dau James Fulton & Rebecca (McFarland) Pollock (LG63-MAC-SLGC3)

Mary Jane b 8 Mar 1832 near Cedarville, GC, dau John & Mary (Jackson) Caldwell Pollock (JAC)

William Alex b 9/10 Nov 1825 at/near Cedarville, GC, s John & Mary (Jackson) Caldwell Pollock (JAC-UPC)

POPENOE, Albert Gallatin b 6 Dec 1829 Xenia, GC, s James & Sarah (Holcomb) Popenoe (POP)

Charles b 21 Apr 1861 POSS GC, s Willis Parkison & Marinda (Holcomb) Popenoe (POP)

Cynthia b 7 Apr 1815 Xenia, GC, dau James & Jane (Davis) Popenoe (POP)

Edwin Alonzo b 1 Jul 1853 POSS GC, s Willis Parkison & Marinda (Holcomb) Popenoe (POP)

Elizabeth b prior 1869 Xenia, GC, dau James & Jane (Davis) Popenoe (POP)

James Jr. b 2 Dec 1817 Xenia, GC, s James & Jane (Davis) Popenoe (POP)

POPENOE (continued)
Judson b 14 Apr 1824 Xenia, GC, s James & Sarah (Holcomb) Popenoe (POP)

Lucy b 10 Jun 1857 POSS GC, dau Willis Parkison & Marinda (Holcomb) Popenoe (POP)

Martha Jane b 6 Dec 1831 Xenia, GC, dau James & Sarah (Holcomb) Popenoe (POP)

Peter b 4 May 1806 Xenia, GC, s James & Jane (Davis) Popenoe (POP)

Presley Martin b 2 Nov 1822 Xenia, GC, s James & Sarah (Holcomb) Popenoe (POP)

Willis Parkison b 21 Jul 1826 Xenia, GC, s James & Sarah (Holcomb) Popenoe (POP)

Willis Parkison Jr. b 12 Aug 1859 POSS GC, s Willis Parkison & Marinda (Holcomb) Popenoe (POP)

PORTER, James b ca 1813 GC (FFKM)

Jordan b 1857 Xenia, GC (GDR)

Margaret b 24 Oct 1839 Xenia, GC, dau James & Delilah (Kramer) Porter (FFKM)

PORTERFIELD, Lillie May b ca 1855 Yellow Springs, GC (OB)

POSEY, Anna Belle b ca 1864 Xenia, GC (RB22)

Annabelle b 4 Oct 1868 Xenia, GC, dau William Posey (OB)

POWELL, Birtie b Nov 1864 Xenia, GC (GDR)

Nettie b 26 Mar 1865 Zoar community, S. of Xenia, GC, dau John & Eliza (Weaver) Powell (OB/Mendenhall)

POWERS, Eli b 8 Mar 1853 near Paintersville, GC, s Alfred Powers (OB)

George b 12 May 1864 GC (OB)

Harriet b 16 Feb 1856 Paintersville, GC (OB/Humston)

Jane b ca 1862 GC, dau Allen & Susan Powers (OB/Semans)

Lewis b ca 1846 GC (RB77)

Lucian b ca 1867 GC, near Paintersville, s Allan & Suzanna

POWERS (continued)
Powers (OB)
M. b 2 Jan 1865 GC, s/dau M & S J Powers (CUC)
Mary b ca 1844 Caesarscreek TP, GC (RB33)
Mary b prior 1869 Caesarscreek TP, dau Alfred & Susan (Burrell) Powers (RH)
Rachel b 18 Jul 1860 near Paintersville, GC (OB/Shaw)
Rebecca b ca 1835 GC (BH)
Stephen b ca 1860 Paintersville, GC (OB)
Thomas b ca 1846 GC (RB44)
Thomas E. b 1856 GC (GDR)
PRATT, Charles b 2 Sep 1855 GC, s Robert & Charity (Lucus) Pratt (GDR)
PRESSINGER, Margaret b 12 Jun 1859 Xenia, GC, dau Edward Pressinger (OB/Weber-RB77)
PRICE, Aaron b 4 Aug 1813 POSS GC, s William Price (FFPC)
Catherine b 3 Dec 1809 GC, dau Peter & Hannah (Turner) Price (FFHC)
Jonah II b 17 Feb 1804 POSS GC, s David & Sarah (Heaton) Price (PRI)
John b 1802 (NWT) near Springfield, PROB GC, s David & Sarah (Heaton) Price (FFPC-PRI)
William b May 1806 PROB GC, s David & Sarah (Heaton) Price (PRI)
PROBASCO, William Ellis b ca 1860 Cedarville, GC (RB44-RB66)
PRUGH, Etta Katharine b 23 Apr 1863 Xenia, GC, dau Peter Cornelius & Charlotte (Hassler) Prugh (PRU)
John Hassler b 23 Oct 1854 GC, s Peter Cornelius & Charlotte (Hassler) Prugh (PRU)
PURDOM, Elmer E. b 15 Sep 1861 Spring Valley, GC, s Caleb Purdom (OB)
PUTERBAUGH, Cynthia A. b 5 Jun 1832 GC (FFST)

PUTERBAUGH (continued)
Samuel b 13/14 Jan 1844 Beavercreek TP, GC, s Samuel Puterbaugh, Sr. & ? (Hower) Puterbaugh (BH-RH)
PUTTERBAUGH, Samatha Carlina b 15 Oct 1830 GC, dau And. & Ann Putterbaugh (BRC)
PUTNAM, Oliver Kimball b ca 1865 Xenia, GC (RB33)
PYLES, Lucy b 5 Feb 1866 GC, dau Samuel Pyles (GDR)
QUINN, Alice b 16 Feb 1831 near Goes Station, Xenia TP, GC, dau Amos & Jane (Goe) Quinn (BH-RH)
Catherine b ca 1866 Yellow Springs, GC (OB)
David H. b 4 Feb 1841 GC, s Samuel Calvin & Sarah Cooper (Hopping) Quinn (HOP)
Don Daniel b 21 Sep 1861 Yellow Springs, GC, s John & Mary Elizabeth (Ryan) Quinn (FFQQ-OA)
Elias b 8 Jan 1827 GC, s Amos & Jane (Goe) Quinn (RH)
Elias b 18 Jan 1834 GC, s Samuel Calvin & Sarah Cooper (Hopping) Quinn (HOP)
Elizabeth b 11 Jun 1827 GC, dau Samuel Calvin & Sarah Cooper (Hopping) Quinn (HOP)
Elizabeth J. b 4 Jun 1864 Xenia, GC, dau Elias & Margaret (Andrew) Quinn (OB/Cooper)
Leila E. b 20 Apr 1862 Xenia, GC, dau Elias & Margaret (Andrew) Quinn (OB)
Louisa b 31 Dec 1847 POSS GC, dau Samuel Calvin & Sarah Cooper (Hopping) Quinn (HOP)
Mary b 6 Aug 1828 GC, dau Samuel Calvin & Sarah Cooper (Hopping) Quinn (HOP)
Matilda b 15 Apr 1830 GC, dau Samuel Calvin & Sarah Cooper (Hopping) Quinn (HOP)
Perry C. b 26 Jul 1838 GC, s Samuel Calvin & Sarah Cooper (Hopping) Quinn (HOP)
Rebecca J. b 24 Mar 1836 GC,

QUINN (continued) dau Samuel Calvin & Sarah Cooper (Hopping) Quinn (HOP)

Samuel B. b 21 Dec 1831 GC, s Samuel Calvin & Sarah Cooper (Hopping) Quinn (HOP)

Sarah Ann b 30 Mar 1843 GC, dau Samuel Calvin & Sarah Cooper (Hopping) Quinn (HOP)

RADER, Adda V. b 3 Aug 1867 Xenia, GC, dau Adam & Susan Virginia (McKnight) Rader (OB/Oglesbee)

Anna S. b ca 1863 Xenia, GC, dau Andrew Rader (OB)

Charles Lehman b 21 Nov 1850 W. of Xenia, GC, s Andrew & Mary E (Rike) Rader (OB)

Edwin C. b 12 Jan 1855 Xenia, GC. s Adam & Susan V (McKnight) Rader (BH)

Etta b 1844 Xenia, GC (BH)

H. William b 2 Aug 1859 Xenia, GC, s Adam & Susan V (McKnight) Rader (OB)

James Mong b Sep 1845 Xenia, GC (GDR)

Jennie b 14 Feb 1867 Xenia, GC, dau Levi & Elizabeth (Foreman) Rader (OB)

John Adam b ca 1854 Xenia, GC (RB11-RB33)

K. B. b ca 1859/1860 Xenia, GC, s Levi & Eliz Rader (DH-OB)

Levi b 6 Jul 1832 Xenia, GC, s Adam & Christina (Smith) Rader (BH)

Mariella/Marilla b 2 Aug 1859 Xenia, GC, dau Adam & Susan (McKnight) Rader (BH-OB/Dean)

Martha b 29/30 Jan 1857 Xenia, GC, dau Adam & Susan V (McKnight) Rader (MCCL-OB/McClellan)

Mary Ella b ca 1860 Xenia, GC (RB33)

Samuel F. b 15 Sep 1844 Xenia, GC (GDR)

Susan Amanda b ca 1852 Xenia, GC, dau John & Maria (Gray) Rader (OB/Kershner)

RADER (continued) Washington b 15 Apr 1828/29 Xenia, GC, s Adam & Christina Rader (BRC-GDR)

RADY/RUDY, John b 13 Mar 1865 Xenia, GC, s John & Mary (Lyons) Rady/Rudy (GDR)

RAGAR, Charles b ca 1865 GC (OB)

Colonel Johnson b ca 1854 Fairfield, GC (RB33)

RAGER, Celia b ca 1854 Bath TP, GC (RB22)

RAHN, L. Madison b 19 Apr 1867 near Fairfield, Bath TP, GC, s Adam & Emaline (Feighner) Rahn (BH)

Samuel Albert b ca 1864 Fairfield, GC, s Adam & Emma Rahn (OB)

RALLS, Lena b 27 May 1864 Xenia, GC, dau James & Catherine (Kelble) Ralls (OB/Derrick)

Lena M. b ca 1856 Xenia, GC (RB22)

RAMSEY, Perry b ca 1855 GC (OB)

RANDALL, Dempster b 1824 Cedarville, GC (GDR)

George William b ca 1848/51 Cedarville TP, GC (RB11 RB33-RB44)

John Ellsworth b ca 1866 Cedarville, GC (RB11)

RANEY, Aletha b 5 Apr 1868 near Cedarville, GC, dau Samuel & Jane Raney (OB/Rule)

John H. b 21 Aug 1865 near Cedarville, GC, s Samuel Raney (OB)

William Edgar b 18 Nov 1856 near Clifton, GC, s James & Mary (McCoy) Raney (OB)

RATER, Catharine Smith b 5 Oct 1825 GC, dau Adam & Christina Rater (BRC)

Julian b 14 Jul 1828 GC, s Adam & Christina Rater (BRC)

Levi b 6 Jul 1832 GC, s Adam & Christena Rater (BRC)

RAY, John Whiteman b 2 Aug

RAY (continued)
 1865 Xenia, GC, s Joseph & Emily (Whiteman) Ray (GRB-RB11)
 Kate b prior 1869 Massies Creek area, GC, dau Joseph Sr & Elizabeth (Booth) Ray (RAY)
 Lew Jr. b 29 Nov 1868 near Xenia, GC, s Joseph & Emily (Whiteman) Ray (OB)
RAYNER, Anna b ca 1868 GC (RB22)
READ, Arnold b 13 Dec 1818 Oldtown, Xenia TP, GC, s Abner & Cynthia (Adams) Read (REA)
 Clark b 17 Oct 1828 Oldtown, GC, s Abner & Cynthia (Adams) Read (FFRE-REA)
 Cyrus b prior 1869 Oldtown, GC, s Abner & Cynthia (Adams) Read (REA)
 Grail Orville b 24 Apr 1830 Oldtown/Xenia, GC, s Abner & Cynthia (Adams) Read (FFRE-REA)
 John A. b 1847 Xenia TP, GC (GDR)
 Nathaniel b prior 1869 Oldtown, GC, s Abner & Cynthia (Adams) Read (REA)
READ/REED, Horatio M. b 1 Mar 1830 near Fairfield, GC, s John & Cynthia (Maxey) Reed (ELA)
READMAN, Catharine b 27 Aug 1793 (NWT) Osborn, GC, dau Mike & Mary (McDunn) Readman (GDR)
REAL, Early b ca 1861 GC (RB22)
 Robert b 1864 GC (GDR)
REAVES, David L. b 1 Oct 1822 GC, s George & Mary Reaves (DH-GDR)
REED, Allen b 1812 Xenia, GC (FFRD)
 Andrew D. b Oct 1821 near Fairfield, GC, s John & Cynthia (Maxey) Reed (ELA)
 David L. b ca 1823 Bowersville area, GC (OB)

REED (continued)
 Effie L. b 11 Sep 1862 Xenia TP, GC, dau H M & E S (Stowe-?) Reed (GDR)
 James F. b 24 May 1868 GC (GDR)
 James F. b Jun 1868 GC, s Horatio M & E Reed (ELA)
 Joseph C. b Jun 1823 near Fairfield, GC, s John & Cynthia (Maxey) Reed (ELA)
 Susan b ca 1861 GC (RB88)
REESE, Emma Margaret b 3 Mar 1867 Beavercreek TP, GC (GDR)
 Frank W. b ca 1860 GC (OB)
 Henry b 24 Sep 1836 Xenia, GC (GDR)
 Reuben C. b 4 Mar 1865 GC (OB)
 Warren b Apr 1863 Beavercreek TP, GC (GDR)
REEVES, Aaron Harlan b 21 Sep 1852 Spring Valley, GC, s Francis S & Nancy Ann (Zellers) Reeves (RB77-REE)
 Aaron S. b 1852 GC (GDR)
 Charles C. b 8 Jan 1862 near New Burlington, GC, s Nathan & Eliza (Colvin) Reeves (OB)
 Daniel Anabee b 25 Mar 1840 PROB GC, s Francis S & Nancy Ann (Zellers) Reeves (REE)
 John B. b ca 1851 Spring Valley TP, GC, s Franklin & Nancy Reeves (OB)
 John Henry b 18 May 1864 New Burlington, GC (OB)
 John Jacob b 12 Dec 1850 near Spring Valley, GC, s Frank & Nancy Reeves (OB)
 John Robert b 12 Dec 1850 Spring Valley, GC, s Francis S & Nancy Ann (Zellers) Reeves (REE)
 Jonathan P. b 9 Mar 1868 Bowersville, GC (GLAN)
 Melvill Colvin b ca 1868 New Burlington, GC, s Nathan & Anna Eliza (Collins) Reeves (OB)
 Sarah Catherine b 24 Jul 1854

REEVES (continued)
GC, dau Francis S & Nancy Ann (Zellers) Reeves (REE)

REICH, Lewis Augustus b 20 Apr 1827 GC, s Jacob & Catharine Reich (BRC)

REID, Addella Florence b 17 Mar 1856 Cedarville/near Cedarville, GC, dau James Renwick & Elizabeth Martha (Espy) Reid (REI)

Anna Frances b 17 Sep 1858 GC, dau James Renwick & Elizabeth Martha (Espy) Reid (REI)

Caroline Hinman b 15 Jan 1855 Xenia, GC, dau Gavin McMillan & Henrietta A. (Case) Reid (FFRI-MCI-REI)

Carrie Luetta b 18 Feb 1860 PROB GC, dau James Renwick & Elizabeth Martha (Espy) Reid (REI)

Christina Campbell b 12 Jan 1844 near Cedarville, GC, dau Robert Charlton & Marion Whitelaw (Ronalds) Reid (REI)

Ella Spencer b 1857-?, Xenia, GC, dau Gavin McMillan & Henrietta A (Case) Reid (REI)

Gavin McMillan b 8 Apr 1825/28 Cedarville/near Cedarville/Xenia, GC, s Robert Charlton & Marion Whitelaw (Ronalds) Reid (FFRI-MCI-REI)

James Halleck b 14 Apr 1862 Cedarville, GC (FFRI-OA)

James Renwick b 2 Mar 1828/32 near Cedarville, GC, s William & Martha (Ramsey) Reid (REI)

James Whitelaw b 27 Oct 1837 near Cedarville, GC, s Robert Charlton & Marion Whitelaw (Ronalds) Reid (REI)

Jennie Mae b 4 May 1864 POSS GC, dau James Renwick & Elizabeth Martha (Espy) Reid (REI)

John H. b 31 Oct 1865 GC, s William R. & Margaret (Marshall) Reid (REI)

REID (continued)
Josiah Espy b 18 Aug 1854 near Cedarville, GC, s James Renwick & Elizabeth Martha (Espy) Reid (REI)

Leigh Finley b 12 Dec 1868 POSS GC, dau William R. & Margaret (Marshall) Reid (REI)

Martha Jennete b 1862 GC (REI)

Mary b 1811 Xenia TP, GC, dau Andrew Reid (GDR)

Mary Sabina b 1857 Cedarville TP, GC, dau John Henry & Hannah (Cooper) Reid (REI)

Mattie Janetta/Jeanette b ca 1861 Cedarville, GC (RB11-RB22)

Nancy Ella b ca 1860 GC, dau John Henry & Hannah (Cooper) Reid (REI)

Whitelaw b 27 Oct 1837 W. of Cedarville, GC, s Robert Charleton/Charlton & Marian Whitelaw (Ronalds) Reid (EA-FFRI-HCO-HWCO-OA--REI)

William b 1 Jun 1862 GC, s James Renwick & Elizabeth Martha (Espy) Reid (REI)

William Hervey b 7 Jul 1827 Massies Creek area, GC (UPC)

William R. Jr. b 27 Mar 1867 GC, s William R. & Margaret (Marshall) Reid (REI)

REIDENOUR, Daniel Michael b 24 Sep 1834 GC, s Nicholas & Sarah Reidenour (BRC)

Ellener b 11 May 1839 GC, dau Nich & Sarah Reidenour (BRC)

Henry Grosch b 28 Jan 1837 GC, s Nicholas & Sarah Reidenour (BRC)

Sarah Margarett b 20 May 1841 GC, dau Nicholas & Sarah Reidenour (BRC)

REYNOLDS, Emma b 1862 Xenia, GC (GDR)

James D. b 10 Aug 1841 Clifton area, GC (OB)

RHEUBERT, Florence Amelia b 21 Oct 1858 near New Burlington, GC, dau John & Jane

RHEUBERT (continued)
(Wilson) Rheubert (OB/Stanley)
Lydia Catherine b 17 Sep 1864 near New Burlington, GC, dau John & Jane (Wilson) Rheubert (OB/Powell)

RHOADES, Albert Clinton b 28 Dec 1861 GC, s William V. & Eliza/ Elizabeth (Gowdy) Rhoades (OB-RH)
Charles William b 19 Jan 1854 POSS GC, s William V. & Eliza/Elizabeth (Gowdy) Rhoades (RH)
Eliza Alice b 9 Aug 1856 Xenia, GC, dau William V & Eliza/ Elizabeth (Gowdy) Rhoades (OB/Howell-RB22-RH)
Elizabeth Ariminta b 8 Jul 1834 POSS GC, dau William V & Eliza/Elizabeth (Gowdy) Rhoades (RH)
Ida Mae b ca 1868 Clifton, GC RB88)
James Marion b 1 Feb 1841 POSS GC, s William V & Eliza/Elizabeth (Gowdy) Rhoades (RH)
John Brown b 20 Feb 1849 POSS GC, s William V & Eliza/ Elizabeth (Gowdy) Rhoades (RH)
Mary McBride b 3 Sep 1839 POSS GC, dau William V & Eliza/ Elizabeth (Gowdy) Rhoades (RH)
Robert Gowdy b 6 Mar 1837 POSS GC, s William V & Eliza/ Elizabeth (Gowdy) Rhoades (RH)
Sarah Margaret b 6 Mar 1847 POSS GC, dau William V & Eliza/Elizabeth (Gowdy) Rhoades (RH)

RHODES, Thomas Jefferson b ca 1864 GC (RB33-RB77)

RHUBERT, Jesse Reed b ca 1861 New Burlington, GC (RB22)
Lydia Catherine b ca 1864 New Burlington, GC (RB22)

RICE, Anna A. b 1865 Xenia, GC (OB)
William H. b 22 Aug 1837 Xenia, GC (GDR)

RICHARDS, Albert L. b 29 Sep 1860 near Jasner Station (New Jasper) GC, s William & Angeline (Harness) Richards (OB)
Hiel b ca 1852 Jamestown, GC (OB)

RICHARDSON, Andrew J. b ca 1856 GC (OB)
Emma M. b 12 Sep 1848 Spring Valley, GC, dau Robert E & Evaline Richardson (OB/West)
Horace M. b 4 Aug 1855 Xenia, GC, s Robert B Richardson (OB)
William A. b ca 1866 Xenia, GC (OB)
William Henry b 5 Oct 1830 GC, s Daniel & Christena Richardson (BRC)

RICHMOND, Miranda b 1810 GC (JUD)

RICKETT, William Harrison b ca 1845 Jamestown, GC (RB22)

RIDDELL, Amanda A. b 6 Jul 1842 Spring Valley, GC, dau Silas & Jane (Wilson) Riddell (BH-PGC)
Lutitia Jane b 26 Oct 1846 Spring Valley, GC, dau Silas & Jane Riddell (OB/Gest)
Ethel b 1853 Xenia, GC (Marital status not shown) (GDR)

RIDENOUR, John R. b 20 Jul 1835 Beavercreek TP, GC, s Henry & Mary Ann (Hyland) Ridenour (RH)
M. Emmanuel b 1843 GC, s David & Elizabeth (Swisher) Ridenour (FFRN)
Thomas J. b 24 May 1848 Beavercreek TP, GC, s Henry & Mary A. (Hyland) Ridenour (PGC)

RIDGEWAY, Benjamin G. b 22 Apr 1860 Yellow Springs, GC, s Charles Ridgeway (PGC)

RIFE, Frank Alexander b 13 Jul/1 Oct 1867 GC (RIF)

RIFE (continued)
Fred F. b 31 Mar 1865 GC, s John & Mary (Kitchen) Rife (CUC-OB)
John B. b 29 May 1863 GC, s John & Mary (Kitchen) Rife (CUC-OB)
George M. b 21 Aug 1857 GC, s John & Mary (Kitchen) Rife (CUC)
Stephen K. b 24 May 1859 GC, s John & Mary (Kitchen) Rife (CUC)
RIKE, Catharine b 17 Dec 1829 GC, dau Jacob & Catharine Rike (BRC)
Clarisa Jane b 12 Feb 1838 GC, dau Green(ling-?) Rike (BRC)
Enoch b 1819 GC (SCHS)
Josephine b 21 Jan 1842 GC, dau Phillip Rike (BRC)
Phillip Henderson b ca 1844 GC, s Phillip Rike (BRC)
William H. Harrison b 10 Oct 1836 GC, s Green(ling-?) Rike (BRC)
RILEY, David T. b 7 Sep 1867 GC (OB)
RINCK, John H. b ca 1860 Xenia, GC, s Conrad & Margaret Rinck (OB)
Lucy b ca 1864 PROB Xenia, GC, dau Conrad & Mary (Glossinger) Rinck (OB/Burdsall)
RITCHEY, David Williamson b 14 Feb 1837 GC, s Andrew & Anne Duncan (Williamson) Ritchey (WIL)
RITENHOUS, Daniel Brown b 30 Jun 1866 GC, s Daniel & June (Walker) Ritenhous (GDR)
RITENOUR, Charles R. b ca 1861 Ross TP, GC, s Joseph & Lucinda (Little) Ritenour (OB)
Ella Idella b ca 1863 GC (RB55)
Laura Belle b 10 May 1862 Grape Grove, GC, dau Joseph & Lucinda (Little) Ritenour (OB/Hutslar)
Melvin D. b 1851 Ross TP, GC, s David P Ritenour (BH)

ROADS, John W. b 13 Sep 1838 near Clifton, GC (OB)
ROBERTS, Emmazetta b Dec 1826 Xenia, GC (GDR)
George W. b 10 Apr 1833 Bellbrook, GC, s Nathan & Elizabeth (Clark) Roberts (HCH)
James b 10 Oct 1868 Union community, S. of Xenia, GC, s Henry & Martha (Mundy) Roberts (OB)
Prudence W. b 28 Dec 1814 Xenia, GC, dau Silas & Cassandra (Sparks) Roberts (BH)
William b 27 Dec 1821 Bath TP, GC (GDR)
ROBERTSON, Ida b ca 1862 Cedarville, GC, dau Robert & Catherine (Huchins) Robertson (OB/Stuckey)
ROBINSON, Albert b ca 1862 POSS GC near Cedarville (OB)
Charles W. b 7 Aug 1859 Bowersville, GC, s George W. & Martha (Stewart) Robinson (OB)
Frank M. b 12 Feb 1862 Bowersville, GC, s George & Martha (Stewart) Robinson (OB)
George Foglesong b 8 May 1838 Xenia, GC, s William C. & Sarah (Foglesong) Robinson (FFRO-OA-RH-VPJ8)
Jesse M. b prior 1869 GC (SPA)
John C. b Oct 1843 Xenia, GC, s William C. & Mary (Crawford) Robinson (GDR)
Lewis b 4 Jul 1864 Bowersville, GC, s George W. Robinson (OB)
Lida b 1863 Xenia, GC, dau George F & Jennie Robinson (PGC)
Lucy Ellen b ca 1861 GC (RB77)
Nancy b 2 Oct 1801 GC (NWT), (FFLS)
Paris b 1808 GC, s Thomas & Lydia (Horney) Robinson (HOW)
ROCKAFIELD, Abraham b 1830

ROCKAFIELD (continued)
Bath TP, GC, s John & Susan/Susanna Elizabeth (Cost) Rockafield (ROC)

Anthony C. b 1834 Bath TP, GC, s John & Susan/Susanna Elizabeth (Cost) Rockafield (ROC)

Catherine Elizabeth b 1835 Bath TP, GC, dau John & Susan/Susanna Elizabeth (Cost) Rockafield (PGC-RH-ROC)

George W. b 1848 Bath TP, GC, s John & Susan/Susanna Elizabeth (Cost) Rockafield (ROC)

Harriet b 1840 Bath TP, GC, dau Isaac & Mary (Wolf) Rockafield (ROC)

Henry H. b 6 Oct 1836 Bath TP, GC, s John & Susan Elizabeth (Cost) Rockafield (DH)

Henry R. b 1844 Bath TP, GC, s Jacob & Elizabeth (Casad) Rockafield (ROC)

Jacob A. b 1841 Bath TP, GC, s John & Susan/Susanna Elizabeth (Cost) Rockafield (ROC)

John b 1840 Bath TP, GC, s Jacob & Elizabeth (Casad) Rockafield (ROC)

John M. b 1822 Bath TP, GC, s John & Susan/Susanna Eliz (Cost) Rockafield (ROC)

Joseph F. b 1843 Bath TP, GC, s John & Susan/Susanna Elizabeth (Cost) Rockafield (ROC)

Martin b 1833 Bath TP, GC, s Jacob & Elizabeth (Casad) Rockafield (ROC)

Mary b 1833 Bath TP, GC, dau John & Susan/Susanna Elizabeth (Cost) Rockafield (ROC)

Mary E. b 1847 Bath TP, GC, dau Isaac & Mary (Wolf) Rockafield (ROC)

Meriah b 1835 Bath TP, GC, dau Jacob & Elizabeth (Casad) Rockafield (ROC)

ROCKAFIELD (continued)
Rachel Margaret b 2 Apr 1831/33 Fairfield, Bath TP, GC, dau John & Susan/Susanna Elizabeth (Cost) Rockafield (FFTT-ROC)

Rhonda A. b prior 1869 Bath TP, GC, dau Jacob & Elizabeth (Casad) Rockafield (ROC)

Sarah b 1847 Bath TP, GC, dau Isaac & Mary (Wolf) Rockafield (ROC)

Susannah b 1838 Bath TP, GC, dau Isaac & Mary (Wolf) Rockafield (ROC)

William b 1831 Bath TP, GC, s Jacob & Elizabeth (Casad) Rockafield (ROC)

RODGERS, Aniel b 18 Jul 1814 near Bellbrook, Sugarcreek TP, GC, s William & Rebecca (Lewis) Rodgers (PGC)

Louis b ca 1804/14 near Xenia, GC (FFNA-GOW)

Margaret b 7 Feb 1810 near Bellbrook, Sugarcreek TP, GC, dau William & Rebecca (Lewis) Rodgers (PGC)

Martha Jane b 18 Dec 1838 GC, dau Louis & Eliza (Gowdy) Rodgers (FFNA-GOW)

ROGERS, Allen Fremont b 2 Aug 1860 Xenia, GC (OB)

Ida M. b 18 Oct 1863 Xenia, GC, dau Amos & Susan (Eyler) Rogers (OB)

Lewis b ca 1811 GC (GO)

R. B. 1826 GC, s John & Margaret (Herbert) Rogers (HCH)

Sarah Watson b 24 Aug 1858 Xenia, GC, dau Amos & Susan (Eyler) Rogers (OB/Ryan)

ROLAND, George Edward b 15 Dec 1867 Mount Holly, GC (FBRA)

ROLEY, Pheobe Jane b 26 Feb 1841 Silvercreek TP, GC dau Elias & Sarah (Mullen) Roley (FFRL-MAC)

ROSS, James Henry b 14 Sep 1840 Bath TP, GC (GDR-RB55)

John W. b 18 Nov 1861 Cedar-

ROSS (continued)
ville, GC, s James & Honora (Murray) Ross (BH-OB)
Oscar b 27 Aug 1861 GC, s Mathew F & Mary L. (Blane) Ross (DH)
Robert b 8 Sep 1863 GC, s Mathew F. & Mary L. (Blane) Ross (DH)
William H. b 24 Nov 1855 Cedarville, GC (GDR)
William J. b Nov 1866 Cedarville, GC (GDR)
ROSSITER, Ednor/Edwin b 1836 Xenia, GC (GDR)
ROUTZONG/RINTZING, Charles L. b 20 Feb 1862 Bath TP, GC (GDR)
ROUTZONG, Charles Luther b ca 1861 GC (RB33)
Joseph Cromwell b 16 Feb/18 Dec 1848 N. of Xenia, Xenia TP, GC, s Adam & Constant Comfort (Cromwell) Routzong (OB-RH)
Mathias b 25 Feb 1842 Xenia TP, GC, s Adam & Sarah (Cougler/Koegler) Routzong (BH-GDR)
RUDDICK, Sarah b 26 Dec 1854 GC, dau Joseph & Mary Ruddick (OB/Weaver)
RUDDUCK, F. M. b 20 Aug 1852 Paintersville, GC (GDR)
Levi E. b ca 1858 GC (OB)
Samuel b 1 Apr 1835 S. of Xenia, GC, s David & Anna (Beason) Rudduck (OB)
RUDROW, Joseph H. b 27 May 1844 GC (FFRW-TR17)
W. J./W. T. Sherman b 18 Jul 1866 Xenia, GC, s Joseph H & Jane (Millon) Rudrow (FFRW)
RUMBAUGH, Thomas Elijah b ca 1862 Caesarcreek TP, GC (RB11)
RUSSELL, Moses b 29 Feb 1812 near Xenia, GC, s Adam & Mary (Ross) Russell (CUPCH-FFRU-MGC-PHA)
Moses b 25 May 1812 GC, s Moses & Jane (Ross) Russell

RUSSELL (continued) (SCHT)
William E. b ca 1863 Clifton, GC (OB)
William J. b 25 Oct 1868 Xenia, GC, s Anthony & Elizabeth Russell (OB)
RYAN, Elizabeth b 19 Mar 1868 near Yellow Springs, GC (OB/Doyle)
Johanah b 1858 Xenia, GC (GDR)
John Dennis b 14 Jul 1854 POSS GC, s Dennis & Margaret (Fitzgerald) Ryan (FFRY)
Mary b 18 Jul 1858 GC, dau Dennis & Margaret (Fitzgerald) Ryan (FFRY)
SACKETT, Alexander b 28 Apr 1808 Sugarcreek TP, GC, s Cyrus & Nancy (Stapleton) Sackett (FFLL-GDR)
Nancy b 14 Aug 1823 GC, dau Samuel & Isabel/Isabella (Moore) Sackett (ACIB)
Perry b 27 Jun 1859 GC (FBS)
Samuel B. b 1854 GC, s Alexander Sackett (GDR)
SALE, Cornelius b Feb 1827 GC, s John & Nancy (Bonner) Sale (FFSA)
Elizabeth Ann b 27 Aug 1811 GC, dau John & Nancy (Bonner) Sale (ELA-FFSA)
Francis Asbury b 7 Jun 1816 GC, s John & Nancy (Bonner) Sale (ELAM-FFSA)
Frederick Bonner b 9 Jun 1822 near Xenia, GC, s John & Nancy (Bonner) Sale (ELAM-FFSA)
John Fletcher b 14 Jun 1814 near Xenia, GC, s John & Nancy (Bonner) Sale (ELAM-FFSA)
Martha Bonner b 5 Jun 1819 GC, dau John & Nancy (Bonner) Sale (ELAM-FFSA)
Richard N. b 10 Apr 1805 near Xenia, GC, s John & Nancy (Bonner) Sale (ELAM-FFSA-GDR)
Sally Smith b 11 Oct 1809 near

SALE (continued)
Xenia, GC, dau John & Nancy (Bonner) Sale (ELAM-FFSA)
Thomas Wilkinson b 27 Mar 1807 GC, s John & Nancy (Bonner) Sale (ELAM-FFSA)
SALISBURY, Andrew b 10 Aug 1835 Richland vicinity, GC (OB)
Emmazetta b 26 Oct 1859 near Spring Valley, GC, dau Andrew & Mary (Lister) Salisbury (OB)
SALSBURY, Ryan b 18 Apr 1833 Spring Valley, GC (GDR)
SAMPLE, Berthena Ann b 16 Jul 1859 in or near Xenia, GC, dau Joseph & Margaret Sample (FFSM)
SANDERS, A. L. b 8 Nov 1843 Ross TP, GC (GDR)
Anna b 23 Apr 1839 Bellbrook, GC, dau Jesse P & Cassandra (Bell) Sanders (PGC)
Charles b 1868 Xenia, GC (GDR)
Dorcas b ca 1856 Jamestown area, GC (OB)
Fernando Jesse b 15 Nov 1863 W. of Xenia, GC (OB)
Frances b 8 Jun 1835 Bellbrook. GC, dau Jesse & Cassandra (Bell) Sanders (RH)
Ida M. b 28 Jul 1868 Jamestown, GC (GDR)
James b 14/15 Apr 1806 Silvercreek TP, GC (DH-GDR)
J. Frank b 20 Mar 1862 Xenia, GC, s John & Jane (Robinson) Sanders (OB)
James Franklin b 25 Mar 1857 Silvercreek TP, GC, s James & Temperance (Morrow) Sanders (OB)
James N. b ca 1858 Glady area, SW of Xenia, GC (OB)
Martha Ellen b 6/16 Dec 1860 near Jamestown, GC, dau Jas & T (Morrow) Sanders (OB)
Mattie B b 26 May 1866 Ross TP, GC (GDR)
Moses b 15 Dec 1822 Silvercreek TP, GC. s Wm & Elizabeth (Linders) Sanders (PGC)

SANDERS (continued)
Quince b ca 1857 near Jamestown, GC (OB)
Rebecca Ann b ca 1845 NE Spring Valley, GC, dau Jesse & Elizabeth (Simison) Sanders (OB)
Samuel E. b 18 Sep 1845 Silvercreek TP, GC, s James & Temperance (Morrow) Sanders (DH)
Susan b 1860 Spring Valley TP, GC, dau Jesse & Bette (Mendenhall) Sanders (GDR)
Susan Margaret b 1847 GC, dau Jesse & Elizabeth (Simison) Sanders (BH)
SANFORD, Perry b 1850 Xenia, GC (GDR)
SANZ, Edward A. b 6 Apr 1863 Xenia, GC, s John & Katherine (Oster) Sanz (OB)
George b ca 1866 Xenia, GC, s John & Catharine (Oster) Sanz (OB)
Sophia F. b 1868 Xenia. GC, dau John & Katherine (Oster) Sanz (OB)
SARGENT, Eliza b 22 Nov 1806 GC (JUD)
SATTERFIELD, Edith b 11 Jun 1863 Cedarville, GC, dau James & Jane (Milburn) Satterfield (OB)
Oscar B. b ca 1858 Cedarville, GC, s James & Jane (Milburn) Satterfield (OB)
SAUNDERS, George Washington b 28 Jan 1828 Bellbrook, GC (FFSN)
Moses S. b 10 Aug 1817 Silvercreek TP, GC (GDR)
SAVAGE, Anna B. b ca 1868 POSS GC (OB)
SAVILLE, Belle b ca 1863 Maple Corners, S. of Xenia, GC, dau Joseph & Hannah (Ketterman) Saville (OB)
Ellen Katherine b 8 Feb 1860 Caesarscreek TP, GC, dau Joseph & Hannah (Ketteman) Saville (SPA)

SAVILLE (continued)
Emaline b 4 Aug 1841 Caesarscreek TP, GC, dau Joseph & Hannah (Ketteman) Saville (SPA)
Florence Bell b 1 Jul 1862 Caesarscreek TP, GC, dau Joseph & Hannah (Ketteman) Saville (SPA)
Jane b 12 May 1843 Caesarscreek TP, GC, dau Joseph & Hannah (Ketteman) Saville (SPA)
Martha Ann b 5 Sep 1848 Caesarscreek TP, GC, dau Joseph & Hannah (Ketteman) Saville (FFSP-RB55-RH-SPA)
Sarah Elizabeth b 3 Apr 1854 Caesarscreek TP, GC, dau Joseph & Hannah (Ketteman) Saville (SPA)
SCARFF, Charles Elmer b 25 Jun 1862 S. of Xenia, GC, s James Russell & Rachel (Warner) Scarff (OB)
Ella A. b 16 Aug 1865 Spring Valley TP, GC, dau W. Milton & Corilla (Truman) Scarff (ELM)
Harriet b ca 1867 S. of Xenia, GC, dau James Russell & Rachel Scarff (OB/Fitzgerald)
Jennie K. b 21 Sep 1867 Xenia, GC, dau W. Milton & Corilla (Truman) Scarff (ELM-RH)
William Milton b Nov 1825 S. of Xenia, Spring Valley TP, GC, s William & Elizabeth (Likens/Likins) Scarff (ELA-GDR-RH)
SCHARDT, Joseph b 18 Sep 1865 Xenia, GC, s John & Barbara Schardt (OB)
SCHAUER, Clara A. b 28 Sep 1861 POSS GC, dau Samuel & Henrietta Harbaugh (Breitenbach, adopted dau of Breitenbach) Schauer (SCH)
Edwin Henry b 3 Apr 1867 Yellow Springs, Miami TP, GC, s Isaac & Mary (Confer) Schauer (BH-RB33-RB88-SCH)

SCHAUER (continued)
Emma b 12 Sep 1855 POSS GC, dau Samuel & Henrietta Harbaugh (Breitenbach) Schauer (SCH)
Evana b 9 Nov 1867 PROB GC, dau Simon & Mary Ann (Downey) Schauer (SCH)
Flora b 22 Jun 1861 near Byron, GC, dau George & Catherine (Brown) Schauer (SCH)
George b 10 Dec 1824/25 Bath TP, GC, s Samuel & Catherine (Harner) Schauer (BH-SCH)
George K. b 30 Aug 1858 near Byron, GC, s George & Catherine (Brown) Schauer (SCH)
Ida Lee b 4 Sep 1864 near Byron, GC, dau Isaac & Mary Ann (Confer) Thos Schauer (SCH)
Isaac b 1 Nov 1832 Bath TP, GC, s Samuel & Catherine (Harner) Schauer (BH-SCH)
Isaac b 28 Sep 1857 POSS GC, s Samuel & Henrietta Harbaugh (Breitenbach) Schauer (SCH)
Jacob b 13 Mar 1823 near Tylerville (Byron), Bath TP, GC, s Samuel & Catherine (Harner) Schauer (SCH)
John b 31 Jul 1821 near Tylerville (Byron), Bath TP, GC, s Samuel & Catherine (Harner) Schauer (SCH)
Kate b ca 1848 Bath TP, GC, dau George & Sarah C. Schauer (BCI-PGC)
Lenora Josephine b 19 Jun 1851 near Byron, GC, dau George & Catherine (Brown) Schauer (SCH)
Lulu Loretta b 1863 near Byron, GC, dau Isaac & Mary Ann (Confer) Thos Schauer (SCH)
Mary Catherine b 27 Apr 1860 GC, dau Simon & Mary Ann (Downey) Schauer (SCH)
Samuel b 18 Jan 1829 near Tylerville (Byron), Bath TP, GC, s Samuel & Catherine (Harner) Schauer (SCH)

SCHAUER (continued)
Samuel William b 5 Dec 1854 near Byron, GC, s George & Catherine (Brown) Schauer (SCH)
Sarah b 11 Mar 1827 near Tylerville (Byron), Bath TP, GC, dau Samuel & Catherine (Harner) Schauer (SCH)
Sherman Cornelius b 13 Nov 1865 POSS GC, s Samuel & Henrietta Harbaugh (Breitenbach) Schauer (SCH)
Simon b 2 Mar 1838 near Tylerville (Byron), Bath TP, GC, s Samuel & Catherine (Harner) Schauer (SCH)
Stella b 27 Apr 1864 POSS GC, dau Samuel & Henrietta Harbaugh (Breitenbach) Schauer (SCH)
Ulysses Grant b 29 Dec 1865 GC, s Simon & Mary Ann (Downey) Schauer (SCH)
SCHMIDT, Henry Edward b prior 1869 Xenia, GC, s Henry & Ella Nora (Sinz) Schmidt (GRB)
SCHNEBLY, Ellen F. b 1830 GC, dau James & Catherine (Dunn) Schnebly (GDR)
James D. b 29 May 1822 N. of Spring Valley, GC, s James & Catherine (Dunn) Schnebly (PGC)
SCHOOLEY, L. M. b 18 Jul 1830 New Jasper TP, GC (GDR)
SCHURY, Dorothy b ca 1868 Xenia, GC (RB22)
Josephine b 28 Oct 1855 Xenia, GC (BH)
SCHWEIBOLD, Rosa b 13 Sep 1860 Xenia, GC, dau Charles & Barbara Schweibold (OB/Stiles)
SCOTT, Elizabeth b 8 Jul 1846 near Jamestown, GC, dau William & Elizabeth (Boots) Scott (OB/Townsley)
Frank B. b 1 Apr 1857 Xenia, GC, s William H. Scott (OB)

SCOTT (continued)
Hervey b 30 Jan 1809 near Oldtown, GC (GCB-OA)
James b 8 Jan 1841 GC (GDR)
John b 1857 Xenia, GC (GDR)
Malissa b 25 Jan 1837 Caesarscreek TP, GC (GDR)
Margaret A. b 27 Dec 1824 near Alpha, Beavercreek TP, GC, dau James A & Elizabeth (Shannon) Scott (BH-OB/Manor-RH)
William David b 14 Jun 1861 Xenia, GC (GDR-RB22)
SCUDDER, Mary b 31 Jul 1847 Fairfield, GC, dau William & Sarah M. (Hart) Scudder (PGC)
SCULLY, Rudolph b 12 Oct 1859 GC, s Patrick & Ellen (O'Brien) Scully (SBC)
SEAMAN, James G. b 1826 GC, s George Washington & Nancy (Trader) Seaman (CCO)
SEARS, G. W. b 1854 GC (GDR)
Roxanna b 15 Oct 1856 GC (FBS)
SELDOMRICH, Michael b ca 1852 Xenia, GC (OB)
SELDOMRIDGE, Jacob b 2 May 1856 GC (GDR)
Joseph M. b 25 Dec 1844 near Xenia, GC (OB)
William b 1857 GC (GDR)
SELLARS, Alice M./R. b 26 Sep 1868 E. of Xenia, GC, dau George Margaret V. (Drake) Sellars (FFSL-OB)
George b 3 Jun 1836 near Xenia, GC (FFSL)
SELLERS, Florence b ca 1861 POSS GC, near Selma, dau Albert Sellers (OB)
John b 1833 GC s Henry Sellers Jr. (FFSL)
Louisa Catharine b 1838 GC, dau Henry Sellers Jr. (FFSL)
Samuel b 1829 GC, s Henry Sellers Jr. (FFSL)
SEMANS, A. E. b 7 May 1859 Paintersville, GC, s Jacob & Susan (Mason) Semans (OB)
SENIESEN, William M. b 25 Mar 1867 Spring Valley TP, GC, s

SENIESEN (continued)
William & Mary Seniesen (GDR)
SENIESON, Samuel b 7 Apr 1835 Spring Valley, GC (GDR)
William b 7 Jun 1810 Spring Valley TP, GC (GDR)
SERFACE, Susan b 18 Jun 1846 near Osborn, GC (OB/Spangler)
SESLAR, Martin b 19 Jan 1841 Silvercreek TP, GC, s Joseph & Maria (Chaney) Seslar (GDR)
Sarah E. b ca 1859 Jamestown, GC (RB22)
SESSLAR, Adam b 30 Sep 1821 Silvercreek TP, GC (GDR)
Elizabeth b 2 Dec 1861 near Jamestown, GC, dau Martin & Dois (Sheeley) Sesslar (OB/Timberlake)
H. E. b ca 1866 GC (OB)
John b 24 May 1844 Silvercreek TP, GC (GDR)
Joseph Martin b 23 Mar 1863 Jamestown, GC, s Martin & Rebecca (Penewit) Sesslar (OB)
SESSLAR/SESSLER, Katherine N. b Feb 1863 near Jamestown, GC, dau Jonas & Eliza (Chaney) Sesslar/Sessler (OB)
SESSLAR, Nancy Jane b 22 Jul 1867 Jamestown, GC, dau William & Caroline (Chaney) Sesslar (OB-RB22-RB66)
W. R. b ca 1867 near Jamestown, GC (OB)
SESSLER, Catherine b ca 1851 Jamestown, area, GC (OB/Martin)
SESSLER/SESSLAR, Henry F. b 27 Dec 1864 near Jamestown, GC, s Jonas & Louisa (Chaney) Sessler/Sesslar (OB)
SEXTON, Samuel b prior 1869 Xenia TP, GC, s John & Mary (Compton) Sexton (BH)
Sarah b ca 1838 Xenia TP, GC, dau John & Mary (Compton) Sexton (BH)
SHADLEY, Angeline b ca 1848 Jefferson TP, GC (RB44)

SHADLEY (continued)
Lawson Archibald b ca 1859 GC (RB22)
SHADRICK, William b 1854 Xenia, GC (GDR)
SHAFER, Jerry b 14 Aug 1837 Xenia, GC (GDR)
SHAFFER, Frank Newton b 3 Sep 1865 Xenia, GC, s J F Shaffer (RH)
SHAIN, William b ca 1868 Xenia, GC (OB)
SHAMBAUGH, Benjamin b 1829 GC (GDR)
Oscar M. b 13 Sep 1856 near New Burlington, GC, s Levi & Jane (McKay) Shambaugh (OB)
William J. b 30 May 1862 near New Burlington, GC, s Levi & Jane (McKay) Shambaugh (OB)
SHANER, Cloias/Cloise Ballard b 1850 GC, s Henry & Lucinda (Cotterille) Shaner (FFSH)
George b 1817 GC (SLGC)
George b 6 Dec 1854 near Jamestown, GC (OB)
Maggie H. b 24 Feb 1853 Ross TP, GC (GDR)
SHANK, Abslam b 1812 Sugarcreek TP, GC (GDR)
Charles F. b ca 1858 GC (OB)
Charles Oliver b 1853 GC (FFA)
Cora Jane b 18 May 1860 near Xenia, GC, dau Uriah & Levina (Swadener) Shank (OB/Manor-RB66)
George M. b 2 Jul 1852 Beavercreek TP, GC, s Absalom & Martha N. (Ankeney) Shank (BH-DH-OB)
John Adam b 14 May 1835 GC, s Solomon & Susan Shank (BRC)
John M. b 1 Feb 1824 Sugarcreek TP, GC, s Henry & Barbara (Crumbaugh) Shank (DH-FFA-GDR)
John Nelson b 10 Jan 1844 GC, s Absolom & Martha Shank (BRC-DH)
Joseph b ca 1860 W. of Xenia, GC (OB)
Lydia Elizabeth b 9 Sep 1830

SHANK (continued)
GC, dau Solomon & Susannan Shank (BRC)
Martha Jane b ca 1845 GC, dau Absalom & Martha (Ankeney) Shank (DH-RB22)
Mary Malinda b 2 May 1840 GC, dau Absolim & Martha Shank (BRC-DH)
Oliver Luther b 28 Oct 1841 GC, s Absolom & Martha Ann Shank (BRC-DH)
Solomon Key b 15 Jun 1840 GC, s William & Eliz Shank (BRC)
Virginia B. b 1851 GC, dau John & Lydia (Hawkins) Shank (FFA)
SHANNON, John David b 26 Sep 1837 GC, s John Shannon (BRC)
Margaret b 17 Apr 1829 GC, dau John & Margaret Shannon (BRC)
SHAW, Albert Alvin b ca 1849 GC (RB33)
G. W. b 1860 Spring Valley TP, GC (GDR)
Horace b 17 Apr 1851 near Clifton, GC, s Robert & Polly (Wilson) Shaw (FFBG-OB)
James Harvey b 11 Jan 1866 GC, s Richard & Mary Shaw (OB)
John A. b ca 1854 E. of Yellow Springs, GC, s Robert & Polly Shaw (OB)
John Henry b 1 Jan 1862 Yellow Springs, GC (OB)
Lester b ca 1866 GC (RB55)
Martha Ellen b 17 Jun 1868 W. of Xenia, GC, dau Richard & Mary (Harshman) Shaw (OB/Voorhees)
Martha J. b 22 Apr 1861 near Paintersville, GC, dau Crawford Shaw (OB/Mendenhall)
Nancy b ca 1856 Xenia, GC (OB/Young)
Sarah b ca 1845 GC (RB55)
SHEARER, Charles C. b 8 Oct 1840 Xenia, GC, s John & Mary Ellen (Fuller) Shearer (DH-RH)

SHEARER (continued)
Lucinda Belle b ca 1852 Jamestown area, GC, dau Henry & Mary Shearer (OB/Mendenhall)
SHEELEY, Caroline b 3 Nov 1851 Silvercreek TP, GC, dau T S & Sarah J. Sheeley (GDR)
David O. b 25 Aug 1846 GC, that part now in Jefferson TP, s William B. & Elizabeth (Osborne) Sheeley (BH)
Hattie E. b 12 Dec 1859 near Bowersville, GC, dau William & Elizabeth Sheeley (OB/Hunt)
Jane b 1826 Silvercreek TP, GC (BH)
Jane b 22 May 1854 Xenia, GC (GDR)
J. W. b 19 Dec 1815 Jamestown, GC (GDR)
Theodrick b 1 Sep 1818 Silvercreek TP, GC (GDR)
William B. b 24 Oct 1811 GC (BH-DH-STC)
SHELEY, Alice Martha b ca 1855 Bowersville, GC (RB44)
Benjamin b 3 Nov 1836 GC, s Benjamin & Mildred (Strong) Sheley (SHE-STR)
Bushrod b 30 Dec 1827 GC, s Benjamin & Mildred (Strong) Sheley (SHE-STR)
Caroline b prior 1869 GC, dau Theadrick L & Sarah (Phillips) Sheley (DH-SHE)
Carrie b 31 Oct 1851 PROB GC, dau Theadrick L & Sarah J Sheley (SLC)
Charles/Charlie F. b 13 Sep 1859 GC, s Theadrick L & Sarah J (Phillips) Sheley (DH-SHE-SLC)
James W. b 13 Sep 1858 near Jamestown, GC (OB)
Jasper N. b 23 May 1841 Silvercreek TP, GC (GDR-SCT)
John b 4 Mar 1821 GC, s Benjamin & Mildred (Strong) Sheley (SHE-STR)
John b 31 Jan 1854 PROB GC, s Theadrick L & Sarah J Sheley (SLC)

SHELEY (continued)
Loas/Louis b 16 Jun 1829 GC, s Benjamin & Mildred (Strong) Sheley (SHE-STR)
Lois b Jul 1861/22 Jun 1862 GC, dau Theadrick L & Sarah J (Phillips) Sheley (DH-SHE-SLC)
Louise M. b ca 1863 Jamestown, GC, dau T L Sheley (OB-SLC)
Margaret b 24 Aug 1823 GC, dau Benjamin & Mildred (Strong) Sheley (SHE-STR)
Martha b ca Jun 1821/25 Jan 1824 GC, dau Michael & Lois (Strong) Sheley (DH-SCV-SHE)
Mary Ellen b ca 1855 GC (OB)
Mary Jane b 22 Jan 1834 GC, dau Benjamin & Mildred (Strong) Sheley (SHE-STR)
Nancy b 16 Jun 1817 GC, dau Benjamin & Mildred (Strong) Sheley (SHE-STR)
Noah b 16 May 1815 GC, s Benjamin & Mildred (Strong) Sheley (SHE-STR)
Solomon b 5 Oct 1842 GC (GDR)
Susanna/Susannah b 2 Jun 1819/Apr 1820 Silvercreek TP, GC, dau Benjamin & Mildred (Strong) Sheley (GDR-PGC-SHE-STR)
Theadrick L. b 10 Jul 1818/28 GC, s Michael & Lois (Strong) Sheley (DH-SHE-SLC)
William b 25 Sep 1825 GC, s Benjamin & Mildred (Strong) Sheley (SHE-STR)
SHELLER, Elizabeth b prior 1869 near Fairfield, GC, dau Adam Sheller (PGC)
SHEPPARD, Isabelle b 1848 Xenia, GC (GDR)
SHETZ, Catharine Ann b 21 Nov 1836 GC, dau Lewis Shetz (BRC)
SHICKLEY, George W. b Oct 1862 near Jamestown, GC (OB)
SHIELDS, Benjamin b 18 Sep 1836 Mount Holly, GC, s Preston & Delilah (Fulkerson) Shields (SHI)

SHIELDS (continued)
Clarinda E. b 14 Feb 1833 Mount Holly, GC, s Preston & Delilah (Fulkerson) Shields (SHI)
Hannah Louise b 13 Sep 1840 Mount Holly, GC, dau Preston & Delilah (Fulkerson) Shields (SHI)
James Martin b 17 Sep 1824 Mount Holly, GC, s Preston & Delilah (Fulkerson) Shields (SHI)
John b 21 Jul 1826 Mount Holly, GC, s Preston & Delilah (Fulkerson) Shields (SHI)
John W. b 20 Nov 1817 Xenia TP, GC, s James & Keziah (Bain) Shields (PGC)
Joseph b 31 Jan 1831 Mount Holly, GC, s Preston & Delilah (Fulkerson) Shields (SHI)
Mary b 1856 near Spring Valley, GC, dau John W. & Margaret (McKnight) Shields (PGC)
Richard b prior 1869 Mount Holly, GC, s Preston & Delilah (Fulkerson) Shields (SHI)
William H. b 9 Jun 1863 Xenia, GC, s Henry & Amelia Ann Shields (OB)
William Lee b 3 Dec 1822 Mount Holly, GC, s Preston & Delilah (Fulkerson) Shields (SHI)
SHIGLEY, Anna b ca 1868 POSS GC, Jamestown area (OB)
David C. b 19 Nov 1851 PROB GC (OB)
Elmer Nelson b 25 Feb 1861 Cedarville TP, GC, s Joseph & Anna (Prugh) Shigley (BH)
George b 1826 Ross TP, GC, s Joseph Shigley (GDR)
Joseph b 19 Sep 1820/21 Ross TP, GC, s George & Olive/Olivet (Franklin) Shigley (BH-PGC)
Viola b ca 1855 Ross TP, GC (OB/Haverstick)
SHINGLEDECKER, John P. b 1842 Clifton, GC, s Nathan & Martha (Brutus) Shingledecker (GDR)

SHINGLEDECKER (continued)
Walter Raleigh b ca 1859 GC (RB66)
SHINK/SHIRK, Catharine b 18 Jan 1851 Beavercreek TP, GC, dau D M Shink/Shirk (GDR)
SHIRK, Adam b 1824 GC, s Jacob & Catherine (Kimmell) Shirk (LG96)
Elizabeth b ca 1860 near New Jasper, GC, dau William & Margaret (Golder) Shirk (OB)
Margaret/ Marguerite Emmaline b 24 May 1867 GC, dau William & Margaret (Golder) Shirk (FUD)
SHOEMAKER, Charles Adam b ca 1863 Goes, GC (RB33)
Charles William b ca 1864 GC (RB22)
David W. b 19 Jun 1844 Xenia, GC, s Isaac & Lucinda Shoemaker (DH)
Frederick b 1835 Xenia TP, GC, s Isaac & Lucinda (Hite) Shoemaker (BH)
George b 1861 near Goes, GC, s Frederick & Elizabeth (Hutchinson) Shoemaker (BH)
Shoemaker, Joseph F. b 17 Jun 1858 near Goes, GC, s Frederick & Elizabeth (Hutchinson) Shoemaker (BH-OB)
SHOOK, Julia Ann b prior 1869 GC (BH)
Mary b 7 May 1807 GC, dau John & Eve Shook (FUD)
SHOPE, Ella b ca 1865 POSS Clifton, GC (OB)
Nimrod b ca 1867 Clifton, GC, s John Shope (OB)
SHORT, William H. b ca 1855 GC (OB)
SHOUP, Catherine b 1834 Beavercreek TP, GC (BH)
Catherine b 1849 GC, dau Daniel M & Maria (Wampler) Shoup (PGC)
Charlotta/Charlotte b 1819 Beavercreek TP, GC, dau Moses Shoup (BH)

SHOUP (continued)
Daniel E. b ca 1856 Beavercreek TP, GC (OB)
Daniel M. b 10 Sep 1822 Beavercreek TP, GC, s Moses Shoup (BH-MZS-RH)
Ephriam b ca 1847 near Zimmerman, GC (MZS-OB)
Henry b 14 Jun 1817 Zimmerman, GC (GDR-MZS)
Henry J. b 6 Jun 1841 Beavercreek TP, GC (GDR)
Jacob b 31 Aug 1844 GC, s Moses & Catherine (Zimmerman) Shoup (CC02)
Jesse D. b prior 1869 Shoup's Station, W. of Xenia, GC, s Daniel M & Maria (Wampler) Shoup (OB)
Moses b 1819 GC (GDR)
Moses b prior 1869 Beavercreek TP, GC, s George Shoup (RH)
Rebecca Ann b ca 1839 GC (RB77)
Samuel B. b 21/24 Aug 1821 Beavercreek TP, GC (GDR-MZS)
Solomon b 15 Aug 1854 GC (GDR)
SHRACK, Catherine Katie b 18 Dec 1809 POSS GC, dau John Shrack/Schrack (FFBR)
Dennis b 8 Apr 1850 Silvercreek TP, GC (GDR)
John Frank b 31 Dec 1860 Bowersville, GC, s Samuel T & ? (Sheily) Shrack (COP)
SHROADE, Jessie b 26 Dec 1853 Cedarville, GC (GDR)
SHROADES, Ida S. b 30 May 1864 Cedarville, GC (GDR)
Lee Alva b ca 1865 Cedarville, GC (RB55)
SHRODES, Cornelius b 17 Nov 1847 Fairfield, GC (GDR)
SHROUDS, Caleb Franklin b 5 Nov 1855 Cedarville, GC (GDR)
SHUEY, Catherine b Apr 1818 POSS GC (BH)
SHULL, James Renrick b 15 Jan 1865 Cedarville, GC, s Samuel

SHULL (continued)
& Mary Joan (Brown) Shull (RB44)
William H. b 15 Apr 1843 Cedarville, GC (GDR)
SHUNK, Francis R. b 21 May 1847 Fairfield, GC (OB)
SIDENSTICK, Charles Allen b ca 1867 GC (RB22)
Jackson b ca 1838 GC, s John & Sarah Ann (Helms) Sidenstick (FFKG)
Jacob b ca 1853 GC (RB22-RB55)
Lewis b 11 Nov 1867 GC, s Jackson & Hester (Reese) Sidenstick (FFKG)
Sallie b ca 1842 Oldtown, GC (RB22)
Simon b 14 Oct 1814 Beavercreek TP, GC (GDR)
SIDENSTICKER, Jacob b 8 Aug 1820 Bath TP, GC (GDR)
SIDNEY, Elizabeth b prior 1869 N. of Bellbrook, GC, dau Jacob & Hannah (Crumley) Sidney (BH)
SIEBER, Ida b 2 Oct 1866 Beavercreek TP, GC, dau Michael & Sarah (Sidenstick) Sieber (OB/Taylor)
John Phillip b ca 1862 Beavercreek TP, GC (RB66)
SILVERS, Anoxa Sivalla b 19 Aug 1812 GC (MCH)
SILVEY, George W. b ca 1859 near Cedarville, GC, s Wm & Eliz (Jeffrey) Silvey (OB)
SIMERSON, Robert b 18 May 1833 Spring Valley TP, GC (GDR)
SIMISON, Charlotte b prior 1869 PROB Spring Valley TP, GC, dau John & Elizabeth (Knight) Simison (PGC)
Elizabeth b prior 1869 Spring Valley TP, GC, dau (BH)
Frank Wesley b 25 Oct 1855 Spring Valley TP, GC, s Milo D. & Mary (Kelley/Kelly) Simison (BH-RH)
John Abner b ca 1866 Spring Valley, GC (RB22)

SIMISON (continued)
Mary Catherine b ca 1859/Jan 1860 GC (BH-SPC)
Milo D. b 19 Nov 1830 Spring Valley TP, GC, s John & Nancy (Knight) Simison (BH-RH-SBK)
Nancy Caroline b 13 May 1858 Spring Valley TP, GC, dau Milo D. & Mary (Kelley/Kelly) Simison (BH-RH)
SIMONS, Oscar Howard b ca 1857 near Cedarville, GC, s Joseph & Amanda Simons (OB)
SIMPSON, Elizabeth M. b 6 May 1857 GC (FBB2)
Mary Elizabeth b 1835 Xenia, GC (SLGC)
Mary Elizabeth b 7 Aug 1855 Xenia, GC, dau James & Susannah (Gowdy) Simpson (SIM)
Sidney b 6 May 1813 GC, dau William & Mary Simpson (SIM)
William A. b 28 Dec 1836 Xenia, GC, s James & Susannah (Gowdy) Simpson (SIM)
SIMS, Warren Tindle b ca 1858 Mt. Holly, GC (RB22)
SINNARD, Dennis Richard b 1846 GC, s Abraham & Jane (Hollingshead) Sinnard (FFSI)
James F. b 26 May/11 Jun 1849 Spring Valley, GC, s Abraham & Jane (Hollingshead) Sinnard (FFSI-GDR)
John W. b 3 Jun 1843 GC, s Abraham & Jane (Hollingshead) Sinnard (FFSI)
Sarah Jane b 1867 GC, dau Silas & Nancy Ellen (Soward) Sinnard (FFSI)
Silas b 1841 GC, s Abraham & Jane (Hollingshead) Sinnard (FFSI)
SINZ, Ella N. b 17 Feb 1858 Xenia, GC, dau Bernard Sinz (OB/Schmidt)
SINZ, George J. b 1862 Xenia, GC, s Bernhardt V. & Kresenzia (Immler) Sinz (RH)

SIPE, Andrew b 1847 Beavercreek TP, GC, s John & Elizabeth (Harshman) Sipe (HAH)
Daniel b Jun 1850 Beavercreek TP, GC, s John & Elizabeth (Harshman) Sipe (HAH)
Ezra b 20 Sep 1845 Beavercreek TP, GC, s John & Elizabeth (Harshman) Sipe (HAH)
George b 1842 Beavercreek TP, GC, s John & Elizabeth (Harshman) Sipe (HAH)
Jacob b 22 Sep 1838 Zimmerman neighborhood, Beavercreek TP, GC, s John & Elizabeth (Harshman) Sipe (BH-HAH)
John b 1840 Beavercreek TP, GC, s John & Elizabeth (Harshman) Sipe (HAH)
Levi b 23 May 1852 Beavercreek TP, GC, s John & Elizabeth (Harshman) Sipe (HAH)
Mary b 25 Jan 1837 Beavercreek TP, GC, dau John & Elizabeth (Harshman) Sipe (HAH)
Mary Catherine b 10 Aug 1848 Beavercreek TP, GC, dau John & Eliz (Harshman) Sipe (HAH)
Noah b 28/29 Dec 1820 Bath TP, GC, s Christian & Catherine (Carpenter) Sipe (BH-RH)
Samuel b 8 Mar 1844 Beavercreek TP, GC, s John & Elizabeth (Harshman) Sipe (HAH)
Sarah b 1841 Beavercreek TP, GC, dau John & Elizabeth (Harshman) Sipe (HAH)
Walter N. b 6 Nov 1852 Bath TP near Osborn, GC, s Noah & Mary Ann (Wiant) Sipe (BH-OB)
William b 8 Mar 1844 Beavercreek TP, GC, s John & Elizabeth (Harshman) Sipe (HAH)
SIPHERS, John Peter b 30 May 1842 GC, s Peter & Susan Siphers (BRC)
Margaret Ann b 7 Jul 1840 GC, dau Peter & Susan Siphers (BRC)

SLAGLE, David Clayton b 11 Oct 1847 New Jasper, GC, s John C. & Elizabeth (Shoemaker) Slagle (FFSG)
Henry H. b 30 Jan 1861 Xenia, GC (OB)
Jasper W. b ca 1852 Xenia, GC, s David & Isabelle Slagle (OB)
John b 6 Aor 1854 Xenia, GC, s David & Susan (Clemmens) Slagle (OB)
Margaret b 17 Jan 1837 GC, dau George & Martha (Long) Slagle (IGI)
Peter Long b 6 Jun 1835 GC, s George West & Martha (Long) Slagle (FFLG-FFSG)
SLATE, Catherine Agnes b 23 Sep 1859 GC, dau John & Margaret (Hornick) Slate (LG15-NAC)
John b 22 Feb 1861 Trebeins/ Trebein, GC, s John & Margaret (Hornick) Slate (OB)
SLAUGHTER, Susan A. b ca 1862 GC (RB88)
SLEETH, Sarah Jane b 16 Feb 1826 GC, dau Thomas & Rachel (Corzek) Sleeth (YOU)
Thomas W. b 24 Aug 1840 GC, s Alvin & Alisa Ann (Fauquier) Sleeth (YOU)
SLENTZ, Blanche b 1824 GC, dau Jacob & Mary Ann (Kirkpatrick) Slentz (FFSZ)
Samuel Davis Sr. b 23 May 1825 GC, S Jacob & Mary Ann (Kirkpatrick) Slentz (FFSZ)
SMALL, Culbertson b 1808 GC (GDR)
Margaret L. b 1842 Cedarville, GC (FFTN)
M. L. b 29 Jul/Aug 1841 Cedarville TP, GC, dau David & Mary (Wright) Small (FFTN-PGC)
SMALLEY, J. M. b ca 1836 Xenia, GC (OB)
SMART, Samuel b ca 1851 PROB GC, s J. P. Smart (OB)
William b ca 1849 GC, s J. P. Smart (OB)
SMITH, Alfred b 6 Dec 1839 GC,

SMITH (continued)
s John & Margaret (Burrell) Smith (BH)
Alice M. b 6 May 1853/55 GC, dau Daniel & Lucinda (Spahr) Smith (OB/St. John-PGC)
Alpheus L. b 19 Apr 1858 Caesarscreek TP, GC (OB)
Alva Huston b 16 Aug 1860 NE of New Jasper, GC, s James Marion & Elizabeth (Huston) Smith (BH)
Amanda Jane b 24 Mar 1847 New Jasper TP, GC, dau Nelson & Lydia (Beason) Smith (BH-FUD-RB55-RH)
Anna b 2 Jan 1854 Jamestown, GC, dau Josh Smith (GDR)
Anna b 5 Apr 1861 Xenia, GC (FFLS-GDR)
Bette b 19 Apr 1860 Xenia, GC (GDR)
Burrell b 10/21 Dec 1823 Sugarcreek TP, GC, s John & Margaret (Burrell) Smith (BH-GDR)
Charles b 14 May 1855 Xenia, GC (FFLS)
Charles Nelson b 9 Nov 1841/42 Jamestown/New Jasper vicinity, GC, s Daniel & Lucinda (Spahr) Smith (BH-OB-RB33-RB66)
Charles Wesley b Dec 1839 near New Jasper, GC, s Jacob C. & Diana Smith (OB)
Clara M. b 15(?) Aug 1854 GC, dau F C & Lill Smith (CUC)
Clarissa C. b 1845 GC, S. of Xenia, GC (ELA)
Cora b ca 1859 Spring Valley, GC (RB77)
Cora b ca 1867 near Osborn, GC, (OB/Heider)
Daniel B. b 29 Jan 1856 near New Jasper, GC (OB)
David Sanford b 14 Jun 1844/64 near Jamestown/New Jasper, GC, s Daniel & Lucinda (Spahr) Smith (FUD-GRB-PGC)
Edward b 3 Jul 1859 GC (FFLS)

SMITH (continued)
Edward M. b 3 Jun 1859 Xenia, GC, s Adam L & Sarah (Gano) Smith (FFST-GRB-RH-XG)
Eli b 21 Mar 1833 GC, s John & Margaret (Burrell) Smith (BH)
Elnora b 9 Sep 1827 GC, dau John & Margaret (Burrell) Smith (BH)
Elizabeth b 30 Apr 1818 Caesarscreek TP, GC, dau Charles & Sarah (Kimel) Smith (PGC)
Elizabeth b 21 Sep 1835 GC, dau John & Margaret (Burrell) Smith (BH)
Elizabeth b ca 1849 near Spring Valley, GC, dau James & Sarah Smith (OB/Haines)
Elizabeth C. b ca 1818 GC, dau John & Catherine Smith (CCO)
Emily b 27 Sep 1848 GC, dau John & Margaret (Burrell) Smith (BH)
Florance R. b 16 Sep 1851 Ross TP, GC, s James W & Dorcas (Spahr) Smith (BH-OB)
Francis M. b Nov 1848 GC (GDR)
Frank/Franklin P. b 23 Sep 1853 Xenia, GC, s Adam L & Sarah (Gano) Smith (FFLS-OB)
Freeman b ca 1852 POSS Spring Valley TP, GC (OB)
George Crawford b 11 Sep 1864 Beavercreek TP, GC, s Benjamin G & Sarah A (Yingling) Smith (RH)
George b 9 Jul 1856 GC, s F C & Lill Smith (CUC)
George H. b 2 Jul 1864 Xenia, GC, s Adam L & Sarah (Gano) Smith (FFLS-OB)
George McFarland b ca 1851 near Spring Valley, GC (OB)
George W. b prior 1869 GC, s Solomon & Sarah Smith (ELA)
Hannah Harris b ca 1841 New Burlington, GC (RB22)
Henry b 12 Sep 1829 GC, s John & Marg (Burrell) Smith (BH)
Henry Isaac b 7 Sep 1851 Paintersville, GC (SPA)

SMITH (continued)
Hiram H. b 1842 GC (GDR)
Hue, b 1811 Beavercreek TP, GC (GDR)
Isaac b 21 Apr 1830 GC, s Seth & Nancy (Clemens) Smith (FFST)
Isaac H. b 7 Sep 1851 Paintersville, GC, s Elijah E. & Susan (Probasco) Smith (PGC)
J. Wesley b ca 1838 GC (OB)
Jacob b 21 Dec 1851 GC (OB)
Jacob b 19 Sep 1858 Xenia, GC (OB)
Jacob Newton b 18 Dec 1850 New Jasper TP, GC, s Daniel & Lucinda (Spahr) Smith (FUD)
James b 4 Aug 1810 GC, s Jacob & Nancy Smith (RH)
James b 1 Dec 1823 Sugarcreek TP, GC (GDR)
James b prior 1869 Xenia, GC, s Adam L. & Sarah (Gano) Smith (BH)
James b 25 Dec 1851 Xenia, GC (FFLS)
James B. b ca 1857 GC (RB44)
James Marion b 14 Feb 1839 New Jasper TP, GC, s Daniel & Lucinda (Spahr) Smith (BH)
James W. b 18 Nov 1844 GC (MR)
J. N. b Jan 1846 Ross TP, GC (GDR)
John b ca 1863 Xenia, GC (OB)
John Alexander b 24 Mar 1852 GC, s William & Sarah A. (Ireland) Smith (FFST-SMAC)
John B. b 13 Aug 1864 Caesarscreek TP, GC, s Burrell & Mary (Bales) Smith (OB-RB22)
John F. b 30 May 1855 Spring Valley TP, GC (GDR)
John Riley b 18 Nov 1839 E. of Xenia, GC, s John G & Sophronia (McFarland) Smith (RH)
John W. b 22 Aug 1846 Spring Valley TP, GC, s James & Sarah A (Dill) Smith (BH)

SMITH (continued)
John W. b 5 Dec 1863 Bowersville, GC, s Thomas & Mary Smith (OB)
John Wesley b ca 1844 near Spring Valley, GC (OB)
John Wesley b 19 Mar 1860 Yellow Springs, GC (OB)
Joseph H. b 5 Mar 1848 near Eleaser, Caesarscreek TP, GC, s George & Amy Smith (OB)
Joseph M. b ca 1862/67 Xenia, GC (OB)
Joseph R. b 4 Feb 1850 Spring Valley TP, GC, s James & Elizabeth (Caine) Smith (RH)
Josephine b 22 Feb 1845 GC (BH)
Josephine b 18 Dec 1848 Xenia, GC (FFLS)
Josephine b 21 May 1860 Paintersville, GC, dau Lucian & Mary (Hadley) Smith (OB/Hurst)
Josie b 25 Jul 1857 Caesarscreek TP, GC, dau Elijah & Susan (Probasco) Smith (FUD)
Julia P. b ca 1861 GC (RB88)
Kesiah Elizabeth b prior 1869 New Jasper TP, GC, dau Nelson & Lydia (Beeson) Smith (BH)
Laura K. b ca 1859 New Burlington, GC (OB)
Lewis b 5 May 1837 New Burlington, GC, s James & Elizabeth (Cane) Smith (RH)
Lewis Milton b 15 Jul 1854 New Jasper TP, GC, s Matthew Alexander & Elizabeth Ann (Hagler) Smith (FUD)
Lucinda Caroline b 10 Nov 1810 GC, dau William & Jane (Tatman) Smith (CCO)
Lydia b 9 Apr 1806 GC (FBA)
Margaret b 11/21 Feb 1844 Caesarscreek TP, GC, dau John & Margaret (Burrell) Smith (BH)
Margaret Ann b ca 1852 GC (RB55)

SMITH (continued)
Marietta b 1 Jan 1857 Xenia, GC (FFLS)
Martha Elmira b 18 Nov 1854 near Jamestown, GC, dau William & Sarah (Ireland) Smith (OB)
Mary b 13 Jun 1818 GC, dau Jacob & Elizabeth (Kimble) Smith (FUD)
Mary/Minnie b prior 1869 Yellow Springs, GC, dau Andrew J & Rachel Smith (PGC-RHS)
Mary Aribell b 26 Mar 1854 GC, dau James W & Dorcas (Spahr) Smith (FFBC)
Mary A. b 12 Sep 1855 Yellow Springs, GC (GDR)
Mary E. b 11 Jan 1847 near New Jasper, GC (OB/Brown)
Mary E. b ca 1853 GC (RB22-RB55)
Mary Elizabeth b 1842 near Jamestown, GC, dau Samuel & Nancy Jane (Sanders) Smith (OB/Carpenter-SCO)
Mary Elizabeth b 15 Jul 1854 New Jasper TP, GC, dau Matthew Alexander & Elizabeth Ann (Hagler) Smith (FUD)
Mary Elizabeth b 1847 New Jasper TP, GC, dau Daniel & Lucinda (Spahr) Smith (BH-SCA)
Mary Ettie/Ettee b Jan 1857 Xenia, GC, dau Adam & Sarah (Grieve-?) Smith (GDR)
Mary Jane b 30 Dec 1841 GC, dau John & Margaret (Burrell) Smith (BH)
Mary Louella b ca 1857 New Jasper TP, GC, dau Silas R & Sidney (Eyman) Smith (OB/Hagler)
M. R. b 1857 GC, s Benjamin F. & Emily (Peterson) Smith (LG96)
Mathias Spahr b 6 Aug 1857 near New Jasper, GC, s Daniel & Lucinda (Spahr) Smith (OB)
Moses E. b 6 Jan 1847 Caesarscreek TP, GC (GDR)

SMITH (continued)
Nancy b 17 Oct 1837 GC, dau John & Margaret (Burrell) Smith (BH)
Nancy Evelyn b 11 Jun 1864 Spring Valley, GC (OB/Sims-RB22)
Nelson b 1823 GC, s Jacob & Elizabeth (Kimble) Smith (BH)
Samuel b 30 Dec 1827 near Cedarville, GC (OBCH)
Samuel B. b 1841 GC, s Matthew A & Elizabeth (Hagler) Smith (LG96)
Samuel G. b 1 Nov 1850 Xenia, GC (FFLS)
Sarah b 1822 New Jasper TP, GC, (BH)
Sarah b 1868 Cedarville, GC (GDR)
Sarah Ann b 9 Apr 1831 GC, dau John & Margaret (Burrell) Smith (BH)
Sarah Emeline b 9 Nov 1866 GC, dau William L. & Clarissa (Fudge) Smith (FUD)
Sarah Gano b 14 Mar 1830 Xenia, GC (FFLS)
Silas R. b 4 Dec 1836 New Jasper TP, GC (GDR)
Soula-? b 1865 Xenia, GC, dau William Smith (GDR/Shields)
Thomas b 30 Sep 1827 Caesarscreek TP, GC (GDR)
Thomas b prior 1869 GC, s Jeremiah & Jane (Thornburg) Smith (DH)
Thomas E. b 25 Jun 1858 PROB GC, s F C & Lill Smith (CUC)
Thomas O. b ca 1866 near Bowersville, GC, s Thomas & Mary (Hussey) Smith (OB)
W. A. b 17 Nov 1853 Caesarscreek TP, GC (GDR)
William b 3 Aug 1825 GC, s John & Margaret (Burrell) Smith (BH)
William b 1833 Xenia, GC (GDR)
William Albert b prior 1869 Caesarscreek TP, GC, s Burrell & Mary (Bales) Smith (BH)
William Grimes b 1842 GC, s

169

SMITH (continued)
Jacob & Lydia (James) Smith (FFJM-FFST-SMPC)
W. H. b Apr 1842 GC, s William & M J (Mercer) Smith (GDR)
William I. b 16 Jul 1848 New Burlington, GC, s John & Elizabeth (Jackson) Smith (OB)
William L. b 13 Jun 1841 GC, s John C & Emeline (Witty) Smith (FUD)
SNELL, Benjamin b ca 1850 Xenia, GC, s Robert T & Jane Snell (OB)
Robert b Nov 1852 Xenia, GC, s Robert & Jane (Shond/Shoud) Snell (GDR)
SNEP, John b 16 Oct 1835 GC, s Solomon & Anna Mary Snep (BRC)
Rosinah b 30 Apr 1831 GC, dau Joseph & Susannah Snep (BRC)
SNETHEN, Elvina b 1833 GC, dau Abraham & Lydia (Richards) Snethen (GLAN)
SNIDER, Anna b prior 1869 Beavercreek TP, GC, dau Jonathan & Sarah (Miller) Snider/Snyder (BH)
Delilah b 14 Jun 1830 GC, dau Valentine & Catherine (Martz) Snider/Snyder (BOL)
John b 1828 GC, s Valentine & Catherine (Martz) Snider/Snyder (BOL)
Julia A. b 9 Jan 1808 POSS GC (SCHG)
Margaret Marie b ca 1862 GC (RB22)
Simon b 1834 GC, s Valentine & Catherine (Martz) Snider/Snyder (BOL)
SNIPE, Catherine b 15 Jul 1830 Beavercreek TP, GC, dau Solomon & Mary Ann (Frost) Snipe (RH)
SNODGRASS, Jane b prior 1869 Ross TP, GC, dau Joseph & Eliza (Ballard) Snodgrass (BH)
J. M. b 5 Oct 1854 near Bowersville, GC (OB)

SNODGRASS (continued)
William Madison b ca 1847 Jamestown, GC (RB55)
SNOWDEN, Amanda b 1820 PROB GC, dau Benjamin & Sally (Camen/Carmen/Carman) Snowden (FFSW)
Mary b 1811 PROB GC, dau Benjamin & Salley (Camen/Carman/Carmen) Snowden (FFSW)
Rebecca b 1838 Bellbrook, GC, (GDR)
SNYDER, Alice b prior 1869 GC, dau Casper Snyder (RH)
Casper b prior 1869 GC (RH)
Charles B. b ca 1866 GC (OB)
Eli Newton b 27 Sep 1855 Alpha, GC, s John & Elizabeth (Kerschner) Snyder (OB-PMC)
Henry b 8 Apr 1824 Beavercreek TP, GC (GDR)
Henry b 26 Oct 1838 Beavercreek TP, GC (GDR)
John b 15 Sep 1822 Beavercreek TP, GC, s Jonathan & Sarah (Miller) Snyder (ANK-BVI-DH)
John Andrew b 29 Aug 1841 GC, s Ghasper Snyder (BRC)
Jonathan b Feb 1831/32 GC, s Saul & Sarah Snyder (BRC)
Joseph b 30 May 1826 GC, s Valentine & Catherine (Martz) Snyder (BOL-HCC)
Margaret Ann b 5 Feb 1835 GC, dau Saul Snyder (BRC)
Mary Ann b 28 Apr 1834 GC, dau Saul & Sarah Snyder (BRC)
Mary Jane b 7 Feb 1840 GC, dau Ghasper Snyder (BRC)
Owen K. b ca 1852/53 GC (BVI-OB)
Sarah Ellen b 22 Mar 1837 GC, dau Ghasper Snyder (BRC)
Simon b 4 Mar 1829 GC, s Jonathan & Sarah Snyder (BRC)
SNYPP, William Kirkpatrick b prior 1869 GC (RB22)
SODDERS, Ellen b ca 1865 New Burlington, GC (RB55)
Frank b 19 Sep 1846 near Jamestown, GC (OB)

SOMMERS, Oschar b Jul 1855 GC, s Henry & Matilda (Lewis) Sommers (GDR)
SOWARD, Alfred b ca 1844 near Bellbrook, GC (DH-FFSO)
Eliza b 1812 Bellbrook, GC (GDR)
Elisha b 11 Jan 1813 Sugarcreek TP, GC (GDR)
George b 9 Sep 1849 Sugarcreek TP, GC, s Elicia & Julia A. (Steel) Soward (GDR)
George Francis b ca 1868 GC (RB55)
Julia Steele b 19 Nov 1819 Bellbrook, GC (FFSO)
SPAHR, A. Harvey b ca 1857 New Jasper, GC (OB)
Albert Harvey b 13 Sep 1856 New Jasper/Silvercreek TP, GC, s Daniel Ervin & Nancy Agnes (Fudge) Spahr (FUD-SPA)
Albert N. b ca 1861 Cedarville TP, GC (RB22)
Albert Newton b 27 Aug 1835 E. of Xenia, GC, s Gideon & Elizabeth (Kyle) Spahr (PGC-SPA-WCQ)
Alonzo M. b 1861 near New Jasper, GC, s Philip Durbin & Mary E. (Dean) Spahr (OB-SPA)
Amanda b prior 1869 GC, dau Philip Durbin & Mary E. (Dean) Spahr (SPA)
Angeline b 1847/49 GC, dau Elijah & Ann (McKay) McKnight Spahr (SPA-WCII)
Barzillai Nelson b 9 Dec 1822 GC, s Gideon & Phebe (Hagler) Spahr (SPA)
Bingdella b 1828 PROB GC, s Gideon & Phebe (Hagler) Spahr (SPA)
Camaralza Hagler b 30 Jan 1826 GC, s Gideon & Phebe (Hagler) Spahr (PGC-SPA)
Catherine b prior 1869 New Jasper TP, GC (BH)
C. H. b 30 Jan 1826 E. of Xenia, GC, s Gideon & Phoebe Spahr (DH)

SPAHR (continued)
Catherine L. b 16 Jun 1841 Caesarscreek TP, GC, dau William & Sarah (Smith) Spahr (BLE)
Catherine Melvina b 16 Jun 1841 GC, dau William & Sarah (Smith) Spahr (SPA)
Charles Elliott b 12 Feb 1860 near Jamestown, GC, s Daniel Ervin & Nancy Agnes (Fudge) Spahr (FUD-SPA)
Cornelia b ca 1838 near Xenia, GC, dau Gideon & Elizabeth Spahr (OB/Smith)
Cyrus Collett b 22 Sep 1854, New Jasper, GC, s William Creighton & Amanda Spahr (GDR-WCJJ)
Daniel Ervin/Erwin b 1 Aug 1830, New Jasper/New Jasper TP near Jamestown, GC, s William & Sarah (Smith) Spahr (BH-FUD-GDR-SPA)
Daniel Osco b 15 Feb 1863 New Jasper TP, GC, s Daniel Erwin & Nancy Agnes (Fudge) Spahr (BH-FUD-MLR-OB-SPA)
David Cecil b 20 Nov 1847 New Jasper TP, GC, s William & Sarah (Smith) Spahr (BH-SPA-WCQ)
David E. b 16 Apr 1851/52/62 New Jasper TP, GC, s Gideon & Elizabeth (Kyle) Spahr (BH-DH-GRB-SPA-WCHS)
David Edward b ca 1839 GC (RB22)
Dorcas b 1825 GC, dau Phillip & Mary (Shook) Spahr (SPA)
Eli b 5 Dec 1818/24 GC, s Phillip & Mary (Shook) Spahr (SPA)
Elizabeth A. b 12 Oct 1834/35 GC, dau William & Sarah (Smith) Spahr (BH-SPA-TUR)
Elizabeth Catharine b 24 Dec 1856 near Jamestown, GC, dau Thomas & Sarah Jane (Fudge) Spahr (FUD)
Ella E. b 1862 GC, dau Elijah & Ann (McKay) McKnight Spahr (OB-SPA)

SPAHR (continued)
Emma b 27 Aug 1860 GC, dau Sanford & Eliza Ann (Blakely) Spahr (OB/Freeman)
Frances Edgar b 14 Nov 1863 POSS GC, s Philip Durbin & Mary E. (Dean) Spahr (SPA)
George Henry b 16 Jul 1853 New Jasper TP, GC, s Daniel Ervin & Nancy Agness (Fudge) Spahr (FUD-SPA)
George R. b 7 Oct 1865 Jamestown, GC, s C H & Mary M. (Peters) Spahr (OB)
Gideon b 11 Dec 1820 New Jasper TP, GC, s Phillip & Martha/Mary (Shook) Spahr (BH-BM-FUD-GDR-RH-SPA)
Harriet b 5 Dec 1830 GC (BH)
Harriet E. b 1830 GC, dau Gideon & Phebe (Hagler) Spahr (SPA)
Huldah Lutitia b 30 Sep 1865/66 POSS GC, dau Philip Durbin & Mary E (Dean) Spahr (SPA-WCK)
Jacob Louden b 11 Mar 1829 GC, s William & Sarah (Smith) Spahr (SPA)
James Clinton b 19 Aug 1858 New Jasper TP, GC, s Gideon & Elizabeth (Kyle) Spahr (SPA)
James E. b 2 Sep 1862 POSS GC, s Philip Durbin & Mary E (Dean) Spahr (DCI-SPA)
James M. b 15 Nov 1835 New Jasper TP, GC (GDR)
James Morrow b 16 Nov 1816 GC, s Phillip & Mary (Shook) Spahr (SPA)
Joanna b 7 May 1867/68 Cedarville TP, GC, dau Daniel & Isabel Jane (Martin) Spahr (OB/Schooley)
John L. b 17 Mar 1845 New Jasper TP, GC, s Gideon & Mary Amanda (Hagler) Spahr (FUD)
John Osman b 17 Jan 1859 PROB GC, s W. C. Spahr (OB-WCJJ)
Julia b 3 Jul 1848 Xenia TP, GC, dau Gideon & Elizabeth (Kyle) Spahr (SPA)

SPAHR (continued)
J. W. b 14 Jun 1848 Ross TP, GC (GDR)
Katurah Gelina b 16 Jun 1841 GC, dau William & Sarah (Smith) Spahr (SPA)
Laura R. b 1842 GC, dau Gideon & Phebe (Hagler) Spahr (SPA)
Lavina b 1850 GC, dau Elijah & Ann (McKay) McKnight Spahr (SPA)
Leander b 22/23 Jan 1851/52/55 Spring Valley TP, GC, s Elijah & Ann (McKay) McKnight Spahr (BH-RH-SPA-WCII)
Leroy b 1856 GC, s Elijah & Ann (McKay) McKnight Spahr (SPA-WCII)
Levi Elmer b 28 Sep 1861 near New Jasper, GC, s David Spahr (OB-WCQ)
Lorenzo Murray b 1861 POSS GC, s Philip Durbin & Mary E (Dean) Spahr (SPA)
Lucinda b prior 1869 near Xenia, GC, dau Mathias & Susanna (Hagler) Spahr (BH)
Martha b 1858 GC, dau E. & Ann (McKay) McKnight Spahr (SPA)
Martha Jane b 17 Jul 1858 New Jasper, GC, dau Philip Durbin & Mary E. (Dean) Spahr (OB/Jones-SPA-WCII)
Mary b 28 May 1832 GC, dau William & Sarah (Smith) Spahr (SPA)
Mary Elizabeth b 5/30 May 1858 New Jasper/Silvercreek TP, GC, dau Daniel Ervin & Nancy Agness (Fudge) Spahr (FUD-SPA)
Mary Letitia b 6 Apr 1857 New Jasper TP, GC, dau Sanford/ Stanford & Eliza Ann (Blakeley) Spahr (BH-OB/Brown)
Melda Roseanna b 1856 POSS GC, dau Philip Durbin & Mary E (Dean) Spahr (SPA)
Milton L. b Apr 1853 New Jasper TP, GC, s Gideon & Mary Amanda (Hagler) Spahr (FUD)

SPAHR (continued)
Nancy E. b 1854 PROB GC, dau Gideon & Phebe (Hagler) Spahr (SPA)
Osman A. b 12 Jun 1856 Cedarville, GC, s D E & Lavina (Baker) Spahr (GRB-OB)
Parthenia H. b 1833 PROB GC, dau Gideon & Phebe (Hagler) Spahr (SPA)
Phillip D. b 30 Mar 1829 New Jasper, GC (GDR)
Phillip Durbin b 1 Aug 1830 GC, s William & Sarah (Smith) Spahr (SPA-WCK)
Philip R. b 1850 New Jasper TP, GC, s Gideon S & Amanda Spahr (DH)
Philip Raper b ca 1849 GC (RB11)
Phoebe Amanda b 26 Nov 1845 GC, dau William & Sarah (Smith) Spahr (SPA)
Raper Apharaso b 7 Oct 1838 PROB GC, s Gideon & Phebe (Hagler) Spahr (SPA)
Rebecca b 26 Mar 1853/57 Spring Valley TP, GC, dau Elijah & Ann/Annie (McKay) McKnight Spahr (GDR-SPA-WCII)
Robert Schenck b 1 Apr 1843 Xenia TP, GC, s Gideon & Elizabeth (Kyle) Spahr (FFSP-RB55-RH-SPA-WCHS)
Samuel Kyle b 10 Jul 1846 near Xenia, Xenia TP, GC, s Gideon & Elizabeth (Kyle) Spahr (OB-SPA)
Samuel Milton b 19 Apr 1853 New Jasper TP, GC, (portion formerly in Caesarscreek TP), s Gideon & Amanda (Hagler) Spahr (BH-RH-SPA)
Sarah Ann b 24 Dec 1844 Xenia, TP, GC, dau Gideon & Elizabeth (Kyle) Spahr (SPA)
Sarah Catherine b 16 Sep 1867 New Jasper TP, GC, dau Daniel Ervin & Nancy Agness (Fudge) Spahr (FUD-RB33-RB88-SPA)

SPAHR (continued)
Sarah Temperance b 31 Dec 1836 GC, dau William & Sarah (Smith) Spahr (SPA)
Susan Tabetha b 20 Jul 1843 GC, dau William & Sarah (Smith) Spahr (SPA)
Susanna b 1825 near Jamestown, GC, dau Mathias & Susanna (Hagler) Spahr (BH)
Temperance b 18/19 Oct 1814 GC, dau Philip & Mary (Shook) Spahr (FUD)
Temperance b 31 Dec 1836 New Jasper TP, GC, dau William Spahr (BH)
Thomas b 25 Dec 1834 Xenia TP, GC, s Edward & Elizabeth (Sites) Spahr (FUD)
Thomas A. b 18 Feb 1863 Cedarville TP, GC, s Daniel & Jane Spahr (OB)
William Addison b 11 Mar 1855 New Jasper TP, GC, s Daniel Ervin & Nancy Agnes (Fudge) Spahr (FUD-SPA-WCQ)
William Creighton b 4 Dec 1833 New Jasper TP, GC (GDR-WCJJ)
William Elliott b 1 Aug 1839 GC, s William & Sarah (Smith) Spahr (SPA)
William Nelson b 6 Oct 1854 POSS GC, s Philip Durbin & Mary E. (Dean) Spahr (SPA)
SPANE-?, Mary b 29 Jun 1835 Xenia, GC (GDR)
SPARKS, Ephraim b 1809 near Bellbrook, GC (OB)
Simon b 24 Apr 1832 near Bellbrook, GC, s Ephraim & Mary (Elwel) Sparks (OB)
SPARROW, Charles F. b 1 Mar 1861 GC (OB)
Clara A. b ca 1858 near Clifton, GC (RB55)
George Huntington b ca 1864 Yellow Springs, GC (RB88)
SPEARS, Ella b 12 Nov 1866 GC (OB/Wical)
SPEER, Annie b ca 1854 near Spring Valley, GC, dau John &

SPEER (continued)
Jane Speer (OB)
Rebecca b 4 Sep 1849 Spring Valley, GC, dau John & Jane (Stevens) Speer (GDR)
SPENCER, Anna b 14 Aug 1816 GC, dau Francis & Sarah Spencer (BHD)
Anderson b 28 Jan 1806 GC, s Francis & Sarah Spencer (BHD)
Araminta b 18 Mar 1837 near Xenia, GC, dau James & Nancy (Guthrie) Spencer (SPE)
Charles M. b 15 Oct 1866 Cedarville TP, GC, s Edward & Bethenia Lee Spencer (OB)
Clark b 31 May 1814 GC, s Francis & Sarah Spencer (BHD)
David b ca 1837 Ross TP, GC (RB55)
Delilah b 26 Feb 1804 GC, dau Francis & Sarah Spencer (BHD)
Eliza b 3 Dec 1810 GC, dau Francis & Sarah Spencer (BHD)
Elizabeth b 23 Nov 1802 (NWT) GC, dau Francis & Sarah Spencer (BHD)
Elmer E. b 27 Jul 1863 Cedarville TP, GC, s Thomas W & Amanda (White) Spencer (BH-SPE)
Francis/Frank M. b 24 Feb 1842 near Cedarville, GC, s James & Nancy (Guthrie) Spencer (SPE-UPC)
Isabella/Isabelle b 30 Jul 1848 GC, dau James & Nancy (Guthrie) Spencer (OB/Finney-SPE)
John B. b 22 Dec 1845 GC, s George W & Mary A (Faulkner) Spencer (DH)
Keziah b 17 Nov 1843 GC, dau James & Nancy (Guthrie) Spencer (SPE)
Ledlow/Ludlow b 3 Dec 1808 GC, s Francis & Sarah Spencer (BHD)
Lillian b ca 1858 GC, dau Frank & Jane (Renwick) Spencer (OB)
Maria b 22 Oct 1846 GC, dau J & N (Guthrie) Spencer (SPE)

SPENCER (continued)
Mary b 1 Nov 1838 GC, dau James & Nancy (Guthrie) Spencer (GRB-SPE)
Nancy Luella b 28 Jun 1865 near Cedarville, GC, dau Thomas A & Mary (Dean) Spencer (SPE)
Nannie E. b 31 Mar 1845 GC, dau James & Nancy (Guthrie) Spencer (SPE)
Roselia b 1853 GC, dau James & Nancy (Guthrie) Spencer (SPE)
Susan Jane b 20 Jun 1840 GC, dau James & Nancy (Guthrie) Spencer (SPE)
Thomas A. b 17 Dec 1834 GC, s James & Nancy (Guthrie) Spencer (OB-SPE)
Thomas W. b 1830 Cedarville TP, GC, s James W & Sarah (White) Spencer (BH-SPE)
William b 12 Oct 1812 GC, s Francis & Sarah Spencer (BHD-SPE)
William A. b 16 May 1861 near Cedarville, GC, s Thomas A & Mary (Dean) Spencer (OB-SPE)
William Guthrie b 8 Jan 1836 near Xenia, GC, s James & Nancy (Guthrie) Spencer (SPE-UPC)
SPETTMUSSER, Joseph b 10 Jan 1837 GC, s S & Hellen (Haws) Spettmusser (GDR)
SPRAGUE, Nancy b 1863 Miami TP, GC, dau William & Marie (Wheeler) Sprague (GDR)
SPRINGER, Mary Elizabeth b ca 1857 Osborn, GC (RB33)
SPUN/SPURR/SPUSS-?, John b 16 Jul 1823 GC, s Richard & Nancy (Watson) Spun/Spurr/Spuss-? (GDR)
SROUFE, Benoni b 31 May 1812 Yellow Springs, GC (FFSF)
Charles b 1850 Yellow Springs, GC (GDR)
Edward b 1865 Xenia TP, GC, s Charles & Sarah Sroufe (GDR)
Francis Marion b 10 Mar 1835 Yellow Springs, GC (FFSF)
Harvey b 26 Oct 1811 GC, s

SROUFE (continued)
  David & Rebecca (Townsend) Sroufe (CCO)
  Otto b 1857 Yellow Springs, GC (GDR)
  William A. b 4 Jan 1843 Yellow Springs, GC, s Benoni & Mary Ann (Grindle) Sroufe (FFSF)
STAFFORD, Darling b Oct 1812 New Jasper TP, GC (GDR)
  Ellen b 5 Aug 1845 GC, dau Darlington & Ann (Peterson) Stafford (COP)
  John b ca 1855 GC (RB66)
  Robert b 8 Mar 1849 Caesarscreek TP, GC (OB)
STAKE, John b 26 Sep 1847 Bellbrook, GC, s John M & Harriet (Shriver) Stake (BH)
  Thomas b 13 Jun 1843 Bellbrook, GC (GDR)
STALEY, Catharine, b 5 Jun 1827 GC, dau Daniel & Catherine Staley (BRC)
  Daniel b 14 May 1821 GC, s Daniel Staley (BRC)
  Peter b 5 Apr 1825 GC, s Daniel & Catharine Staley (BRC)
  Sophia b 10 Apr 1829 GC, dau Catharine Staley (BRC)
STANFIELD, Charity b ca 1819 Spring Valley/Xenia TP, GC, dau John & Ruth (Mendenhall) Stanfield (GDR/Anderson)
  John b prior 1869 Spring Valley TP, GC, s William & Charity Stanfield (PGC)
  Mary Jane b 20 Dec 1819/29 Spring Valley/Xenia TP, GC, dau John & Ruth (Mendenhall) Stanfield (FFHS-FFOKT-PGC-SLGC)
  Matilda b 26 Jul 1821 S. of Xenia, GC, dau John & Ruth (Mendenhall) Stanfield (BH-PGC)
STANLEY, Frank B. b 1852 Xenia, GC (FFSY)
STARK, Albert M. b 4 Jun 1822 Xenia, GC, s William T & Lydia (Miley) Stark (GDR-PGC-RH)

STARR, Harriet Ann b 31 Aug 1845 Union area, S. of Xenia, GC, dau Abraham & Elizabeth (Hoover) Starr (OB/Swabb)
STEEL, Ebenezer b 6 Apr 1821 Beavercreek TP, GC (BH)
  Harvey b ca 1805 GC, s Ebenezer Steel (OB)
  Warren B. b 17 Feb 1847 Beavercreek TP, GC, s Ebenezer & Catherine (Shuey) Steel (BH)
  William Jasper b 8 Oct 1846 GC (GDR)
STEELE, David b 15 Mar 1833 Beavercreek TP, GC, s John & Mary Magalena (Ankeney) Steele/Stiel (ANK)
  Ebenezer Wiley b 7 Jul 1823 Xenia, GC, s Thomas Steele (HCC)
  Elizabeth b 4 Mar 1826 GC, dau E & Ann Steele (BRC)
  John A. b 30 Dec 1838 GC, s Martin & Jane Steele (SCHT)
  John Daniel b 4 Nov 1855 Alpha, Beavercreek TP, GC, s David & Mary Elizabeth (Harbine) Steele (ANK-FFSS-PGC-RH)
  Joseph Drake b 30 Aug 1820 Xenia, GC (UPC)
  Martha Ann b 16 Jan 1830 GC, dau Ebenezer & Ann Steele (BRC)
  Osker b 1 Jul 1838 GC, s Harvey & Catherine Steele (BRC)
  Rachel S. b 18 Jul 1808 POSS GC (SCHF)
  Sarah Ellen b 1842 Beavercreek TP, GC, dau Jacob & Elizabeth (Getter) Steele (PGC-RH-SLGC)
STEEN, Samuel b ca 1846 GC (RB22)
STEINBACH, Joseph b ca 1864 Fairfield, GC (OB)
STEPHENS, Alonzo b 20 Mar 1866 Paintersville, GC (GDR)
  Clara Jane b 15 Mar 1862 near Jamestown, GC, dau John & Anna (Shoemaker) Stephens (OB)

STEPHENS (continued)
Jeremiah b 15 Aug 1823 Silvercreek TP, GC, s Andrew & Ann (Smith) Stephens (GDR-SLGC)
John b 1830 Silvercreek TP, GC (GDR)
Martha Eliza b ca 1857 GC (RB55)
Mary Ann b 1819 GC (SLGC)
Mary Catherine b 12 Mar 1864 Jamestown, GC, dau John & Ann (Shoemaker) Stephens (OB/Rudduck)
Violet Isabel b 11 Jan 1866 Jamestown, GC, dau Jeremiah & Mary Reeves (Lee) Stephens (COP)
William Calvin b ca 1845 GC (RB66)

STEPHENSON, David b ca 1809 GC, s William & Rachel (Kirkpatrick) Stephenson/Stevenson (FFMJ-STE)
Homer P. b 31 May 1816 GC, s William & Rachel (Kirkpatrick) Stephenson/Stevenson (FFMJ-STE)
James b 29 Feb 1812 GC, s William & Rachel (Kirkpatrick) Stephenson/Stevenson (FFMJ-STE)
John Gowdy b 9 Jul 1823 GC, s Robert W & Abigail (Gowdy) Stephenson (FFGW)
Preston b 28 Apr 1819 GC, s William & Rachel (Kirkpatrick) Stephenson/Stevenson (FFMJ-STE)
Rachel b ca 1806 GC, dau William & Rachel (Kirkpatrick) Stephenson/Stevenson (FFMJ-STE)
William b ca 1800 (NWT) GC, s William & Rachel (Kirkpatrick) Stephenson/Stevenson (FFMJ)

STERRITT, Callie b 1842 Cedarville, GC (GDR)

STEVENSON, Anna/Annie Lucretia b 23 May 1857 Xenia TP, GC, dau Samuel N & Sarah

STEVENSON (continued)
Olive (Keenan) Stevenson (OB/Bull-RH-SCO)
Althia Jane/Aletha S. b 29 Aug 1862 Xenia TP, GC, dau Samuel N & Olive (Keenan) Stevenson (GCMR-OB/Bird-SCO)
Catherine b 16 May 1825 GC, dau James & Ann (Galloway) Stevenson (SCO)
Charles b 8 Jan 1824 Yellow Springs, GC (GDR)
Eliza b 1834 near Yellow Springs, GC, dau William & Eliza Stevenson (BH)
Elizabeth May b 18 May 1868 near Cedarville, GC, dau John & Jane (Bradfute) Stevenson (OB)
Ellen Louise b 2 Dec 1854 GC, dau Samuel N & Olive (Keenan) Stevenson (SCO)
Frank C. b ca 1859 NE of Xenia, GC, s Robert & Mary Stevenson (OB)
Homer Perry b 31 May 1816 GC, s William & Margaret Scott Stevenson (STE)
James b 1806 Xenia TP, GC, s Thomas & Mary (Kirkpatrick) Stevenson (BH)
James Gay b 13 Jul 1829 GC, s James & Ann (Galloway) Stevenson (SCO)
James William b 27 May 1860 GC, s Samuel N & Olive (Keenan) Stevenson (SCO)
Jane Gay b 29 Oct 1808 GC, dau James & Ann (Galloway) Stevenson (KIN-SCO)
John b 5 Jul 1829 Xenia TP, GC (BH)
Martha M. b 28 Feb 1827 GC, dau James & Ann (Galloway) Stevenson (SCO)
Mary Elizabeth b 5 May 1820 GC, dau James & Ann (Galloway) Stevenson (SCO)
Mary Elizabeth b 10 Sep 1849 GC, dau Samuel N & Olive (Keenan) Stevenson (SCO)

STEVENSON (continued)
Mary J. b 20 Jun 1858 Xenia TP, GC, dau James S & Jane (Knox) Stevenson (PGC)
Rachel Samantha b 12 Apr 1852 GC, dau Samuel N & Olive (Keenan) Stevenson (SCO)
Rebecca Ann b 3 Nov 1813 GC, dau James & Ann (Galloway) Stevenson (SCO)
Robert b 7 Apr 1823 GC (GDR)
Robert b 3 Feb 1823 Xenia, GC, s John & Catherine (Kirkpatrick) Stevenson (EA)
Samuel b 4 Sep 1804 GC, s William & Rachel (Kirkpatrick) Stevenson (FFMJ-STE)
Samuel N. b 4 Mar/Apr 1816 Xenia TP, GC, s James & Ann (Galloway) Stevenson (BH-GDR-OMS-RH-SCO)
Sarah Louise b 28 Nov 1865 GC, dau Samuel N & Olive (Keenan) Stevenson (SCO)
Susanna b 2 Feb 1847 GC, dau Samuel N & Olive (Keenan) Stevenson (SCO)
Thomas S. b 20 Sep 1852 Xenia TP, GC, s James & Jane (Knox) Stevenson (BH)
William b ca 1819/20 GC, s Charles & Cynthia (Scott) Stevenson (STE)
STEVENSON/STEPHENSON, William Jr. b ca 1800 NWT (GC), s William Stevenson/Stephenson & Rachel (Kirkpatrick) Stevenson (STE)
William Bradfute b 21 Oct 1858 Cedarville TP, GC, s John & Jane (Bradfute) Stevenson (MCCL)
STEVENSON, William Dunlap b 23 Feb 1811 GC, s James & Ann (Galloway) Stevenson (SCO)
STEWART, Charles Oscar b ca 1857 Bowersville area, GC, (OB)
Chase b 26 Oct 1856/58 Yellow Springs, GC, s Samuel & Mary A (Marshall) Stewart (PGC)

STEWART (continued)
Cora b ca 1866 Yellow Springs, GC, dau James M Stewart (PGC)
Daniel McMillan b 17 Mar 1840 E. of Xenia, GC, s William H & Esther (McMillan/McMillen) Stewart (BH-FFOKC-MCM-RH)
Frances M. b 18 Nov 1860 near Bowersville, GC, s Robert & Lucinda (Oxley) Stewart (OB)
Howard b ca 1858 GC (OB)
I. Frank b 21 Apr 1868 Bowersville, GC, s Isaac & Lucinda (Burr) Stewart (OB)
Isaac C. b 15 Sep 1827 S. Bowersville, GC, s Christopher & Nancy Stewart (OB)
Jacob b ca 1853 Beavercreek, GC (OB)
James M. b 30 Mar 1828 E. of Clifton, GC, s John T & Ann (Elder) Stewart (CCB-RH)
James Renwick b 28 Oct 1844 GC, s Wm & Esther (McMillian) Stewart (MCI-MCM)
Jesse b 1824 GC (GDR)
Jonathan b 2 Sep 1827 Xenia, GC (UPC)
John Jacoby b 29 May 1859 Yellow Springs, GC, s E R & Rachael/Rachel (Jacoby) Stewart (COR)
John P. b 1859 Yellow Springs, GC (GLAN)
Leila A. b 24 Apr 1858 Yellow Springs, GC, dau James & Rebecca (Jacoby) Stewart (OB/Cooley)
Lizza A. b 15 Dec 1866 GC, dau T E & D A Stewart (CUC)
Louisa b 21 Jan 1850 near Bowersville, GC, dau I C Stewart (OB/Murrell)
Lucinda Anna b 5 Dec 1865 Bowersville, GC (RB33)
Lucy b 30 Jun 1865 GC, dau T. E. & D. A. Stewart (CUC)
Luella C. b 12 Aug 1851 near Clifton, GC, dau John & Elizabeth (Elder) Stewart (BH)

STEWART (continued)
Mary b 3 Oct 1856 Bowersville, GC, dau Isaac & Lucinda (Burr) Stewart (OB/Wolf)
Mary Lillie b 1 Jul 1863 Cedarville, GC, dau James & Rosanna (Orr) Stewart (MCI-OB)
Nancy Jane b 20 Mar 1855 Yellow Springs, GC, dau E R & Rachael/Rachel (Jacoby) Stewart (COR)
Paul b 3 Dec 1865 Xenia, GC, s Robert & Elizabeth (White) Stewart (FFWH)
Rebecca A. b 7 May 1849 Yellow Springs, GC, dau Elder R Stewart (PGC)
S. Ethel b 18 Aug 1864-?, GC, dau T E & D A Stewart (CUC)
Susan Ann b ca 1850 GC (RB22)
Susanna Margaret b ca 1863 GC (RB88)
Una b 20 Nov 1852 Yellow Springs, GC, dau E R & Rachael/Rachel (Jacoby) Stewart (COR)
STILES, Amos b 8 Nov 1858 S. of Xenia, GC, s Isaac & Nancy (Stanfield) Stiles (OB)
George H. b 26 Dec 1853 Bath TP, W. of Fairfield, GC, s William & Elizabeth (Sensenbaugh) Stiles (BH)
John b 17 Nov 1860 Spring Valley TP, GC, s Isaac & Nancy (Stanfield) Stiles (OB-RB22-RB77)
Lettie b 1 Jul 1852 near New Burlington, GC, dau Isaac & Nancy (Stanfield) Stiles (OB/McCray)
Mary Belle b ca 1863 Xenia, GC (RB88)
Samuel b 2 Oct 1856 S. of Xenia, GC, s Isaac & Nancy (Stanfield) Stiles (OB)
William b 1830 W. of Fairfield, Bath TP, GC, s Benjamin Stiles (BH)
STILLINGS, Harriet A. b prior 1869 GC, dau James & Lana (Fisher) Stillings (RH)

STILLINGS (continued)
Henry Lewis b 19 Feb 1846 GC, s William & Julia Ann (Fisher) Stillings (DAK)
Jane Ann b ca 1850 GC (RB11)
STINE, J. D. b Jun 1833 near Xenia, GC (DH)
Kate b ca 1859 GC (OB)
STINSON, Fred b Apr 1865 Silvercreek TP, GC (GDR)
Ezra b 30 Mar 1867 Jamestown, GC, s T J & Rebecca (Ellis) Stinson (GDR)
Morris Reece b 30 Dec 1827 GC (GDR)
T. J. b 1834 Jefferson TP, GC (GDR)
STINSONE, Samuel C. b 1862 Jamestown, GC (GDR)
STIPP, Joanna b Jan 1825 GC, dau Josep & Joanna Stipp (GDR)
STIRES, Dellie b 19 Feb 1863 Fairfield, GC, dau D & Sarah (Taylor) Stires (GDR)
ST JOHN, Ada Jane b 11 Mar 1868 PROB GC, dau Daniel Morgan & Eliza Jane (Beam) St John (RH-STJ)
Aletha/Allethia L. b 1 Sep 1863 PROB GC, dau Dan Morgan & E J (Beam) St John (RH-STJ)
Alva H. b 15 Aug 1861 Caesarscreek TP, GC, s Daniel Morgan & Eliza Jane (Beam) St John (OB-RH-STJ)
Anna Bell b 16 May 1859 PROB GC, dau Daniel Morgan & Eliza Jane (Beam) St John (RH-STJ)
Charles Wesley b 7 Nov 1839 SW of Paintersville, GC, s Daniel & Eliza (Bone/Boone) St John (BH-STJ)
C. M. b 17 Mar 1856 near Paintersville, Caesarscreek TP, GC, s John W. & Phoebe Ann (Hiney) St John (BH)
Cyrus Bone b 20 Aug 1827 Caesarscreek TP, GC, s Daniel Wood & Eliza/Elizabeth (Bone) St John (STJ)

ST JOHN (continued)
Daniel Morgan b 13 Jun 1835 Caesarscreek TP, GC, s Daniel Wood & Eliza/Elizabeth (Bone) St John (PGC-RH-STJ)
David Milton b 15 Nov 1841 GC, s Cyrus & Dorothy (Hickman) St John (FUD)
Ella b ca 1867 Caesarscreek TP, GC (BH)
Elva Jane b 23 Jul 1845 Caesarscreek TP, GC, dau Daniel Wood & Eliza/Elizabeth (Bone) St John (STJ)
Emma Jane b 3 Nov 1863 near Paintersville, Caesarscreek TP, GC, dau John W & Phoebe Ann (Hiney) St John (BH)
Isaac Wilson b 19 Jul 1847 Caesarscreek TP, GC, s Daniel Wood & Eliza/Elizabeth (Bone) St John (STJ)
Jacob Daniel b 16 Jan 1854 Caesarscreek TP, GC, s John W. & Phoebe Ann (Hiney) St John (BH)
Jeniah Franklin b 27 Jun 1842 Caesarscreek TP, GC, s Daniel Wood & Eliza/Elizabeth (Bone) St John (HOO-MR-PGC-RH-STJ)
John Franklin b 24 Oct 1859 Caesarscreek TP, GC, s John W & Phoebe Ann (Hiney) St John (BH)
J. Otis b 13 Nov 1867 Needmore Community, Caesarscreek TP, GC, s Charles W & Martha (Peterson) St John (OB)
John Washington b 28/29 Dec 1831 Caesarscreek TP, GC s Daniel W. & Eliza (Bone) St John (BH-STJ)
Joseph D. b 19 Mar 1856 E. part Caesarscreek TP, GC, s Joseph M St John (PGC)
Joseph Marion b 27 Feb/Dec 1829 Caesarscreek TP, GC, s Daniel Wood & Eliza/Elizabeth (Bone) St John (PGC-STJ)

ST JOHN (continued)
Lorenzo Raper b 8/18 Aug 1851 Caesarscreek TP, GC, s Daniel Wood & Eliza/Elizabeth (Bone) St John (PGC-STJ)
Margaret E. b 1 Jun 1859 Caesarscreek TP, GC, dau William & Martha (Smith) St John (BH-GRB-OB/Neeld)
Maria L. b 10 Jun 1858 Caesarscreek TP, GC, dau John W & Phoebe Ann (Hiney) St John (BH)
Martha b 16 Jan 1854 Caesarscreek TP, GC, dau John W & Phoebe Ann (Hiney) St John (BH)
Sarah Ann b 15 Nov 1837 Caesarscreek TP, GC, dau Daniel Wood & Eliza/Elizabeth (Bone) St John (STJ)
Thomas W. b 21 Dec 1852 near Paintersville, Caesarscreek TP, GC, s John W & Phoebe Ann (Hiney) St John (BH-OB)
William Allison b 13/18 Nov 1866 Caesarscreek TP, GC, s John W, & Phoebe Ann (Hiney) St John (BH-OB)
William H. b 22/23 Nov 1865 PROB GC, s Daniel Morgan & Eliza Jane (Beam) St John (RH-STJ)
William Harrison b 18 Oct 1832 Caesarscreek TP, GC, s Daniel Wood & Eliza/Elizabeth (Bone) St John (STJ)
STOOPS, Margaret Jane b 14 Oct 1848 GC, dau John & Elizabeth Ann/Betsey (Simpson) Stoops (RH-SIM)
Mary Ellen b 16 Jun 1860 Yellow Springs, GC (GDR)
STORMONT, Ada Jeanette b 4 Jul 1860 near Cedarville, GC (RIF)
Agnes b 1 Feb 1858 POSS GC, dau James & Agnes (McQuiston) Stormont (STO)
David R. b 15 Sep 1850 Cedarville, GC, s John & Esther (McMillan) Stormont (MCM)

STORMONT (continued)
Eliza Jannetta b 21 Jun 1866 Cedarville TP, GC, dau James Chestnut & Jan (Bradfute) Stormont (STO)
Hugh Harvey b ca 1856 Cedarville, GC (RB66)
James Albert b 21 Jan 1865 PROB GC, s John Calvin & Margaret (Morrow) Stormont (STO)
John Calvin b 19 Jan 1834 PROB GC, s John & Esther (McMillan) Stormont (STO)
John Harold b 26 Oct 1863 Cedarville TP, GC, s James Chestnut & Jane (Bradfute) Stormont (RH-STO)
John Harry b ca 1863 GC (RB88)
John McMillan b 5 Nov 1861 Cedarville TP, GC, s John Calvin & Margaret A. (Morrow) Stormont (OB-STO)
Lida J. b 27 Jun 1866 Cedarville TP, GC, dau James C & Jane (Bradfute) Stormont (GDR-RH)
Rosa b 23 Aug 1864 Cedarville, GC, dau Riley Stormont (OB)
Samuel Rutherford b 30 Aug 1836 PROB GC, s John & Esther (McMillan) Stormont (STO)
Sarah Jane b ca 1861 GC (RB88)
William Porter b 16 Feb 1868 POSS GC, s Samuel Rutherford & Mary Malvina (Cleveland) Stormont (STO)
STORY, Clara b 1868 Bowersville, Jefferson TP, GC, dau Alfred & Dicy (Ferguson) Story (FFSR)
Edgar Addison b 16 May 1857 Jefferson TP, GC, s Henry & Ann Eliza (Brown) Story (RH)
Elmer Ellsworth b ca 1866 Bowersville, GC (RB77)
Henry b 9 Aug 1835 Jefferson TP, GC, s Alfred & Elizabeth Story (RH)
Henry b 13 Sep 1836 GC s Robert Story (GDR)
Horace b ca 1855 GC, s Robert & Ellen (Loyd) Story (OB)

STOWE, Elizabeth b 18 Sep 1811 Union neighborhood near Xenia, GC (ELAM)
Elizabeth b 27 Feb 1833 GC, dau Joseph & Mary N. Stowe (ELAM)
Louisa L. b June 1840 GC, dau Joseph & Mary N. Stowe (ELAM)
Smith Alexander b 18 Jul 1835 GC, s Joseph & Mary N Stowe (DH-ELA-XG)
STRAIN, Cynthia b 1 Feb 1827 Sugarcreek TP, GC, dau Sauel & Rebecca (Lewis) Strain (GDR)
Elizabeth b 9 Nov 1827 Sugarcreek TP, GC, dau James & Nancy (Lewis) Strain (GDR)
Eugene b 14 Feb 1866 W. of Xenia, GC, s Harvey & Jane E (Russell) Strain (OB)
Harvey b 1831 Sugarcreek TP, GC (GDR)
Margaret b 9 Oct 1839 Sugarcreek TP, GC (GDR)
Walter b ca 1868 GC (OB)
STRANEY, Mary Hattie b 15 Sep 1863 Xenia, GC, dau James & Elizabeth (Revell) Straney (OB/Hurley)
STRATTON, Charlotte F. b 29 Jul 1832 GC, dau William & Elizabeth (Taylor) Stratton (FFSC)
Cynthia Ann b 15 Apr 1833 Old Town, GC, dau Mahlon & Mary J (Connely) Stratton (STT)
David Williamson b 17 Sep 1863 Old Town, GC, s Mahlon & Mary J (Connely) Stratton (STT)
James b 1831 GC (GDR)
Sarah C. b 3 Jul 1843 Miami TP, GC, dau William & Elizabeth (Taylor) Stratton (FFLO)
STRAYER, John b 1836 Bath TP, GC (GDR)
STREET, Mary b 1821 Yellow Springs, GC, dau John & Delilah (Madden) Street (SLGC)

STRETCHER, John Fisher b ca 1857 GC, near Clifton (RB55)

Thomas W. b May 1811 Cedarville TP, GC (GDR)

STRONG, Frank b ca 1853 Silvercreek TP, GC, s Ozias & Betty Strong (OB)

Harrison b 1840 GC, s George W & Nancy (Hummer) Strong (LG96)

Leonard J. b 16 Apr 1821 GC, s Elisha & Phoebe (Vail) Strong (FFSD)

Mary b 18 Mar 1827 GC, dau Reuben & Barbary Strong (FFBR)

Moses Addison b ca 1863 Bowersville, GC (RB88)

Napoleon B. b 1830 GC, s Reuben & Barbara (Boots) Strong (LG96)

O. M. b 1817 Jamestown, GC (GDR)

Preserved Johnson b 22 Jul 1812 near Jamestown, GC, dau Mildred Strong (FFSD-SHE-STR)

STRUMEL, Hester b Feb 1860 Bath TP, GC, dau George & Hester (Brannum) Strumel (GDR)

STRYKER, Jacob Sellars b 12 Mar 1861 near Jamestown, GC (OB)

STUCK, James E. b ca 1868 GC (OB)

John W. b 30 Aug 1823 POSS GC (FFS-FFSU)

William b ca 1865 GC (OB)

STUDEVANT, Alfred b 16 Oct 1860 near Xenia, GC (OB)

STUDEVENT, James M. b 26 Dec 1857 near Jamestown, GC, s William & Rhoda (Carter) Studevent (OB)

STULL, Charles W. b 29 Apr 1866 GC, s John & Harriet (Fries) Stull (OB)

Mary M. b 9 Mar 1847 GC, dau William K & Sarah Stull (BH-DH)

William K b 1820 GC (DH)

STUMP, Daniel L. b 3 Dec 1838 Spring Valley TP, GC, s Isaac Stump (GDR)

James b 14 Oct 1855 near New Burlington, GC, s Isaac & Rhoda (Trimble) Stump (OB)

Mary Melinda b prior 1869 GC, dau Jonas & Prudence Stump (RH)

Matilda C. b 19 Jan 1836 Spring Valley TP, GC, dau Jonas & Prudence (Smalley) Stump (BH-PGC)

William J. b 1842 New Burlington, GC (GDR)

STUTSMAN, Owen b ca 1852 W. of Xenia, GC (OB)

SULLIVAN, Mary b 1851 Xenia, GC, dau James & Bridget (Vanan) Sullivan (GDR)

W. J. b 7 Jul 1824 GC (HCH)

SUMAN, Ella Jane b ca 1854 GC (RB55)

SUMMERS, Oscar b 10 Jul 1856 GC, s Henry & Matilda Summers (DH)

SUTTON, Allen Tibbets b 26 Mar 1851 Silvercreek TP, GC, s William Garner & Martha Eddy/Eldy (Hagler) Sutton (FUD-SCA-SUT)

Anna Minerva b 1851 PROB GC, dau Philip & Sarah Jane (Hagler) Sutton (SPA-SUT)

Anna Samantha b 14 Sep 1852 New Jasper TP, GC, dau William Garner & Martha Eddy/Elder (Hagler) Sutton (FUD-SUT)

Barzilla Raper b 5 Jun 1847 GC, s Daniel & Elizabeth (Spahr) Sutton (SPA-SUT)

Charles E. b 18 Jul 1865 GC, s John S & Catherine (Beason) Sutton (SUT)

Cinderella b 17 Aug 1826 New Jasper TP, GC, dau Daniel & Elizabeth (Spahr) Sutton (BH-RH-SPA-SUT)

Daniel b 15 May 1802 (NWT) C, s Wm Garner & Lois (Sutton) Sutton (FFOKT-SLGC-SUT)

SUTTON (continued)

Daniel b 28 Aug 1835 GC, s Isaiah & Catherine (Shrack) Sutton (SUT)

Daniel B. b 31 Aug 1844 New Jasper TP, GC, s Philip & Sarah Jane (Hagler) Sutton (FUD-SPA-SUT)

Daniel Harrison b 23 Jan 1841 Caesarscreek TP, GC, s Daniel & Elizabeth (Spahr) Sutton (AAC-BH-FFAN-FFHS-FFOKT-SPA-SUT)

David b prior 1869 GC, s William Garner & Lois (Sutton) Sutton (SUT)

Elizabeth b prior 1869 POSS GC, dau Isaiah & Catherine (Shrack) Sutton (SUT)

Elizabeth b prior 1869 GC, dau William Garner & Lois (Sutton) Sutton (SUT)

Elizabeth Dorcas b 18 Oct 1836 GC, dau Daniel & Elizabeth (Spahr) Sutton (SPA-SUT)

Elizabeth Sarah/Sarah Elizabeth b 2 Dec 1849/50 New Jasper/Silvercreek TP, GC, dau Philip & Sarah Jane (Hagler) or William Garner & Martha Eddy/Eldy (Hagler) Sutton (FUD-GRB-PGC-SPA-SUT)

Hester b 31 Aug 1804 GC, dau William Garner & Lois (Sutton) Sutton (SUT)

Hester b 1810 New Jasper TP, GC, dau James Sutton (GDR)

Isaiah b 9 Oct 1809 GC, s William Garner & Lois (Sutton) Sutton (FFBR-SUT)

Jacob b 1816 GC, s William Garner & Lois (Sutton) Sutton (SUT)

Jacob b 4 Jan 1817 New Jasper, GC (GDR)

Jacob M. b 23 Nov 1833 GC, s Daniel & Elizabeth (Spahr) Sutton (SPA-SUT)

James b 25 Aug 1858 GC, s John S & Catherine (Beason) Sutton (SUT)

SUTTON (continued)

James Elliott b 10 Mar 1860 Silvercreek TP, GC, s Wm Garner & M. Eddy/Eldy (Hagler) Sutton (FUD-SCA-SUT)

James R. b 22 Oct 1844 New Jasper TP, GC (GDR)

James Raper b 27 Oct 1844 New Jasper TP, GC, s Jacob & Susan (Smith) Sutton (BH-SUT)

Jennie b 19 Aug/Sep 1855 Jamestown, GC, dau William & Martha E Sutton (GDR-SCT)

John M. b 8 May 1850/53 New Jasper TP, GC, s Philip & Sarah Jane (Hagler) Sutton (FUD-GDR-SPA-SUT)

John Raper b 21 Oct 1854 New Jasper TP, GC, s Nehemiah Griffith & Mary (Long) Sutton (FUD-OB-SUT)

John S. b 18 Dec 1827 GC, s Daniel & Elizabeth (Spahr) Sutton (SPA-SUT)

John S. b 10 Jan 1828 New Jasper, GC (GDR)

Lewis b 1 Mar 1861 GC, s John S. & Catherine (Beason) Sutton (SUT)

Lizzie L. b 8 Oct 1865/66 New Jasper TP, GC, dau Nehemiah Griffith & Mary (Long) Sutton (GDR-SUT)

Lois Louisa b 11 May 1838 GC, dau Daniel & Elizabeth (Spahr) Sutton (SPA-SUT)

Louisa Jane b 19 Sep 1855 GC, dau William Garner & Martha Eddy/Eldy (Hagler) Sutton (FUD-SUT)

Margaret b 1839 Xenia TP, GC. dau William & Anna (Grooms) Sutton (GDR/Huffman)

Martha C. b 9 Mar 1845/46 New Jasper TP, GC, dau Daniel & Elizabeth (Spahr) Sutton (BH-SPA-SUT)

Martha Luella b 10 Aug 1863 Silvercreek TP, GC, dau Wm Garner & Martha Eddy/Eldy (Hagler) Sutton (FUD-SUT)

SUTTON (continued)
Mary Arminta b prior 1869 New Jasper TP,GC, dau James Raper & Catherine Elizabeth (Greenwood) Sutton (BH)
Mary Jane b 16 Jan 1829 GC, dau Daniel & Elizabeth (Spahr) Sutton (SPA-SUT)
Mary L. b 1849 GC, dau Jacob & Susan (Smith) Sutton (SUT)
Mary Rosetta b 4/19 Apr 1857 GC, dau William Garner & Martha Eddy/Eldy (Hagler) Sutton (FUD-SUT)
Moses Albert b 20 Oct 1858 Silvercreek TP, GC, s William Garner & Martha Eddy/Eldy (Hagler) Sutton (FUD-OB-SUT)
Nancy Ann b 22 May 1832 GC, dau Daniel & Elizabeth (Spahr) Sutton (SPA-SUT)
Nehimiah Griffith b 4 Oct 1824 New Jasper TP, GC, s Daniel & Elizabeth (Spahr) Sutton (GDR-SPA-SUT)
Philip b 7 Apr 1821/22 New Jasper, GC, s Daniel & Elizabeth (Spahr) Sutton (GDR-SPA-SUT)
Samuel b 1846 New Jasper TP, GC, s Philip & Sarah Jane (Hagler) Sutton (FUD-SPA-SUT)
Sarah b 1806 GC, dau William Garner & Lois (Sutton) Sutton (SUT)
Sarah b 24 Jun 1830 GC, dau Daniel & Elizabeth (Spahr) Sutton (SPA-SUT)
Sarah E. b 1837 GC, dau Jacob & Susan (Smith) Sutton (SUT)
Temperance b 23 Aug 1842 GC, dau Daniel & Elizabeth (Spahr) Sutton (FUD-SPA-SUT)
William b ca 1846 GC (RB11)
William b 5 Feb 1848 New Jasper TP, GC, s Philip & Sara Jane (Hagler) Sutton (FUD-OB-SPA-SUT)
William Durbin b 4 Jan 1848 GC, s Nehemiah Griffith & Mary (Long) Sutton (SUT)

SUTTON (continued)
William G. b 12 Apr 1828 GC, s Isaiah & Catherine (Shrack) Sutton (SUT)
William Garner b 20 Sep 1823 New Jasper/Caesarscreek TP GC, s Daniel & Elizabeth (Spahr) Sutton (FUD-GDR-HAG-MID-SCT-SPA-SUT)
William H. b 1841 GC, s Jacob & Susan (Smith) Sutton (SUT)
SWADENER, Owen b 11 Aug 1835 GC, s Isaac & Evaline (Watts) Swadener (BH)
SWADNER, Benjamin F. b 3 Jun 1852 Beavercreek TP GC (GDR)
Jacob b 29 Dec 1807 Beavercreek TP, GC (GDR)
Samuel b 7 Mar 1824 GC (GDR)
SWAGART, Abraham b 1 Sep 1828 Bath TP, GC (GDR)
SWAN, Hiram McNutt b 23 Jul 1857 Fairfield/Osborn, GC (FFSJ)
SWANEY, Madison b 16 Dec 1846 Cedarville, GC, s John & Mary Swaney (GDR)
SWEADNER, Sarah Ann b 20 Mar 1831 GC, dau Adam & Susannah Sweadner (BRC)
SWEENY, Nora b 10 Sep 1868 Cedarville, GC (GDR)
SWENEY, Maggie b 1858 Cedarville, GC (GDR)
SWIGART, Abram b 30 Apr 1828 Bath TP, GC (GDR)
Elizabeth b prior 1869 GC (PMC)
George b 13 Jul 1828 GC, s Peter & Margaret Swigart (BRC)
Joel b 18 Nov 1820 Sugarcreek TP, GC, s Michael & Sarah (Nave) Swigart (DH-PGC-RH)
Joseph Marion b ca 1868 Sugarcreek TP, GC (RB22-RB33)
Lydia Ann b 14 Sep 1830 GC, dau Peter & Margaret Swigart (BRC)
Mary Ann b 3 Feb 1837 GC, dau Peter Baker Swigart (BRC)
Michael b 1827 Sugarcreek TP,

SUTTON (continued) GC, s Michael & Sarah (Nave/Ware) Swigart (DH-PGC)

Ross Albertine b ca 1864 GC (RB33)

Sarah Jane b 31 Aug 1844 Sugarcreek TP, GC, dau Joel & Margaret (Hedelson/Hedtleson) Swigart (PGC-RH)

Solomon b 1832 Sugarcreek TP, GC, s Michael & Sarah (Ware) Swigart (DH)

Susanna b ca 1857 GC (RB11)

William Sherman b 10 Aug 1866 near Byron, Bath TP, GC, s Isaac & Elizabeth (Boyd) Swigart (OB)

William Sherman b ca 1867 GC (RB22)

SWIGERT, Mary Catherine b 11 Aug 1848 Sugarcreek TP, GC (GDR)

SWOPE, George Edgar b 22 Apr/14 May 1867 Caesarscreek TP, GC, s John & Jane Swope (FFSQ-GDR)

Newton b 14 Feb 1861 near Eleaser, S. of Xenia, GC, s John & Jane (Hartsook) Swope (OB)

SYFERS, Eliza J. b 1841. GC, dau Lisbon & Mary P. (Dawson) Syfers (DH)

SYFERS, Rufus K. b ca 1837/45 GC, s Lisbon & Mary P. (Dawson) Syfers (DH)

TALBERT, George b 8 Aug 1837 Sugarcreek TP, GC, s Addison & Elizabeth (Schnelbleg) Talbert (RH)

Jennie b 2 Aug 1862 Ross TP, GC (GDR)

TALBOT, Richard C. b 30 Sep 1818 GC, s Josiah G & Ann (Forsythe) Talbot (HCH)

TALBOTT, John Charles b 27 Oct 1856 Jamestown/Ross TP, GC, s Daniel & Amanda Talbott (OB-RB44)

TANNEHILL, Ross C. b 11 Aug 1865 GC, s W & M A Tannehill (CUC)

TARBOX, David N. b prior 1869 W. of Cedarville, GC, s Samuel & Ruth Tarbox (OB)

Lucy Josephine b 4 Feb 1854 W. of Cedarville, Cedarville TP, GC, dau John M & Rachel (Nichol/Nickol) Tarbox (BH-OB-TOW)

Maria Agnes b 10 Aug 1855 near Cedarville, GC, dau John Merrill & Rachel (Nichol) Tarbox (OB/Williamson)

Theodore H. b 30 Dec 1855 Cedarville TP, GC (GDR)

William John b 25 Nov 1860 Cedarville, GC, s John Merrill & Rachel (Nichol) Tarbox (BH-FFTN-OB-RB77-TOW)

TATE, John L. b ca 1855 POSS GC, Sugarcreek TP (OB)

John Torrence b ca 1823 near Xenia, GC (UPC)

William K. b 1822 GC (GDR)

TATMAN, Morgan B. b 29 Mar 1802 NWT (GC) s Joseph L & Rebecca (Bryan) Tatman (CCO)

TAYLOR, Daniel b 4 Apr 1840 Ross TP, GC, s Isaac & Frances Taylor (DH-GDR)

Effie b 1859 Miami TP, GC (GDR)

Eldorus b 11 Jan 1861 Ross TP, GC, s William G & Mary I (Long) Taylor (BH-RH)

Euphraim b 3 Oct 1867 Xenia, GC (GDR)

Evola b 13 Sep 1863 Xenia, GC, dau Charles Wesley Taylor (OB/ McPherson)

Isaac J. b 26 Sep 1842 near Jamestown, GC (OB)

James Harvey b 30 Mar 1867 Ross TP, GC, s William G & Mary I (Long) Taylor (BH-RH)

Jesse b 28 Feb 1864 Jamestown, Ross TP, GC, s Daniel & Elizabeth (Davis) Taylor (FFTA-OB-RH)

John b prior 1869 Goes, GC (OB)

TAYLOR (continued)
Maud b 8 Sep 1866 GC, dau Charles & Amelia (Ruggles) Taylor (FFRR-FFTA)
Peter Kinney b 26 May 1836 Miami TP (?), GC, s Samuel & Rebecca (Kinney) Taylor (FFTA)
Sarah Ellen b ca 1855 Ross TP, GC (RB77)
William A. b ca 1868 near Yellow Springs, GC, s J W Taylor (OB)
William Gillmore b 19 Mar 1832 Ross TP, GC, s Isaac & Frances (Gilmore) Taylor (BH-RH)
William Vincent/Vinton b 22 Jan 1865 Ross TP, GC, s William G & Mary I (Long) Taylor (BH-RH)
TEACH, Anna Marie b 23 Feb 1844 GC, dau Daniel & Lauranna (Kelly) Teach (CC02)
John Cover b Nov 1845 GC, s Daniel & Lauranna (Kelly) Teach (CC02-TEA)
TEAS, Ann Rebecca b 15 May 1839 near Cedarville, GC, dau Samuel & June (Pollock) Teas (FFB-XGO)
TECUMSEH, b ca Mar 1768 by Great Springs, SE of Oldtown, (NWT) Xenia GC, s Pucksinwa & Methotase (BAL-GAL-OLC)
TERRELL, Robert William b ca 1866 Mt. Holly, GC (RB88)
THOMAS, Alice b 7 Aug 1864 GC, dau Jacob & Eliza (Beason/Beeson) Thomas (BH)
Amanda J. b GC, dau Arthur & Mary (McConnell) Thomas (DH)
Archibald b prior 1869 GC (RH)
Benjamin b 29 Jan 1860 GC, s Jacob & Eliza (Beason/Beeson) Thomas (BH)
C. A. b 1850 Silvercreek TP, GC (GDR)
Clara b ca 1860 POSS GC, dau Charles & Sarah (Carpenter) Thomas (OB)

THOMAS (continued)
Clarence Milton b 1861 GC, s William & Mary Ann (Confer) Thomas (SCH)
Elmer A. b 3 May 1867 near Jamestown, GC, s Lewis & Theresa Thomas (OB)
Francis Marion b 1 Feb 1868 GC, s Jacob & Eliza (Beason/Beeson) Thomas (BH)
Frank Cost b 8 Oct 1860 GC, s George Washington & Rachael Margaret (Rockafield) Thomas (FFTT)
Frank M. b 1 Feb 1868 near New Jasper, GC (OB)
George Washington b 10 May 1832 Sugarcreek TP, GC, s Absolam/Absolom & Elizabeth (Newman) Thomas (FFFT-GDR)
Jacob b 30 Jan 1831 Jefferson TP, GC, s Benjamin & Elizabeth (Bayliff) Thomas (BH)
James b 25 Apr 1829 Jefferson TP, GC, s Arthur & Mary (McConnell) Thomas (DH-GDR-RH)
James b 16 Jul 1850 PROB GC, s John & Susan (Cooper) Thomas (FUD)
James L. b 17 Jul 1851 Xenia TP, GC (GDR)
John b 17 May 1818 GC (GDR)
John H. b 12 Feb 1854 Paintersville, GC, s James & Cath (Gossard) Thomas (RH)
John S. b 4 Apr 1848 near Bowersville, GC, s Jonah & Eliz (Johnson) Thomas (OB)
John Wesley b 20 Oct 1843 Jamestown, GC, s Arthur & Mary (McConnell) Thomas (DH-RB22)
Joshua b 4 Aug 1858 GC, s Jacob & Eliza (Beason/Beeson) Thomas (BH)
Joshua B. b 20/22/27 Jan/Jun 1827 Jefferson/Silvercreek TP, GC, s Benj & Eliz (Bayliff) Thomas (BH-DH-GDR)

THOMAS (continued)
Keziah b 3 Dec 1855 GC, dau Jacob & Eliza (Beason/Beeson) Thomas (BH)
Loretta b 10 Apr 1866 GC, dau Jacob & Eliza (Beason/Beeson) Thomas (BH)
Lydia Margaret b 7 Jun 1862 Jefferson TP, GC, dau Jacob & Eliza (Beason/Beeson) Thomas (BH-OB/Jones)
Mary b 10 Dec 1857 near Spring Valley, GC, dau George & Margaret Thomas (OB/Crites)
Mary Elizabeth b ca 1862 GC (RB11)
Mary Elizabeth b ca 1864 Xenia TP, GC (RB22)
Sarah Ellen b 29 Mar 1867 near Jamestown, GC, dau Joshua B & Martha Jane (Lucas) Thomas (OB/Gultice)
T. C. b 15 Dec 1835 Jefferson TP, GC (GDR)
William Alpheus b 11 Sep 1865 near Paintersville, GC, s Lewis & Theresa (Wall) Thomas (OB)
William S. b 2 Aug 1864 Bowersville, GC, s C D Thomas (OB)
Viola b ca 1868 GC (RB22)

THOMPSON, George Allen b ca 1865 Xenia, GC, s Allen Trimble & Lucy (Crum) Thompson (OB)
Hugh Carey b 14 Aug 1856 Xenia, GC, s John Carey & Mary Jane (Campbell) Thompson (FFTO-OB)
John William b ca 1865 Yellow Springs area, GC (OB)
Mahala Josephine b 26 Mar 1859 near Jamestown, GC, dau Daniel & Tabitha Thompson (OB/Hargrave-RB22)

THORN, Alfred B. b 1857 GC, s William Thorn (GDR)
Edwin I. b 31 Oct 1847 Yellow Sprirgs, GC, s Isaac & Hannah (Smith) Thorn (PGC)
John L. b ca 1823 GC (OB)

THORN (continued)
William b 4 Mar 1823 near Oldtown, GC, s William Sr. & Rachel (Embree) Thorn (PGC)

THORNBURG/THORNBURGH, Alonzo b 24 Apr 1839 Jamestown, GC, s Thomas & Nancy (Moorman) Thornburg/Thornburgh (FFTB)
Dosha Dinah b 28 Sep 1841 PROB GC, dau Thomas & Nancy (Moorman) Thornburg/Thornburgh (FFTB)
Eli P. b 19 Aug 1819 GC, s Joel & Dinah (Pendry) Thornburg/Thornburgh (FFTB)
James A. b 8 Oct 1822 GC, s Joel & Dinah (Pendry) Thornburg/Thornburgh (FFTB)
Joel b 30 May 1817 New Jasper, GC (GDR)
Joel Thomas b 25 Feb 1850 GC, s Thomas & Nancy (Moorman) Thornburg/Thornburgh (FFTB)
Josiah b 28 Jul 1828 GC, s Joel & Dinah (Pendry) Thornburg/Thornburgh (FFTB)
Judith Mary b 23 Sep 1847 GC, dau Thomas & Nancy (Moorman) Thornburg/Thornburgh (FFTB)
Nancy Elizabeth b 13/17 Dec 1844 PROB GC, dau Thomas & Nancy (Moorman) Thornburg/Thornburgh (FFTB)
Thomas b 2 Jun 1804 GC, s Joel & Dinah (Pendry) Thornburg/Thornburgh (FFTB)
William b 19 Nov 1824 GC, s Joel & Dinah (Pendry) Thornburg/Thornburgh (FFTB)
William Harvey b 16 Nov 1865 New Jasper, GC, s J D Thornburg (OB)

THORNE, Charles Embree b 4 Oct 1846 GC (OA)
George H. b ca 1866 E. of Bellbrook, GC, s John & Mary Thorne (FFTH-OB-PGC)
Isaac Harvey b 30 Dec 1859 GC, s William & Elizabeth (Harvey) Thorne (CCO)

THORNHILL, Albert b 9 May 1866 Xenia, GC, s George Duke & Gertrude (Thienas) Thornhill (FFTL)

TICEN, Abigale b 1836 GC, dau Pearson & Hanna Ticen (TIC)

Andrew b 1831 GC, s Pearson & Hanna Ticen (TIC)

Eleanor b 1832 GC, dau Pearson & Hanna Ticen (TIC)

Elizabeth b 1825 GC, dau Pearson & Hanna Ticen (TIC)

Henderson b 1828 GC, s Pearson & Hanna Ticen (TIC)

Joseph b 1834 GC, s Pearson & Hanna Ticen (TIC)

Matilda b 1836 GC, dau Pearson & Hanna Ticen (TIC)

Perrin Leslie b 1829 GC,s Pearson & Hanna Ticen (TIC)

TIERNEY, John b 1848 Cedarville, GC (GDR)

TIFFANY, John C. 8 Apr 1843/45 Xenia, GC (GDR)

John C. b 20 Jan 1845 Xenia, GC (MR)

Lizzie/Elizabeth b 24 May 1864 Xenia, GC, dau Thomas Lee & Elizabeth (Bratton) Tiffany (RB22)

Norman b Jul 1831 Xenia, GC (GDR)

TIMBERLAKE, Francis M. b ca 1858 Jamestown, GC (OB)

Rufus Perry b 15 Sep 1857 near Jamestown, GC (OB)

TINDALL, Thomas H. b 15 Oct 1855 near Clifton, Miami TP, GC, s Charles & Julia (White) Tindall (BH)

TINGLEY, Catherine/Katharine b 13 Jan 1832 GC, dau William & Elizabeth (Wilson) or Hannah (Winans) Tingley (CC02-FFTI-TIN)

John Amos b 28 Mar 1843 GC, s William & Elizabeth (Wilson) Tingley (FFTI)

Joseph J. b 16 Nov 1865 POSS GC, s Isaac & Nancy E (Shroades) Tingley (TIN)

TINGLEY (continued)
Mary O. b 1 Oct 1863 GC, dau Isaac & Nancy E (Shroades) Tingley (TIN)

Minerva Jane b 16 Dec 1835 Fairfield, GC, dau William & Elizabeth (Wilson) Tingley (FFTI-TIN)

Samuel b 26 Jun 1842 near Fairfield, GC, s Andrew & Marie (Taylor) Tingley (OB)

Sarah b 27 Apr 1829 PROB GC, dau William & Elizabeth (Wilson) Tingley (TIN)

William b 31 Oct 1833 PROB GC, s William & Elizabeth (Wilson) Tingley (TIN)

William b 18 Oct 1837 Fairfield, GC, s Ira & Elizabeth (Wilson) Tingley (TIN)

TITLOW, Sattie K. b ca 1857 GC (OB/Grindle)

TOBIAS, Andrew b 16 Aug 1853 PROB GC, s Jonathan & Eliz (Harshman) Tobias (HAH)

Andrew Jackson b 1832/33 near Zimmerman, Beavercreek TP, GC, s Jacob & Mary (Miller) Tobias (BH-HAH-RH)

Catharine b 12 May 1829 GC, dau Elizabeth Tobias (BRC)

Levi b 5 Jan 1828 GC, s Abr. & Mary Tobias (BRC)

Mary Ann b 1840 GC (BH)

Orville Dewey b 8 Mar 1861 Sugarcreek TP, GC, s William & Jane (Miller) Tobias (BH-OB)

Peter b 5 Jun 1813 GC (GDR)

Samantha Jane b 23 Mar 1856 GC, dau Jonathan & Elizabeth (Harshman) Tobias (HAH)

Samuel Ellsworth b 12 Mar 1864 Beavercreek TP, GC, s Andrew Jackson & Sarah Elizabeth (Harshman) Tobias (BH-HAH-RB33)

William b 14 Mar 1821 Zimmerman, Beavercreek TP, GC, s Samuel & Elizabeth (Hanney) Tobias (BH-DH-RH)

TOBIAS (continued)
William A. b 19 Jan 1853 Sugarcreek TP, GC, s William & Jane (Miller) Tobias (BH)
TOBIN, Henry C. b 17 Apr 1831 Jefferson TP, GC, s Abraham & Mary Tobin (FFSE-HAC)
TODD, Gam b 1825 Xenia TP, GC (GDR)
Margaret b 1824 Sugarcreek TP GC (GDR)
William Brant b ca 1829 GC (OB)
TOLAND, Lulu Estella b 23 Jan 1867 Jamestown, GC, dau J C & Mary E (Clemens) Toland (OB/Camden)
TOMLINSON, Moses b 6 Mar 1859 Cedarville, GC (GDR)
TORRENCE, Anna Mary b ca 1861 near Xenia, GC, dau Aaron & Mary Jane (Winter) Torrence (OB/Garlough)
Fannie b ca 1851 Cedarville, GC (OB/Gordon)
Findley David b 1 Aug 1842 GC, s David & Ann Ingram (Stewart) Torrence (BH-DH)
Frank P. b 11 Jun 1855 Jamestown, GC, s J M & Mary (Curry) Torrence (CCB-OB)
George Watt b 15 Jan 1829 Xenia, GC (UPC)
Henry b prior 1869 Cedarville, GC (OB)
James T. b 20 Mar 1832 Xenia, GC (UPC)
Jennie b 6 Apr 1855 Cedarville, GC (GDR)
Margaret D. b 17 Aug 1859 GC, dau James Torrence (OB/Ogan)
Mary E. b 9 Jan 1854 Sugarcreek TP, GC (GDR)
Susan/Susanah b 11 Apr 1827/29 near Xenia, GC, dau Wm & M. (Watt) Torrence (BH-MCCL)
William Henry b 23 May 1842 Cedarville, GC (GDR)
TOUHEY, B. b 24 Oct 1858 POSS GC, s Michael & Bridit (McInerney) Touhey (SBC)

TOUHEY/TOAHEY, John b 24 Jun 1863 Xenia, GC (GDR)
TOWELL, Elizabeth Ewing b 1813 Silvercreek TP, GC, dau John & Sarah Towell (BH-SLGC)
John b 13 May 1818 GC s John Towell Sr. (DH)
Margaret C. b 30 Jan 1855 Ross TP, GC (GDR-RCI)
TOWNSLEY, Delila b 12 Jul 1854 POSS Cedarville TP, GC, dau James & Clarissa (Harper) Townsley (TOW)
Elizabeth b 12 Feb 1852 POSS Cedarville TP, GC, dau James & C. (Harper) Townsley (TOW)
Emma b 4 Apr 1856 POSS Cedarville TP, GC, dau James & Clarissa (Harper) Townsley (TOW)
Frank b 4 May 1867 Cedarville TP, GC, s James & Clarissa (Harper) Townsley (BH-OB-TOW)
Henry Alexander b ca 1854 POSS GC, s John N Townsley (OB)
James b 1 Dec 1801/02 NWT (Cedarville TP, GC) s John & Hester (Martin) Townsley (DH-TOW)
James b 17 Jun 1826 Cedarville, GC (GDR)
James b 1828 Cedarville TP, GC (BH)
James E. b 30 Apr 1824 Cedarville TP, GC, s Alexander & Margaret (Ewing) Townsley (DH-TOW)
Jennie E. b 17 May 1861 E. of & near Cedarville, GC, dau James & Clarissa (Harper) Townsley (GRB-OB/Spahr-TOW)
J. N. b 18 Dec 1813 Cedarville, GC (GDR)
John b 4 Jan 1850 E. of Cedarville, GC, s James & Clarissa (Harper) Townsley (BH-TOW)
John S. b 13 Apr 1846 GC, s Cyrus & Elizabeth Townsley (FFTN-RQL14)

TOWNSLEY (continued)
Minerva b prior 1869 GC, dau Alexander & Margaret (Ewing) Townsley (BH)
Robert S. b 4 Jun 1864 Cedarville TP, GC, s James & Clarissa (Harper) Townsley (FFTN-OB-TOW)
Sarah b 7 Jul 1833 near Cedarville, GC, dau Innis & Sarah Townsley (OB)
Sarah Rebecca b 13 Apr 1848 GC (BH-SCI)
Thomas O./P. b 27 May 1817 Xenia, GC, s George Townsley (GDR-OB)
TRACY, James b ca 1868 Cedarville, GC (OB)
Joseph b 4 Nov 1857 Caesarscreek TP, GC (GDR)
Samuel Anderson b ca 1856 Xenia, GC (RB11)
Wellsie F. b ca 1850 Paintersville, GC (OB)
TRADER, Alfred b 16 May 1810 Ross TP, GC, s Moses & Elizabeth (McDonald/McDaniel) Trader (DH-FFME-TRA)
Edith b 22 Mar 1806 Ross TP, GC, dau Moses & Elizabeth (McDonald/McDaniel) Trader (TRA)
Leon L. b 3 Nov 1868 Xenia, GC, s Charles & Mary (Lauman) Trader (OB)
Moses Wells b 3 Aug 1819 Ross TP, POSS GC (TRA)
Nancy b 13 Oct 1807 Ross TP, GC, dau Moses & Elizabeth (McDonald/McDaniel) Trader (CCO-TRA)
Philip J. b ca 1868 Paintersville, GC (RB22)
Sarah b 5 Mar 1805 Ross TP, GC, dau Moses & Elizabeth (McDonald/McDaniel) Trader (TRA)
Wilbur F. b 27 Dec 1847 Xenia, GC, s Alfred & Lucinda (Robinson) Trader (RH)

TRESLER, Mary Ann b 22 Dec 1828 GC, dau Jonathan & Ann Tresler (BRC)
TRESSLER, Amanda Jane b prior 1869 PROB GC, dau Peter A & Catherine L (Smith) Tressler (BH-FUD)
Daniel Smith b 13 Aug 1867 PROB GC, s Peter A & Catherine L (Smith) Tressler (FUD-SCC)
Emma Arminta b 27 Apr 1859 New Jasper TP, GC, dau Peter & Catherine L (Smith) Tressler (FUD)
Flora Mae b prior 1869 SE of Xenia, GC, dau John N & Catherine (Bootes) Tressler (OB/Thompson)
John Madison b 1 May 1865 PROB GC, s Peter A & Catherine L (Smith) Tressler (FUD-SCC)
John W. b 1 May 1864 New Jasper TP, GC, s P A & C (S?) Tressler (GDR)
Lucretia Eveline b prior to 26 Apr 1869 PROB GC, dau Peter A & Catherine L (Smith) Tressler (FUD)
Martha D. b 13 Mar 1850 PROB GC, dau Peter A & Catherine L (Smith) Tressler (FUD)
TROLLINGER, Elizabeth b ca 1860 GC (RB33)
Emma Catherine b ca 1862 near Byron, GC (OB/Harner)
James L. G. b 5 Feb 1864 Byron, Bath TP, GC, s Nimrod & Martha (Shaw) Trollinger (BH-OB)
TROY, Louise M. b ca 1860 Xenia, GC (OB)
TRUBEE, Benjamin H. b 18 Dec 1854 Beavercreek TP, GC (GDR)
Christopher b 23 Jun 1815 Beavercreek TP, GC (GDR)
Effie b ca 1859 Beavercreek TP, GC (RB88)
Eli J./Jr. b 6 Oct 1842 Beavercreek TP, GC, (GDR)

TRUBEE (continued)
George b 4 Jul 1850 Alpha area, Beavercreek TP, GC, s Jackson & Sarah (Swadener) Trubee (OB)
Letha Alice b ca 1866 GC (RB33)
TRUESDALE, Henry b ca 1860 Jamestown, GC (RB44)
Henry b 6 Mar 1862 Jamestown, GC, s William & Elizabeth Truesdale (OB)
TRUESDELL, Archibald Dewett b ca 12 Jul 1843 Xenia area, GC, s David & Martha Truesdell (FFTR)
TRUMAN, Angelina b 23 May 1830 Spring Valley TP, GC, dau Jeffrey & Jane (Elam) Truman (ELM)
Arthur b 9 Feb 1842 Spring Valley TP, GC, s Jeffrey & Jane (Elam) Truman (ELM)
Corilla b 25 Mar 1839 Spring Valley TP, GC, dau Jeffrey & Jane (Elam) Truman (ELM-RH)
Elam L. b 19 Dec 1849 Spring Valley TP, GC, s Jeffrey & Jane (Elam) Truman (BH)
Elvira b 6 Nov 1836 Spring Valley TP, GC, dau Jeffrey & Jane (Elam) Truman (ELM)
George b 1 Mar 1833 Transylvania, Spring Valley TP, GC, s Jeffrey & Jane (Elam) Truman (ELM-GDR-PGC)
Ida J. b 27 Jun 1858 Spring Valley, GC, dau George & Charlotte Truman (ELM)
Isabella M. b 6 Dec 1831 Spring Valley TP, GC, dau Jeffrey & Jane (Elam) Truman (ELM)
Jane Jr. b 10 Apr 1845 Spring Valley TP, GC, dau Jeffrey & Jane (Elam) Truman (ELM)
TUHEY, Ella b 8 Sep 1862 Xenia, GC, dau Michael & Bridget (McNeary) Tuhey (OB/Nash)
Josie b 18 May 1855 Xenia, GC, dau Michael & Brigid Tuhey (OB/Ferguson)

TUHEY (continued)
Michael A. b 8 Mar 1868 Xenia, GC (OB)
Patrick b 25 Dec 1851 Xenia, GC, s Michael & Brigid Tuhey (OB)
TUPPINS-?, Ardenia b 31 Jul 1859 Xenia, GC (GDR)
TURNBULL, Alexander b 24 Jan/Feb 1836/38 Cedarville TP, GC, s John & Margaret (Kyle) Turnbull (BH-DH)
Charles G. b 9 Feb 1863 Cedarville, GC, s John & Margaret (Allen) Turnbull (OB)
David b 18 Oct 1809 GC (WCI)
Effie b 20 Dec 1864 Cedarville TP, GC, dau Alexander & Sarah J (Barber) Turnbull (BH)
Flora b ca 1859 GC, dau S K & Catherine Turnbull (OB/Dobbins)
Frank Barber b 27 Jun 1867 Cedarville TP, GC, s Alexander & Sarah J (Barber) Turnbull (BH-RB11)
Hugh Allen b 15 Mar 1855 Cedarville, GC, s John & Margaret (Allen) Turnbull (OB)
James Scott b 21 Mar 1845 GC (UPC)
Jane I. b 1843 Ross TP, GC (GDR)
John b 10 Mar 1840 Cedarville TP, GC, s John & Catherine Margaret (Kyle) Turnbull (BH-DH-OB)
John Edwin b 9 Nov 1859 SE of Cedarville, GC, s Samuel Kyle & Catherine (Funston) Turnbull (BH)
Joseph S. b 21 Oct 1835 Cedarville, GC (GDR)
Joseph L. b 29 May 1846 Ross TP, GC, s James P & Susan Turnbull (OB)
Margaret Ann b 11 Nov 1834 GC, dau James & Susannah (Bull) Turnbull (OCH)
Mattie J. b 25 Dec 1860 Cedarville, GC (GDR)

TURNBULL (continued)
Melda May b 1867 GC, dau Samuel Kyle & Catherine (Funston) Turnbull (FFBG)
Nancy b Apr 1841 near Cedarville, GC, dau Thomas & Elizabeth (Kyle) Turnbull (BH)
Rachel b 31 Mar 1867 Cedarville TP, GC, dau Alexander & Sarah J. (Barber) Turnbull (BH-OB/McMillan)
Samuel Kyle b 8/19 Aug 1829 Cedarville TP, GC, s John & Margaret (Kyle) Turnbull (BH-DH-FFBG-PGC)
Samuel Kyle b 30 May 1867 Ross TP, GC, s Joseph & Mary Ann (Spencer) Turnbull (OB)
TURNER, Albert Clinton b ca 1861 GC (RB33)
Albert Lewis b 9 Sep 1861 near Mt Tabor, GC, s Allen & Martha (Hickman) Turner (OB)
Andrew b 11 Mar 1843 Silvercreek TP, GC, s William & Elizabeth (Cruzen) Turner (OB-TUR)
Angeline b 31 Oct 1850 PROB GC, dau Levi & Elizabeth (Tully) Turner (LGN5)
Anselem b 1840 GC, s William & Elizabeth (Cruzen) Turner (TUR)
Catherine Drucilla b ca 29 Jul 1821 GC (TUR)
Charles b 29 May 1866 GC (OB)
Cornelius b 6/9 Dec 1832/33 Silvercreek TP, GC, s William & Elizabeth (Cruzen) Turner (BH-TUR)
David b 20 Feb 1843 near Mt Tabor, Caesarscreek TP, GC, s Jonah & Mary (Beason) Turner (OB-PGC-TUR)
David B. b 2 Nov 1845 Miami TP, S. of Clifton, GC, s Adam & Mary (Spencer) Turner (OB)
David Elliot b 12 Mar 1860 New Jasper TP, GC, s Cornelius & Elizabeth (Spahr) Turner (BH-OB-SPA-TUR)

TURNER (continued)
Eli b 19 Mar 1845 PROB GC, s Levi & Elizabeth (Tully) Turner (LGN5)
Elijah b 17 Nov 1815 Caesarscreek TP, GC, s Joseph & Dinah (Small) Turner (GDR-TRC-TUR)
Eliza Jane b 7 Jan 1844 PROB GC, dau Levi & Elizabeth (Tully) Turner (LGN5 -SCOS)
Elizabeth b 20 Apr 1862 PROB GC, dau Levi & Elizabeth (Tully) Turner (LGN5)
Fanny b ca 1864 GC (OB/Mercer)
George b 17 Jan 1805 Caesarscreek TP, GC, s Joseph & Dinah (Small) Turner (FFTU-SCHD-TUR)
George H. b 26 Apr 1855 PROB GC, s Levi & Elizabeth (Tully) Turner (LGN5)
George M. b 4 Dec 1861 GC, s J. A. & M. J. Turner (CUC)
Hannah b ca 1830 Silvercreek TP, GC, dau William & Elizabeth (Cruzen) Turner (TUR)
Harmon b 1802 NWT (GC), s Walter & Lydia (Ballinger) Turner (CC02)
Hercules b 19 Mar 1835 Xenia, GC, s William & Elizabeth (Cruzen) Turner (TUR)
Hiram b 19 Jun 1830 Silvercreek TP, GC, s Henry & Elizabeth (Beason) Turner (DH-TUR)
Hugh b 12 Mar 1865 PROB GC, s Levi & Elizabeth (Tully) Turner (LGN5)
Hugh Blair b 13 Dec 1847 GC (UPC)
Huldah b 1863 Jamestown area, GC, dau William & Elizabeth (Shrack) Turner (OB-SCO)
Ida May b 20 May 1866 GC, dau Cornelius & Elizabeth (Spahr) Turner (SPA-TUR)
Isaac b ca 1847 GC, s Thomas & Elizabeth (Haughey) Turner (TUR)

TURNER (continued)
James b ca 1844 GC, s Thomas & Elizabeth (Haughey) Turner (TUR)
James b 2 Oct 1857 PROB GC, s Levi & Elizabeth (Tully) Turner (LGN5)
James Hercules b 10 Apr 1864 GC, s Cornelius & Elizabeth (Spahr) Turner (TUR)
James William b 22 Aug 1854 Xenia, GC, s John & Elizabeth (Raney) Turner (FFTU)
Jane b prior 1869 New Jasper TP, GC, dau Elijah & Frances (Bales) Turner (RH)
John b 7 Oct 1824 Cedarville, GC, s James Jr. & Jane (Bigham) Turner (FFTU)
John b 15 Dec 1866 PROB GC, s Levi & Elizabeth (Tully) Turner (LGN5)
John C. b 6 Nov 1836/37 GC, s William & Elizabeth (Cruzen) Turner (SCOS-TUR)
John M. b ca 1867 GC (OB)
John Snodgrass b 5 Nov 1850 Bellbrook, GC, s James & Nancy (Snodgrass) Turner (BH-OB-RH)
Jonah b 1807 Caesarscreek TP, GC, s Joseph & Dinah (Small) Turner (PGC-TUR)
Levi b 9 Apr 1817 GC (LGN5-SCA)
Levi 24 Dec 1859 PROB GC s Levi & Elizabeth (Tully) Turner (LGN5)
L. Raper b 1862 s/dau Elizabeth Dorcas (Sutton) Turner (SCN-SUT)
Lorena J. b 1856 GC, dau Hiram & Marg J. (Shrack) Turner (DH)
Louisa b 21 Feb 1858 Silvercreek TP, GC, dau Pascal & Elizabeth (Sutton) Turner (OB/Mullen)
Lysban b 31 Aug 1848 PROB GC, s Levi & Elizabeth (Tully) Turner (LGN5-SCM)
Madison b ca 1821 S. of Jamestown, GC (OB)

TURNER (continued)
Madison b 13 Dec 1823 Silvercreek TP, GC (GDR-SCB)
Margaret b ca 1825/28 GC, dau William Turner (TUR)
Margaret b ca 1847 GC, dau Thomas & Elizabeth (Haughey) Turner (TUR)
Mary b 4 Sen 1834 GC, dau Joseph & Phebe (Sheperd) Turner (LG76)
Mary b ca 1842 GC, dau Thomas & Eliz (Haughey) Turner (TUR)
Mary b 1847 Bellbrook, GC (GDR)
Mary Alice b 13 Mar 1856 near Jamestown, GC, dau William & Elizabeth (Shrack) Turner (OB-SCO)
Mary Elizabeth b 1835 Silvercreek TP, GC, dau Levi & Polly (Sanders) Turner (PGC)
Nettie Elizabeth b 19 Jul 1867 near Jamestown, GC, dau Henry & Laurana M. Turner (OB/Moorman)
Phebe Loretta b 5 Aug 1868 GC, dau Cornelius & Elizabeth (Spahr) Turner (TUR)
Priscilla b 7 Feb 1847 PROB GC, dau Levi & Elizabeth (Tully) Turner (LGN5-SCOS)
Robert b 1846 GC, s George & Fann Turner (LG96)
Rozella/Rosella/Rosetta Elizabeth b 17 Jan 1862 near New Jasper, GC, dau Cornelius & Elizabeth (Spahr) Turner (OB/Devoe-SPA-TUR)
Sarah b 10 Jan 1853 PROB GC, dau Levi & Elizabeth (Tully) Turner (LGN5)
Sarah E./Parthena b 19 Jun 1858/59 GC, dau Cornelious & Elizabeth (Spahr) Turner (SPA-TUR)
Walter b 23 Oct 1820 GC (TUR)
William b 3 Jul 1821 Silvercreek TP, GC, s Levi & Mary (Sanders) Turner (DH)
William b 2 Jul 1825 Silvercreek TP, GC (GDR)

TURNER (continued)
William b ca 1853 GC (RB55)
William Albert b 21 Aug 1856/57 near Jamestown, GC, s Cornelious & Elizabeth (Spahr) Turner (SPA-TUR)
ULLERY, Martin b 1842/46 Xenia, GC (GDR-OB)
UNDERWOOD, Cynthia Elizabeth b 25 Sep 1858 Xenia, GC dau James & Susan (Beason) Underwood (FFTO)
Dora b 4 Feb 1866 GC (OB)
VANAMAN, Calvin b 3 Sen 1837 Jefferson TP, GC, s Benjamin & Sophia (Hussey) Vanaman (DH-PGC)
VANIMAN, Elias b 1823 GC, s Benjamin & Sophia (Hussey) Vaniman (CCH82)
Elizabeth Jane/Jennie b 8 Feb 1850 near Bowersville, GC, dau Elias & Eva (Earley) Vaniman (CCH82)
VANNIMAN, Cora L. b 14 Apr 1867 near Bowersville, Jefferson TP, dau William H & Mary J (Chaney) Vanniman (OB/Linton-PGC-RB88)
Benjamin L. b 4 Nov 1846 PROB GC, s B & S Vanniman (HUC)
Elizabeth Carolyn b 1852/53 Bowersville, GC, dau Stephen & Rebecca Jane (Early) Vanniman (BH-DH-GRB-RB66)
Stephen b June 1825 GC (GRB-STC)
William H. b Feb 1840 Jefferson TP, GC, s Benjamin Vanniman (PGC-STC)
VANCE, Nancy b 1 Jan 1802 NWT (GC) (FFLS)
VAN EATON, Harry Bigger b 21 Oct 1867 Xenia TP, GC, s Joseph B & Martha Jewett (Files) Van Eaton (RH)
Ida b ca 1866 Xenia, GC (RB33)
John S. b 10 Aug 1858 SW of Xenia, GC, s James & Amanda (Files) Van Eaton (OB)
John b 31 Dec 1817 near Xenia, GC (UPC)

VAN EATON (continued)
Joseph B. b prior 1869 Xenia TP, GC, s John & Sarah (Bigger) Van Eaton (RH)
VARNER, Elizabeth b prior 1869 GC, dau John Varner (RH)
VAN ZANDT, Anna b ca 1862 Xenia, GC, dau John Van Zandt (OB/Peabody)
VAUGHN, Benjamin b 1826 GC, s William & Elizabeth (Hoblit) Vaughn (VAU)
Edward Perry b 5 Dec 1854 GC, s William Peleg & Hannah Rebecca (Carver) Vaughn (VAU)
Harrison b 1812 GC, s John & Phebe (Fallis) Vaughn (VAU)
Leonidas Hamlin b 3 Nov 1854 Bellbrook, GC, s Harrison & Elizabeth (Wilson) Vaughn (PMC-VAU)
William b 31 Mar 1838 near Ferry/Bellbrook, GC, s Benjamin Vaughn (FFVA)
VENARD, Charles b 4 Mar 1868 Bowersville, GC, s Jesse & Susann (Early) Venard (OB)
Emma b ca 1866/67 GC, dau Jesse & Suzanne Venard (OB/Stotlar-RB55)
VOLKENAND, Anna S. b 20 Feb 1856 Alpha, Beavercreek TP, GC, dau Herman & Elizabeth (Broat) Volkenand (BH-RH)
George Henry b 19 Dec 1860 Beavercreek TP, GC, s Herman & Martha (Brod) Volkenand (BH-OB)
Herman H. b ca 1865 GC (OB)
Margaret b prior 1869 Beavercreek TP, GC, dau Herman & Elizabeth (Brod) Volkenand (BH)
VORIS, Firman Ralph b ca 1854 Xenia, GC (RB22)
VOSE, Rhoda Elizabeth b 10 Jul 1857 Yellow Springs, GC (GOW)
WADE, Elizabeth b 1825 GC, dau John Scott & Elizabeth (Winter) Wade (WIN)

WADE (continued)
Ellen Joanna b 1833 GC, dau John Scott & Elizabeth (Winter) Wade (WIN)
John S. b 1813 GC, s John Scott & Elizabeth (Winter) Wade (WIN)
Joseph S. b 1821 GC, s John Scott & Elizabeth (Winter) Wade (WIN)
Mary J. b 1836 GC, dau John Scott & Elizabeth (Winter) Wade (WIN)
Robert E. b 1829/30 GC s John Scott & Elizabeth (Winter) Wade (WIN)
William J. b 1828 GC, s John Scott & Elizabeth (Winter) Wade (WIN)
WAITES, Clara J. b 8 Oct 1861 GC, dau C N & P Waites (CUC)
WAKELY, William H. b ca 1855 GC (RB22)
WALKER, Elisha b 1823 Yellow Springs, GC (WAL)
Frank W. b 21 Aug 1867 Paintersville, Caesarscreek TP, GC, s Mordecai & Deborah (Painter) Walker (BH-RB22)
Jemima b ca 1845 Cedarville, GC (RB55)
John Anderson b 5 Aug 1865 Xenia, GC (FFWK)
John Henry b ca 1857 GC (RB22)
Josephine b 20 Mar 1863 Paintersville, GC, dau William & Mary Louisa (Hackney) Walker (OB/West)
Robert P. b 8 May 1845 Ross TP, GC, s William H & Mary P (McFarland) Walker (CCB)
Thomas Barlow b 1 Feb 1840/42 Xenia, GC, s Platt B & Anstic Keziah (Barlow) Walker (FFWK-OA)
William H. b 9 Dec 1825 Ross TP, GC, s Zachariah Walker (CCB)
WALL, Lavina b 5 Dec 1842 Beavercreek TP, GC (PGC)

WALLACE, Samuel b 1836 GC, s P D & Lucia (Wright) Wallace (GDR)
WALTON, Alexander b 1825 GC (GDR)
Edward R. b 5 Jan 1832 Spring Valley TP, GC, s Samuel & Catherine (Mendenhall) Walton (GDR-PGC-RH)
Elizabeth b 1842 Spring Valley TP, GC, dau Moses & Mary (Cook) Walton (BH)
Moses b 27 Dec 1846 Spring Valley, GC, s Moses & Rachel (Ragan) Walton (BH-RB66-RH)
Moses A. b 22 Jul 1840 near Spring Valley, GC, s Samuel & Catherine (Mendenhall) Walton (ELM-PGC)
Moses Sr. b 27 Jun 1809 Spring Valley Station, GC, s Edward R & Deborah (Allen) Walton (DH-EA-GDR-PGC-RH)
Nettie Maria b ca 1863 Spring Valley TP, GC, dau Moses A & Louisa J (Elam) Walton (ELM-PGC)
Samuel b 25 Nov 1838 GC (GDR)
WARD, Hannah Rebecca b 27 Apr 1841 POSS GC (BH)
WARNER, Aaron R. b 15 Jul 1850 Fairfield, GC, s Henry & Harriett (Cosad) Warner (HAH)
Christina b 1846 Bath TP, GC, dau Henry & Harriett (Casad/Cosad) Warner (HAH-RH)
Elizabeth b prior 1869 Fairfield, GC, dau Henry & Harriett (Cosad) Warner (HAH)
George W. b 27 Feb 1843 S. of Fairfield, Bath TP, GC, s Henry & Harriett (Cosad) Warner (BH-HAH)
Harriett Anna b prior 1869 Fairfield, GC, dau Henry & Harriett (Cosad) Warner (HAH)
Henry b 2 Feb 1813 Bath TP, GC (FCR-RH)
Henry Grove/Grover b 1852 Fairfield, GC, s Henry & Harriett (Cosad) Warner (BCI-HAH)

WARNER (continued)
John W. b 18 Jun 1840 near Fairfield, GC, s Henry & Harriett (Cosad) Warner (HAH)
Mary Alice b prior 1869 Fairfield, GC, dau Henry & Harriett (Cosad) Warner (HAH)
Paul Petro b 10 Nov 1848 Fairfield, GC, s Henry & Harriett (Cosad/Casad) Warner (FCR-HAH-RH)
Sophia Catherine b ca 1844/54 Fairfield, Bath TP, GC, dau Henry & Harriett (Cosad) Warner (HAH-RB66-RB88)
WASHINGTON, Arche b 1811 Xenia, GC (GDR)
WATKINS, Alexander b 9 Jul 1857 Xenia, GC (OB)
James A. b ca 1867 Grape Grove, GC, s Samuel Correll & Sarah (McDorman) Watkins (OB)
Sarah Elizabeth b prior 1869 GC, dau Benjamin F & ? (Haverstick) Watkins (BH)
WATSON, Ellis b prior 1869 GC, s Lewis & Mary (Robinson) Watson (HOW)
James b 1857 Roxanna, GC (GDR)
James W. b 15 Apr 1839 GC (ELA-GDR)
Nicholas b 1851 GC, s Lewis & Mary (Robinson) Watson (HOW)
Oliver b ca 1868 Bellbrook, GC (BKI-OB)
Robert L. b ca 1856 S. of Xenia, GC, s George & Margaret (Richardson) Watson (OB)
Scott b prior 1869 GC, s Lewis & Mary (Robinson) Watson (HOW)
William b prior 1869 GC, s Lewis & Mary (Robinson) Watson (HOW)
WATT, Agnes Gordon b prior 1869 Xenia TP, GC, dau William C. & Sarah G. (Carruthers) Watt (BH-NAS-RH)

WATT (continued)
David B. b 21 Feb 1855 Xenia TP, GC, s William & Sarah G. (Carruthers) Watt (DH-RH)
George b 14 Mar 1820 near Cedarville, GC, s Hugh & Isabella/Isabelle (Mitchell) Watt (DH-GDR-HCO-PGC)
Robert C. b 1856 Xenia TP, GC, s William & Sarah Gordon (Carruthers) Watt (BH)
Samuel b ca 1855 Xenia, GC (OB)
WATTS, Evaline b 8 Mar 1813 GC, dau William & Sarah (Jeffries) Watts (FFOKC)
James b 22 Apr 1841 Byron, GC (GDR)
Nancy b 16 Nov 1811 Beavercreek TP, GC, dau William & Sarah (Jeffries) Watts (FFOKC)
Sarah J. b 19 Aug 1842 Bath TP, GC (GDR)
W. B. b 13 Jul 1844 Bath TP, GC (GDR)
William B. b 1817 Xenia TP, GC (GDR)
WAYMONTH, Matie J. b 1864 Cedarville, GC (GDR)
WEAD, James V. b prior 1869 E. of Xenia, GC (BH)
Joseph S. b 18 Jul 1867 New Jasper TP, GC, s Joseph & Martha (Daugherty) Wead (OB)
Martha A. b 7 Sep 1861 Xenia TP, GC, dau Jos & Martha Ann (Dougherty) Wead (FUD-RH)
Samuel M. b 2 Mar 1856 GC, s Joseph & Martha A Wead (DH)
WEAKLIN, Louis b ca 1861 Ross TP, GC (RB33)
WEAVER, Alpha Roscoe b 1 Sep 1868 Caesarscreek TP, GC, s Christian S & Mary (Powers) Weaver (RB33)
Andrew b 15 Apr 1839 GC, s John & Eve Weaver (BRC)
Charles L. b 22 Jul 1866 Caesarscreek TP, GC, s Christopher S. & Mary (Powers) Weaver (OB)

WEAVER (continued)
Christian S. b 29 Jan 1840 Caesarscreek TP, GC, s George & Hannah (Fout) Weaver (RB33-RH)
David Garlaugh b 5 Apr 1837 GC, s John Weaver (BRC)
Fannie O. b ca 1852 Xenia, GC (OB/Shain)
Isaac Franklin b 12 May 1852 GC (OB)
Susanna b 1 Sep 1835 GC, dau John Weaver (BRC)
Volcah E. b 2 Oct 1842 New Burlington, GC, s Samuel & Anna (Ellis) Weaver (BH)

WEBB, Henry b 5 Mar 1817 Sugarcreek TP, GC (GDR)
Louis Elmer b 6 Feb 1867 near Bellbrook, GC, s John & Mary Webb (OB)
Thomas B. b 1816 Silvercreek TP, GC, s Samuel & Mary (Bull) Webb (BH)

WEBSTER, Coleman b 1 Mar 1841 Cedarville, GC (GDR)

WEIR, Elizabeth b prior 1869 Xenia TP, GC (BH)

WELCH, Amanda b 22 May 1848 near Yellow Springs, GC, dau James Welch (PGC)
Barbara Agnes b 29 Nov 1857 Yellow Springs, Miami TP, GC, dau Jasper L & Barbara A (Flatter) Welch (BH-RB22)
Catherine b ca 1866 Byron, GC (OB/McCabe)
Harriet b 6 Jul 1867 Miami TP, GC, dau Jasper & Barbara A (Flatter) Welch (BH)
Jasper L. b 21 Jul 1833 New Jasper TP, GC, (BH)
Sarah b ca 1868 Xenia, GC (OB)

WELLER, Allen Emery b 8 Feb 1864 Sugarcreek TP near Bellbrook, GC, s Perry & Sarah (Wilson) Weller (BH-RB44)
Ida b 29 Mar 1865 Bellbrook, GC, dau John Beatty & Amanda (Dickensheets) Weller (OB)
Perry b 28 Jan 1838 Sugarcreek TP, GC (OB)

WELLS, Charles b ca 1852 GC, POSS Trebein area, s William & Lucille (Gano) Wells (OB)

WEST, Caleb Jr. b 5 Sep 1836 near Xenia, GC, s Caleb & Elizabeth (Elam) West (ELM)
Edwin Ruthven b 24 Feb 1827 in or near Xenia, GC, s Caleb & Eliz (Elam) West (ECI-ELM)
Hiram b 1820 in or near Xenia, GC, s Caleb & Elizabeth (Elam) West (ELM)
Josiah b prior 1869 in or near Xenia, GC, s Caleb & Elizabeth (Elam) West (ELM)
Louisa Jane b 20 Sep 1824 in or near Xenia, GC, dau Caleb & Elizabeth (Elam) West (ELM)
Sarah Ann b 24 Feb 1829 in or near Xenia, GC, dau Caleb & Elizabeth (Elam) West (ELM)
William A. b 3 Apr 1817 GC, s William West Sr. (MCH)

WESTENHAVER, Lydia E. b ca 1863 Jamestown, GC (OB/Myers)

WESTFALL, Hannah b 15 Jun 1819 Beavercreek TP, GC, dau John & Mary (Shinepp) Westfall (DH-FFHW-HRHC-PGC)

WHALEN, Michael b ca 1856 Clifton, GC (RB33)

WHARTON, Rebecca Ann b ca 1838 GC (RB55)
Thomas C. b 14 Apr 1851/52 near Clifton, GC (OB-RB55)

WHITE, Alice Virginia b 9 Sep 1862 Xenia, GC, dau James Lewis & Evaline White (GDR)
Anna Bigger b 8 Oct 1833 GC, dau Stephan & Martha (Gibson) White (GIB)
Elizabeth Mary b 3 Feb 1825 Sugarcreek TP, GC (FFSV-GDR/Stewart-OB/Stewart)
Fountain b 1849 Xenia, GC (GDR)
George C. b 15 Mar 1852 Bowersville, GC (OB)
George H. b Feb 1845 Cedarville, GC (GDR)

WHITE (continued)
John b 19 Sep 1835 GC, s Stephan & Martha (Gibson) White (GIB)
Joseph b 23 Sep 1831 GC, s Stephan & Martha (Gibson) White (GIB)
Mary Ann b 7 Jun 1856 Cedarville, GC, foster dau Jonathan & Ellen (Wade) Smith (MCCL)
Milton b ca 1863 Cedarville, GC (OB)
Nathan H. b 31 Dec 1857 near New Burlington, GC, s John & Martha Jane (Reeves) White (DH-OB)
Thomas Gibson b 12 Nov 1829 GC, s Stephan & Martha (Gibson) White (GIB)
WHITEMAN, Aletha Jane b ca 1856 Oldtown, GC (RB33)
Carrie b 1844 GC, dau Levi & Aletha (Whiteman) Whiteman (RAY)
Emily Jane b 25 Mar 1840 GC, dau Levi & Aletha (Whiteman) Whiteman (RAY)
Jane b 27 Sep 1848 PROB GC, dau George C & Mary (Spahr) Whiteman (SPA)
Lewis H. b 15 Feb 1842 Xenia TP, GC, s Joab & Mary (Thomas) Whiteman (GCB-RH)
Sarah Elizabeth b 1835 PROB GC, dau George C & Mary (Spahr) Whiteman (SPA)
WHITSON, Hannah M. b 27 Jan 1858 near New Burlington, GC, dau Noah & Sarah (Mann) Whitson (OB)
Oliver b 29 Feb 1848 Spring Valley TP, GC, s Solomon & Hannah (Compton) Whitson (RH)
WHITTINGTON, Albert Walker b ca 1849 GC (RB11)
Charles R. b 21 Mar 1862 Xenia, GC (GDR)
Ella b ca 1856 GC (RB88)
Emma b 3 Dec 1858 GC, dau Thomas & Julia Ann Whittington (OB/Zell)

WHITTINGTON (continued)
Emma F. b 29 Nov 1866 New Jasper TP, GC (GDR)
John b 1800 (NWT) Cedarville TP, GC (GDR)
John Russell b ca 1848 GC (RB55)
Mary Catherine b 24 Apr 1852 Jamestown, GC, dau Thomas & Julia (Freeze) Whittington (OB/Teach-RB55)
Mattie b 1 Dec 1854 Jamestown, GC, dau F B & Julia Whittington (GDR)
WICAL, Ann/Anna b 14 Mar 1822/25 Bowersville, GC, dau Geo & H. (Ogan) Wical (WEK)
Elizabeth b 9 Dec 1829 Bowersville, GC, dau George & Hester (Ogan) Wical (WEK)
Emily b 1842 Bowersville, GC, dau George & Hester (Ogan) Wical (WEK)
George b prior 1869 GC (CCH)
Isabell b 1826 Bowersville, GC, dau George & Hester (Ogan) Wical (WEK)
Jane b 20 Dec 1821 Bowersville, GC, dau George & Hester (Ogan) Wical (WEK)
John b 13/16 Feb 1828 GC, s George & Hester (Ogan) Wical (SCHD-WEK)
Jonah b Mar 1833 Bowersville, GC, s George & Hester (Ogan) Wical (CCH-WEK)
Marshall/Michael b 1830 Bowersville, GC, s George & Hester (Ogan) Wical (WEK)
WIFORD, George E. b 23 Jan 1824 GC, s Jacob & Catharine Wiford (SCHD)
WIKE, Donald b 1868 Xenia, GC (GDR)
Lincoln Hannibal b ca 1861/62 GC (RB22)
Walter E. b ca 1857 Xenia, GC (OB)
WILDMAN, Marion b Nov 1838 Cedarville TP, GC, s Edward & Hannah (Thorne) Wildman (BH)

WILDMAN (continued)
William b 19 Jun 1833 Cedarville TP, GC, s Edward & Hannah (Thorne) Wildman (CCO2-CCB-HCC)

WILKINSON, Charles Benson b ca 1854 GC (RB55)

WILLIAMS, Catharine b 29 Dec 1812 Xenia, GC, POSS dau John & Elizabeth (Owens) Williams (DH-WMF)

David B. b 1849 GC (GDR)

Elizabeth P. b 1820 PROB GC, dau John & Elizabeth (Owens) Williams (WMF)

Harry H. b 14 Mar 1835 Xenia, GC (MR)

James b 25 Apr 1807 W. of or in Yellow Springs, GC, s John & Charlotte (Chalmers) Williams (GDR-PGC)

John Insco b 3 May 1813 Oldtown, GC (FFWI-GCB-PPI)

Margaret b 29 Aug 1815 Xenia, GC, dau John & Elizabeth (Owen) Williams (PGC)

Mary b 1805 Xenia, GC, dau John & Remembrance or Elizabeth (Owens) Williams (BH-LG52)

Mary Agnes b 23 Jun 1866 New Jasper TP, GC, dau James & Margaret (Junkins) Williams (GDR)

Mattie b 29 Jan 1858 New Jasper TP, GC, dau James & Margaret (Jenkins) Williams (OB)

Sarah b 1860 New Jasper TP, GC (GDR)

Sarah Bell b prior 1869 Xenia, GC, dau John Silas & Mary Emma (Martin) Williams (OB)

Susan W. b 1862 Jamestown, GC (GDR)

WILLIAMSON, Alpheus b 11 Jun 1867 near Xenia, GC, s Joseph & Judith Williamson (OB)

Andrew Collins b 12 Nov 1847 PROB GC, s Andrew Duncan & Isabella (Collins) Williamson (WIL)

WILLIAMSON (continued)
Anna Catherine b 23 Dec 1852 GC, dau Jonathan Duncan & Martha Chestnut (McMillan) Williamson (WIL)

Catharine/Catherine b 26 Jul 1843 near Jamestown, GC, dau John S & Jane (Kyle) Williamson (BH-JAC-WIL)

Catherine Eleanor b 19 Apr 1849 GC, dau David & Margaret Jane (Marshall) Williamson (WIL)

Catherine Emma b 30 Dec 1845 near Xenia, GC, dau William & Jane (McCroskey) Williamson (WIL)

Charles E. b 7 Dec 1865 Sugarcreek TP, GC, s Joseph C. & Mary Eleanor (Cramer) Williamson (RH)

David Ross b 11 Dec 1847 GC, s William & Jane (McCroskey) Williamson (WIL)

David Smith b 29 Dec 1851 near Jamestown, GC, s John S & Jane (Kyle) Williamson (BH-JAC-OB-WIL)

David Walker b 26 Aug 1839 Xenia TP, GC, s Andrew Duncan & Isabel (Collins) Williamson (BH-WIL)

Edward b 13 Sep 1858 Osborn, GC (GDR)

Flora Jane b 2 Jan 1857 GC, dau John Smith & Ellen B (Bryson) Williamson (BH-WIL)

George Martin b 17 May 1868 GC (OB)

Henrietta Ritchey b 9 Aug 1844 near Xenia, GC, dau Andrew Duncan & Isabella (Collins) Williamson (WIL)

Ida May b 29 Apr 1859 Bowersville, GC, dau Joseph & Harriet (Brown) Williamson (OB/Streit)

J. C. b 1828 GC (GDR)

John Clarence b 3 Apr 1857 E. of Xenia, GC, s Jonathan Duncan & Martha Ann (McMillan) Williamson (BH-OB-WIL)

WILLIAMSON (continued)
Joseph C. b 22 Aug 1827 Sugarcreek TP, GC, s Eleazer & Susannah (McNutt) Williamson (RH)
J. S. b 1817 Cedarville TP, GC (GDR)
Leaman/Leamon Wilson b 30 Jun 1856 Xenia, GC, s Andrew & Isabell (Collins) Williamson (LG15-MAPC-WIL)
Leila/Lelia Ada b 22 Sep 1866 GC, dau Jonathan Duncan & M. Ann Chestnut (McMillan) Williamson (OB/ Dean-WIL)
Margaretta Josephine b 21 Feb 1851 GC, dau David & Margaret Jane (Marshall) Williamson (WIL)
Martha Jeanette b 6 Dec 1859 E. of Xenia, GC, dau Jonathan Duncan & Martha Ann Chestnut (McMillan) Williamson (BH-OB-WIL)
Mary Joella b 30 Mar 1864 GC, dau Jonathan Duncan & Martha Chestnut (McMillan) Williamson (WIL)
Robert Duncan b 13 Feb 1862 E. of Xenia, GC, s Jonathan Duncan & Martha Ann Chestnut (McMillan) Williamson (BH-OB-WIL)
Rolla D. b ca 1858 near Xenia, GC, s A D Williamson (OB)
Samuel Kyle b 26 Oct 1846 near Jamestown, GC, s John Smith & Jane (Kyle) Williamson (BH-DH-JAC-WIL)
Susannah Cordelia b 28 Jun/1 Aug 1853 Xenia TP, GC, dau David & Margaret Jane (Marshall) Williamson (GDR-WIL)
William Collins b 2 Feb 1842 near Xenia, GC, s Andrew Duncan & Isabella (Collins) Williamson (OB-UPC-WIL)
William C. b 20 Jan 1857 Sugarcreek TP, GC, s Joseph & Mary Eleanor (Cramer) Williamson (RH)

WILLIS, Louise Anna b ca 1868 Yellow Springs, GC (RB88)
WILLOUGHBY, Anna Lillian b 2 Jul 1853 Bellbrook, GC, dau Samuel & Catherine (Hopkins) Willoughby (FUD)
WILSON, Anna Luella b 25 May 1860 Clifton, GC, dau William & Jane (King) Wilson (GOW-KIN-OB/Jackson)
Byron Leroy b 7 Aug 1857 Jamestown, Silvercreek TP, GC, s Jacob & Mary (Kilgore) Wilson (OB-RB33)
Elizabeth b 27 Nov 1810 Fairfield, GC, dau Wm & Cath (Heffley) Wilson (FFTI-TIN)
Esther Ann b 29 Nov 1823 Xenia, GC, dau John & Sarah (Buckles) Wilson (BBS-CRA)
Fred Mortimer b 27 May 1854 GC, s George & Susan (Harrison) Wilson (CC02)
J. Wallace b ca 1848 Xenia, GC (OB)
James b 15 Mar 1842 Ross TP, GC (GDR)
James b 21 Nov 1855 Yellow Springs, GC, s Daniel & Eliz (Pottes-?) Wilson (GDR)
James C. b 31 May 1840 Xenia, GC (UPC)
James M. b 10 Jan 1849 Bath TP, GC, s William H & Sarah (Mitman) Wilson (PGC)
Jasper N. b 28 May 1850 Bath TP, GC, s William & Elizabeth E (Watts) Wilson (RH)
John P. b ca 1854 near Jamestown, GC (OB)
Joseph F. b ca 1845 GC (RB33)
Josiah b ca 1813 GC, s Michael & Temperance (Judy) Wilson (JUD)
Laura b 30 May 1859 SW of Jamestown, GC, dau Jacob & Mary Wilson (OB/Roden)
Lucinda b 1868 GC (GDR)
Lydia Jane b 12 Feb 1866 GC, dau William & Jane (King) Wilson (KIN)

WILSON (continued)
Margaret Eliza b 26 Sep 1863 near Clifton, GC, dau William & Jane (King) Wilson (KIN-OB/Galloway-RB66)
Margaret J. b 22 Sep 1827 GC (SCHD)
Mary Catherine b 11 Sep 1868 Jamestown, GC, dau John & Elizabeth Jane Wilson (OB/Thorpe)
Mary Louella b 22 Jun 1863 GC (OB/Crawford)
Mary V. b 8 May 1816-? GC (B&J)
Mathew b 12 May 1810 Xenia, GC (GDR)
Michael b 1814 GC, s Michael Wilson (PGC)
Nettie b prior 1869 Bath TP, GC, dau William Jr. & Elizabeth (Watts) Wilson (PGC)
Otta A. b ca 1866 Fairfield, GC (OB)
Otto A. b 7 Aug 1867 Fairfield, GC, s William W & Sarah (Greiner) Wilson (RH)
Ruth b ca 1860 GC (RB22-RB66)
Samuel b ca 1853 GC (RB33-RB44)
Samuel b ca 1858 near New Burlington, GC (OB)
Samuel S. b 5 Feb 1853 Xenia, GC, s Samuel & Mary (Cunningham) Wilson (DH-RH)
Sanford b 11 Mar 1834 Cedarville, GC (GDR)
Solomon b 1 Jan 1863 Cedarville TP, GC, s Solomon & Sarah (Baker) Wilson (OB)
Stacy H. b 30 Dec 1867 near Bowersville, GC, s Joseph & Catherine (Mason) Wilson (OB)
Stephen b 5 Dec 1848 near Eleazer, GC (OB)
Sylvester b 20 May 1842 GC, POSS s James & Nancy (Russell) Wilson (FFWL)
Washington b 18 Oct 1811 GC, s Michael & Temperance (Judy) Wilson (CCO-JUD)

WILSON (continued)
William Jr. b 14 Oct 1812 Bath TP, GC, s William & Catharine/Catherine (Heffley) Wilson (DH-GDR-PGC-RH)
William A. b 22 Mar 1854 Xenia, GC (GDR)
William H. b 24 Oct 1823 Bath TP, GC, s Isaac & Mary A. (Coffield) Wilson (PGC)
William H. b ca 1833 POSS GC, s S Wilson (OB)
William James b 6 May 1862 GC, s William & Jane (King) Wilson (KIN-SCO)
W. N. b 6 May 1833 Xenia, GC, s Samuel Wilson (GDR)
WILT, Samuel b 6 Nov 1828 Ross TP, GC (GDR)
WINANS, Alven A. b 10 Feb 1863 Xenia, GC, s James J & Caroline E (Morris) Winans (GDR-PGC)
Henry Clay b 1829 GC, s Matthias & Mary Winans (LG96)
James b Oct 1857 Xenia, GC (GDR)
M. Susanna b 29 Nov 1859 Xenia, GC, dau James & Caroline E (Morris) Winans (GDR)
WINGATE/WINGET, Milton b 10 Aug 1826 GC, s William & Nancy Wingate/Winget (FFWG)
WINGER, Abraham b 17 Oct 1838 Bath TP, GC, s Peter Henry & Anna (Barr) Winger (WEN)
Catherine Ann b 30 Jan 1842 Bath TP, GC, dau Peter Henry & Anna (Barr) Winger (WEN)
Eliza b 13 Apr 1846 Bath TP, GC, dau Peter Henry & Anna (Barr) Winger (WEN)
John Henry b 27 Feb 1844 Bath TP, GC, s Peter Henry & Anna (Barr) Winger (WEN)
Mary Ann b 11 Feb 1840 Bath TP, GC, dau Peter Henry & Anna (Barr) Winger (WEN)
WINTER, Abigail Joanne b 1831 GC, dau Joseph C & Margaret (Bull) Winter (WIN)

WINTER (continued)
Agnes C. b 1831 GC, dau William & Elizabeth (Cochran) Winter (WIN)
Algernon C. b 31 Jan 1850 PROB GC, s Chapel Lynn & Martha H. (Wright) Winter (WIN)
Anna May b 2 Jun 1866 Xenia, GC, dau Samuel Wilson & Mary Elizabeth (Simpson) Winter (WIN)
Bert J. b 12 Sep 1857 near Clifton, GC, s William C & Sarah Jane (DeHaven) Winter (OBWIN)
Chapel Lynn b 30 Mar 1822 GC, s Adam & Eliza (Mitchell) Winter (WIN)
Charles A. b 1860 PROB GC, s John/James Mitchell & Mary Ann (Gibney) Winter (WIN)
Charles Harvey b 25 Dec 1834 GC, s John & Nancy (Small) Winter/Winters (DH-WIN)
David Mitchell b 1843 PROB GC, s John & Nancy (Small) Winter (WIN)
Elizabeth b 1835 GC, dau William & Elizabeth (Cochran) Winter (WIN)
Emma Etta b 24 Oct 1859 Xenia, GC, dau Samuel Wilson & Mary Elizabeth (Simpson) Winter (SLGC-WIN)
Frank E. b 1868 POSS GC, s Charles Harvey & Pauline G (Brewer) Winter (WIN)
George b 7 Nov 1866 GC, s James B & Caroline Louisa (Anderson) Winter (DP-FFWT)
George W. b 1841 GC, s Joseph C. & Margaret (Bull) Winter (WIN)
Isaac Newton b 1831 GC, s Adam & Eliza (Mitchell) Winter (WIN)
James b 1820 GC, s William & Eliz (Cochran) Winter (WIN)
James b 30 Sep 1822 POSS GC, s John & Nancy (Small) Winter (WIN)

WINTER (continued)
James C. b 1857 PROB GC, s John/James Mitchell & Mary Ann (Gibney) Winter (WIN)
James H. b 1837 GC, s Joseph C & Marg (Bull) Winter (WIN)
James Henderson b 14 May 1837 GC, s John & Nancy (Small) Winter (WIN)
James Mitchell b 1823 GC, s Adam & Eliza. (Mitchell) Winter (WIN)
John b 1839 GC, s Joseph C & Margaret (Bull) Winter (WIN)
John A. b 1858 GC, s William C & Sarah Jane (DeHaven) Winter (WIN)
John Agnew b 1855 PROB GC, s Chapel Lynn & Martha H (Wright) Winter (WIN)
John Ambrose b 1837 GC, s Adam & Eliza (Mitchell) Winter (WIN)
John Culbertson b prior 1869 POSS GC, s John & Nancy (Small) Winter (WIN)
John H. G. b 1853 PROB GC, s John/James Mitchell & Mary Ann (Gibney) Winter (WIN)
Joseph b 28 Jan 1823 POSS GC, s John & Nancy (Small) Winter (WIN)
Joseph Carson b 1827 GC, s Adam & Eliza (Mitchell) Winter (WIN)
Joseph Luther b 1839 GC, s William & Elizabeth (Cochran) Winter (WIN)
Laura E. b 1852 GC, dau William C. & Sarah Jane (DeHaven) Winter (WIN)
Lillie L. b 1866 POSS GC, dau Charles Harvey & Pauline G. (Brewer) Winter (WIN)
Margaret Ann b 1827 GC, dau William & Elizabeth (Cochran) Winter (WIN)
Margaret L. b 1829 POSS GC, dau John & Nancy (Small) Winter (WIN)
Martha b 1825 GC, dau William & Eliz (Cochran) Winter (WIN)

WINTER (continued)
Martha b 16 Jan 1825 GC, PROB Xenia, dau Adam & Eliza (Mitchell) Winter (FFWT-WIN)
Mary b 16 Jan 1825 GC, PROB Xenia, dau Adam & Eliza (Mitchell) Winter (FFWT-WIN)
Mary A. b 1831 POSS GC, dau John & Nancy (Small) Winter (WIN)
Mary Christina b 16 Jun 1851 PROB GC, dau Chapel Lynn & Martha H (Wright) Winter (WIN)
Mary Jane b prior 1869 GC, dau William & Elizabeth (Cochran) Winter (WIN)
Matthew Henly b 1832 GC, s William & Elizabeth (Cochran) Winter (WIN)
Nannie A. b 17 Apr 1848 PROB GC, dau Chapel Lynn & Martha H (Wright) Winter (WIN)
Nathaniel C. b 1859 PROB GC, s John/James Mitchell & Mary Ann (Gibney) Winter (WIN)
Samuel Wilson b 27 Feb 1832 Xenia, GC, s Adam & Eliza (Mitchell) Winter (SLGC-WIN)
Samuel W. b 1863 PROB GC, s John/James Mitchell & Mary Ann (Gibney) Winter (WIN)
Thomas Wade b 27 Jul 1828 N. of Xenia, GC, s William & Elizabeth (Cochran) Winter (UPC-WIN)
William A. b 1855 PROB GC, s John/James Mitchell & Mary Ann (Gibney) Winter (WIN)
William C. b 1824 POSS GC, s John & Nancy (Small) Winter (WIN)
William Chapel b 23 Mar 1853 PROB GC, s Chapel Lynn & Martha H. (Wright) Winter (WIN)
William Cochran b Aug 1822 GC, s William & Elizabeth (Cochran) Winter (CCI-WIN)

WINTER (continued)
Wylie b 1846 PROB GC, s Chapel Lynn & Martha H (Wright) Winter (WIN)
WINTERS, Emma E. b 24 Oct 1859 Xenia, GC, dau Samuel & Mary (Simpson) Winters (OB/Wheeler)
WINTERS/WINTER, James B. b 21 Aug 1836 Xenia, GC (DP-FFWT)
WINTERS, Jonathan H. b ca 1835 POSS GC, s Valentine Winters (OB)
Sarah Eleanor b 22 Dec 1844 Jamestown, GC, dau William & Mary Jane (Haynes) Winters (FFWT)
WITHOFF, Rosa b 5 May 1866 Osborn, GC (GDR)
Edgar b 1863 Osborn, GC (GDR)
WOLF, Benjamin b 1 Apr 1800 NWT (Bath TP, GC) s George & Mary Catharine Wolf (DH-DUR-LG52)
Benjamin b 15 Dec 1842 Bath TP, GC, s John W & Rebecca (Swadener) Wolf (BH-SCH)
Cassie b 1867 Xenia TP, GC, dau William & Mary (McGackey) Wolf (GDR)
Catherine Adeline b ca 1866 GC (RB11-RB33)
Charles K. b 3 Feb 1865 Xenia TP, GC, s Frank & Margaret (Sorg) Wolf (BH-OB)
Daniel H. b 1832 Bath TP, GC (GDR)
David W. b 6 Nov 1803/04 Bath TP, GC, s George & Mary Catharine Wolf (DUR-RH)
Emma Gertrude b ca 1860 GC (OB/Warner)
George H. b 4 Apr 1831 GC (GDR)
George H. b 10 Oct 1832 Beavercreek TP, GC, s David W & Catherine (Harner) Wolf (RH)
George Washington b 7 Nov 1828 GC, s John & Mary Wolf (BRC)

WOLF (continued)
J. b 23 May 1831 Byron, GC (GDR)
Jacob L. b 14 Nov 1833 Byron, Bath TP, GC, s Jacob & Elizabeth (Kershner) Wolf (BH)
James C. b ca 1867 GC (OB)
Joseph McClellan b 2 Jan 1864 Beavercreek TP, GC (GDR)
Julia b 1854 Xenia, GC, dau William & Mary (McGackey-?) Wolf (GDR)
Katy b 4 Feb 1864 Beavercreek TP, GC (GDR)
Lillie B. b Oct 1857 near Byron, Bath TP, GC, dau Joshua Wolf (BH-OB/Stevenson)
Malinda b ca 1868 GC (OB/Wolcott)
Melinda b ca 1863 GC (RB88)
Simon H. b 15 Apr 1841 Bath TP, GC, s Simon & Christina (Kershner) Wolf (PGC)
Susannah b 21 Sep 1826 GC, dau John & Mary Wolf (BRC)
William G. b 14 Sep 1864 Bath TP, GC (GDR)
William R. b ca 1856 GC (OB)
WOLFE, Charles E. b 4 Nov 1861 GC, s George H & Hannah (Frye) Wolfe (OB)
Isaac Washington b ca 1854 Xenia, GC (RB88)
Simon Henry b ca 1861/62 Bath TP, GC (RB11-RB55)
Windfield Scott b ca 1852 GC (RB55)
WOLFF, Abraham b 18 Nov 1817 GC, s Jacob & Elizabeth (Kershner) Wolff (KER-WOL)
Christenia b 9 Sep 1821 PROB GC, dau Jacob & Elizabeth (Kershner) Wolff (KER-WOL)
Daniel Kershner b 12 Dec 1823 GC, s Jacob & Elizabeth (Kershner) Wolff (KER-WOL)
Jacob Idenire/Idneire b 14 Mar/Nov 1833 PROB GC, s Jacob & Elizabeth (Kershner) Wolff (KER-WOL)

WOLFF (continued)
John Lewis b 10 Jan 1829 PROB GC, s Jacob & Elizabeth (Kershner) Wolff (KER-WOL)
Joshua b 23 Aug 1826 PROB GC, s Jacob & Elizabeth (Kershner) Wolff (KER-WOL)
Sarah b 9 Oct/Nov 1819 GC, dau Jacob & Elizabeth (Kershner) Wolff (KER-WOL)
WOMBLE, Etta b ca 1857 Xenia, GC (OB)
Mahlon b 18 Dec 1823 Xenia, GC (GDR)
WOOD, Caroline E. b 27 Feb 1857 GC (GDR)
Isabel b 1824 GC, dau Solomon & Phebe (Lucas) Wood (LUC)
Nancy b 23 Aug 1853 GC, near New Burlington, GC, dau John M & Isabelle (Copeland) Wood (OB/Hawkins)
Sarah b 1826 GC, dau Solomon & Phebe (Lucas) Wood (LUC)
WOODALL, John F. b 2 Jul 1868 Xenia, GC, s John R & Ellen (O'Neill) Woodall (LRAC-SBC)
WOODBURY, Lottie M. b 1852 Yellow Springs, GC, dau Armory W Woodbury (OB/Trump)
WOODWARD, Sophia b 7 Apr 1815 Fairfield, GC (OB/Edge)
WOOLMAN, Keziah b 17 Jul 1817 GC (RH)
WORDEN, Angeline Semantha b 13 Nov 1836 Xenia, GC, dau Isaac & Rebecca Ann (McCracken) Worden (MCCR)
John McCracken b 13 Nov 1834 Xenia, GC, s Isaac & Rebecca Ann (McCracken) Worden (MCCR)
Mary Ann Eliza b 29 Jul 1839 Xenia, GC, dau Isaac & Rebecca Ann (McCracken) Worden (MCCR)
William b 23 Dec 1855 Xenia, GC, s Isaac & Nancy Jane (Wallace) Worden (MCCR)

WRIGHT, Carlton P. b 1836 Xenia, GC (GDR)
Charles Henry b 22 Mar 1861 Sugarcreek TP, GC (GDR)
Clara B. b 1863 Fairfield, GC (GDR)
Cynthia Ann b 30 Jul 1849 GC, dau Aaron & Sarah (Buckles) Wright (WRI)
Etta b 26 Apr 1855 Xenia, GC, dau John & Rebecca (Van Eaton) Wright (OB/Eavey)
James Edward b 13/14 Feb 1846 Xenia, GC, s William & Ursula Wright (DH-GDR)
James M. b 20 Sep 1846 Sugarcreek TP, GC (GDR)
Joel Franklin b 11 Jun 1856 Caesarscreek TP, GC, s Thomas B & Anna (Peterson) Wright (GDR)
John B. M. b 12 Aug 1817 S. of Xenia, GC, POSS s Merrit Wright (ELAM-GDR-RH)
John Newton b 6 Jan 1848 Cedarville, GC, s Nathaniel B & Mary (Winter) Wright (FFWT-WIN)
Joseph William b 8 Feb 1867 GC, s Aaron & Sarah (Buckles) Wright (WRI)
Julia Louisa b ca 1839 Miami TP, GC (RB77)
Julie b 19 Sep 1862/63/64 GC, dau Aaron & Sarah (Buckles) Wright (WRI)
Laura Belle b 29 Mar/May 1854 GC, dau Aaron & Sarah (Buckles) or Charles W & Elizabeth (Vanniman/Venyard) Wright (GDR-PGC-WRI)
Lydia Ann b ca 1838 PROB GC, dau Aaron & Sarah (Buckles) Wright (WRI)
Mary b 2 Aug 1857 Xenia, GC, dau Frank & Rebecca (Van Eaton) Wright (OB/Townsley)
Mary Agnes b 1838 Xenia TP, near Oldtown, GC, dau John B & Sidney (Simpson) Wright (RH-SIM)

WRIGHT (continued)
Mary Amanda b 24 May 1841 Xenia, GC (HAM)
Mary Eleanor b 27 Sep 1851 PROB GC, dau Aaron & Sarah (Buckles) Wright (WRI)
Mary Elizabeth b ca 1863 GC, dau Aaron & Sarah (Buckles) Wright (WRI)
Nancy Jane b 27 Mar 1865 Zoar area, GC, dau Thomas B & Ann (Peterson) Wright (OB)
Netta b ca 1853 Xenia, GC, dau George W & Sarah Wright (OB)
P. A. b 1851 Xenia, GC (GRB)
Poague/Pogue Albert b 13 Feb 1851 Byron, GC, (OB-RB22)
Samuel M. b 1843 POSS GC, s John B & Sidney (Simpson) Wright (SIM)
Sarah Ann b ca 1863 POSS GC, Zoar area, dau Thomas & Anna (Peterson) Wright (OB)
Sarah B. b ca 1849 GC (OB)
Sarah Elizabeth b 8 Nov 1853 GC, dau Aaron & Sarah (Buckles) Wright (WRI)
Sarah Emaline b 28 Aug 1849/59 Sugarcreek TP, GC, dau Charles W & Elizabeth (Venard) Wright (LG63-RH-SAC-WRI)
Sarah Etta b prior 1869 GC, dau John & Rebecca (Vaneton) Wright (BH)
Thomas b 14 Dec 1816 Caesarscreek TP, GC (GDR)
Thomas Jefferson b ca 1867 New Burlington/Xenia, GC, (RB33-RB55)
William C. b 8 Sep 1841 Jamestown, GC, s Nathaniel B & Mary (Winter) Wright (MR-WIN)
William J. b 1837 Xenia, GC, s John B & Sidney (Simpson) Wright (SIM)

WYMAN, Mary Jane b 9 Jun 1825 Xenia TP, GC, dau George & Hannah (Peterson) Wyman (GDR/Fudge)

YAHN, Mary A. b 27 Apr 1856 Bath TP, GC (GDR)
YOUNG, Albert b ca 1867 Osborn, GC (OB)
Clark b ca 1856 near Xenia, GC (OB)
Denton b ca 1864 GC (RB22)
Frank B. b ca 1866 Xenia, GC (OB)
Julia Ann b ca 1838 GC (RB33)
Ransom b 19 Feb 1844 Fairfield, GC (BH-GDR)
YOWLES, Phillip b 1840 Bath TP, GC (GDR)
ZARTMAN, Albert b 7 Oct 1866 Jamestown, GC, s S H Zartman (GDR)
Samuel H. b 15 Jun 1837 Silvercreek TP, GC (GDR)
ZEINER, Frank b 15 Feb 1855 Cedarville, GC, s John G & Mary (Barr) Zeiner (BH)
ZIMMERMAN, Caroline b 15 Apr 1842 Beavercreek TP, GC, dau Jacob Zimmerman (GDR)

ZIMMERMAN (continued)
Catherine b 23 Feb 1831 Beavercreek TP, GC, dau Jacob & Mary (Shoup) Zimmerman (PGC)
Cornelius b 9 Oct 1844 Beavercreek TP, GC, s Jacob & Mary (Shoup) Zimmerman (BH)
Frank J. b ca 1868 GC (OB)
Frederick b ca 1868 Xenia, GC (RB77)
Jacob b 1806 Beavercreek TP, GC, s G Zimmerman (BH-PGC)
Martha J. b prior 1869 Beavercreek TP, GC, dau Jacob & Mary (Shoup) Zimmerman (BH)
Mary b 4 Mar 1813 GC, dau George & Nancy (Durnbaugh) Zimmerman (FFBL)
ZINER, James O. b 31 Oct 1862 Jamestown, GC, s J L & Mary (Bower) Ziner (GDR)

CROSS-INDEX

ADAMS, C 85 Cornelia 54 Cynthia 152 Harriett 9 Laner 116
ADIST, Amy 129
ADSIT, Amy 129 Amy H 129
AIKEN, Mary Jane 128
AILSON, Ruth 67
AIRD, Helen 110
AIRY, Eliz 121 Elizabeth 120
ALDRIDGE, Mary Ann 142
ALEXANDER, Isabella 18 19
ALEY, Sarah 22
ALLEN, Bathsheba 43 Deborah 194 Elizabeth 18 Margaret 190 Mary 88 110 Sarah 4 Susanna 141
ALLISON, Esther 6
AMAN, Amelia 19
ANDERSON, Adaline 132 Caroline Louisa 201 Eleanor Stewart 143 Elizabeth 23 24 Lydia 94 Mary Jane 66 67 see STANFIELD Charity 175
ANDREW, Margaret 150 Margaret Jennie 121
ANKENEY, Martha 162 Martha N 161 Mary Magalena 175 Salley 90
ANKNEY, Sally 90
APPLETON, Martha Ann 23
APSEY, Malinda 57
ARMSTRONG, Mary J 30
ARNOLD, Mary 2
ARTHUR, Jane 134
ARY, Edith 45 Eliza 1 Keziah Jane 14 Margaret 48 Margaretta 50 Mary 50 Mary J 51 Nancy 44 75
ASHE, Ella 46
ASHLEY, Jane 23 121
AUSTIN, Rebecca 102 103 Susan 37

BABB, Lydia 148 Mary Jane 35 36 Susan R 54 see BRALEY Agnes 24
BAGFORD, Catherine 130 Mary Catherine 122
BAIN, Keziah 163
BAKER, Lavina 173 Mary 97 Mary Eliz 97 Sarah 200
BALDWIN, Hannah Eliz 73 74
BALES, Dorothy 82 83 Frances 192 Mary 15 16 77 78 168 169 Sarah 106 107 see CLEMENS Laura 33
BALEY, E 37
BALL, Elizabeth 106
BALLARD, Sarah 99 100
BALLINGER, Lydia 191
BARBER, Margaret 85 86 Sarah J 190 191
BARKLEY, Jane Eckles 125
BARLOW, Anstic Keziah 194
BARNES, 27
BARNETT, Anna Martha 112 Mary 97 98 see KYLE Anna Martha 112
BARNHART, Martha 31
BARR, Anna 200 L H 45 Mary 205 see MARSHALL Margaret Jane 131
BARTES, Frances 135
BARTON, Catharine 79 Catherine 66 67
BATCHELOR, Hettie 31
BAUER, Catherine 126
BAUGHMAN, Nancy 112
BAUGHTON, Eliza 117
BAUMGARTNER, Catherine 95
BAYLIFF, Elizabeth 185 Sarah 6
BEAL, Lida 4 Martha Jane 81 Rebecca J 15 see ELLIOTT Julia Ann 55

BEALL, Soubellany 110
BEAM, Eliza Jane 178
BEASON, Anna 157 Catherine 181 182 Eliza 185 186 Elizabeth 191 Lydia 167 Mary 191 Susan 193
BEATTY, Eliza 37 see FLATTER Hester A 61
BEBB, see PETTIGREW Carrie L 148
BECK, Catherine 17 Emaline 19 Susan 65
BEESON, Eliza 185 186 Lydia 168
BELL, Ann Maria 92 Cassandra 158 Mary 131 Naomi 24
BENHAM, Elizabeth 29
BENTLEY, Ann 85 86
BERRYHILL, Amanda 51 Margaret Ann 45 Sarah Ann 44 see EVANS Sophia A 57
BETTS, Ruth 53 78
BICKETT, Elizabeth 79 Mary Jane 62
BIGER, Elizabeth 45
BIGGER, Hannah 92 Sarah 193 see CUNNINGHAM Elizabeth 45
BIGHAM, Jane 80 192
BINEGAR, see EARLEY Andesire 53
BINGHAM, Martha 137
BINKLEY, Caroline Louise 37 38
BIRCH, see LITTLE Emma L 118
BIRD, see STEVENSON Althia Jane/Aletha S 176
BIRT, Martha 79
BLACK, Rebecca 115
BLAIN, Martha 105
BLAIR, see CALDWELL Elizabeth 30
BLAKELEY, Eliza Ann 172
BLAKELY, Eliza Ann 172 Lucille 142
BLANE, Mary L 157
BLESSING, Leanah 91 Mary 120
BOOTES, Barbara Ann 129 130
BOBBETT, Anna 148
BOGGESS, Anna 127
BOGGS, Alice 119 120 Hannah 48 49 50 Margaret 148

BOGLE, Margaret 123 Martha 99 Martha Ann 99
BOLTZ, Susanah Matilda 53
BONE, Eliza 178 Eliza/Elizabeth 179
BONNER, Martha 146 Nancy 157 158
BOONE, Eliza 178 Eve 65
BOOTES, Catherine 189 Margaret E 76 Marietta 76 77
BOOTH, Elizabeth 152 Emily 126 Isabella 140
BOOTS, Barbara 181 Elizabeth 160 Marietta 76 77 Martha Jane 63 64 65 Mary 115 Mary Ann 115 Mary E 45
BORDEN, Nancy 83
BOROFF, Mary J 6
BOSTON, Susan/Susana 133
BOUGHTON, Eliza 117
BOWEN, Sarah 78
BOWER, Mary 205
BOWMAN, Sarah 120
BOYD, Elizabeth 184
BOYLE, Martha Ann 99
BRADFUTE, Jan 180 Jane 176 177 180 Nancy A 27
BRAGG, Elizabeth 65 see CONKLIN Emma 36
BRAGGS, Emma 36
BRAKEFIELD, Rachel 24 see JOHNSTON Cora I 105
BRANDOM, Eliza 26
BRANNUM, Hester 181
BRATTON, Elizabeth 187 Mary Evelyn 78 79
BREAKFIELD, see JOHNSTON Cora I 105
BREITENBACH, Henrietta Harbaugh 159 160
BREWER, 68 Celinda McFarland 25 Pauline G 201
BREWINGTON, Eleanor 143
BRICKEL, Margaret Ann 60
BRIGGS, Elizabeth 110
BROAT, Elizabeth 193
BROD, Elizabeth 193 Martha 193
BROWDER, Wilmuth Fowler 60
BROWN, Ann Eliza 180 Anner 42 Caroline 126 Catherine 84 159 160 Eliza 39 Elizabeth A 50 Elsie 72 73 Harriet 198

BROWN (continued)
  Joan 165 Mary Ann 112 Mary E
  52 Mary Isabelle 74 Mary J 74
  Nancy 39 Ruth 132 Sarah 72 73
  Susan 102 103 see SMITH
  Mary E 169
BRUTUS, Martha 163
BRYAN, Mary 56 Penelope 46
  Rebecca 184
BRYANT, Sarah J 23
BRYSON, Ellen B 198
BUCK, Helen 41 Rebecca Ella 42
BUCKLES, Avaria 121 Sarah 199
  204
BUICK, Isabel/Isabelle 80
BULFORD, Carolyn 113
BULL, Margaret 200 201 Margaret
  Winter 93 Mary 196 Susannah
  190 see BARBER Emmazetta
  11 see STEVENSON
  Anna/Annie 176
BULLARD, Carolyn 113
BUNDY, see MARSHALL
  Elizabeth 130
BURDSALL, see RINCK Lucy 155
BURR, Lucinda 177 178 Maria
  102 103
BURRELL, Margaret 167 168 169
  Susan 150
BURROUS, Matilda 61
BUTLER, Elizabeth 13 14
  Providence Russell 13
BYERS, Margaret 20
BYRON, Elizabeth 115
CABLE, Rebecca 133
CAHILL, Ellen 125 Priscilla 46
CAINE, Elizabeth 168 Hannah 111
CALAHAN, Mary A 124
CALDWELL, see MILLER Sallie
  H 135
CAMDEN, see TOLAND Lulu Estella 188
CAMEN, Sally 170
CAMPBELL, 37 Eliza 37
  Elizabeth 49 50 Jane 49 Jennie
  48 Julia 27 M A 69 Malinda 91
  Martha Ann 69 Mary Jane 186
  Rebecca 2 3 Sarah Scott 63 64
CANE, Elizabeth 168
CANNING, Mary 71
CARMAN, Sally 170
CARMEN, Sally 170

CARPE, see KINNEY Myra 110
CARPENTER, Catherine 166
  Sarah 185 see IRWIN Anna 100
  see SMITH Mary Elizabeth 169
CARROLL, Minervia S 137 138
CARRUTHERS, Jane 26 Jean 25
  26 Sarah G 195 Sarah Gordon
  195
CARTER, Elizabeth Catherine 51
  Matilda 79 Rhoda 181
CARVER, Hannah Rebecca 193
CASAD, Elizabeth 156 Harriett
  194 195
CASE, Henrietta A 153
CASSEL, Ann 112
CHAFFIN, Sarah Isabella 33
CHALMERS, Charlotte 198
  Elizabeth 115 Mary 46
CHAMBLISS, see MENDENHALL
  Amanda V 132
CHANEY, Caroline 161 Eliza 161
  Louisa 161 Maria 161 Mary J
  193
CHANNON, Emma 60
CHAPMAN, Mary 66
CHERRY, Jane 42 Rachel
  Wortman 112 113 114
CHESTNUT, Jeanette B 127
CIRFER, Mary J 59
CLANCEY, Ellen 98 Martha 98 99
CLARK, Elizabeth 155 Mary 80
  108 Polly 80 Rachel 1 2 Sarah
  40 see BICKETT Margaret A
  18 see HARNER Rose
  Ann/Rosannah 82 see
  HOOVER Susanna 92
CLAYPOOL, Martha 126
CLEAVER, Sarah 145
CLEELAN, Charlotte 61
CLEMENS, Mary E 188 Nancy
  168 Rachel 38 Sarah 47
  Susan/Susanne 48 see
  FICHTHORNE/FICHTHORN
  Susanna/Susanna 60
CLEMMANS, Elizabeth 122
CLEMMENS, Susan 166
CLEVELAND, Mary Malvina 180
CLEVELLE, Josephine 95
CLINE, Eliz 68 see GERARD
  Mary Ellen 68
COBB, Margaret 30 Peggy 30
COCHRAN, Elizabeth 201 202

COFFELT, Elizabeth 5 20
Elizabeth Sidney 5
COFFIELD, Mary A 200
COFFIN, Priscilla 3
COFFMAN, Elizabeth 39
COINER, Susan 147 148
COKE, Lydia 138
COLLIER, Claera/Clara 118
Clariss/Clarissa 118
COLLINS, Anna Eliza 152
Eleanor 112 113 114 Eliz 67
Elizabeth 34 Isabel 198 Isabell 199 Isabella 198 199 Katharine Dinsmore 35 M E 24 Martha 67 Martha E 23 Mary 4 66 67 Nancy 83 Nancy Ellen 104 see ANDERSON Emma 3
COLVER, Harriet 112 113 Harriet D 112 Harriett 104
COLVIN, Eliza 152
COMPTON, Catherine 36 Cynthia 47 Elizabeth 77 78 Eunice 132 Hannah 197 Mary 161 see HOLLAND Cora J 91 see MORRIS Jennie 138
CONFER, Elizabeth M 145 Mary 159 Mary Ann 159 185 Mary J 59
CONGER, Jane 8
CONKLIN, see ELLIOTT Alice 54 55
CONNELEY, Isabella 72 73
CONNELY, Mary J 180
CONOVER, Sarah Ann 6
CONWELL, Eliza 29
COOK, Mary 194
COOLEY, see KYLE Mary Jeanette 114 see STEWART Leila A 177
COOPER, Hannah 153 Malvina 123 Mary J 59 Susan 185 see CULTICE Jane Weddle 44 see QUINN Elizabeth J 150
COPELAND, Isabelle 203
COPPIC, Sarah 56
COPPOCK, Sarah 56
COPSEY, Martha 121
CORNELL, Sarah Jane 85
CORRY, Hannah 27 Rachel 61 Rebecca 101 102
CORZEK, Rachel 166
COSAD, Harriett 194 195 Lydia 40

COSLER, Catherine 42 see CONFER Elizabeth Jane 36
COST, Mary Jane 36
Susan/Susanna Elizabeth 156
COTTERILLE, Lucinda 161
COUGLER, Sarah 157
COX, Mary 111 see KISER Sara 111
COY, Mary 47 Susan 79 86 Susanna 78 86 87 see CUSTERBORDER Lucinda 46 see MERRICK Sarah Elizabeth 133
CRAFT, Margaret 54
CRAMER, Mary 123 Mary Eleanor 198 199
CRAWFORD, Eleanor Jane 143 Eliz 75 Jane 31 Mary 155 see WILSON Mary Louella 200
CRESWELL, see KYLE Rachel 114
CRIGHTON, Leah 78 79
CRIST, Elizabeth 13
CRITES, see THOMAS Mary 186
CROMWELL, Catherine 88 Constant Comfort 157 see BAUSER Katherine 13
CROSS, Agnes 6
CROWL, Sophronia 42
CRUM, Lucy 186
CRUMBAUGH, Amanda 16 Barbara 161
CRUMLEY, Hannah 34 165 Maria 19 20 Mary 17 18 Polly 17 18
CRUZEN, Elizabeth 191 192 Hannah 146
CULTICE, Sarah Ann 91
CUMMINGS, see KISER Mary Jane 110
CUNNINGHAM, Isabella 115 Jane 105 Mary 200
CURL, Edith 6 Naomi 144
CURRIE, Isabella 34
CURRY, Mary 188
CYPHERS, see FOGLE Laura Belle 61
DAKIN, Laura Emma 106 107
DALBY, Elizabeth 6 33 Rebecca 133 Sarah 90
DALE, Mary Elizabeth 52
DARLINGTON, Sarah 67
DARST, Sarah Ann 48 Susannah 97

DAUGHERTY, Lillie 36 Martha 195
DAVIS, Elizabeth 184 Jane 31 149 Mary 45 Rebecca 15 16 Sallie 16 140 141 Sarah 140 141 see BABB Luella/Lula 7 see HYLAND Laura Belle 99 see KELLY Nina K 108
DAWSON, Mary P 184
DAY, Julia 89
DEAN, Anna 145 Julia Ann 93 94 Margaret 18 19 Mary 174 Mary E 171 172 173 Sarah Catherine 63 64 see ELLIS Clara Belle 55 see HAGLER Hannah/Helen Minerva 76 see RADER Mariella/Marilla 151 see WILLIAMSON Leila/Lelia Ada 199
DEBARR, Mary J 120
DECK, see CONLEY Nannie 37
DEHART, Ann M 5
DEHAVEN, Anna 7 Sarah Jane 201
DENWIDDIE, Mahala 91
DERRICK, see RALLS Lena 151
DERTH, Priscilla 74
DEVIE, Eliza J 20
DEVOE, Elizabeth Margaret 71 Evaline 6 see LEWIS Ruth Ellen 117 see TURNER Rozella/Rosella/Rosetta Elizabeth 192
DICE, Eliza 111
DICKENSHEETS, Amanda 196 Matilda 16 17 Nancy 16 17
DICKERSHOOF, Elizabeth 62
DILL, Sarah A 168 Sarah Catherine 17
DINSMORE, Jane 4 Mary 44
DINWIDDIE, Mahala 91 Mary Jane 123
DIPPLE, Harriet 68
DIXON, Sarah 27
DOBBINS, see TURNBULL Flora 190
DODDS, Mary 73
DOUGHERTY, Martha Ann 195
DOUTHETT, see ANDERSON Laura 4
DOWNEY, Mary Ann 159 160 Mary J 71 Mary Jane 71

DOYLE, see RYAN Elizabeth 157
DRAKE, Margaret V 160
DRISCOLL, Rachel 14
DUFFY, Teresa Josephine 31
DUMBAUGH, Frances 84
DUNLAP, Anna J 112 114 Margaret 88
DUNN, Catherine 160
DUNWIDDIE, Susan 77
DURNBAUGH, Elizabeth 40 Frances 84 85 Nancy 205
DUTROW, Elizabeth 56
EARLEY, Eva 193 see FISHER May 61
EARLY, Rebecca Jane 193 Susann 193
EAVEY, see GALLOWAY Alice 66 see WRIGHT Etta 204
EBERTS, see BUCKLES Hester 27
ECKMAN, Sarah 52
EDDY, M 101 Minerva 100 101 Minerva J 100 101
EDGE, Sarah 80 see WOODWARD Sophia 203
EDWARDS, Mary 71 Phoebe 90
EHRLER, Catherine 104
EICHELBERGER, Mary J 143 Mary Jane 143
ELAM, Elizabeth 196 Jane 132 190 Louisa J 194 see ADAMS Cornelia 1 see HUFFMAN Lettier 95
ELDER, Ann 177 Elizabeth 177
ELLIS, Anna 196 Catherine 147 Rebecca 178 Sarah Catherine 148 147 Susan 21 see ADAMS Medora 1 see HOWER Amanda 95
ELRICK, see JAMESON Adda 103
ELWELL, Mary 173
EMBREE, Rachel 186
ENGLE, see COY Elizabeth 41
ERVIN, Rachel 29 130 see CRESWELL Jeanette 43
ERWIN, Martha 107
ESPY, Elizabeth Martha 153 Martha 135
ESTLE, Lydia 105 Lydia Elizabeth 104 105
EVANS, Sarah Prudence 71 see BUCKLES Anna E 27

EVERS, see MURPHY Jane 139
EWING, Margaret 188 189
EYLER, Susan 156 see HUGHES Matilda 95 see MCCLAIN Alice May Belle 121 122
EYMAN, Mary Jane 63 64 Sidney 169 see BROWN Amelia E 25
FAGIES, Margaret F 115
FAKNER, Judith 51
FALLIS, Lydia 88 Phebe 193
FARMER, Eliza Ann 17 Elizabeth 17
FAULKNER, Judith 51 Lucinda 117 Mary 118 Mary A 174 Rachel 126 see PAINTER Martha C 144
FAUQUIER, Alisa Ann 166
FAWCETT, see ARY Louisa 6
FEIGHNER, Emaline 151
FEIRSTINE, Anna 59
FERGUSON, Dicy 180 Eliza Belle 66 Martha 95 Mendenhall 132 see GALLOWAY Ella Belle 66 see HOLMES Alice H 91 see MENDENHALL Mary Ann 132 see TUHEY Josie 190
FERRIS, Katherine 51
FETZ, see FUERLE Matilda 65
FICHTHORN, Susanna 33
FILES, Amanda 193 Eliza 53 Martha Jewett 193
FINLEY, Margaret 98 99 see KENT Ida 109
FINNEY, Julia Anna/Juliana 117 Nancy 91 92 Sarah 57 Susan 125 Susan A 125 see SPENCER Isabella/Isabelle 174
FISHE, Lana 178
FISHER, Agnes 94 Julia Ann 178
FITZGERALD, Eleanor 73 Margaret 157 see SCARFF Harriet 159
FLATTER, Barbara A 196
FLECKENSTEIN, Emma 143
FLINN, Mary 127
FOGLE, Catherine 41 see COY Catharine 41
FOGLESONG, Prudence 72 73 Sarah 155
FOLKERTH, Patience 75
FORBES, Lavinia 46
FORD, Mary Ellen 1 Sarah 90

FOREMAN, Eliz 151 Wilmoth 2
FORESMAN, Rachel Ankeney 113
FORSMAN, Sarah 3
FORSYTHE, Ann 184
FOSBETT, Rebecca 57
FOSTER, Mary North 131
FOUT, Hannah 196
FRANKLIN, Olive/Olivet 163
FRAVER, see GILLAUGH Jennie 69
FRAZER, Mary 144 see COOPER Anna Jeanette 38
FRAZIER, Maggie J 53 Mary 144
FREEMAN, see SPAHR Emma 172
FREEZE, Julia 197
FRIES, Harriet 181 see OWENS Martha Jane 143
FRISTOE, see BARGDILL Alice 11
FROST, Mary Ann 170
FRY, Mary 13
FRYE, Hannah 203
FUDGE, Anna 75 76 77 119 Catharine Charlotta 75 76 Charlotte 76 Charlotte Catherine 75 76 Clarissa 169 Elizabeth 129 Jane 76 Mary 38 Nancy Agnes 171 172 173 Sarah Jane 171 see BARNETT Susan 12 see CUMMINGS Martha 45
FUGGIE, Margaret 119
FULKERSON, Delilah 163
FULLER, Alta 62 Ellen 162
FULTON, Eliz/Elizabeth 127 J 127 Jane 127
FUNDERBURG, see PETERSON Sarah Jane 148
FUNK, see HITE Sallie 90 see MCLEAN Nannie 127
FUNSTON, Catherine 190 191
FURNACE, Ann 145 Dorcas 96 Maria 145
FURNAS, Dorcas 96
GALBREATH, Nancy 140
GALLOWAY, Ann 102 176 177 Eleanor 109 Eliza 11 Elizabeth 34 Ellen 109 Margaret 94 Martha 126 Mary 34 Sarah 92 Sarah Kirkpatrick 93 see WILSON Margaret Eliza 200

GANO, Lucille 196 Sarah 167 168
GARBEY, Honora 74
GARDNER, see MANGAN Julia Marie 130
GARLOUGH, see CORRY Mary Belle 39 see TORRENCE Anna Mary 188
GARTRELL, Delilah 113
GARVER, Catherine 108
GATRELL, see GINN Mary Francis 70
GAUGH, Leah 57
GENTIS, Julia 94
GERARD, Ellen 33 Frances 91
GERHARD, Lydia 70 71 Rebecca 48
GERLAUGH, Frances 32
GERON, Margaret 13
GEST, see RIDDELL Lutitia Jane 154
GETCHELL, see ANKENEY Rachel 5
GETTARD, Margaret 5
GETTER, Elizabeth 175
GHORMAN, see MCCREERY Emma Belle 124
GIBNEY, Mary Ann 201 202
GIBSON, Elizabeth 109 Marg 121 Margaret 121 Martha 196 197
GILLESPIE, Mary 17
GILLMORE, Mary A 105
GILMORE, Frances 185
GILROY, Catherine 108
GINN, see CAMPBELL Anna Elizabeth 30
GLASCO, see PENNEWIT Clara 146
GLASS, Angeline 27 Susan 105 see BRYAN Rachel 27 see CLINE Mary E 33 see FLAX Lucy M 61
GLOSSINGER, Mary 155
GLOTFELTER, Margaret 47 Margaret Caroline 47
GOE, Jane 5 150
GOLDER, Margaret 164
GOOD, Joanna 111
GOODE, Elizabeth P 118 Mary E 148
GORDON, Amanda 119 Armanda 118 Eliza 118 Mary J 34 see TORRENCE Fannie 188

GORHAM, Emeline 91 see FARRELL Abbie 57
GOSSARD, Cath 185
GOWDY, Abigail 92 93 176 Ann/Anna 28 Eliza 156 Eliza/Elizabeth 154 Jane 51 52 112 113 114 Martha 21 Mary Matilda 100 101 Sara 102 Sarah 101 102 Susannah 165 see GLOTFELTER Jessie M 71
GRAHAM, Eliza 8 Ellen 72 73 Margaret 96 Rebecca 140 see GEIS Mary Ann 68 see HORNICK Fannie 94 see OLHAUT Caroline 142
GRANT, Jane 136
GRAVES, Catherine 61
GRAY, Maria 151
GREEN, Sarah 146
GREENE, Cynthia 85
GREENWOOD, Catherine Elizabeth 183 Elizabeth 32 Jane 104 Margaret 99
GREINER, Catherine 89 Sarah 200
GRIEVE, Sarah 169 see DEAN Jane 49
GRIFFITH, Amy 110 Rachel 135
GRIMES, Martha 65
GRINDLE, Mary Ann 175 see TITLOW Sattie K 187
GROOMS, Anna 182
GROVER, Anderson 37 Mary Anderson 37 38 Sarah Paul 83 Sarah Thornberry 145
GRUETER, Marie Elizabeth 91 Marie M 91
GUFFY, Eliz 93 Elizabeth 93 94
GULTICE, see THOMAS Sarah Ellen 186
GUTHRIE, Nancy 174
HACKNEY, Mary Louisa 194
HADLEY, Mary 168
HAGE, Mildrice 2
HAGENBUCH, Elizabeth 97
HAGLER, Amanda 173 Anna 21 22 Clarissa Rebecca 119 E L 48 Elizabeth 169 Elizabeth Ann 168 169 Emily Louisa 48 49 Hannah Minerva 49 Katharine Charlotta 119 120 Louisa 49 Martha Eddy/Eldy 181 182 183 Mary 119 120

HAGLER (continued)
Mary Amanda 172 Mary Ann 119 Phebe 171 172 173 Sarah Jane 181 182 183 Susanna 172 173 see ANDERSON Catherine Ruth 3 see CRAWFORD Sarah Jane 42 see HUSTON Mary Ella 97 see SMITH Mary Louella 169
HAINES, Ann 14 Anna 14 Catherine 67 68 128 Elizabeth C 21 Hannah 133 Levena 11 Magdalena 81 Magdalene/Magdaline 82 Margaret 128 see FAULKNER Louise Alma 58 see SMITH Elizabeth 167
HAINS, Ann/Anna 14
HALCOMB, Marinda 149
HALE, see ORR Annie 143
HALL, Frances A 92 Jennie 99 Sarah 97
HAMILTON, Ann 122 123 Hannah M 38 see EYLER Josephine E 57 see LEWIS Minnie 117
HANES, Catherine 67 68 Elizabeth C 21 Mary 145
HANNA, Mary N 127 see FORBES Florence 62
HANNEY, Elizabeth 187
HARBINE, Mary Elizabeth 175
HARBISON, Isabella 127 Mary Isabella 127 128 see COOPER Mary Elizabeth 38
HARDIE, Elizabeth 60
HARGRAVE, see THOMPSON Mahala Josephine 186
HARLAN, see FRIES Laura B 63 see HAYDOCK Deidamia 88
HARMISON, Mary 68
HARNER, Catherine 159 160 202 Elizabeth 29 102 Isabella 98 Kindla/Kinley 111 Mary 73 Nancy A 33 Sarah 135 see LINKHART Sarah Jane 118 see MORGAN Mary Ann 138 see TROLLINGER Emma Catherine 189
HARNESS, Angeline 154 Nancy 9 120 Savillah 117 see MOON Jennie 136

HARPER, Charity 55 Clarissa 188 189 Nercy 126 see PARSELL Sarah 145
HARRIS, Rebecca 26
HARRISON, Susan 199 see ANDREWS Flora 5
HARSHMAN, Elizabeth 166 187 Mary 162 Mary A 68 Mary Ann 54 Polly 25 26 see COSLER Jennie E 40 see LAFONG/LEFONG Alethea/Letha Ann 115
HART, Sarah M 160
HARTSOCK, Elizabeth 58 see CORNELL Sarah T 39
HARTSOOK, Jane 184 Sarah 133 134 see HALE Mary Jane 78 see MILBURN Jeanette 134
HARVEY, Elizabeth 186
HASSLER, Charlotte 150
HASTINGS, Ann Eliza 95
HATFIELD, Nancy 107
HAUGHEY, Elizabeth 191 192 Laura 8 Lorena 8 Marg 96 Margaret 96 Mary 96 Virginia 139
HAVERSTICK, 195 Maria 95 see SHIGLEY Viola 163
HAWKER, see COY Sarah Elizabeth 41
HAWKINS, Lydia 162 see WOLFF Nancy 203
HAWORTH, Sarah 94
HAWS, Hellen 174
HAYNES, Catherine 68 Mary Jane 202
HEAD, Frances 6 7
HEATH, Mary Fletcher 21 Vinca 15 16 Viney 15
HEATON, Elizabeth 27 Hannah 148 Sarah 150
HEDELSON, Margaret 184
HEDTLESON, Margaret 184
HEEG, see FISHER Dora 61
HEFFLEY, Anna Maria 81 82 Cath 199 Catharine/Catherine 200 Mary 81 82
HEFLY, Maria 81 Mary 81
HEIDER, see SMITH Cora 167
HELMER, see ARCHER Lida 6
HELMS, Sarah Ann 165

HENDERSON, Marg J 112 113
  Margaret 114 Margaret J 113
  114
HENRY, Hertha 115 Polly 121
HERBERT, Margaret 156
HERR, Hester/Hetty 80
HERRING, Barbara 33 see
  MUNGER/MINGER Matilda
  139
HERVEY, Susanna 1
HESS, Lydia 2
HIATT, Elizabeth 118 Phenia 142
HIBBENS, Eliza Ann 17
HICKMAN, Dorothy 9 10 179 Martha 191 Sarah 9 10
HICKS, Avelin 126 Evaline 126
HIDY, Sydney 25
HIETT, Elizabeth 118
HIGGINSON, Elizabeth 8
HILBREATH, Nancy 140
HILL, Betsy 100 Sarah 99 100
HILLIARD, see GASTIGER Mary
  Ann 68
HINEY, Phoebe Ann 178 179
HITCHCOCK, Louisa J 130
HITE, Lucinda 164 Mary 60 Mary
  Ann 60 see LUCAS Mary
  Elizabeth 121
HITTLE, Christina 107
HIVLING, Margaret 129 Sarah 2
HOBLIT, Elizabeth 193
HOCKE, see DILLON Catherine
  51
HODGE, Sarah Jane 44
HOGG, Martha 69
HOLBROOK, Elizabeth 39
HOLCOMB, Sarah 149
HOLLAND, Margaretta 96 see
  PEACEMAKER Sue 146
HOLLENCAMP, see BREEN
  Catherine M 24
HOLLEY, Elizabeth 86
HOLLINGSHEAD, Carrie 51 Jane
  165
HOLLINGSWORTH, see HARNESS Sarah Etta 83
HOLLY, Elizabeth 86
HOLMES, Mary 12
HOLVERSTOT, Margaret 53
HOOK, Rebecca 2
HOOVER, Elizabeth 175

HOPKINS, Catherine 199 see
  KILLEEN Katherine 109
HOPPING, Elizabeth Jenny 91 92
  Priscilla 14 Sarah Cooper 150
  151 see LYON Martha C 121
HOPPINGS, Mary 143
HORNEY, Esther 135 Lydia 155
  Mary 136 Rhoda 39
HORNICK, Margaret 166
HOUCK, Mary 19 30
HOVERMAN, see CRETORS
  Jennie 43
HOW, Amy 129
HOWARD, Elizabeth 40
HOWE, see BLESSING Jessie 20
HOWELL, Emily 58 see
  RHOADES Eliza Alice 154
HOWER, 150 Susanna 40
HOWK, see GRIEVE Margaret 75
HUCHINS, Catherine 155
HUFFMAN, Eliza 42 43 Eliza
  Jane 42 43 Jane 42 Lydia 136
  Sarah 130 see DEDRICK Ora A
  50 see SUTTON Margaret 182
HUGHES, Matilda 57
HULL, Elizabeth 136 Evanna 84
  85
HUMMER, Nancy 181
HUMPHREY, Ellen 32
HUMSTON, Ann 45 Mary 106 see
  POWERS Harriet 149
HUNNICUTT, Martha 137
HUNT, Sarah Ann 104 see
  SHEELEY Hattie E 162
HUNTINGTON, Anna 62 Anna
  Maria 138 139
HURLEY, Nancy 39 Sarah
  Minerva 46 see LAMAR Ella S
  115 see PENEWIT Laura
  Elizabeth 146 see STRANEY
  Mary Hattie 180
HURST, see SMITH Josephine
  168
HUSSEY, Catherine 36 Mary 169
  Sophia 193
HUSTON, Elizabeth 167 Sarah 56
  57 Sarah S 56
HUTCHINSON, Eleanor C 1
  Elizabeth 164 Mary Ann 104
HUTCHISON, Mary Ann 104 see
  HARNER Isabella 81

HUTSLAR, see RITENOUR Laura Belle 155
HUTSON, see CARSON Alice 31
HYLAND, Mary Ann 154
HYPES, Maria H 52
HYSLOP, Mary Amanda 122 123
IMAN, Mary Jane 63 64
IMMLER, Kresenzia 165
IRELAND, Sarah 169 Sarah A 168
IRVIN, R 130
IRVING, Margaret 27
IRWIN, Martha 107 see HIXSON Minnie 90 91
JACKSON, Eleanor 108 109 Elizabeth 39 170 Jane White 127 128 Julia 34 Mary 140 149 Phoebe A 101 102 Rachel 112 113 114 see WILSON Anna Luella 199
JACOBY, Rachael/Rachel 177 178 Rachel 39 Rebecca 177
JAMES, Emily 85 Jane 31 Lydia 170
JANEY, Susan 50
JANNEY, Susan 48 49
JANUARY, Ann 86
JEFFREY, Eliz 165
JEFFRIES, Sarah 195
JENKINS, Margaret 198
JOB, Betsy 122
JOBE, see CORRY Alta Lydia 39 see ELLIS Lydia C 55
JOHNSON, Ann 36 Clarinda 92 Eliz 137 185 Elizabeth 137 138 Elizabeth Jane 22 23 Grizella 125 Marion 75 Martha 105 Mary Gales 75 Mildred 27 Sarah 79
JOHNSTON, see LAUMAN Maude 116
JONES, Catherine 111 Charlotte 24 Delilah 15 Elizabeth 40 Kate 32 Louisa 25 Mary 6 40 41 Mary Jane 86 see BALES Clemmie Mae 9 see COMPTON Martha R 35 see SPAHR Martha Jane 172 see THOMAS Lydia Margaret 186
JUDY, Mary 70 71 Susannah Marian 44
JUNKIN, Ann/Anna 43 Catherine 66 67 Jane 126 Katherine 66 67

JUNKIN (continued) Mary Ann 18 19 Rebecca 66 124
JUNKINS, Margaret 198
KABLE, Rebecca 133
KAHILL, Ellen 124
KAINES, Katie 15
KANODE, Margaret Christina 53
KARCH, see HART Theresa 85
KASAR, Deborah 60
KAUFFMAN, 126 Hetty 80 Martha 65 Mary 111
KEARNS, Rachel 130
KEENAN, Olive 176 177 Sarah Olive 176
KEITER, Susan Mariah 14 see BOOTES Mary Catherine 21
KELBLE, Catherine 151
KELLEY, Mary 165
KELLY, Bridget 143 Lauranna 185 Mary 165 see CORRY Rachel J 39
KELSEY, March 120 Marcy 120 Mary 120 Rebecca 74
KENDALL, Caroline Eleanor 18 Eleanor 18 Mary Ann 66 67 Sarah 69
KENDRICK, Lydia E 50
KENNEDY, Hadassah 113 114
KENTON, Elizabeth 135
KERSCHNER, Elizabeth 170
KERSHNER, Ann 48 Christina 203 Elizabeth 203 see RADER Susan Amanda 151
KETTERMAN, Hannah 158 159 Susan 86
KEYES, see GOWDY Mary Florence 73
KILDOW, Sarah 1
KILGORE, Mary 199 Sarah 27
KILOH, Henrietta 143
KIMBLE, Elizabeth 169
KIMEL, Sarah 167
KIMMELL, Catherine 164
KING, Agnes 38 Catherine 22 Jane 199 200 Margaret 80 Mary 147 Mercy Ann 144 Sara Jane 126 Sarah Ann 23 see OXLEY Julia A 143
KINGERY, Cath/Catherine 84
KINNEY, Margaret 61 Rebecca 185 see ALLEN Mary Catherine 2

KINSEY, Mary Belle 55
KIPP, Effie Mae 41 see COY Effie 41
KIRKPATRICK, Catherine 177 Elizabeth 110 Mary 176 Mary Ann 166 Rachel 176 177 see MCCLELLAN Sadie 123
KIRKWOOD, Elizabeth 31 Susan 111
KISER, Margaret 31
KITCHEN, Mary 155
KLONTZ, see DAUGHERTY Emma 47
KNIGHT, Elizabeth 165 Nancy 165
KNOTT, Caroline 24
KNOX, Jane 177
KOEGLER, Sarah 157
KOOGLER, Mary 19 Sarah 81 82
KRAMER, 89 Delilah 149
KRISE, see BREWER Eleanora 24
KYLE, 11 Abigail 28 Abigail Ryan 28 Catherine Margaret 190 Delilah 83 Elizabeth 116 171 172 173 191 Jane 198 199 Lydia M 59 Margaret 190 191 Mary Jeanette 114 Rachel Joanna 62 see CRESWELL Sarah Jane 43 see MCMILLAN Emma 127
KYNE, see ANDREWS Mary A 5
LACKEY, Adaline 130 Adeline 130 Nancy 59 see CRAWFORD Della 42
LACY, see ESTLE Lou 56
LADD, Elizabeth 46
LAFONG, Elizabeth 108
LAMPERT, see HORNICK Catherine 94
LANE, see BROWN Mary Elizabeth 26
LATHAM, see JOHNSTON Ida May 105
LAUGHEAD, Eliza 23 Margaret 28
LAUGHRIDGE, Jane 128
LAUMAN, Celia 134 Mary 189 see MILBURN Celia 134
LAURANCE, see HUDSON Jessie B 95

LAURENS, see BUCKLES Flora 27 see GRISWOLD Josephine 75
LAYMAN, Elizabeth 74
LEACH, Martha 42
LEAHOW, Elizabeth 65
LECOMPT, Priscilla 138
LEDBETTER, Martha 62 see GALLOWAY Margaret Jane 67
LEE, Mary Reeves 176
LEFFEL, see HUTSLER Rebecca Ann 99
LEMAR, Lydia 95
LEMASTER, Phoebe 107
LENEHAN, Ann 50
LEONARD, Mary 46
LEPPERT, Elizabeth 60
LEVALLEY, Louisa 146 Phebe Elizabeth 85 see COPSEY Elizabeth Virginia 39
LEVER, see LITTLE Lida 118
LEWIS, Mary Jane 92 Matilda 171 Nancy 44 180 Rebecca 156 180 see JONES Anise Luella 106 see JONES Sally Jeffries 107 see MILLER Elizabeth Mary 134
LIKENS, Elizabeth 159
LIKINS, Elizabeth 159
LILBURN, Frances 28
LINDERS, Elizabeth 158
LINKHART, Mary Jane 117 Ruth 11 12 Susan 1 see FAULKNER Anna 57
LINTON, Elizabeth 96 see VAN-NIMAN Cora L 193
LIPPINCOTT, Eleanor 90 91
LISTER, Mary 158
LITTLE, Lucinda 155 Mary 25 Naomi 61
LLOYD, Catherine M 47 Ellen 180 Minerva 92 Minerva Ann 92 see MAFFITT hannah Louella 129
LOCKHART, Cath/Catherine 96
LOGAN, A M 131
LONG, Ester 22 Margaret 33 Martha 166 Mary 182 Mary I 184 185 Rachel 69 Susan 133 140
LOWE, Mary 61
LOYD, Ann 88 Catherine M 47

LUCAS, Charity 150 Eliz 120 Martha Jane 186 Matilda 10 Phebe 203 Phoebe 7 Sarah 9 10 38
LUTZ, Mary C 17
LYLE, Nancy 18
LYON, Ann/Anna 97 Martha 125
LYONS, Mary 151
MACDONALD, Catherine 21
MACKEY, Nancy 73
MACREADY, Matilda 145
MADDEN, Delilah 180 Rachel B 141
MAHAN, Ann 63 64 Anna 129 Polly 63 64
MAINER, Maria 14
MALLOW, Amanda Jane 148 Delilah 63 64 Matilda 92 93 94
MANGAN, Mary 124 Winifred Ann 5
MANIFOLD, Lydia 35
MANN, Sarah 197
MANOR, Catherine 11 Eliz 142 Emily 72 73 Mary 83 see SCOTT Margaret A 160 see SHANK Cora Jane 161
MARQUELL, Sarah 90
MARSH, Sarah 11 see MAXEY Jane 132
MARSHALL, Eleanor 29 Margaret 153 Margaret Jane 198 199 Mary 43 Mary A 177 Nancy 123 124 see HAINES Laura B 77
MARTIN, 41 Catherine 40 Elizabeth 115 Hester 188 Isabel Jane 172 Mary Emma 198 Sarah 11 see PERSINGER Nancy 147 see SESSLER Catherine 161
MARTZ, Catherine 170
MASON, Catherine 200 Susan 160
MATTHEWS, see CURLE Sarah 45
MAXEY, Cynthia 152 Mary Frances 124 see FUDGE Flora M 63
MAXON, Piety 48
MAY, see BREWER Elnora 24
MAYHEW, Caroline 98
MCCABE, Anastasiae 139 see WELCH Catherine 196
MCCARTY, Abbie 57

MCCLAIN, Mary 104 see BABB Eliza Reed 7 see CHAMBLISS Nancy Jane 31 32
MCCLEARY, see BUCK Mollie 27
MCCLELLAN, Jane Elder 4 5 Rebecca 34 35 Sarah 103 see BABB Grace Anna 7 see HUSTON Jennie Maude 97
MCCLELLAND, Catherine 25
MCCLENNAN, see RADER Martha 151
MCCLUNG, Mary Ann 128
MCCLURE, Martha 75
MCCOLOUGH, see HOLLINGSWORTH Christina/ Cristena Elizabeth 91
MCCOMAS, Mary 24
MCCONNELL, Margaret 36 Martha 123 Mary 67 72 185 Nancy 123
MCCORMICK, Sarah 97 98
MCCOY, Ann 62 Elizabeth 103 Mary 151
MCCRACKEN, Rebecca Ann 203
MCCRAY, see STILES Lettie 178
MCCROSKEY, Jane 198
MCCULLOUGH, see HOLLINGSWORTH Christina/ Cristena Elizabeth 91
MCCURRAN, Catherine 128
MCDANIEL, Amanda 119 Elizabeth 189 see BABB Stella J 7
MCDERMOTT, Bridgett 69
MCDISMAN, 94
MCDONALD, Agnes 71 Amanda 120 Elizabeth 189 see BOOTES Mary Catherine 21 see FORD Amy E 62 see GORDON Dora May 71
MCDORMAN, Mary 62 Sarah 195
MCDOWELL, Isabel 61
MCDUNN, Mary 152
MCELROY, Jane 25 see CLINE Minnie 33
MCFARLAND, Mary P 194 Rebecca 149 Sophronia 168 see MARSHALL Martha Ann 131
MCGACKEY, Mary 202 203
MCGINTY, Hannah 17
MCGUFFY, Margaret 119

MCGUIRE, Mary 57
MCHATTON, 12 13
MCINERNEY, Bridit 188
MCINERNY, Margaret 142 Marie 52
MCKAY, Ann 171 172 173 Jane 161 Mary 142 Nancy 73 Susan Adsit 129
MCKEE, Mary Espy 108 see MASON Fannie 131
MCKENDREE, Cynthia J 143
MCKINNEY, Mary 62 Sarah Ann Minerva 40
MCKNIGHT, Margaret 163 Mary 54 121 Susan 151 Susan V 151 Susan Virginia 151
MCLAUGHLIN, Eleanor 8 9
MCLEAN, see FORD Alice 62
MCMAHON, Elizabeth 109
MCMANUS, see MANGAN Mary Ann 130
MCMILLAN, Elizabeth 30 Esther 177 179 180 Jane 38 Jeanette 80 M Ann Chestnut 199 Margaret 134 135 Martha Ann 198 Martha Ann Chestnut 199 Martha Chestnut 198 199 Mary 141 142 see CALDWELL Mary Jane 30 see TURNBULL Rachel 191
MCMILLEN, Esther 177 Jeanette 143
MCMILLIAN, Esther 177
MCNEARY, Bridget 190
MCNUTT, Susannah 199
MCPHERSON, see TAYLOR Evola 184
MCQUEARY, Hannah 7 Susan 7
MCQUILLAN, Mary Sue 30
MCQUISTON, Agnes 179 Mary Ann 31
MCREYNOLDS, Lucinda 47
MEDSKER, Elizabeth 148
MENDENHALL, Ann 35 Bette 158 Catherine 194 Mary 55 77 78 Priscilla 35 Ruth 175 see POWELL Nettie 149 see SHAW Martha J 162 see SHEARER Lucinda Belle 162
MERCER, Harriet 48 M J 170 Maria 21 Mary M 115 116
MEYERS, Mary 90

MIARS, see BRYCE Cora B 27 see HURLEY Nettie 96 see OGLESBEE Sarah 142
MICHLE, Mary 120
MIDDLETON, Eliz Ann 57 Elizabeth Ann 58 Sarah 91
MILBURN, Jane 158
MILEY, Lydia 175
MILLER, Ann Maria 83 84 Caroline 138 Eliza 55 100 Elizabeth 5 Harriet 80 Isabella 11 Jane 187 188 Maria 27 Mary 187 Rebecca 80 Sarah 24 170 Sarah Ann 24 Susan 12 see GORDON Xarissa 71
MILLHOUSE, Rebecca 35
MILLON, Jane 157
MILLS, Huldah 8 Martha 37 Sarah 110 see KILIAN Minnie 109
MILTON, Eliza 43
MITCHELL, Barbara 136 Eliza 201 202 Isabella/Isabelle 195 Ruth 112 113 Sarah 56
MITCHENER, see ELLIS Alice 55
MITMAN, Mary M 13 Sarah 199
MOCK, Catherine 36 Deborah 147 148 Mary 38 39 Phebe 19 20
MOLER, Julia Ann 141 Ruhamah 47
MONROE, Margaret 32 Mary 137 Mary Ann 137 see DAY Maude 48
MOODY, Amelia 12 Teresa 83
MOORE, Isabel/Isabella 157 Mary Ann 45 see BARNETT Cora 12 see HELMER Mary Ann 89 see MOSS Junietta 138
MOORMAN, Euphrasia 77 78 Mary 70 Matilda 8 Nancy 186 Susanna 144 145 see TURNER Nettie Elizabeth 192
MOREHEAD, Mary 61
MORGAN, Margaret 38 82 Mary Ann 81 82
MORRIS, 125 Caroline E 200 Henrietta 29 see GLASS Mary Lucy 70
MORROW, Margt 180 Margaret A 180 Mary 83 Temperance 158
MOUDY, Amelia 12 28 Cassie 24 Matilda 125

MOWDY, Amelia 12 Amelia Ann 12 Matilda 125
MUIER, Susan 7
MUIRHEIDE, Mary 61
MULLEN, Hanna 131 Hannah 131 Minerva 6 Sarah 156 see TURNER Louisa 192
MUNDY, Martha 155
MURPHY, Josephine 123
MURRAY, Honora 157 Mary Jane 131
MURRELL, see GALIMORE Etta 65 see STEWART Louisa 177
MUSETTER, Emily Jane 57 Susan/Susanna 133 134
MUSSETTER, Angeline 133 134 Emily Jane 58 Susan/Susanna 133 134 Virginia 133 see CRESWELL Keziah 43
MYERS, see FELTZ Mary 60 see KINSELLA Fannie 110 see WESTENHAVER Lydia E 196
NAGLY, Hattie 118
NAGRLY, Hattie 118
NASH, see FRAZIER Nettie 62 see TUHEY Ella 190
NAVE, Sarah 183 184
NEAL, Patience 28 29 Rachel 69
NEELD, see ST JOHN Margaret E 179
NEISWANGER, see HOYLE Jennie 95
NELSON, Susan 116
NEVILLE, Elizabeth 116 see BINDER Mary 19
NEWCOMB, Ellen 145
NEWKIRK, Ruth Sheppard 122 123
NEWLAND, Clara 25
NEWMAN, Elizabeth 185
NICELY, see BEASON Laura Elizabeth 15
NICHOL, Mary Ann 30 Nancy 100 101 Rachel 184
NICHOLS, see COUSINS Lucy 40 see IRWIN Jennie 100
NICKOL, Rachel 184
NIEUKIRK, Ruth Sheppard 122 123
NISONGER, see BARNETT Virginia 12
NOCK, see OWENS Laura B 143

NOLAN, Hannah 36
NOODLAND, Maggie 135
NORTH, see HARRINGTON Nellie H 83
NUNNEMAKER, Sarah 2
O'BRIEN, Ellen 160
O'DAY, see GRAY Rose Rebecca 74
O'NEILL, Ellen 203
ODAFFER, Sarah E 87
ODAY, Rose Rebecca 74
OGAN, Ann 138 Eliza 105 Harriett 19 Hester 197 Ruth Ann 6 see TORRENCE Margaret D 188
OGLESBEE, Abby 50 Abigail 50 Phebe 50 see KEITER Samantha Jane 108 see MANN Anna Elizabeth 130 see RADER Adda V 151
OPDYKE, Martha 105 Miriam 78
ORAM, Annie 14
ORNDORFF, F 59
ORR, Elizabeth 28 Martha Jane 113 114 Mary Ann 124 Rosanna 178 see CURRIE Emma 46
OSBORNE, Cynthia 43 Elizabeth 162
OSTER, Catharine/Katheirne 158 Elizabeth 94 see FISHER Anna 61
OWEN, Elizabeth 198 Martha 63
OWENS, Elizabeth 198 Maria 51 Mary 81 see ILIFF Harriet Rebecca 100
OXLEY, Louisa 29 Lucinda 177
PAINGLE, see POAGUE Maggie 148
PAINTER, Deborah 194 Hannah 3 4 117 Martha 33 Rachel W 33 see MCNAIR Irena 128
PALMER, Mary 141
PANE, Hannah 21
PARSONS, Caroline 65
PATTERSON, Matilda 42 Sarah 138 see NEWCOMB Ella/Ellen 141
PAUL, Hannah 21
PAULLIN, Louvina 85 86 Malinda 89 Mary Ann Euphemia 37
PAXSON, see HURLEY Nora H 96
PEABODY, see VAN ZANDT Anna 193

PEARSON, Lucy 56
PEASE, see CHRISTOPHER Ellen 32
PEDDICREW, Jane 145
PEETERSON, Ann 175
PEIFFER, see DEWEY Mabel 51
PENCE, Mary 138
PENDRY, Dinah 186
PENEWIT, Rebecca 161
PENYWEIGH, Mary 88
PEOPLE, Sarah 26
PERSHING, see PARLETT Lida 145
PETERS, Lydia 120 Mary M 172 see KING Mary 110 see MOORMAN Alice M 137
PETERSON, Amanda 7 Ann/Anna 204 Catherine 21 22 63 64 Catherine J 63 Didena 59 Eliz 82 Elizabeth 83 140 Emily 109 169 Hannah 100 129 204 J 95 Jane 95 Martha 21 22 179 Martha E 22 Mary 62 Millie 108 S 106 Sarah 106 107 132 133 Sidnia 59 see HAGLER Anna Samantha 75 see HITE Mary 90 see LEDBETTER Alice 116
PETRY, Lydia 27
PETTIFORD, see BOONE Anna 21
PHILLIPS, Mary 24 25 Mary B 6 Sarah 162 Sarah J 162 163 see LOVETT Mary Ann 120
PHILPOT, Sarah Ann 79
PICKEREL, Sarah Frances 122
PIERCE, Elizabeth 68
PINKBONE, Elizabeth 85
PIPER, see BURROUGHS Cora 29
PLATTER, Julia 38 Phoebe Elizabeth 79
PLUMMER, Lucy 140
POLLOCK, June 185
POMEROY, Isabelle 124
POMFEY, Cornelia 134
POPENOE, Nancy 138
PORTER, Sarah 54
POTTES, Eliz 199
POWELL, see RHEUBERT Lydia Catherine 154
POWERS, Ann 33 Ellen 95 Mary 195 Rachel 25 26 Rebecca 29 see BULLOCK Phoebe Jane 29

POWERS (continued) see MASON Ella 131
PRICE, Barbara 129 130 see OAKLEY Emma 142
PROBASCO, Susan 168
PRUGH, Anna 134 163
QUICK, Lana 137
QUINN, Alice 121 Jane 110 see HAGERTY Mary 75
RADER, Julia 99 117 Mary 129 Mary Ann 128 129 Susannah Elizabeth 60 see CARRUTHERS Jennie Belle 31 see EYLER Daisy Louella 57
RAGAN, Rachel 194
RAMSEY, Martha 153 see BULL Mary Adda 28
RANDALL, see BISHOP Eliza 19 see CRESWELL Mary 43 see ILIFFE Edith 100
RANEY, Elizabeth 192 see KYLE Elizabeth 112
REAGAN, Hannah 21
REASER, Flora 120
REED, Elizabeth 138 K 128 Mary 53 Rebecca 142 Sarah 143 see ALEXANDER Anna N 1
REEL, Elizabeth 138
REESE, 13 Hester 165
REEVES, Martha Jane 197 see HUSSEY Martha J 96
REICH, Madeline 108
REID, Ann 28 Caroline 80
REINHARDT, Mary 111
RENWICK, Jane 174
REVELL, Elizabeth 180
REYNOLDS, Eliza J 135 Sarah 136
RHOADES, Cath/Catherine 115
RICE, Sarah R 45 Susan Rebecca 44 45
RICHARDS, Lydia 170
RICHARDSON, Jane 116 Margaret 195
RICHENBACK, Barbara 89
RICHENBAUGH, Barbara 89
RIDENOUR, Eliz 97 Ella 131
RIKE, Mary E 151
RINCK, Kate 60
RITENOUR, see HUTSLAR Tilla Jane 99
RITTER, Bertha Louise 110

RITTER (continued)
  Elizabeth 41 42 Sarah 86 87
  Susanna/Sussannah 84
ROBBINS, Nancy 132
ROBERTS, Prudence W 57
ROBERTSON, Mary 50 see
  MILLER Laura M 135
ROBINS, Nancy 132
ROBINSON, Jane 158 Lucinda 189
  Mary 195 Nancy 117 132
  Prudence 145 Ruth 130 131 see
  MOORMAN Ann/Anna E 137
ROBISON, see BARGDILL Mary
  A 11
ROCKAFIELD, Catherine 68
  Rachael Margaret 185
RODEN, see WILSON Laura 199
ROEDER, Susannah Elizabeth 60
RONALDS, Marion Whitelaw 153
ROSS, Jane 157 Mary 157
ROUND, Sarah 146
ROUTZAHN, Kath 61
RUDDUCK, Sarah 108 see
  ORNDORF Laura Mildred 143
  see STEPHENS Mary
  Catherine 176
RUGGLES, Amelia 185
RULE, see RANEY Aletha 151
RUMBAUGH, Jane 59
RUSSELL, Jane E 180 Nancy 200
RYAN, Mary 73 74 Mary Ann 57
  Mary Elizabeth 150 Sally 31
  see ROGERS Sarah Watson
  156
SACKETT, Anna 91
SANDERS, Elizabeth 104 Mary
  192 Nancy Jane 169 Polly 192
  see LUTZ Laura 121
SANFORD, Pleasant 117
SAVILLE, Elizabeth 125 Emeline
  63 64 65
SAYERS, Frances E 90
SAYRE, Elizabeth 56
SCARFF, Babb 7 Elizabeth 48
  Jane 15 16 Mary 91 see COMPTON Nettie 35
SCHILLINGER, Elizabeth 55
SCHLEICHER, see KELBLE
  Katherine 108
SCHMIDT, see SINZ Ella 165
SCHNELBLEG, Elizabeth 184
SCHOOLEY, Elizabeth 95 see
  SPAHR Joanna 172
SCHWAB, see LAUER Mary 116
SCOTT, Cynthia 177 Elizabeth 4
  5 108 Margaret 130 Margaret A
  130
SCROGGS, Elizabeth 34 Mary Ann
  75 76 Mary Lyon 75 76 Nancy
  34
SCULLY, Jane 139
SEARLES, Asenath 119 Senith
  119
SELLARS, Belinda 119 Brenda
  119
SELLERS, Belinda 119 Catherine
  63 64 65 Malinda 119 Mary 106
  Rebecca W 6
SEMANS, see POWERS Jane 149
SENSENBAUGH, Elizabeth 178
SEWARD, see JAMES Julia 103
  see JAMES Rebecca 103
SHAFFER, see DAUGHERTY
  Rosa 47
SHAIN, see WEAVER Fannie O
  196
SHAMBAUGH, see FORD Hattie
  Ann 62
SHANE, Ellen 20 see HOWARD
  Emma 95
SHANK, see BEAR Josephine 15
  see HOLMES Nettie 92
SHANNON, Elizabeth 160
SHAPARD, Martha Ellen 15
SHARP, Eliza 1 Susan 137
SHAW, Elizabeth 51 Martha 189
  see POWERS Rachel 150
SHEELEY, Dois 161 Jane 12
SHEEN, Nancy 133
SHEETS, Barbara Jane 118
SHEILY, 164
SHELEY, Hannah 44 Marg 89 see
  GLASS Emily 70
SHELLABARGER, E 105
SHEPARD, Ruth P 141 see
  BEAMER Martha Ellen 15
SHEPERD, Phebe 192
SHEPPARD, Ruth P 141
SHIELDS, see SMITH Soula 169
SHIGLEY, see DAVIS Mary
  Louisa 48 see MCCLAIN
  Nannie 122
SHINEPP, Mary 196

SHINGLEDECKER, Margaret 13
SHIRK, see LEVALLEY Clara A 116
SHOEMAKER, Ann 176 Anna 175 Elizabeth 166
SHOND, Jane 170
SHOOK, Catharine 48 49 50 Elizabeth 9 10 Julia Ann 76 77 Martha 172 Mary 64 171 172 173 Susannah 82
SHORT, see MOORE Hattie Louise/Louisa 137
SHORTS, Mary A 92
SHOUD, Jane 170
SHOUP, Catherine 40 Charlotta 40 41 Charlotte 41 M A 65 Mary 205 Rebecca Ann 47
SHRACK, Amanda 11 Catherine 182 183 Elizabeth 191 192 Marg J 192 Narcissa 28 Narcissia 28 29
SHRIVER, Harriet 175
SHROADES, Nancy E 187
SHUEY, Catherine 175
SIDENSTICK, Sarah 165
SIDES, Martha M 51
SIEZER, Mary Katherine 141
SILVEY, Martha 62
SIMISON, Ann 132 Elizabeth 158 E see BABB Emma M 7 see BINGAMON Mary Jane 19
SIMMONS, see FIELDS Mary Emma 60
SIMPSON, Ann 179 Betsey 179 Mary 202 Mary Elizabeth 201 Nancy 122 123 Nancy Agnes 123 Sidney 204
SIMS, see SMITH Nancy Evelyn 169
SINZ, Ella Nora 160 see LUTZ Ida L 121
SIPE, Sarah 40
SIRLOTT, Mary 83
SIRLOTTE, Mary 83
SITES, Elizabeth 173
SKEEN, Clarissa 19 Nancy 133
SLAGAL, Susan/Susanna 33
SLAGLE, Susan/Susanna 33
SLATE, Catherine 61 Mary 61
SMALL, Dinah 191 192 Elizabeth 34 Margaret 78 79 Nancy 201 202

SMALLEY, Prudence 181
SMART, see ANDERSON Lydia 4
SMELTZER, Eva 89 Mary 79
SMITH, Amanda 65 Ann 176 Catherine L 189 Christina 151 Eliz 144 Elizabeth 10 34 117 144 Hannah 7 91 186 Harriet 71 Hester 25 Lydia 3 4 15 Margaret 85 Martha 179 Mary Elizabeth 25 31 Nancy 112 Sarah 71 97 171 172 173 Susan 145 146 182 183 see BOLEN Rhoda M 20 see BURR Nannie 29 see COMPTON Rosa 36 see COPSEY Rosella 39 see CRUMBAUGH Mary Elizabeth 44 see HARNESS Lola Emily 82 see MANN Mattie Drucilla 130 see SPAHR Cornelia 171
SNEDIKER, Phoebe 92 93 94
SNIDER, Anna 82 Julia A 142
SNIPES, Elizabeth 136
SNODGRASS, Mary 109 Mary Elizabeth 83 Nancy 192 see HARNESS Mary Elizabeth 83
SNYDER, Anna 81 82 Elizabeth 81 Margaret 99 Sarah 142 see BARNEY Martha 12 see PETTIGREW Sarah 148
SNYIPP-ILIFF, Elizabeth 111
SNYPP, Elizabeth 111
SORG, Margaret 202
SOWARD, Nancy Ellen 165
SPAHR, Amanda 21 22 Catherine 63 Catherine L 9 10 Dorcas 167 169 Elizabeth 181 182 183 191 192 193 Harriet 11 Lucinda 167 168 169 Mary 197 Susanna 116 Temperance 64 68 see GARTRELL Hattie Belle 68 see GORDON Clara Alwilda 71 see PETERSON Charles L 147 see PETERSON Hannah Maria 147 SPAHR see TOWNSLEY Jennie E 188
SPANGLER, see SERFACE Susan 161
SPANIER, Lena 70 Magdalena 70
SPARKS, Cassandra 155
SPARROW, Catherine 69
SPELLMAN, see LEWIS Ella Lucinda 117

SPENCER, Mary 49 191 Mary Ann 191 see CURRIE Louie 46
SPIELER, Marg 115
SPILLAN, see KILLEEN Jennie 109
SPRAY, Esther 35 36
ST JOHN, see SMITH Alice M 167
STADIVAN, Patience 85
STAFFORD, Dorothy 42 Rebecca 42 see ANDERSON Catherine 3
STANDBERRY, Mary 15
STANFIELD, Jane 3 Mary Jane 3 Matilda 4 Nancy 178
STANLEY, Lucinda 70 see RHEUBERT Florence Amelia 153 154
STAPLETON, Nancy 157
STEDDON, Rebecca 35
STEEL, Julia A 171
STEELE, Margaret Mitchell 95 Mary 89 Rachel S 32 see HARNER Sarah Elizabeth 82
STEEN, Mary 117
STEPHENS, Eliza 13 Martha Jane 58 Mary Ann 44 Mary L 13
STEPHENSON, Agnes 75 Susana 126
STEVENS, Elizabeth 58 Jane 174
STEVENSON, Anna 124 Eliza Jane 94 Elizabeth 135 Jane Gay 110 Martha M 69 Mary Elizabeth 69 Rebecca Ann 105 106 see WOLF Lillie B 203
STEWARD, Mary 91
STEWART, Ann Ingram 188 Hannah 124 Margaret 105 Martha 155 Mary 25 26 Mary Ann Eckles 92 93 Mary Patterson 134 see COY Lodema 41 see WHITE Elizabeth Mary 196
STIDLEY, Elizabeth 85
STILES, Rhoda 89 see SCHWEIBOLD Rosa 160
STIMMEL, Eve Catherine 36
STINGLEY, Julia 115 see FUDGE Rosa May 65
STINSON, Nancy 26
STORMONT, see MCMILLAN Martha Jeanette 128
STORY, see BROWN Anne 25
STOTHOFF, Maria 136
STOTLAR, see VENARD Emma 193
STOWE, E S 152
STRACK, Narcissa/Narcissia 28
STRATTON, Prudence 7 Sarah 45 Sarah C 119
STREIT, see WILLIAMSON Ida May 198
STRONG, Lois 163 Mildred 162 163 Susan 125
STUCKEY, Hanna 148 see ROBERTSON Ida 155
STUMP, Kate 56
STURDEVAN, Patience 86
STURDYVAN, Patience 86
STUTSMAN, see HIGGINS Anna Gertrude 90
SULLIVAN, Catherine 24
SUTTON, Cinderella 63 64 65 Dorcas 192 Elizabeth 192 Hester 52 Martha 147 Mary Jane 90 Nancy Ann 9 10 see HATCH Emma Orange 85 see LOE Martha 119
SWABB, see STARR Harriet Ann 175
SWADENER, Levina 161 Rebecca 202 Sarah 190 see HEBBLE Eliza Catherine 88 89 see MORGAN Rose Ann 138
SWALLOWS, Susanna 34
SWAYNE, Rebecca 13
SWIGART, 46 Elizabeth 97 Susana 56 see DARNER Ella 46
SWISHER, Elizabeth 154
SWOPE, see CRESWELL Sarah A 43
SYME, Janet 28
SYNIP, Elizabeth 111
SYSTER, Mary Katherine 141
TARBOX, Maria J 112 114 Maria Jane 113 see HARBISON Mary Ann 80
TATMAN, Jane 168
TAYLOR, Elizabeth 180 Marie 187 Mary 69 Sarah 178 see BAKER Mary F 8 see KLONTZ Elizabeth 111 see SIEBER Ida 165
TEACH, see WHITTINGTON Mary Catherine 197

TENBROECK, A 98 Ann 98 99
TENBROOK, A 98 Ann 98 99
TERRELL, Judith 77
THATCHER, Allie 35
THIENAS, Gertrude 187
THOMAS, Clara 85 Hannah 9 10 Jane 107 Martha 83 Mary 197 see BROWN Lovona 26 see LEWIS Mary Jane 117
THOMPSON, Henrietta 29 see TRESSLER Flora Mae 189
THORNBURG, Anna 21 70 Jane 169 Sarah 21
THORNE, Hannah 197 198
THORNHILL, Sidney 50
THORP, Christina E 85 86
THORPE, see WILSON Mary Catherine 200
TIFFANY, see LOSEY Eugene 120
TIMBERLAKE, see SESSLAR Elizabeth 161
TINDALL, Elizabeth J 4
TITLOW, see MAXTON Margery C 132
TOBIAS, Mary Ann 134 see GERLAUGH Jennie A 68
TODD, Rebecca 48
TONKINSON, see HAINES Emma H 77
TORRENCE, Susan/Susanah/Susanna 122 Susannah 122 123 see MCINTYRE Mary Gray 126
TOWELL, Elizabeth 8 Sarah 71
TOWNSEND, Rebecca 175
TOWNSLEY, Martha 66 Minerva 101 Nancy 11 Rachel 73 see MCCLELLAN Kathryn Alice 122 see SCOTT Elizabeth 160 see WRIGHT Mary 204
TRADER, Nancy 160
TRELAN, Elizabeth 62
TRESSLAR, Catherine 21 Jane 52 see PETERSON Clarissa Estella 147
TRESSLER, Amanda J 147
TRIMBLE, Rhoda 181
TROLLINGER, Emily 101
TRUMAN, Corilla 159
TRUMP, see WOODBURY Lottie M 203

TUHEY, see KEARNEY Mary 108
TULLY, Elizabeth 191 192
TURNBULL, Carolyn 49 Isabella 31 Margaret Ann 115 see BRADFUTE Lydia Rebecca 23
TURNER, Achsa 146 Catharine 13 Ellen 21 Hannah 70 150 Jane 136 Kesiah 15 Margaret 6
TYLER, Catharine 141
VAIL, Phoebe 181
VAN BROCKLIN. Hannah 99
VAN EATON, Rebecca 204
VAN GUNDY, Ella 145
VANAMAN, Mary 11
VANAN, Bridget 181
VANCE, Jane 31
VANETON, Rebecca 204
VANNIMAN, Clara 136 Elizabeth 204
VARNER, Catherine 118 Elizabeth 5
VENARD, Elizabeth 204
VENYARD, Elizabeth 204
VICKERS, Armillia 116
VICKERY, see KENDALL Rebecca Martha 109
VIGUS, Cannie 4
VINARD, see AUSTIN Susan 7
VOORHEES, see SHAW Martha Ellen 162
WADE, Ellen 197
WAGNER, Emma 92
WALKER, June 155 Mary 131 Mary Jane 131 Mollie 118
WALL, Lavina 81 Susanna 146 Theresa 186
WALLACE, Matilda 127 128 Nancy Jane 203
WALLS, Lavena 81
WALN, Carie 106 Carolyn A 106
WALSH, Marian 139
WALTON, Betty 132 Hannah 2
WAMPLER, Maria 164
WARD, Hannah Rebecca 42 43
WARDIN, Precellia 6
WARE, Sarah 184
WARNER, Rachel 159 see BARR Mary Catherine 12 see WOLF Emma Gertrude 202
WATKINS, Sarah Elizabeth 87 see LEDBETTER Jennie 116
WATSON, Elizabeth 137

WATSON (continued) Martha Frances 16 Mary Ann 118 Nancy 174
WATT, M 188 Mary E 32 see MCCONNELL Sarah Jane 124
WATTS, Elizabeth 200 Elizabeth E 199 Evaline 183 Nancy 81 82
WEAKLEY, see JOBE Martha C 104
WEAVER, Eleanor Ann 147 148 Ellinor Ann 147 Mary 108 147 148 Rebecca 128 see HUMPSTON Mandy J 95 see RUDDICK Sarah 157
WEBB, Mary 126
WEBER, see PRESSINGER Margaret 150
WEESE, Phoebe 117
WEIR, Elizabeth 38
WELLER, Elizabeth 1 2 Mary 85 see DICKENSHEETS Amanda J 51 see DUYES/DWYES Louisa 53
WEST, Ellen 146 see RICHARDSON Emma M 154 see WALKER Josephine 194
WESTFALL, Hannah 86 87 Janet 135 Lavinia 132
WHARTOLS, May 51
WHEELER, Elizabeth 135 Marie 174 see WINTERS Emma E 202
WHITE, 126 Amanda 174 Araminto 81 Elizabeth 178 Esther 85 86 Hester 85 86 Jane 146 147 Julia 187 Sarah 174
WHITEFORD, Nancy 102 103
WHITEMAN, Aletha 197 Emily 152
WHITMER, see ARMSTRONG Mary 6
WHITTINGTON, Amanda 138 Lydia Margaret 60 see CULTICE Margaret Ellen 44
WIANT, Mary Ann 166
WICAL, Jane 96 Jennie 96 Mahala 29 see SPEARS Ella 173
WICKHAM, see BRYAN Ellen 27
WIER, Eleanor 131
WIGGINS, see HILL Martha 90

WILKERSON, Harriet 137
WILKINSON, Mary Jane 108
WILLIAMS, Ann Mary 32 Catharine 121 Eliz P 57 Elizabeth P 57 Mary 144 145
WILLIAMSON, Anne Duncan 155 see GOWDY Ella 72 see MCCLELLAN Anna Alida/Lida 122 see TARBOX Maria Agnes 184
WILLSON, Ann 124
WILSON, Caroline 134 Elizabeth 187 193 Jane 153 154 Letitia 42 43 Margaret 7 Mary V 105 Polly 162 Sarah 196 see GREINER De Etta 75 see MASON Katherine 131
WINANS, Hannah 187
WINTER, Abigail Joanne/Abigail Joanna 127 128
WINTER, Elizabeth 193 194 Mary 204 Mary Ann 56 Mary Jane 188
WINTERS, Lydia 29
WITTY, Emeline 170
WOLCOTT, see WOLF Malinda 203
WOLF, Julia Ann 109 Mary 156 Rose 40 Sarah 82 see MCELWAIN Laverna 126 see STEWART Mary 178
WOLFE, Lydia 138 Sarah 135 see FUNDERBURG Carrie 65
WOLFF, Sarah 81 82
WOLFORD, Savilla 121 Sylvia 121
WOLTERS, see JACKSON Amy Elizabeth 100
WOOD, see BELL Sallie 16
WOODHURST, Elizabeth 134
WOODLAND, Maggie 135
WOODS, see BEAM Anna Mary 14
WOOLMAN, Elizabeth 77 78 Keziah 55
WOOTEN, Martha 137
WRIGHT, Ann 31 Fay 139 Harriet 37 Lucia 194 Martha H 201 202 Mary 166 Mary Agnes 18 Mary Amanda 79 Nancy 127 Sarah 99 see DEAN Mary Campbell 49

YINGLING, Sarah A 167
YOUNG, see PARRY Joan 145
  see SHAW Nancy 162
ZELL, see ALEXANDER Mary R 2 see WHITTINGTON Emma 197

ZELLERS, Leah 86 Nancy Ann 152 153
ZIMMERMAN, Catherine 164 Mary 19 20 47

www.ingramcontent.com/pod-product-compliance
Lightning Source LLC
Chambersburg PA
CBHW070729160426
43192CB00009B/1366